Adolf Frey

Conrad Ferdinand Meyer

Verlag
der
Wissenschaften

Adolf Frey

Conrad Ferdinand Meyer

ISBN/EAN: 9783957008794

Auflage: 1

Erscheinungsjahr: 2016

Erscheinungsort: Norderstedt, Deutschland

Hergestellt in Europa, USA, Kanada, Australien, Japan
Verlag der Wissenschaften in Hansebooks GmbH, Norderstedt

Cover: Sandro Botticelli "Die Geburt der Venus"

Conrad Ferdinand Meyer

Sein Leben und seine Werke

Von

Adolf Frey

Dritte, durchgesehene Auflage

(Viertes Tausend)

Stuttgart und Berlin 1919
J. G. Cotta'sche Buchhandlung Nachfolger

Vorwort

In diesem Werke wollte ich darstellen und erzählen, jede
Seite nach Kräften mit Tatsächlichem füllend; ich suchte das
Besondere von Conrad Ferdinand Meyers Art und Schicksal
festzuhalten, soweit ich es durch meine Beobachtung und
Forschung und Mitteilungen anderer erfaßte. Mich lockte die
Zeichnung der realen Welt und der sicheren Vorgänge.

Es lag nicht in meiner Absicht, ein Buch über des Dichters
Bücher zu schreiben. Betrachtung und Urteil sollten zurückstehen
und wesentlich nur gegenüber den ungedruckten Sachen Meyers
ins Recht treten. Die private und öffentliche Kritik aus jenen
langen, bangen Tagen, wo Meyer ein Werdender, Ringender,
Aufsteigender war, schien mir als ein Stück seines Schicksals
von Belang und, wenigstens bis zur Vollendung von „Engelberg“, um so eher der Berücksichtigung wert, als sie geringen
Raum beansprucht. Seit dem Zeitpunkt jedoch, wo der Dichter
durchdrang und sein Ruhm entschieden wuchs, also etwa seit
1880, entzog ich ihr das Wort beinahe völlig.

Als mich Conrad Ferdinand Meyer, der seine Vergangenheit außerordentlich zu beschweigen liebte, in aller Form als
denjenigen bezeichnete, der sein Leben beschreiben sollte, gab er
gleichzeitig der Schwester, „die allein Bescheid noch weiß von
allen Augenblicken seines Lebens“, den Auftrag, mir bei meinem
Vorhaben zur Seite zu stehen, wenn dereinst die Zeit gekommen

sein würde. Dieser Weisung getreu leistete sie mir mit ihren Erinnerungen und den von ihr aufbewahrten Papieren auf Schritt und Tritt unermüdlich Beirat und Handreichung. Hätte ihn des Dichters Wunsch nicht gebannt, so wäre dieser reiche Hort, der nur noch in e i n e m Gedächtnis ruhte, spurlos mit der Trägerin versunken.

Möchte ein Hauch der Liebe und des feinen Geistes, welche die treue Schwester des Dichters beseelen, in meinem Buche weiterleben!

Ich sage meinen wärmsten Dank Herrn Oberst Ulrich Wille auf Mariafeld und meinem unermüdlich gefälligen Freund Dr. Hans Herzog in Aarau.

Zürich,

Adolf Frey

Zur zweiten Auflage

Die Neuauflage berichtigt die Versehen der ersten nach
meinem Wissen und Vermögen und bringt eine ziemliche Zahl
von Zuschüben, namentlich im Kapitel „Die große Ernte" und
im Anhang. Den von Bettelheim und mir veröffentlichten
Briefen enthob ich einige Stellen. Sonst benutzte ich aus
der im Laufe des letzten Jahrzehnts ans Licht getretenen
C. F. Meyer-Literatur beinahe nichts, zumal ihr biographischer
Ertrag sehr nahe zusammengeht.

Mein Buch soll wesentlich Darstellung sein, ein reiches
volles Bild, nicht ein Repertorium aller und jeder Einzelheiten
aus dem Leben und Wirken des Dichters, wenn es auch, hoffe
ich, kaum eine von Belang vermissen läßt.

Eine Reihe von Zusätzen zielen auf das Technische. Übrigens
vermied ich auf diesem wie auf anderem Gebiete eine Auscinandersetzung mit irgendwem, obgleich ich nicht wenig auf dem
Herzen und auf der Zunge hätte.

Es liegt mir an dem Hinweis, daß ich, wie verschiedene Stellen
der ersten Auflage dartun, den von Langmesser publizierten
Nachlaß schon 1892 in Händen hatte und benutzte, nun aber,
wo ihn die Öffentlichkeit besitzt, keine Veranlassung sah, ihm
mehr als damals zu entnehmen.

Auch möchte ich bemerken, daß ich für die erste Auflage
außer den an mich gerichteten Briefen C. F. Meyers nur die
an Wille, Bovet, Horner, Ulrich-Ghsi und Stößel zur Verfügung hatte, die übrigen jedoch erst später erlangte.

Für die kritische Durchsicht der ersten Auflage sage ich meinen verbindlichen Dank Herrn Dr. Ernst Haffter, Adjunkt der schweizerischen Landesbibliothek in Bern, Fräulein Hanna Hellmann in Nürnberg, Herrn Professor Dr. R. M. Meyer in Berlin und Herrn Oberlehrer Dr. Paul Wüst in Düsseldorf-Grafenberg.

Zürich, im Juni 1909

Adolf Frey

Zur dritten Auflage

Neu sind in dieser dritten Auflage verschiedene Berichtigungen und Zusätze, namentlich zu den Pariser Briefen; neu mehrere Tatsachen und Bemerkungen, die ich früher auf Betsy Meyers Wunsch unterdrückte; neu die Angabe der wichtigeren — nicht aller — seit 1909 erschienenen Literatur über den Dichter; neu vor allem der Anhang über die Schwester C. F. Meyers.

Auch jetzt meide ich Kritik und Auseinandersetzung und beschränke mich darauf, zu R. d'Harcourts Buch „C. F. Meyer, La crise de 1852—1856" folgendes festzulegen: 1. Wenige Stücke abgerechnet, die mir Betsy nicht zeigte, habe ich den Briefwechsel C. F. Meyers mit Mutter und Schwester aus den Jahren 1852 und 1853 schon für die erste Auflage dieses meines Buches benutzt. 2. Mehrere dieser Briefe fehlen bei d'Harcourt; so der an die Schwester S. 60 der zweiten Auflage von mir bruchstückweise und derjenige der Mutter, von mir S. 65 vollständig mitgeteilte. 3. Verschiedene Briefe des Bruders waren, als ich sie zu sehen bekam, von der Schwester verstümmelt. Sie hat wahrscheinlich die bei d'Harcourt fehlenden vernichtet, vermutlich auch die Cecile Borrels an C. F. Meyer.

Adolf Frey

Inhalt

Erstes Buch

Ich war von einem schweren Bann gebunden.
Ich lebte nicht. Ich war im Traum erstarrt.

———

Die Vorfahren

Unweit vom Dorfe Glattfelden, wo Gottfried Keller herstammt und zur Sommerszeit in jungen Jahren sich öfter unter Vettern und Basen tummelte, liegt das alte Städtchen Eglisau, auf der Nordseite des nahen Rheins. Von hier wanderte der Schneider Hans Meyer nach Zürich aus, wurde 1614 Bürger dieser Stadt und Mitglied der Schneiderzunft und bewohnte das Haus „Zum Blumengeschirr" oben an der Schosselgasse.

Er ist des Dichters Vorfahr, denn von ihm ging das Geschlecht der Meyer aus, die man, um sie von Trägern gleichen Namens zu unterscheiden, nach ihrem Herkommen als die Meyer von Eglisau, nach einem im achtzehnten Jahrhundert erworbenen Familienhaus als die Meyer von Stadelhofen oder, nach dem Wappentier, wohl auch als die Hirschen=Meyer bezeichnete.

Hans Peter Meyer, geboren 1622, des Schneiders vierter Sohn, entfernte sich nur ein weniges vom väterlichen Gewerbe, indem er den Beruf eines „Hinterfürmachers", d. h. eines Haubenschneiders oder Flickschneiders, erwählte.

Ganz anders Johann Jakob Meyer, der Sprößling eben dieses Kappenmachers und der Apollonia, geb. Hauser. Er ward ein Diener am heiligen Wort und stieg bis zum Dekan im Oberthurgauer Kapitel, als welcher er 1723, ein Vierundsechzigjähriger, das Zeitliche segnete. Er ist der erste seiner Sippe, der zur Feder griff und etwas in Druck gab, nämlich eine Hochzeitpredigt, mit ihren reichlichen Randzitaten, mit der Fülle von Fremdwörtern und den willkürlichen, aufgebauschten Gleichnissen ganz dem Geschmack oder vielmehr Ungeschmack der Zeit entsprechend.

Unter den zehn Söhnen des würdigen Dekans brachte es der Handelsmann und Strumpffabrikant Melchior Meyer (1701—1786) so weit, daß er als der reichste Züricher seiner Zeit galt, der neben dem ansehnlichen Vermögen ein blühendes Geschäft und drei stattliche Häuser hinterließ. Er besaß einen sanften, aber ernsten Charakter, äußerste Ordnungsliebe und ein ruhiges Wesen, insgesamt Züge, die sich beim Urenkel, dem Vater des Dichters, alle wiederfinden.

Für seinen älteren Sohn kaufte Melchior das sogenannte lange Haus in Stadelhofen, das zum Teil heute noch der Nachkommenschaft gehört. Dieser Sohn war Hans Heinrich Meyer (1732—1814), welcher die ernsthafte gesetzte Art und den Pflichtsinn des Vaters erbte. Durch körperliche Gebrechen früh gealtert, zog er sich, als um die Wende des Jahrhunderts ein gewaltsamer Umschwung der öffentlichen Dinge eintrat, völlig auf die Familie zurück und ging kaum mehr über die Straße. Seine Frau, Regula Landolt, war eine entfernte Verwandte jenes Salomon Landolt, der durch seine derb originelle, ja geniale Tüchtigkeit bei den Mitlebenden ein außerordentliches Ansehen und durch Gottfried Kellers „Züricher Novellen" die Unsterblichkeit gewann. Weil die Regula einer der vornehmen Familien des damaligen Zürich entsprang, rümpften etliche ihrer hochgestellten Anverwandten die Nase, als sie sich in ihrem neunzehnten Lebensjahre dem gleichalterigen Manne verband, den ihre Sippe als einen emporgekommenen Krämer betrachtete, aus dessen Geblüt noch keiner des Regiments oder sonst in einem höheren Amt der Republik gewesen sei. Sie brachte in das dunkelgefärbte und behäbig stille Geschlecht ihres Eheherrn die gebogene Landoltische Nase, die hellen Augen und Haare, einen merklichen Schuß der soldatenmäßigen Tapferkeit, sowie das Gefallen am Kriegshandwerk, das den Ihrigen langeher eignete.

Diese Eigenschaften bewies unter ihren neun Kindern besonders Johann Jakob Meyer (1763—1819). Vom fremdsprachlichen Bedürfnis nach Genf, Genua und Florenz und durch eine ausgedehnte Geschäftsreise längere Zeit nach Spanien gezogen, gelangte er zu einer Kenntnis ausländischer Zustände und Verhältnisse, die ihn die heimischen nüchterner und unbefangener beurteilen ließ, als es die meisten seiner Mitbürger vermochten. Seit dem Jahre 1792, wo er als Major der von den Franzosen bedrohten Stadt Genf, die mit der alten Eidgenossenschaft in einem Bundesverhältnis stand, eine Abteilung Zürcher Milizen zuführte, sah er den Umsturz der bestehenden Dinge und den Eintritt einer fränkischen Invasion mit Bestimmtheit, aber auch mit Sorge voraus, da er von der Überschätzung der nationalen Wehrkraft wie vom Glauben an ein einträchtiges Zusammenstehen aller Angegriffenen gleich weit entfernt war. Seine Voraussicht täuschte ihn nicht. Nach dem Falle Berns, dem Zürich untätig zugesehen, stand dieses infolge seines gründlich verlotterten Wehrwesens und des unseligen Zwiespaltes zwischen Volk und Regierung den Franzosen offen. Meyer wurde ihnen 1798 zur Verständigung an die Kantonsgrenze entgegengeschickt und ebenso unterhandelte er im Auftrag seiner Obern im folgenden Jahre mit den Östreichern, denen die Truppen der französischen Republik hatten weichen müssen. Dann übernahm er das Kommando eines in englischem Solde stehenden Bataillons von Zürcher Freiwilligen, ohne indessen gegen die ihm, dem Anhänger der alten Ordnung, unsympathischen Franzosen etwas ausrichten zu können; vielmehr traf ihn die schwere Aufgabe, nach der für die Russen unglücklichen Schlacht bei Zürich die gefährdete Stadt vor Plünderung und Gewalttat der siegreichen Franken zu schützen, worauf sein Bataillon, das als das letzte aus den Mauern abzog, bei der gänzlichen Auflösung der russischen Armee zersprengt wurde. Er selbst mußte die Heimat meiden und ging nach Lindau, dann nach Memmingen und schließlich nach Tübingen, wo ihm seine Gattin im Februar 1800 von sieben Kindern weg starb.

Im Oktober dieses Unglücksjahres öffnete ihm die Vaterstadt die Tore wieder. Er behauptete sie, die am Alten hing und dem Einheitsstaat widerstrebte, 1802 siegreich gegen die helvetischen Truppen und wurde eidgenössischer Oberst und Mitglied des Großen Rates. Nach einem friedlichen Jahrzehnt, das ihm Muße für das gänzlich zerrüttete Geschäft und für die Erziehung der Kinder gönnte, riefen ihn die großen Begebenheiten, die auch an der Schweiz nicht spurlos vorübergingen, noch einmal unter die Waffen: er führte eine Brigade von drei zürcherischen Reservebataillonen an die Landesgrenze, wobei er einen Aufstand, der einen Teil der eidgenössischen Truppen ergriff, mit Umsicht, Ruhe und Festigkeit dämpfte.

Den bewegten und vielfach stürmischen Tag krönte ein stiller und segensreicher, aber ein kurzer Abend. Mitte 1816 übernahm Meyer die Stelle eines Oberamtmanns in Grüningen und erwarb sich während der schweren Notjahre 1816 und 1817 die Anhänglichkeit des Volkes in solchem Maße, daß noch vier Dezennien später ein Volkslied nicht verklungen war, das den Landesvater Meyer pries. Im Dezember 1818 erkrankt, sprach er sofort die Überzeugung aus, daß für ihn keine Genesung mehr sein werde. So geschah es, und am 17. Januar 1819 erlag er dem Tode, dem er mit voller Ruhe entgegenblickte.

Seine Frau Susette (1770—1800), die er 1788 heimführte, war von großer Schönheit und übrigens seine leibliche Cousine, nämlich eine direkte Urenkelin des Dekans, so daß die in diesem Verwandtschaftsgrade nach Züricher Gesetz damals untersagte Verbindung erst vor dem Ehegericht vermittelst einer Dispensationsgebühr erwirkt werden mußte. Sie schenkte dem Gatten im Laufe der glücklichen, aber nur zwölfjährigen Ehe neun Nachkommen, von denen drei in zarter Kindheit, zwei in bester Jugendkraft verblichen und vier den Vater überlebten.

Die vier Überlebenden waren Söhne. Der älteste, H e i n r i c h M e y e r, geboren 1789, der sich juristischen Studien zuwandte, wurde öffentlicher Ankläger, d. h. Staatsanwalt, starb aber schon 1825, also wenige Jahre nach dem Vater.

Dagegen erreichte der zweite, F r i e d r i c h M e y e r, ein hohes Alter, da er, 1792 geboren, bis 1870 lebte. Mit der Absicht, dereinst technischer Leiter eines bedeutenden industriellen Etablissements der Familie zu werden, und mit entschiedenem Zeichentalent begabt, machte er ernsthafte theoretische und praktische Studien, zuerst in der Vaterstadt, dann in Genf, Paris und Heidelberg und schließlich zwei Jahre lang in England, wo der alte mürrische und derbe Maler Füeßli dem jungen schüchternen Landsmann eine freundliche Aufnahme nebst allerlei Einblicken in die Geheimnisse seiner Kunst gewährte; und schon

brachte der Heimkehrende außer zahlreichen Zeichnungen von
allerhand Maschinen eine Reihe landschaftlicher Skizzen mit. Zu
Hause, wo bald nach seiner Ankunft der Vater starb, wollte es
ihm nicht glücken, da wegen dieses Todesfalles der für den Sohn
bisher in Aussicht genommene Wirkungskreis sich verschloß und
auch eine Stelle für Straßen= und Wasserbau sich in der Nähe
nicht bot, so daß er ziemlich unschlüssig dastand. Weil überdies
seine Gesundheit einige Stöße erlitten hatte, so entschied er sich
ganz plötzlich dafür, eine Züricher Offiziersstelle in der fran=
zösischen Schweizergarde anzunehmen, wiewohl er für diesen
Posten, der im Grunde seiner feinen Natur nie vollkommen zu=
sagen konnte, schon um zehn Jahre zu alt war. Doch errang er
sich Achtung und wußte sich in die Stellung zu finden, die ihm
leidlich schien, weil sie ihm für das Landschaftszeichnen und die
gerade damals zuerst an die Hand genommenen Ölstudien ziem=
liche Muße ließ. Nach einem halbjährigen, teilweise in Rom
verbrachten Urlaub kehrte er im Frühjahr 1829 zu seiner Truppe
zurück. Sie wurde aber zugleich mit den übrigen Schweizer=
regimentern 1830 abgedankt. Nachdem er bis zum dienstfreien
Alter dem schweizerischen Generalstab zu wiederholten Malen
seine Kenntnis, Zeit und Kraft zur Verfügung gestellt, beschloß
er, ausschließlich der geliebten Kunst zu leben, worauf er volle
sieben Jahre in Italien studierte, meistens im Verkehr mit
Künstlern. Dann suchte er die Heimat auf und gründete einen
eigenen Hausstand. Von nun an floß sein nur der Familie und
der Malerei gewidmetes Leben still dahin.

Meyer malte in seinen letzten Jahren einige wenige biblische
Landschaften, sonst lediglich italienische mit moderner Staffage,
wobei er sein Absehen namentlich auf schöne Bäume, üppige
Vegetation und die Überbleibsel antiker Kultur richtete. Seine
Schöpfungen zeichnen sich durch maßvolle Stilisierung, solides
Studium, genaue Ausführung und korrekte Zeichnung aus. Was
ihnen abgeht, ist eine gewisse Kraft der Empfindung und Stim=
mung, überhaupt eine ausgeprägte Individualität. Er steckte voll
von guten, manchmal sehr poetischen Entwürfen und Gedanken;
aber es mangelte ihm die Leichtigkeit des Hervorbringens, wie er
denn auch langsam und etwas mühsam, obgleich vorzüglich erzählte.

Mit diesem Manne, der übrigens durch und durch ein Idealist
war, teilte Conrad Ferdinand Meyer, der Neffe, bei allem Ab=
stand des Talentes, neben der entschiedenen Familienähnlichkeit
einige Besonderheiten. Beide gelangten spät zum inneren
Durchbruch, spät auf den rechten Weg, spät zum eigenen Herd;
beiden setzte strenge, anhaltende Arbeit dergestalt zu, daß durch
sie leicht eine Schädigung der Nerven eintrat; beide konnten
sich, namentlich in jungen Jahren, bei der Arbeit nicht genug.
tun und brachten vor lauter Ändern und Übergehen schwer
etwas fertig; beide machten langsame, aber stetige Fortschritte;
beide nahmen es mit der Kunst außerordentlich ernst und beide
fanden auch in ihr nur die eigentliche Befriedigung. Eine wie
hohe Sache sie dem Maler war, ermißt man aus wenigen Zeilen,
die er 1827 schrieb: „Die Kunst ist nicht leicht, sie ist unermeß=
lich wie die Schöpfung und bloß darum begrenzt, weil die
menschlichen Jahre und Kräfte es sind. Mir kommt sie vor
in schauerlicher Größe, und mein Respekt zu ihr ist wahrhaft
religiös."

Der dritte, Wilhelm Meyer (23. August 1797 bis
6. März 1877), überlebte seine Brüder. Während fünf De=
zennien erfüllte er gewissenhaft und mit viel liebenswürdigem
Humor seine Pflichten, erst im väterlichen, dann, nachdem es
eingegangen war, in fremden Geschäften, später als Stadt=
säckelmeister, hierauf als Kassier der neugegründeten sogenannten
Meisenbank und schließlich als Mitglied des Stadtrates, aus
welcher Behörde er 1863 ausschied, um sein Alter, das ebenso
friedlich dahinfloß wie die vorangegangenen Tage, ungeteilt
literarischen Arbeiten zu widmen.

Diese Arbeiten waren militärwissenschaftlicher Natur. Er
hatte vom Vater die Neigung zum Soldatenhandwerk geerbt
und trug sich in frühen Jahren ernstlich mit dem Gedanken, im
preußischen Heere Kriegsdienste zu nehmen. Unter der Züricher
Miliz brachte er es nur bis zum Hauptmann, weil er nach seiner
Wahl zum Staatskassier (1828) amteshalber von jeder Dienst=
pflicht entbunden wurde; doch setzte er seine militärischen Samm=
lungen und Studien mit Eifer und ungebrochenen Geisteskräften
bis ans Ende fort. Als hochbetagter Greis, wo andere Men=

schenkinder wieder vergessen, was sie sich einst angeeignet haben, erlernte er noch das Russische und verfolgte auf dem letzten Krankenlager die Ereignisse des russisch-türkischen Krieges an der Donau, bis ihm die wachsende Schwäche die Feder aus der Hand nahm.

Es lag schon über ein halbes Jahrhundert hinter ihm, als er seine schriftstellerischen Kräfte zum erstenmal vor der Welt erprobte mit einer Schilderung der in die Jahre 1848 und 1849 fallenden italienischen Kriegsvorgänge, die er unter sorgsamer Ausnützung von Zeitungsnachrichten und Privatmeldungen so richtig darstellte, daß östreichische Offiziere den Verfasser in ihren eigenen Reihen suchten, besonders da er das Buch den Ereignissen sehr rasch nachsandte.

Diesem Erstling folgten etwa ein Dutzend Monographien meist geringeren Umfanges, deren Stoffe er mit glücklicher Vorliebe meist aus den Zeiten der französischen Revolution, sowie des ersten Kaiserreiches herausgriff. Das steinigste Äckerchen gründlich und ausdauernd durchpflügend, von einem geradezu fabelhaften Gedächtnis, namentlich für die Equipierung der Truppen, unterstützt und mit seltener Kombinationsgabe ausgerüstet, wußte er auch einem mageren Vorwurf neben den sachlichen Ergebnissen noch allerhand Reize abzuringen, nicht zum wenigsten darum, weil er künstlerisch arbeitete. Er schreibt einen klaren, runden Stil und stellt die Eigenheiten des Geländes, der Zeit und der Menschen mit bemerkenswerter Plastik dar, wobei er die kleinsten und unscheinbarsten Züge wohlbedacht an ihrem Ort anzubringen weiß als einer, der den Stoff sorgfältig aufbaut und seine Charaktere mit Überlegung zeichnet. Nicht selten schimmern die freundlichen Sternchen einer liebenswürdigen trockenen Laune auf, und überall leuchtet bei aller Festigkeit der eigenen Überzeugung eine fast auffallende Leidenschaftslosigkeit und Milde, die auch dem Gegner das Seine zu erteilen wünscht. So gewinnt man den ganzen Mann lieb.

Am kräftigsten offenbaren sich die menschlichen und schriftstellerischen Eigenheiten in den niemals für den Druck bestimmten und erst 1910 im Züricher Taschenbuch aus Licht gekommenen „Erlebnissen und Beobachtungen am 6. September 1839". Die

Witterung für das Lustige und Charakteristische macht sich derart geltend, daß man sieht: er beobachtet und stellt wie ein Künstler dar, dem nichts fehlt als die Phantasie. Seiner entschiedenen Parteinahme zum Trotz bleibt er leidenschaftslos und sucht Gerechtigkeit. Er ist allenthalben mit dem erfrischenden, trockenen, natürlichen und kaum merklich derben Humor zur Hand. Man erkennt ganz deutlich: wie die Brüder besitzt er eine Künstlerader; aber er ist zugleich der Gesunde unter ihnen.

Er war zuweilen das liebenswürdig schalkhafte Element in der Familie und Gesellschaft: wenn er dann irgendwo erschien, den einen Mundwinkel unmerklich herabgezogen und mit den blauen Augen zwinkernd, so ging ein Licht der Fröhlichkeit auf. Daneben beseelte ihn die Freude an allen Künsten, ein warmer, aber nie aufdringlicher Patriotismus und eine einfache Frömmigkeit, über die er, ein „fröhlicher Expektant der ewigen Seligkeit", keine Worte verlor.

F e r d i n a n d M e y e r, dem Vater des Dichters und dem jüngsten unter den vier Brüdern, war, wie dem ältesten, keine lange Dauer auf Erden beschieden. Geboren den 7. März 1799, verlor er das mit ihm zur Welt gekommene Schwesterchen bald nach der Geburt, die Mutter, ehe er ein Jahr erreichte; er war und blieb nach Art so vieler Zwillinge zart und schmächtig. Schon früh verriet das stille, ernste Kind eine auffallende Ordnungsliebe; ein sorgfältiges Einräumen des Spielzeuges galt ihm mehr als das Spiel selbst; er füllte ein Heft lediglich der Namen wegen, um deren möglichst vollständige Einordnung ihm zu tun war, mit Tierfiguren. Dieser Neigung zum Einteilen und zur Anfertigung von Übersichten entsprang die Vorliebe für die Geographie: der Knabe zeichnete die Umrisse der europäischen Länder aus dem Schulatlas nach, wobei er die betreffende Zahl der Quadratmeilen und Einwohner, die Hauptprodukte und Naturmerkwürdigkeiten notierte, sowie allfällige Grenzänderungen sorgfältig nachtrug. Aus der von Jugendfreunden Zürichs am Ende des ersten Jahrzehnts unseres Jahrhunderts gegründeten Knabengesellschaft zog er sich gerne zu seinen Büchern zurück, ohne den dramatischen Aufführungen der Schulgenossen fernzubleiben.

Unter ihnen war der beste Deklamator von allen und zugleich Ferdinands nächster Freund Heinrich Ulrich, der poetische Neigungen mit trefflichen Geistesgaben und mit einem so liebenswürdigen Charakter verband, daß keiner der Gefährten jemals mit ihm in Zwiespalt geriet. Als er, noch nicht zwanzig Jahre alt, an der Schwindsucht starb (5. September 1817), schloß sich Meyer enger an Heinrich Rüscheler, dessen unruhiges, mutiges, oft schroffes und zum öffentlichen Auftreten und Handeln drängendes Wesen von der schweigsamen und kühlen Art des Jüngeren fühlbar abstach. Er wurde ein schwungvoller Redner und tüchtiger Jurist, erlosch aber früh.

Nachdem Ferdinand Meyer 1817 das Gymnasium absolviert hatte, versah er ein Jahr lang Sekretärsstelle beim Vater in Grüningen, dadurch den Grund legend zu der genauen Kenntnis der kantonalen Verwaltung und ihrer Rechtszustände, und bezog im Frühling 1820 die Berliner Hochschule. Hier empfand er namentlich den Einfluß Savignys und Schleiermachers, in Göttingen, das er im Sommer 1821 gegen Berlin vertauschte, denjenigen Eichhorns. Auch klassische Studien trieb er; aber als er nach einem Göttinger Semester in die Schweiz zurückkehrte, stand es bei ihm fest, daß Staatsgeschichte und Politik die Hauptgegenstände seiner Arbeit und Forschung bilden und bleiben sollten. Zunächst begab er sich, um der französischen Sprache noch mehr Herr zu werden, nach Lausanne, wo er zuweilen Betsy Ulrich sah, die Schwester seines verstorbenen Freundes Heinrich und schon damals heimlich seine Braut. Er und Rüscheler hatten nämlich dem früh verstorbenen Heinrich Ulrich eine Art von Kultus gewidmet und diesen unvermerkt auf dessen heranblühende Schwester übertragen, dergestalt, daß sie ihr beide in ein und demselben Briefe ihre Liebe gestanden. Sie hatte aber ihre Neigung schon dem Jüngeren und Stilleren geschenkt. 1824 führte er sie zum Altar.

Nach der Heimfahrt in die Vaterstadt nahm ihn sofort der kantonale Staatsdienst in Beschlag. Bei dem damals fast gänzlichen Mangel an geschulten Verwaltungsbeamten, der sich auch heute in der Schweiz noch fühlbar macht, mußten seine Eigenschaften doppelt ins Gewicht fallen: er war ein vielseitig ge-

bildeter Jurist, ein klarer und leidenschaftsloser Beurteiler von
Menschen und Verhältnissen, in allem regelrecht und richtig,
ein außerordentlich gewissenhafter Arbeiter, der bis zum Zu=
sammenbruch seiner Kräfte alles erledigte, was man ihm auf=
bürdete, ein bedeutendes organisatorisches Talent, dazu von
seltener Gerechtigkeit.

Er kam rasch vorwärts. Zuerst, 1822, wurde er Sekretär
der Justizkommission, tat sich mit Vorlesungen über Staatswirt=
schaft und Statistik auf, die unter anderen auch J. K. Bluntschli
hörte, und wirkte am sogenannten politischen Institut, einer
Art juristischer Fakultät, die den besonderen Zweck verfolgte,
künftige Staatsdiener praktisch heranzubilden. 1826 zum dritten
Staatsschreiber vorgerückt, gelangte er nach wenig Jahren
(25. März 1831) in die höchste kantonale Behörde, in den Re=
gierungsrat, wo ihn namentlich gesetzgeberische Aufgaben lockten
und beschäftigten; auch der neugebildete Erziehungsrat bean=
spruchte seine Dienste.

Bald gewannen die Freunde der reinen Demokratie die
Oberhand über die Anhänger der repräsentativen Republik, zu
denen Meyer zählte, so daß er 1832 mit Gleichgesinnten aus
dem Regierungsrate ausschied, während er im Erziehungsrate
und in einigen Kommissionen blieb. Als im folgenden Jahre
die Kantonsschule gegründet wurde, wünschte und empfing er
die Lehrstelle für Geschichte und Geographie am unteren Gymna=
sium. 1839 wandte sich das Blatt in politischen Dingen: die
Freisinnigen, die David Strauß an die Hochschule gerufen, fielen
durch einen Aufstand des unerhört verhetzten Volkes und ver=
loren die Gewalt an die Sieger. Meyer nahm den Sitz in
der Regierung und in allen früheren Kollegien wieder ein und
erhielt das Präsidium im Erziehungsrat, welche Würde allein
schon einen beträchtlichen Aufwand von Zeit und Mühe er=
heischte.

Der zarte Körper war den Lasten, die ein starker kaum ge=
tragen hätte, nicht mehr gewachsen. Schon im Frühjahr 1839
hatten sich mit einem hartnäckigen Husten große Mattigkeit und
periodisch wiederkehrende Fieber eingestellt. Ein Badeaufenthalt
schien leidliche Herstellung verschafft zu haben, und Meyer ar=

beitete mehr als je. Dann brach er unter dem gehäuften Tagewerk zusammen: die schlanke Gestalt wurde mager, die Stimme
immer leiser, das ohnehin bleiche Antlitz immer durchsichtiger,
der von Natur Schweigsame noch stiller. Er verschied am
10. Mai 1840. Vor den letzten Atemzügen öffneten sich die
geschlossenen blauen Augen noch einmal, füllten sich mit einem
seligen Glanz und erloschen.

Ferdinand Meyer war über mittelgroß, von aufrechter,
reservierter Haltung und besaß ein längliches, schönes Gesicht
mit feingebogener Nase und großen, leuchtenden Augen. Aber
er war schmal, und, wie es bei ganz reinen Menschen oft geschieht, es gebrach ihm einigermaßen an physischer Kraft, die
seiner ethischen, womit er den Pflichten oblag und jede Schwäche
überwand, nicht standzuhalten vermochte. Ihn bedrohte die
ständige Gefahr, durch die Leidenschaft zur Arbeit, die einzige,
die ihn beseelte, vorzeitig aufgerieben zu werden. Den Unter-
gang beschleunigten zweifelsohne die politischen Stürme, weil
jede Aufwallung der damals erstarkenden und zuweilen tumul-
tuarisch vorschreitenden Demokratie, die an anderen spurlos
abglitt, ihm sozusagen körperlich weh tat. „Er erlag," wie
Bluntschli behauptet, „der natürlichen Scheu vor den wilden
Volkskräften und wurde in der Gefahr geneigt, Güter wegzu-
werfen, deren Wert er zuvor wohl erkannt und die zu vertei-
digen er sich vorgenommen hatte. Er war überhaupt mehr dazu
gemacht, in Zeiten des ruhigen Fortschritts zu führen; in den
Zeiten der Revolution war seine Natur zu feinfühlig und sein
Charakter zu wenig hart und energisch, um durchzugreifen."

Dieses scheue Zurückweichen, das, wie seine Leidenschaftslosigkeit, der körperlichen Schwäche entsprang, war das einzige, was
man ihm vorzurücken wagte, denn vor seinem schlichten, makel-
losen Wesen verstummte jeder andere Vorwurf.

Das Christentum stützte ihn. Die Sünde der Welt starrte
ihn an in der Gestalt von Aufruhr, Umsturz, Gewalttat und
Gemeinheit; gegen diese Dämonen, die seine Zartheit äußerst
anwiderten, suchte er Zuflucht und Trost bei der Religion, nicht
in ihren Satzungen, sondern bei dem erlösenden Heiland. Sein
Glaube lag in seinem Charakter; er wesentlich zauberte jenes

stille Leuchten auf das Antlitz des Mannes, das an ihm auf=
fiel, wie später am Sohne.

Höchst wahrscheinlich hätten, wenn sie im Bereiche der
äußeren Möglichkeit lagen, ein beschauliches Gelehrtenleben und
eine ausschließliche Hingabe an stille Studien den zartfühlenden
Mann vor mancher schmerzlichen Wunde behütet, die er auf
dem Forum empfing. Er war in der Tat wie zum Beamten
so auch zum Gelehrten berufen. Sein empfindlicher Wahrheits=
sinn, der trotz seiner Liebe für die Dichter und namentlich für
Schiller ihm das Theater fast unleiblich machte, weil er den
Abstand zwischen dem, was der Schauspieler ist, und zwischen
dem, was er darstellt, nicht verwand, dieser Wahrheitssinn führte
ihn der Geschichte zu. „Gibt es," fragt er in der Vorrede zur
„Geschichte der evangelischen Gemeinde in Locarno", „einen
schöneren Genuß, als sich in eine tief bewegte Vergangenheit zu
versenken, ihre Vorstellungen und Ansichten in sich selber wieder
hervorzubringen, ihre Freuden und Leiden mitzufühlen, ihr
ganzes Leben gleichsam mitzuerleben? ... Möchte man auch von
meinem Versuche sagen können, daß sich in ihm der Geist des
Zeitalters abspiegle; nicht jener Geist, der die Welt bewegt,
sondern der stille Geist ernster und tiefer Geschichtschreibung,
wovon die deutsche Nation gegenwärtig so unnachahmliche Muster
aufzuweisen hat; der, von gewissenhafter Erforschung der Tat=
sachen ausgehend, mit den Eigentümlichkeiten der Personen, des
Volkes, des Zeitalters sich vertraut zu machen versteht, in dem
Individuellen und Örtlichen die Schicksale und die Geistes=
richtung der Gesamtheit zu erkennen und diese hinwieder durch
die Fülle des Individuellen und Örtlichen zu beleben weiß."

So schön er die Aufgabe des Historikers umschrieb, so schön
löste er sie in dem 1836 erschienenen Buche, das er der durch
allerhand Nebenämter beengten Muße seines Lehramtes am
Gymnasium abrang. Es behandelt Ursprung, Entwicklung und
Leiden der evangelischen Gemeinde in Locarno, ihre Auswande=
rung nach Zürich u. s. w. und ist ein gründliches, auf reichem
Handschriftenmaterial fußendes Werk von annähernd tausend
Seiten, das Ranke in einem Briefe an den Verfasser lobte und
die Hochschule der Vaterstadt mit der Verleihung des Doktor=

huts ehrte. Auf dem Gebiete der schweizerischen Religions=
geschichte weiter arbeitend, schrieb er noch einen umfangreichen
Aufsatz: „Mißlungener Versuch, das Hochstift Chur zu säkulari=
sieren, in den Jahren 1556—61." Es ist eine Arbeit, der die
nämlichen Vorzüge zuzusprechen sind wie der größeren vor=
angehenden.

Ferdinand Meyers liebstes Vergnügen bestand darin, die
Bogen eines vom Buchhändler ihm zugesandten neuen Ranke=
schen Buches aufzuschneiden und sich ungestört in ihren Inhalt
zu vertiefen. Ranke war das „unnachahmliche Muster ernster
und tiefer Geschichtsforschung", dem er glücklich nacheiferte. Mag
man die sorgfältige Sichtung und Ausbeutung der Quellen
als etwas für den Schüler Selbstverständliches voraussetzen, so
wird man doch die Beherrschung und die mit Sicherheit geübte
künstlerische Anordnung des Stoffes würdigen und von der
Ähnlichkeit der Schreibart und Darstellung betroffen sein, die
nicht nur die Folge bewundernder Nachahmung, sondern
ebensosehr das Ergebnis verwandter Naturen ist, die beide
kühl, objektiv, gründlich forschende und künstlerisch gestaltende
waren.

Was er sonst noch veröffentlichte, nämlich Bettagsmandate,
einen Aufsatz über das Finanzwesen des Kantons Zürich und
vier für die Jugend berechnete Neujahrsblätter, und das, was
sich im Nachlasse vorfand, kann neben der Arbeit über den miß=
lungenen Säkularisationsversuch des Hochstifts Chur und dem
Locarnesenbuch nicht in Betracht fallen.

In diesem blätterte der Dichter zuweilen, des Vaters ge=
denkend, den er noch im Knabenalter verlor. Er hatte von
ihm außer der Klarheit und sachlichen Milde die Lust an
der Historie und das allerdings aufs höchste gesteigerte Be=
dürfnis, sie künstlerisch zu gestalten, als Vermächtnis und
Erbteil überkommen. Es ist vielleicht kein Zufall, daß seine
Prosaerstlinge, „Das Amulet" und „Jenatsch", aus jener
Periode der Gegenreformation geschöpft sind, die den Vater
in so hohem Grade anzog.

Wanderten seine Blicke vom Vater weg die Ahnenreihe hin=
auf, so durfte er sich gestehen, daß die Vorfahren immer einen

ansehnlichen Schatz von bürgerlicher Tüchtigkeit ihr eigen ge=
nannt und ihren Platz daheim und im Staat ehrenhaft aus=
gefüllt hatten. Aber dann blieb sein Auge vielleicht auch an
einem Bildnis haften, das in seinem Arbeitszimmer hing, ob=
gleich er sich der irdischen Gestalt des Mannes, den es dar=
stellte, kaum zu erinnern vermochte, da dieser starb, als der
Dichter kaum etwas mehr als zwei Jahre zählte: das war sein
Großvater mütterlicherseits, sein echter und rechter Vorfahr im
Geiste. Von ihm erbte er den groß und fest gebildeten Kopf
und Nacken, von ihm das reizbare Temperament, von ihm die
ganze Art und den Zug, der ihn über das stillere und im Grunde
ruhige Wesen seiner Sippe hinaushob.

Johann Conrad Ulrich (8. Dezember 1761 bis
7. Januar 1828) war der Sohn des Standesüberreuters Hans
Conrad Ulrich. Als der Sproß eines alten, aber in diesem
Zweige in seinen Glücksumständen damals übel bestellten Züricher
Geschlechtes sah er sich wegen der Armut der Eltern um eine
richtige Bildung verkürzt und ohne Aussicht auf ein günstiges
Fortkommen. Die zufällige Bekanntschaft mit einem Pfarrer
Keller in Schlieren bei Zürich, der nach eigenem Verfahren
zwei Taubstumme erfolgreich unterrichtete, gab seinem Schicksal
eine unerwartete, entscheidende Wendung. Er machte in diesem
menschenfreundlichen Berufe, dem er sich mit dem Eifer eines
warmen, energischen Naturells widmete, so tüchtige Fortschritte,
daß er sich ihm fortan ausschließlich hinzugeben beschloß und,
von Lavater·und anderen Gönnern ermuntert und unterstützt,
ein Jahr zu dem berühmten Abbé de l'Epée nach Paris ging,
um sich in dessen Lehranstalt weiter zu bilden. Da sich die
Hoffnung auf die Gründung einer Taubstummenanstalt in Zürich
nicht verwirklichte, so folgte er 1786 einem Rufe nach Genf,
wo er an einem taubstummen, allerdings hochbegabten Mädchen
während eines neunjährigen Unterrichtes ein Ergebnis geistiger
und sittlicher Ausbildung erzielte, das nach dem Urteile Sach=
kundiger nicht leicht seinesgleichen fand. Mitten unter den
Revolutionsstürmen ehrten ihn die Genfer durch ein sehr aner=
kennendes Schreiben und eine silberne Denkmünze mit folgen=
der Inschrift:

Johanni Conrado Ulrich
Civi Tigurino
ob industriam singularem
qua
unam e civibus nostris
surdam mutam natura
omni doctrinae et virtutis genere
instituit
Senatus Genevensis
A. D. MDCCXCV

Die Zürcher Regierung schenkte dem Heimgekehrten den Titel eines öffentlichen Taubstummenlehrers und gewährte ihm die Aussicht auf finanzielle Unterstützung; aber die Erfüllung seines Lieblingswunsches, eine staatliche Taubstummenanstalt zu errichten, wozu man sich maßgebenden Ortes gleichfalls bereit fand, fegten die politischen und kriegerischen Wirren des Jahres 1798 hinweg und rissen ihren für alle Neuerungen in Staat und Gesellschaft begeisterten Träger in ihre trüben Strudel. Das helvetische Direktorium ernannte ihn zum Mitglied des kantonalen Erziehungsrates und 1799, als der Krieg vor den Mauern Zürichs stand, zum Unterstatthalter und dann zum Statthalter. Im Wechsel des Schlachtenglückes und der Partei= siege bewahrte er vor Feind und Freund den Ruf eines wohl= denkenden, rechtlichen, ehrenfesten, maßvollen Charakters, ohne darum, wie es in der Natur der aufgeregten Zeitläufte lag, bitteren Kränkungen und Zurücksetzungen zu entgehen, die ihn denn auch aus der politischen Laufbahn stießen. Durch das Zutrauen seiner Mitbürger ins Stadtgericht und später ins Obergericht berufen, ließ er doch den Taubstummenunterricht nie völlig aus den Augen. Den Lebensabend verdüsterte dem durch vielfache körperliche Leiden heimgesuchten Manne der Tod des einzigen hoffnungsvollen Sohnes. Aber er erlebte es noch, daß das Blindeninstitut, an dessen oberste Stelle er sich gestellt sah, unter seiner Leitung durch die Hinzufügung einer Taub= stummenanstalt erweitert wurde, die ihn noch auf dem Sterbe= lager beschäftigte.

Jene opferwillige und menschenfreundliche Wärme, die einen Pestalozzi erfüllte, belebte auch ihn und machte ihn zum Lehrer und Wohltäter. Aber unähnlich seinem berühmten Landsmann schritt er aufrecht und sicher durchs Leben, mit der Wärme einen klaren Blick und praktische Klugheit vereinend. Seinem reizbaren, dem Wechsel der Stimmungen leicht unterworfenen, von Gut und Böse rasch entflammten Temperament hielten Kraft und frühe Selbstzucht die Wage. Auf dem Grunde seines Wesens lagen Ernst und Tüchtigkeit, so daß er es mit seinen Pflichten genau nahm und da, wo er etwas zu sagen hatte, ungeachtet seiner wohlwollenden Freundlichkeit mit Nachdruck zum Rechten sah. Unter häufig erschütterten Nerven leidend, vermochte er sich melancholischer Anwandlungen nicht zu erwehren, obgleich er im Bewußtsein erfüllter Pflicht und vor allem in der Religion einen Halt suchte. Die harten, für seine empfindliche Art wohl allzu harten Jugend- und Lehrjahre drückten ihm einen stoischen, das Lehramt einen philosophierenden Zug auf, was mit der praktischen Tüchtigkeit zusammen dem Manne etwas Geschlossenes verlieh und ihn stärker erscheinen ließ, als er wirklich war. Er muß einen anziehenden und über seine Leistungen hinaus den Eindruck eines ungewöhnlichen Menschen gemacht haben. Das läßt sich aus einem 1805 von Henriette Rath gemalten Miniaturbild ahnen, aber aus Papieren und Akten nicht mehr fassen. Am ehesten noch wird es deutlich aus der Schilderung eines Gleichalterigen, des Dekans Zwingli, der den jungen Ulrich aus der Erinnerung 1828 folgendermaßen beschrieb: „In unserem Kreise von Jugendfreunden zeichnete Ulrich sich nicht durch Schulstudien (denn sogenannte Humaniora konnte er im Waisenhaus nicht studieren), aber durch sein Genie, durch die selbsterworbene wissenschaftliche Kenntnis und Bildung, durch Erhabenheit über alles Gemeine und Niedrige, durch guten Geschmack und richtiges Urteil, durch seine Sitten und reine Moralität und durch männlichen, zuweilen an Düsterheit grenzenden Ernst aus. Nach Wahrheit forschte sein Geist, nach Recht und Freiheit strebte sein Sinn; lebhaft, aber rein war seine Phantasie, ungemein zart und schonend sein Gefühl. Bescheidenheit und Anspruchslosigkeit zierten seinen Umgang; sein Witz

war weder locker noch beleidigend, aber attisch und treffend.
Auch im Scherze entfiel ihm nie ein anstößiges oder zwei
deutiges Wort, und selbst in der mutwilligsten Laune ist er
nie über die Grenze des Erlaubten und Anständigen hinaus=
geschweift. Seine Lieblingsschriftsteller waren Kant, Herder und
Müller. Wenn die Philosophie des Weltweisen von Königs=
berg, das nur Postulierende seiner Metaphysik neben dem ver=
worrenen Gang des Schicksals und dem Zustand der reellen
Welt, die mit seiner idealen so wenig zusammenstimmte, ihn
anfänglich, wie jeden denkenden Jüngling, in die Labyrinthe
des Skeptizismus verwickelt hat, so rettete ihn aus diesem hin=
wieder die Humanität Herders; sein Herz blieb fromm, wider=
sprach den Zweifeln seiner Vernunft und forderte Glauben.
Ein Weltbürger mit jugendlichem Geiste, war ihm jedoch auch
damals schon sein Vaterland die nähere, liebere Welt, er war
Republikaner und freute sich, ein Schweizer zu sein. Wir hin=
gegen waren in jener politisch noch unbewegten Zeit nur
Züricher."

Ohne Schriftsteller oder Dichter zu sein, besaß Ulrich doch
eine ausgesprochene schriftstellerische Neigung. Der fortschritt=
lich gesinnte Politiker und Parteimann, dem das deklamatorische
Pathos der französischen Revolution offenbar gerade so bequem
lag wie fast allen Zeitgenossen, veröffentlichte 1798 unter anderem
ein kurzes „Wort über Freiheit und Gleichheit an seine Mitbürger
zu Stadt und Land" und im nämlichen Jahre eine kleine Schrift
„Über den Begriff Vaterland"; der Schützling und Schüler
Lavaters liebte es, Gebete und religiöse Betrachtungen nieder=
zuschreiben, mit der Feder in der Hand sein Inneres prüfend
und behorchend; wichtige Familienanlässe verschönte und vertiefte
er durch Gedichte, die allerdings lediglich durch ihren ethischen
Gehalt und den Charakter des Autors wirken konnten; festliche
Gelegenheiten der Angehörigen und Freunde erhellte er gerne
mit lustigen Versen, wobei ihm merkwürdigerweise die französi=
schen besser gelangen und offenbar auch leichter aus der Feder
flossen als die deutschen.

Seine mehr als ein Jahrzehnt jüngere Frau, A n n a
C l e o p h a Z e l l e r aus dem Balgrist bei Hirslanden=Zürich,

überlebte ihn um fünfzehn Jahre († 1843). Sie war eine an=
mutige kleine Gestalt mit schönen dunklen Augen, liebenswürdig
und heiter, eine gute Hauswirtin, eine zärtliche Gattin und
Mutter, dabei nicht ohne literarische Interessen und eine ge=
mütliche, behende Briefschreiberin.

Die ungewöhnliche Art Johann Conrad Ulrichs erschien und
verschwand nach kurzer Frist wieder in dem früh verblichenen
Sohne Heinrich (17. Juni 1798 bis 5. September 1817).
Ihn umleuchtet ein heller, wehmütiger Schein, wie er oft über
dem Gruftsteine Frühgeschiedener schwebt. In den Jammer
um den vorzeitigen Tod mischte sich der Schmerz um einen
ungewöhnlichen Charakter und eine seltene Begabung, die Be=
deutendes verhieß. Seinem frühen Sterben sah er mit heiterer
Fassung entgegen. „Wenn ich gleich," schrieb der Auszehrende
anderthalb Monate vor seinem Ende, „ein armer Hiob bin, der
an Arm und Bein zerschlagen ist, so soll doch, so lange nur Kopf
und Brust frei bleiben, nichts als dankbare Freude über meine
Lippen gehen; es bleibe mir nur der Atem und Eure Liebe und
mein heiterer Sinn, mag dann das übrige kommen und gehen,
wie es will!" Das steht in einem seiner rührenden Briefe, die er
täglich aus dem in der Stadtnähe gelegenen Hause seiner mütter=
lichen Verwandtschaft, wohin man den Kranken verbracht hatte,
den Angehörigen schrieb, um sie zu trösten. Der Vater, der im
Leid um den unaufhaltsam der Auflösung Zueilenden beinahe
verzweifelte, hatte kaum nötig, ihn zu ermahnen, ein Philosoph
zu sein; er lebte und litt und starb, so herb es ihn ankam, von
den herzlich geliebten Eltern und der Schwester zu scheiden,
wie ein heiterer, lächelnder Weltweiser, der das Irdische gelassen,
ja freudig von sich schüttelt, um dem ewigen Lichte zuzuschreiten.
Eine gewisse Reinheit und Größe der Gesinnung hob ihn über
die Umgebung und blickt auch aus seinen Gedichten, die frühe
Formvollendung und ein an Schiller geschultes Pathos zeigen;
sie lassen schließen, daß Heinrich Ulrich bei längerem Leben ein
grüner Kranz beschieden gewesen wäre. Über alle Versuche
und Anläufe, über alles Anempfundene hinweg reicht ein Ge=
dicht zum Ergreifenden, Schicksalsmäßigen hinan und klingt wie
das Loslied des in der ersten Blüte Verwelkten:

Abschied

Lebt wohl, ihr Geliebten, ich muß von hinnen,
Ein dunkles Schicksal treibt mich fort,
Durch ein finstres Meer einen fernen Port,
Ein namenloses Land zu gewinnen.

Gütige Natur, du hast sie gegeben,
Nimm deine süßen Freuden zurück,
Des Freundes und der Geliebten Blick
Und des Frühlings Kränze und Lieder und Reben.

Lebt wohl! Schon sinkt die Sonne nieder.
Hinab! Das Abendrot erbleicht.
Hab' ich das ferne Land erreicht,
Dann gib, Natur, deine Freuden wieder!

Seine Schwester Betsy (Elisabeth Franziska Charlotte, 10. Juni 1802 bis 27. September 1856), die Gemahlin Ferdinand Meyers, die Mutter des Dichters, war mittelgroß, von feiner, schmaler Bildung, zartgliedrig, besaß schöne Hände und ein anmutiges Gesicht mit ausdrucksvollen dunklen Augen. Als die Malerin Maria Ellenrieder auf ihrer Romfahrt nach Zürich kam und daselbst eine Reihe von Bildnissen malte, um ihren Reisebeutel zu füllen, stellte sie auch ein lebensgroßes Brustbild der damals fünfzehnjährigen Betsy Ullrich her, das von der anziehenden Gestalt einen deutlichen Begriff gewährt, obgleich es der Künstlerin zu wenig individuell und entschieden zu alt geriet. Ungefähr drei und ein halbes Dezennium später fügte der von der Mutter Seite her verwandte Maler Conrad Zeller die immer noch schönen Hände der Fünfzigjährigen, sowie eine nonnenartige Tracht hinzu, die eine gewisse Ähnlichkeit mit dem Kleide von schwarzer Wolle besaß, worin die Witwe bis ans Ende ihrer Tage einherging. Da sie die hohen Stirnen nicht leiden mochte, weil sie etwas Herausforderndes hätten, so trug sie, wie sie diejenige ihres Töchterchens gerne zudeckte, eine Tour kleiner Stirnlocken und, um den Kopf geknüpft, eine weiße Barbe. Indem sie der Maler mit einem weißen Kopftuch ausstattete wie eine Nonne, verhüllte er die auf dem Bilde ursprünglich sichtbar gewesene Last der dunkelblonden Haare, die, in zwei dicke Zöpfe geflochten, als Krone auf dem Scheitel lag.

Dem unweltlichen Aussehen der Frau Betsy entsprach die tiefe, reine Frömmigkeit, die, ihr ganzes Sein und Wesen durchdringend, in Worten und werktätiger Nächstenliebe hervortrat. Die teilnehmende Sorge für Blinde und besonders für Taubstumme betrachtete sie gleichsam als ein Vermächtnis des Vaters, nahm auch öfter an ihren Übungen und Festlichkeiten teil, „erhoben durch die Fröhlichkeit und den hellen Gesang der Blinden, niedergedrückt durch die Totenstille am Tische der Taubstummen, die nur zuweilen durch einen unharmonischen, an einen Vogelschrei gemahnenden Laut unterbrochen wurde". „Die Taubstummen," schreibt sie einmal nach einem Besuch in der Anstalt ins Tagebuch, „besitzen eine Tiefe der Gedanken, die wir nicht mehr haben, und jene Unbefangenheit des Urteils, welche wir im Gedränge des Lebens und seinen mannigfachen Verhältnissen verlieren. Wie interessant müßte es sein, zu wissen, was ein nie unterrichteter Taubstummer sich ohne Sprache für Begriffe bildet und ob es möglich ist, daß er richtig denkt! Welch eine innere Welt muß sich durch den Unterricht entfalten und wie glücklich wird der Taubstumme durch seine intellektuelle Entwicklung! Heil euch, ihr Edeln, die ihr euch dem schönen Berufe gewidmet habt, euren unglücklichen Mitgliedern Boten des Lebens zu werden! Ich denke an Abbé de l'Épée, Sicard, Zeune, Scherr und hauptsächlich an meinen guten Vater!"

Als die Mutter nach ihrer Verwitwung zu ihr zog und den Haushalt führen half, fand die Tochter Zeit und Weile für manchen Gang zu Armen und Kranken, für manches Schreiben, für Zuspruch, Fürbitte und Mühewaltung der Barmherzigkeit. Dabei fühlte sie sich selber nur zu häufig des Trostes und der Hilfe bedürftig, denn sie hatte von früh auf die Anfechtungen einer zarten, oft gestörten Gesundheit zu erbulden. Nicht selten befiel sie die Gesichtsrose, hartnäckiger, schwerer Husten, Nervenkopfweh und Migräne, und wenn sie von diesen Leiden in den späteren Jahren auch in größeren Abständen und mit geringerer Heftigkeit heimgesucht wurde, so genoß sie doch fast niemals einen ganz freien Tag. Als größte Bitternis und ernstlichste Hemmung empfand sie die reizbaren, überzarten Nerven. Der Tod des Bruders griff die Fünfzehnjährige dermaßen an, daß der bange

Vater auch für ihr Leben fürchtete, und stürzte sie in eine ängst=
liche Melancholie, gegen welche sie in Lavaters Werken Halt und
Schirm suchte. Wie viel sie in der Folge litt, darüber gibt eine
Stelle aus dem Tagebuch von 1829, wo von einem Geistes=
kranken aus dem Kreise ihrer Bekanntschaft die Rede ist, weit=
reichenden Aufschluß: „Traurig ist es und zu beklagen, wenn
die frohen Tage der Jugend durch körperliche Schmerzen getrübt
werden, aber unendlich bejammernswerter ist es, wenn ein edles,
mit schönen Anlagen begabtes Wesen durch ein k r a n k e s
N e r v e n s y s t e m das zu leisten verhindert wird, wozu es
Kraft und Fähigkeit hat. Dort bleibt immer wenigstens noch
ein Trost: man kann in dem Verlust der Gesundheit kindlich eine
höhere Entscheidung ehren; aber hier verläßt die Leidenden jeder
Trost, und für den Gemütskranken gibt es anscheinend keinen
Beruhigungsgrund mehr. Selbst die Tröstungen der Religion
finden keinen Raum in der verdunkelten Seele, die sich in bangen
Momenten wohl gar als die Urheberin ihrer Leiden anklagt.
I c h w a r a u s e i g e n e r E r f a h r u n g m i t a l l
d i e s e n N e r v e n l e i d e n v e r t r a u t und kannte die
inneren Kämpfe, welche durch diese Krankheiten auf dem ver=
borgenen, dem Auge der Welt unzugänglichen Schauplatz des
Herzens erregt werden. Darum gerade stieg mein Mitleid
für *** auf einen so hohen Grad, und ich schäme mich nicht,
es zu gestehen, daß mir sein Seelenzustand oft Tränen des herz=
lichsten Mitleids erregt hat.“

Als sie dieses niederschrieb, stand sie eben in der Mitte ihres
Lebens, und Schwereres, als sie schon erduldet, harrte ihrer noch.

Indessen war sie nichts weniger als eine Kopfhängerin, so
daß sie mit Fug und Recht von sich zu sagen pflegte: „Ich habe
wohl ein trauriges Herz, aber einen heiteren Geist.“ Da sie
sich selbst unter den Anfällen der Migräne außerordentlich zu=
sammennahm, war sie fast immer imstande, eine liebenswürdige
und feine Konversation zu führen, deren Zauber sich nicht leicht
jemand entzog. Sie verstand reizend und angenehm zu er=
zählen, besaß Witz und, ohne zu verletzen, einen ausgeprägten
Sinn für das Lächerliche. Ihr heller und beweglicher Geist
ergriff das Gute und Schöne, wo er es fand. Sie kam selten

von einem Ausgang nach Hause, daß sie nicht etwas Hübsches berichtete, vielleicht von einem Bild oder Kupferstich, den sie im Schaufenster der Kunsthandlung gesehen. Das von 1828 bis 1836 geführte Tagebuch füllte sie mit zahlreichen Dichterzitaten, die ihr Gemüt, ihre Frömmigkeit, ihren Feinsinn, ihre poetischen Neigungen ins Licht setzen; zuweilen warf sie auch wohl selbst einen frommen oder freundlichen Vers hin.

Was sie aber hauptsächlich ungewöhnlich machte, das war eine liebenswürdige, leicht entzündliche, wenn auch unschöpferische Phantasie, in deren Licht sie Menschen und Dinge rückte und die sie, so hochgebildet er war, ihrem Manne an Geist überlegen erscheinen ließ. Schon der Vater, von dem sie, nebst den reizbaren Nerven, dieses Erbteil überkam, hatte sie vor dem Träumen und dem Hang zum Idealisieren gewarnt, ihr einschärfend, für die Oberherrschaft des Verstandes zu sorgen.

Das Gegengewicht gegen die lebhaften Geister gewann sie in der Religion, wie sie denn an sich selbst eine strenge und dauernde Erziehung übte, die sich auf das Geringfügigste erstreckte. So legte sie früh ihre kleine Mädchenschrift ab und befliß sich einer für jene Zeit, wo die auffallenden Damenschriften noch nicht an der Tagesordnung waren, charakteristischen, schönen und großen Hand, um für jedermann von vollkommener Deutlichkeit zu sein. Außer daß sie mit den Jahren allmählich in die Höhe und Breite wuchs, weil die Augen der Schreibenden schwächer wurden, blieb diese Schrift auch in den Briefen aus den dunkelsten und leidensvollsten Stunden unabänderlich die gleiche bis auf den kleinsten Buchstaben, von untadeliger, klarer Schönheit, wie gestochen. Das war um so bezeichnender, als Frau Betsy ihre ausgedehnte Korrespondenz mit Liebe und Ausdauer pflegte, oft bis zur Erschöpfung ihrer Kräfte und immer mit den nämlichen schriftstellerischen Tugenden der Anmut und Liebenswürdigkeit. Sie wich nicht von der Gewohnheit, allwöchentlich zwei französische Briefe nach Genf zu senden, bei deren Abfassung sie den „Dictionnaire de l'académie" beriet, obgleich sie das Französische leicht, sogar gewählt handhabte.

Diese geistvolle Frau war aber in erster Linie eine tüchtige, untadelige Hauswirtin, die nicht das Kleinste übersah, so daß sie mit gutem Rechte von sich sagen durfte, Ordnung gehöre zu ihrem Atemholen. Gefälligkeiten zu erweisen, Aufmerksamkeiten auszudenken, Wohltaten nach Vermögen zu vergelten, die unbedeutendste Freundlichkeit freundlich zu erwidern, für andere zu sorgen und an sich selbst zuletzt zu denken — so war sie; es lag eine Art steter Sorge über ihr, es möchte an gebührenden Rücksichten etwas versäumt werden, an Erkenntlichkeit zu wenig geschehen. Freigebig und gastfreundlich, wie sie war, pflegte sie wohl auf das schöne Bibelwort hinzuweisen, dem Gastfreundlichen könne es widerfahren, Engel zu beherbergen.

Voll Zärtlichkeit an den Ihrigen, mit hilfsbereiter Teilnahme an den Freunden hangend, erwies sie aus Herzensbedürfnis jedermann dieselbe anspruchslose Zuvorkommenheit, wie denn z. B. in den Briefen an die Kinder die häufige Mahnung klingt, gegen die Dienstboten der Häuser, wo sie verkehrten, sich artig zu benehmen, auch an Geschenken und Trinkgeldern nicht zu sparen. Selbst die vernunftlose Kreatur schien etwas von ihrer grenzenlosen Güte zu empfinden. Wenn sie das Hündchen Spitz, dem sie übrigens täglich die vor Alter triefenden Augen auswusch, nach ihrer Weise freundlich anredete, so brach es, wie sonst gegen niemand, in ein halb freudiges, halb schmerzliches Geheul aus, das neben der Freude das ganze Weh auszudrücken schien über den Mangel der Stimme und das Elend, nicht antworten zu können.

Bekannte und Fernerstehende empfanden wohl, daß diese Frau nicht war wie andere; aber nur bedeutende Naturen mußten sie vollwertig zu schätzen. Der Jurist J. K. Bluntschli, dem „geistreiche Frauen, die mit den Männern wetteifern, unangenehm waren", erblickte in ihr „das lebendig gewordene Ideal der Weiblichkeit", und Bettino Ricasoli, der Vorkämpfer für die Einigung Italiens, nennt sie „la donna più nobile e più venerabile, ch'io abbia conosciuta e alla quale debbo attenzioni, che non si pagano mai".

Dem heranwachsenden Geschlecht erschien sie wie die Verkörperung einer vergangenen, anderen, feineren Zeit; einer Freundin der Johanna Spyri machte sie den Eindruck, als ob sie aus dem Zeitalter Schillers und Goethes zurückgeblieben sei. Über ihr schwebte, was auf viele so unauslöschlich wirkte und sich nicht mit Worten wiedergeben läßt, aber schon einem flüchtigen Blick auf das Bild der über Fünfzigjährigen faßlich wird: der Zauber seltener Anmut, feinen Geistes, eines reinen, warmen Herzens und der Reiz einer leisen Melancholie, des Urheimwehs, wie sie sagte, „das wir nie verlieren, so lange wir auf dieser Erde wandeln".

Jugendjahre

Ferdinand Meyer begann seinen Haushalt unter dem gleichen Dache mit den Eltern seiner Frau, die sich nicht von ihrem Kinde trennen mochten. Das war in Unterstraß-Zürich, in der außerhalb der damaligen Stadt gelegenen Häusergruppe Stampfenbach), in einem ziemlich niedrigen, nicht eben ansehnlichen Haus, nahe der sogenannten Neumühle, den ehemaligen Fabrikanlagen des weltbekannten Geschäftes Escher, Wyß & Co. Das Haus war Zellerscher Besitz, hieß die „Walche" und ist längst vom Erdboden verschwunden.

Dort wurde Conrad Ferdinand Meyer den 11. Oktober 1825 geboren, ein Jahr nach der Vermählung der Eltern. In der Taufe erhielt er den Namen Conrad, also den des Großvaters; derjenige des Vaters, Ferdinand, kam erst über ein halbes Jahrhundert später hinzu, als er ihn mit obrigkeitlicher Bewilligung dem bisherigen auch im bürgerlichen Leben beifügte, nachdem er, um der Verwechslung mit einem anderen Zürcher Dichter Conrad Meyer ein Ziel zu setzen, ihn als Schriftsteller schon seit 1865 geführt hatte.

Patenstelle versah der Großvater, als Patin figurierte Frau Henriette Meyer, geborene Escher; die Taufe fand den 26. Oktober in der Predigerkirche statt, wo sechs Jahre vorher auch Gottfried Keller getauft worden war.

Der Kleine war ein wohlgestaltes Kind von seltener Anmut; die Großmutter schrieb drei Vierteljahre nach seiner Geburt an die damals im Bade weilende Mutter: „Wem ein solches Kind beschert wurde, den müssen die Götter lieb haben! Dies sagt nicht nur eine verblendete Großmutter, sondern alle Welt, wer den Kleinen sieht. Auch dein philosophischer Vater sagt es, wenn er ihn des Abends beim Bettgehen noch so recht nach Herzenslust, unter Jauchzen und Krähen, gleichwie einen Federball, herumwackelt ... Madame Mallet gibt ihm nach Gallischem System Genie, um seines breiten Schädels willen; und ich Liebreiz, denn er hat uns alle ohne Ausnahme mit selbigem verstrickt."

Obgleich kein Wunderkind, verriet Conrad früh Züge eines feinen, geweckten Geistes und bereitete, noch nicht zweijährig, durch originelle Einfälle den Seinen hundert Freuden. Etliches aus dieser und späterer Zeit findet sich im Tagebuch der Mutter, anderes in ihren Briefen verzeichnet. Durch eine zufällige Begebenheit veranlaßt, wollte sie eines Tages dem Fünfjährigen den Begriff des Gewissens verdeutlichen und sagte, nachdem sie auf dem Wege der Abstraktion nicht zum Ziele gelangt war: „Nicht wahr, Lieber, wenn du etwas Unrechtes getan hast, so ist dir nicht recht wohl, du fühlst Unruhe und Schmerz in deinem Herzen?" — „Ja, ja," fiel er schnell ein, „es ist gerade, als wenn mich jemand mit einem Spieße ins Herz stäche." — „Ganz recht," versetzte sie, „dieser Spieß ist es eben, den ich meine, man nennt ihn das Gewissen." Es vergingen einige Wochen, bis er eines Morgens ganz ernsthaft mit den Worten vor sie hintrat: „Liebe Mama, du hast mir schon manchmal von Körper und Geist als von zwei ganz verschiedenen Dingen erzählt. Hat etwa der Geist jenen Spieß?"

Bald darauf äußerte er in der Frühe: „Diese Nacht hat mir viel geträumt. Ich sah Schlangen, wilde Tiere und schreckliche Menschen. Aber nicht wahr, der Traum lebt nicht? Ein gemaltes Tier ist ja auch kein wirkliches Tier." — Sechsjährig sagte er: „Du, Mama, ich muß viel bei mir selber denken: wer bin ich auch eigentlich? Und was ist auch die Welt? Aber ich finde keine Antwort." Während dieser grüblerische Hang die Mutter nachdenklich stimmte, belustigte sie folgende bei Tisch gestellte Frage: „Was meinst du, Mama," hub er an, nachdem er seine großen Augen geraume Zeit auf die vor ihm stehende

Schüssel geheftet, „hätten wir ein ganzes Jahr an einem Wal=
fisch zu essen?“

Mehr als eine hervorstechende, während des ganzen Lebens
dauernde Eigentümlichkeit brach auffallend früh hervor. Er war
noch nicht zwei Jahre alt, als seine Reinlichkeitsliebe sich so ent=
schieden regte, daß er sogar im Bettchen und halb im Schlaf
sein „abbute“ (abputzen) rief und nie vergaß, jedes Tröpfchen
Wasser sorgfältig wegzuwischen. Auch fiel es der Großmutter
auf, wie frühzeitig sich ihres Enkels Schönheitssinn geltend
machte: sie traf mit ihm eines Tages einen Bekannten, der ein
häßliches Kind an der Hand führte. Conrad, der damals etwa
vier Jahre zählte, fixierte es sehr, ohne ein Wort zu sagen;
daheim aber stellte er die Frage, warum das Kind einen so
breiten Kopf habe? Noch eine andere für den Dichter all sein
Lebtag bezeichnende Beobachtung machte die Großmutter etwa
zwei Jahre später, nämlich die, daß schmerzliche Ereignisse im
Augenblick ihres Eintretens seine Seele anscheinend wenig oder
gar nicht berührten, hernach dagegen umso stärker wirkten. „Con=
radli,“ schreibt sie der Tochter, „war erst nach deiner Abreise
über selbige betrübt, nach seiner Weise.“

Doch zeigte er im ganzen viel eher ein lebhaftes und mun=
teres, als ein nachdenkliches Wesen. Mit lautem Jubel holte
der Dreijährige, laut der Eintragung im mütterlichen Tagebuch
ein allerliebstes Bürschchen, zum erstenmal am Berchtoldstag
die Neujahrsblätter, wie sie heute der Zürcher Jugend noch
ausgeteilt werden, und die Geschenke unter dem Neujahrsbaum
machten seine überquellende Wonne schließlich wortlos. Als ihm
die Großmutter zu Ostern 1829 einen schönen Säbel stiftete,
rief er begeistert: „Nie soll er mehr von meiner Seite kommen!
Ich will ihn tragen, bis ich sterbe, und ehe ich sterbe, will ich
ihn noch geschwind essen!“

Während der ersten Lebensjahre war er von mutwilliger
Unbändigkeit, dergestalt, daß er selber sich im Bette Püffe ver=
setzte und, weil er beim Umhertollen allenthalben anstieß und
hinpurzelte, alle Farben an der Stirne aufwies. Doch setzten
ihm Krankheiten aller Art zu. Einmal befielen ihn starke Gichter,
so daß der Arzt in Anbetracht der schwachen Nerven verbot,

ihm fernerhin Geschichten zu erzählen. Flußfieber, Schleim=
fieber und die Masern blieben nicht aus, und kaum hatte man
diese ein wenig abgewehrt, so bedrohte die Halsbräune das
junge Leben.

Nach den Röteln, die ihn im Herbst 1831 heimsuchten,
magerte er ab und büßte sein frisches Aussehen ein, und der
Arzt, eine auffallend beschleunigte Entwicklung des Körpers und
des Geistes vermutend, sprang ihm mit China, Salzbädern und
Eichelkaffee bei: die Gesundheit kehrte wieder, allein die kräftige
Munterkeit, vielleicht von Anfang eher den erregten Nerven als
wirklicher Kraft entsprossen, verlor sich so ziemlich. Der Knabe
wurde mitunter so lenksam, daß man ihn, wie die Mutter schrieb,
um den Finger wickeln konnte. Zuweilen aber brauste er auf,
in seltsamem Gegensatz zu seinem eher sanften und gutmütigen
Wesen. Vor allem zeigte sich eine auffallende Weichheit und
Reizbarkeit des Gemütes: das Lob, das ein Brief der Mutter
den Kindern einer befreundeten Familie spendete, erpreßte
dem Sechsjährigen Tränen, und 1835 brach er regelmäßig in
Weinen aus, wenn er auf den damals abwesenden Vater zu
sprechen kam.

In einem so weichen Herzen vermochte der religiöse Sinn
der Mutter tiefe Wurzeln zu schlagen, wie aus einem kleinen
Anlaß erhellt. Sie untersagte ihm einst, was wohl pädagogisch
kaum das Richtige war, zur Strafe für eine Unart das Abend=
gebet, indem sie darauf hinwies, er dürfe es nicht wagen, mit
Gott zu sprechen, den er eben durch sein sehr unziemliches Ge=
baren beleidigt habe. Da vergoß Conrad heiße Tränen und
bat um die Erlaubnis des Gebetes, weil er ja sonst nicht schlafen
könne. Später äußerte er gelegentlich: „Weißt du, Mama, was
ich wünschen würde, wenn du eine Zauberin wärest? Ich würde
wünschen, daß nur ein Himmel und keine Erde mehr wäre, da=
mit wir und alle Guten an einen Ort hinkämen, wo nicht mehr
so viel Leid und Geschrei ist.“

Unter dem Geschrei verstand er aber nicht das des Schwester=
chens Betsy, das ihm den 19. März 1831 geschenkt wurde.
Denn er war ihm herzlich zugetan. Als man die Kleine sechs
Wochen nach der Geburt zum erstenmal ins Freie trug, be=

gleitete er sie, wobei sich seine Freude und Zärtlichkeit so weit
erstreckte, daß er, der Wärterin folgend, den Zipfel des Trag-
kissens nicht aus der Hand ließ. Im Sommer, da man das
Auftreten der Cholera befürchtete, sagte er: „Wenn du, Mama,
tot bist und Papa auch und die Großmama, so will ich noch
für das Schwesterchen sorgen, und wenn ich auch nur noch ein
einziges Brötchen hätte, so würde ich es ihm gewiß geben und
lieber selbst verhungern."

Bald nach der Geburt des Söhnchens hatte Ferdinand Meyer
den Stampfenbach mit einer Wohnung in der Kuttelgasse vertauscht, von deren Garten damals in den Fröschengraben, die
heutige Bahnhofstraße, eine Treppe hinunterführte; und 1830
zog er in den „grünen Seidenhof", unweit dem Rennwegtor.

Im „grünen Seidenhof" kam Betsy zur Welt. Das alte
Gebäude, das die Familie allein bewohnte, bot Raum in Hülle
und Fülle. Im unteren Stockwerk hauste, seit seiner zweiten
Berufung in den Regierungsrat, das Familienhaupt, von einem
Weibel oder Abwart bedient, der mit den nötigen Schriftstücken
und Aufträgen erschien und ging. Um die übermäßige Arbeit
zu bewältigen, namentlich die Verwaltungsgeschäfte, die Meyer
gründlicher kannte als seine Kollegen, erhob sich der rastlose
Mann oft zwischen drei und vier in der Frühe.

In diesen Zeiten durfte ihn das Töchterchen zum Essen
holen, aber nicht, bevor die Suppe auf dem Tische dampfte;
dann trug er die kleine Botin freundlich die Stiege hinauf.
An seine stille, sanfte Heiterkeit erinnerten sich die Kinder immer,
wenn sie des Frühentrissenen gedachten. Betsy sah ihn niemals erzürnt, niemals übermäßig traurig, aber sie hörte ihn
auch kaum einmal laut lachen.

Über ihm schalteten und walteten im Verein mit den Dienstboten die Frauen, die Schwiegermutter, ihrer Neigung gemäß,
in Haus und Garten hantierend, die Gattin das Hauptsächlichste
anordnend, wie sie denn auch Bücher und Kasse führte. Viel
Zeit beanspruchten neben den Kindern die ausgedehnte Korrespondenz, die gesellschaftlichen Angelegenheiten und die Armensachen. Im Besitz einer gewählten Bibliothek und allem Schön-
geistigen zugetan, sofern es Maß und Ziel hielt, gab Frau

Betſy in den feineren Damenkreiſen der Stadt Zürich, wo da=
mals alles kleiner und noch viel näher beieinander war als heute,
einigermaßen den literariſchen Ton an, wurde auch eingeladen,
wenn Fremde von geiſtigen Intereſſen bei Freunden und Be=
kannten anlangten. Namentlich ſeit der Gründung der Hoch=
ſchule, wofür ihr Gatte ſich ſehr bemüht hatte und die von den
Zürichern mit Recht als bedeutendes Ereignis begrüßt wurde,
empfing ſie nicht ſelten Geſellſchaft unter dem eigenen Dache,
vor allem eine Art von Profeſſorenkränzchen, wozu Oken, Schön=
lein, Hitzig u. a. ſich einfanden und das bei den Beteiligten
der Reihe nach umging.

Bei dieſen und anderen geſellſchaftlichen Begebenheiten war
die liebenswürdige, geiſtvolle Frau in ihrem Elemente, wogegen
der gleichfalls freundliche, aber ſchweigſamere Mann ſich ins=
geheim nach der ſtillen Arbeit unter ſeinen Büchern und Akten
ſehnte. Überhaupt entzogen ihn während der ganzen Dauer
der glücklichen, durch keinen Mißklang geſtörten Ehe die Amts=
geſchäfte und, wenn dieſe etwas locker ließen, die gelehrten
Studien den Seinigen faſt völlig, da er ſich ohne Not kaum
vom Schreibtiſche wegbegab.

Zum Spazierengehen gönnte er ſich ſelten Zeit, nur an
hellen Sonntagen führte er den Sohn ins Freie oder dann,
bei knapper bemeſſener Muße, die Tochter, der es unter anderem
unvergeßlich blieb, wie er einſt bei einem ſolchen Gang über
einen Graben ſprang, um ihr blühende Winden zu holen.

Zur Familie des Regierungsrats Meyer gehörte auch bis
kurz vor Frau Betſys Tod der Pflegling Antonin Mallet, ein
Genfer. Im Lauf der blutigen Wirren, die ſeine Vaterſtadt
im letzten Viertel des achtzehnten Jahrhunderts zerrütteten,
geriet ſeine der Entbindung nahe Mutter in eine ſchreckliche
Lage, indem ſie nämlich jeden Tag erwarten mußte, unter ihren
Fenſtern den Gatten, wie es anderen Gliedern ſeiner Partei
auch widerfahren war, zur Hinrichtung geſchleppt zu ſehen. Er
entrann zwar dem Kerker und der drohenden Kugel; aber der
bald nach ſeiner Rettung geborene Sohn blieb geiſtig beſchränkt.
Als Johann Conrad Ulrich den 10. Juli 1797 einen eigenen
Hausſtand gründete, gaben ihm Antonins Eltern ihren neun=

jährigen Knaben in Pension, und der Oberrichter leistete an ihm, der geistig und physisch wenig entwickelt war, ein pädagogisches Meisterstück. Nach dem Tode seines Pflegevaters ging Mallet, in der engeren und weiteren Familie schlechtweg „der Herr" genannt, wie ein alter harmloser Hausgeist in den Seidenhof über. Er besorgte allerlei kleine Aufträge, half Bohnen entfäden und Äpfel schnitzen, nahm Reitstunden, besuchte das Theater mit Vorliebe und füllte, da er keineswegs ganz ohne geistige Interessen war, seine Zeit mit Übersetzungen, die er unter der Leitung und Aufsicht eines Lehrers mit dem größten Fleiße besorgte, oder las in diesem oder jenem Buche. Abends spielte man gewöhnlich Neunstein oder Damenbrett mit ihm, und zwar ohne Widerstreben, da er ein gefälliger, herzensguter Mensch war und, wenn die angeborene Wildheit gelegentlich durchbrach, weiter nichts tat, als daß er sein Hauskäppchen in den Winkel schleuderte.

Unter die nächsten Nachbarn zählte die Familie Fröbel, aus der Schwägerin und drei Neffen des berühmten Kinderfreundes bestehend und damals in ziemlich knappen Verhältnissen lebend. Eine Erinnerung besonders prägte sich den Meyerschen Kindern ein: Die Frau, die zur Verwunderung der ehrsamen Züricherinnen politische Erörterungen und Disputationen jeglicher Handarbeit vorzog, stürzte am 6. September 1839, als die in die Stadt eingedrungenen Bauern den Regierungsrat Hegetschweiler, den Gönner der Fröbelschen Familie, erschossen hatten, unter verzweifeltem Geschrei in den Seidenhof herüber und zerraufte sich die schwarzen Haare; staunend sahen Conrad und Betsy das Weh des leidenschaftlichen Weibes. Ihr Sohn Julius, der bekannte Publizist und Politiker, der nach einem wechselvollen, von ihm selbst beschriebenen Leben im November 1893 hochbetagt zu Zürich starb, heiratete in die Familie Zeller im sogenannten Balgrist, einer Häusergruppe bei Hirslanden-Zürich, und somit in die Verwandtschaft der Frau Oberrichter Ulrich, die aus der im Balgrist seßhaften Zellerschen Sippe stammte.

An den unteren Teil des Seidenhofgartens stieß ein Wäldchen, das sich bis an die sogenannte zahme Sihl hinabzog. Da

faß und spazierte die Mutter häufig mit Conrad und Betsy.
Zuweilen suchten diese die Verwandten im Balgrist heim, noch
öfter das nähere Stadelhofen, wo der Onkel Wilhelm Meyer-Ott
wohnte. Auch tummelten sie sich, verträglich und gut geartet,
mit anderen Kindern nach Herzenslust auf Straßen und Plätzen
der Vaterstadt, die gerade damals, aufstrebend und sich dehnend,
die Gräben zu füllen, die Schanzen abzutragen, die Ringmauern
und Türme zu schleifen begann.

In der Schule kam Conrad anfänglich gut vorwärts. Sein
erster Lehrer, ein gewisser Wehrli, erklärte ihn im Sommer 1831
als einen sehr fähigen Knaben, der mit regem Eifer ein treff-
liches Gedächtnis verbinde, so daß er mit älteren Schülern Schritt
zu halten vermöge; und am 4. November des nämlichen Jahres
konnte die glückliche Mutter dem Vater melden: „Conrad hat
nach seinem eigenen Ausdruck die Mädchen in der Schule hinab-
spediert bis an ein einziges, an dem er aber auch noch arbeiten
wolle." Sie fügte bei, das geschehe ohne Anstrengung und
ohne jede häusliche Nachhilfe. Überhaupt arbeitete Conrad nicht
über Auftrag, auch ohne merkbare Neigung für ein bestimmtes Fach.

Mit der Zeit trat er allmählich zurück und ließ anderen
den Vorrang. Ein verträumtes, zerstreutes Wesen, die Unfähigkeit, sich zu konzentrieren, griffen hemmend ein, vielleicht
die erste Regung des schlummernden Talentes, vielleicht körperliche, während und infolge der raschen Entwicklung vermehrte
Schwäche, vielleicht beides zugleich. Freunde des Hauses wunderten sich, daß der Sohn solcher Eltern anscheinend aus der
Art schlage und nicht mehr zu werden versprach, und keiner der
Lehrer, weder Sauppe, noch Haupt, H. Grob, Kaspar von Orelli
oder Ettmüller, witterten hinter dem freundlichen Knaben, der
ein Junge schien wie andere auch, irgend eine besondere Begabung. Daß er keine an den Tag gelegt haben soll, machen
die Briefe, die der noch nicht Vierzehnjährige von Richterswil
nach Hause, sowie von Zürich ins bernische Bad Blumenstein
sandte, so wenig glaublich, als die schon ziemlich ausgeschriebene,
eine beträchtliche Geistesreife voraussetzende Handschrift. Sie
sind auffallend gut stilisiert und stellenweise von einem schalk-

haften Humor gefärbt, welcher die gewöhnlichen Späße solch jungen Volks überragt. „Als ich," so schließt eine an die Eltern gerichtete Epistel vom 5. August 1839, „in das Visitenzimmer eintrete, ruft mir Monsieur Mallet entgegen: ‚Adieu, Conrade, Adieu!‘ (Bekanntlich dient Adieu auch zur freundlichen Bewillkommnungsformel.) Herr E., getäuscht, fährt auf mit den Worten: ‚Ei, Conrad, gehst du schon schlafen!‘ — ‚Nein, nein, Herr E., ich komme eben heim!‘ — ‚Ja so! Ja so! Ja so!!!‘ Als wir uns, nachdem sich die Gäste entfernt hatten, in der Stube umsahen, entdeckten wir noch ein Andenken von Herrn M. (dem Schinznacher), nämlich ein niedlich sich in die Runde ausdehnendes Schnupftabaksröllchen, welches sich friedlich an ein Sesselbein anfügte.

„Indem ich Dir und dem lieben Vater alles Gute wünsche und Dir Grüße von allen den Personen, die da aufgezählt sind, ausrichte, bin ich Dein von den lieben Schinznachern umringter Sohn Kunz.*

* „Laut H. Schott = Conrad, siehe Nr. 5, S. 14, Lehre von den Lauten.

„Es grüßen: die Schinznacher; Jungfer Tante; Tante Meyer-Heß nebst den Töchtern; Onkel Wilhelm mit seinem Gemahl nebst den Kindern; Vetter Henri Zeller mit seinem Gemahl; Madonna Cleopha, des Herrn Professors seine; Großmama mit ihrem Bruder und seinem Frauchen; ich und Betsy, Herr Mallet, die Dienstboten und der ältere und jüngere Jakob."

Sauppe staunte nicht wenig, als er fast ein halbes Jahrhundert nach seiner Züricher Lehrtätigkeit vernahm, sein ehemaliger Schüler Conrad Meyer habe sich zum berühmten Dichter ausgewachsen. Er vermochte sich seiner schlechterdings nicht mehr zu erinnern. Und doch war es Conrad gewesen, den man dazu auserkoren hatte, dem von Zürich scheidenden Lehrer einen Silberbecher zu überreichen. Vom Seidenhof aus sahen die Angehörigen, wie er, vom Hause wegschreitend, den eindringlichen Zusprüchen zum Trotz die groben Papierhüllen vom Pokal löste und nur das flatternde Seidenpapier beließ, aus dessen gelockerten Falten da und dort das blanke Erz hervorfunkelte.

Dann trug er das Trinkgerät mit ausgestrecktem Arm vor sich her und schritt den Fröschengraben entlang.

Er war noch ein Kind, als er das Hochgebirge, zu dem er in der Folgezeit so manches Mal emporflüchtete, zuerst in der Nähe sah, nämlich im Jahre 1834, wo er mit der Großmutter und Antonin Mallet im Glarner Heilbad Stachelberg eine Kur machte und laut den nach dem Seidenhof gesandten Botschaften sich dauernd so „artig und gefällig" aufführte, daß die Gäste sich erkundigten, wer der liebenswürdige Knabe sei. Zwei Jahre später reiste der Vater mit ihm nach Stachelberg und bestieg mit ihm die obere Sandalp an einem strahlend hellen Tag, den Conrad damals als den glücklichsten seines Lebens bezeichnete. Nach einem Rasttag passierten sie den Klausen, auf dessen Höhe sie in Regen gerieten und nicht übel an die Finger froren, für welches Ungemach der junge Bergwanderer sich durch fünf niedliche Zicklein entschädigt fand, die das Brot in seiner Tasche gewittert hatten und nun den beiden wohl eine halbe Stunde folgten. Von Altdorf führte die Reise auf die Rigi und heim.

1838 zogen sie selbander nach Bünden. Von Rapperswil fuhren sie im Kabriolett nach Weesen. Dann, nach einer Dampferfahrt den Walensee hinauf, der in seiner vollen Pracht glänzte, wanderten sie, den Sack auf dem Rücken, nach Sargans, wo sie, nachdem sie den Schloßturm bestiegen, sich zur Ruhe begaben. Am nächsten Tag wurde die Fußreise nach Ragaz fortgesetzt. Während der Vater die Taminaschlucht durchwanderte und Pfäfers besichtigte, las der Sohn, den er wegen der etwas mißlichen Wege nicht mitzunehmen gewagt, in Langbeins Gedichten, die ihm ein Bekannter geliehen. Da der Ragazer Hausknecht aus Versehen ihr Gepäck der Züricher Post aufgeladen hatte, so marschierten sie am folgenden Morgen ohne Ränzel Chur zu, unterwegs in Zizers bei einem Kaffee haltmachend. Von Chur fuhren sie im Char a banc eines Freundes nach Thusis, durchschritten, bepackt mit den inzwischen wiedererlangten Tornistern, die Viamala und die Roffla und übernachteten in Splügen. Dann ging's nach Chiavenna, von da ins Engadin und in die Heimat zurück, aber auf welchen Wegen und mit was für Aufenthalten, ist nicht mehr zu ermitteln.

Der Vater, welcher die schleichende Entkräftung spürte, erklärte, er reise zum letztenmal. So war's, und er löschte bald aus.

Noch zu seinen Lebzeiten regte sich im Sohne der schöpferische Trieb. Wie seine Landsleute Salomon Geßner, Martin
Usteri, David Heß und Gottfried Keller begann er fast leidenschaftlich zu zeichnen, ehe er nur an einen Vers dachte, und
selbst die Schulbücher mit Figuren, Landschaften und Architekturen zu füllen, nicht eben zur Erbauung der Eltern, die in
dieser Betätigung wesentlich einen Abbruch des benötigten Schul-
fleißes erblickten. Dann schlug die humoristische Dichterader:
er besang in einem lustigen Gedicht, das er dem Vater vorlas,
die Klassengenossen, um zuletzt sich selber vorzunehmen.

Am Sterbetag ihres Gatten schrieb Frau Betsy ein einziges
Wort in ihr Haushaltungsbuch: „Todesstoß." Niedergeworfen
vom Schmerz um den Dahingeschiedenen, hatte sie sich auch
viel zu kümmern wegen ihrer äußeren Lage, die ihr eine wohl-
erwogene Sparsamkeit zur Pflicht zu machen schien, und wegen
der Zukunft des Sohnes. Ein Studien- und Gesinnungsgenosse
ihres Mannes, Dekan Benker zu Dießenhofen im Kanton Thurgau, bei dem Conrad 1839 die Sommerferien verbracht, schrieb,
als er ihr anläßlich des Todes ihres Gatten seine Teilnahme
ausdrückte, der Sohn, auf den das stillere und ruhigere Wesen
des Vaters übergegangen sei, werde ihrer sanften Einwirkung
wenig Schwierigkeiten bereiten. So war es wohl meistens,
und dennoch fiel ihr seine Erziehung schwer. Ängstlich
und zart besaitet, wie sie war, entbehrte sie die leichte Gelassenheit, nicht um den Sohn zu halten, da er sich nachgiebig
fügte, wohl aber, um ihm nötigenfalls Freiheit und Spielraum zu
gewähren. Daß er für die deutsche Literatur mehr Liebe und Begeisterung fühlte als für die klassische, beunruhigte sie und Benker,
dem sie es mitgeteilt, über Gebühr; in ähnlicher Weise mag sie
noch vieles zu schwer genommen haben. Die Mutter Gottfried
Kellers stand der Entwicklung ihres Sohnes aus Mangel an Einsicht, Bildung und Festigkeit ziemlich rat- und machtlos gegen
über; aber die seltenen Eigenschaften der Frau Betsy erreichten
an ihrem Blut auch nicht das, was sie und andere erhofften, und
es bewahrheitete sich auch hier der alte Satz, daß ungewöhnliche

Menschen allenthalben Erziehungstragödien und pädagogischen Mißverständnissen ausgesetzt sind, weil sie eben über eine gewisse Schwelle weg nicht zu führen sind, mag die geleitende Hand sein, welche sie will.

Schon damals begannen sich in Meyer, der äußerlich wenigstens ruhig und zufrieden aussah, spätere dunkle Wandlungen vorzubereiten, indem tiefer, als Mutter und Schwester ahnten, Weh und Bangen in ihm wühlten. Er erklärte später, viel mehr, als jemand denke, in den „Leiden eines Knaben" Jugendstimmungen niedergelegt zu haben. Ein um beinahe drei Jahrzehnte älterer Verwandter, mit dem er übrigens bis ans Ende in freundlichem Verkehr blieb, riß im aufwallenden Zorn den trotz seiner artigen Sanftheit zuweilen auffallend Störrischen zu Boden und prügelte ihn. Von da an, berichtete Betsy, hatte er lange etwas Gebrochenes an sich. Zuweilen befiel ihn eine nervöse, ängstliche Hast, so daß er, völlig unbegreiflich für die Nächsten, in Tränen ausbrach, meistens ohne sich zu erklären, was ihn bedrücke. Gewiß beruht es auf Wahrheit, wenn er, der vor der Öffentlichkeit mit Klagen scheu zurückhielt und seine herben Lose und Zeiten verschleierte, nachmals in einem Gedichte behauptet, das Schlittschuhlaufen, das er wie das Baden leidenschaftlich betrieb, sei seiner Jugend einzige Lust gewesen:

> Horch! Ein dunkel Geisterlied,
> Wie des Bienenkorbs Gesums:
> Dröhnend sonder Unterbruch
> Durch die reine Winterluft
> Des gestählten Schuhes Ton!
> Meiner Jugend einz'ge Lust
> Läutet dumpf zu mir empor.
>
> („Aus der Höhe.")

Nach der Art junger Leute, namentlich solcher, hinter denen etwas steckt und ans Licht drängt, fing er in jenen Jahren an, mit seinen Meinungen und Worten ungehemmt herauszufahren, zum nicht geringen Schreck der Mutter, die ihrerseits die verkörperte Rücksicht war und darum stetig fürchtete, der Sohn möchte anstoßen, den Respekt verletzen und Ärgernis stiften. Unter den anläßlich dieser Sache angebrachten Entschuldigungen

richtete sie auch einmal eine an David Heß, Salomon Landolts
trefflichen Biographen, der, schon ein Freund ihres Vaters, sie
häufig besuchte und allerhand literarische Neuigkeiten mit ihr
tauschte. Das Briefchen zeigt, wie schlimm es schon damals
um ihre Nerven stand, und läßt ahnen, was sie und mit ihr der
Sohn zu leiden hatte.

„Hochzuverehrender Herr!

„Gleich wie von Möwes erzählt wird, ‚jede Sünde seiner
Gemeinde habe i h n zur Buße getrieben und er habe sich einen
Teil derselben selbst zugeschrieben‘, so blicke ich mit Beschämung
auf den gestrigen Abend zurück. Wie rücksichtslos, anmaßend,
wie unbeschreiblich roh hat sich Conrad betragen! Seine Äußerungen schnitten mir durch die Seele und versetzten mich in einen
so peinlichen Zustand, daß ich mir gleich vornahm, Sie recht
von Herzen um Verzeihung zu bitten. Glauben Sie mir, es
gehört zu den bittersten Prüfungen meines Lebens, in dem
Sohne so ganz das Gegenteil des sanften, gemütvollen Vaters
zu erblicken, und ich kann wohl sagen, daß ich mich namentlich
wegen Conrad vor dem Leben f ü r ch t e.

„Was nützen Talente, so glänzend sie sind?

„Das Lob, das sie sammeln, zerstreuet der Wind. Solange
er innerlich nicht umgewandelt wird, kann ich mich seiner nicht
freuen. Ich kann nur seufzen und für ihn beten.

„Hoffentlich hat Ihnen das schlechte Wetter nicht geschadet,
verehrter Herr. Empfangen Sie unseren wiederholten Dank
für Ihren Besuch, für Ihre Nachsicht und die trefflichen Lehren,
welche Sie Conrad in einem so anziehenden Gewande zu geben
wußten, daß er nachher selbst gestand, er habe seit langer Zeit
keinen so genußreichen Abend mehr verlebt.

„Ihre traurige, aber von Herzen ergebene

B. M. U.“

Mittwoch Morgens [24. November 1841. Datum von D. Heß].

Da bewies der alte Herr, daß er Menschenkenntnis nicht nur
als Schriftsteller zu betätigen wußte. Er schrieb ihr am 25. November 1841:

„Liebe, gute Frau Meyer. Wie ist es möglich, daß Sie sich so ohne Not selbst quälen können, und zwar eines Sohnes wegen, der Sie zu schönen Erwartungen berechtigt! Wissen Sie denn nicht, daß junger Most gären muß, wenn er Wein werden soll? Frühe Gärung aber deutet auf innewohnenden Geist, und daß dessen viel vorhanden, konnte ich am Dienstag Abend recht gewahr werden, da Conrad einmal ein wenig auspackte und nicht, wie sonst, vor dem alten Zopf davonlief. Jede Zeit hat ihre besonderen Formen; die der jetzigen haben allerdings den Anstrich früher Emanzipation, sogar den Anschein der Anmaßung. Wenn aber in unseren Tagen die Jugend im sechzehnten Jahre mehr schon gelernt, in sich aufgenommen und verarbeitet hat, als ehemals im zwanzigsten, so ist sich nicht zu verwundern, wenn sie sich selbst fühlt und etwas keck auftritt. Im praktischen Leben stoßen sich in der Folge die Hörnlein von selbst ab. Bis es zum (fehlt ein Wort) kommt, gibt es freilich viel zu schaffen mit den jungen Herren, besonders für das weiche Herz einer ängstlichen Mutter. Eine solche führt aber den Wildfang weit sicherer am seidenen Fädelein der Liebe als ein strenger Vater am Subordinationsseil, wenn er keine Eigentümlichkeit auf=kommen lassen will, hinwieder aber auch manches zurückdrängt, das in dem Jüngling, wenn er in der Fremde sein eigener Herr ist, wie zusammengepreßte Federkraft nur desto heftiger aufschnellt.

„Wenn Sie fortfahren sollten, so ängstlich jedes Wort Ihres Sohnes abzuwägen, so werden Sie darüber hypochondrisch und halten am Ende jede Frühlingsmücke für einen langberüsselten Elefanten. Ich habe am Dienstag auch gar nichts gehört, das Tadel verdiente oder mir als unstatthaft aufgefallen wäre. Die junge kräftig zu werden versprechende Natur sprach sich frei und frank aus, und das halte ich für besser, als wenn ein Jüng=ling sich bewußt ist, daß viel in ihm steckt, dasselbe aber kalt in sich verschließt und im tiefsten Herzen aufschwellen läßt, woraus dann heimlicher Stolz wird, der tiefere und gefähr=lichere Wurzeln treibt, als was den Weg nach außen findet und wie eine Rakete zerplatzt. Sollte Conrad in einzelnen Mo=menten über die Schnur hauen, dann, glaube ich, werden Sie mit sanfter, aber sicherer Ironie weit mehr ausrichten, als mit einem langen ernsten Sermon.

„Ich gewahre aber mit Schrecken, daß ich Ihnen selbst einen solchen halte, während ich Ihnen lieber heiteren Mut und Vertrauen in die Kraft Ihrer sanften Waffen einflößen möchte.

„Von Herzen Ihr ergebenster

David Heß.“

Seine Sommerferien, 1840 oder 1841, verlebte Conrad zu Beckenried am Vierwaldstättersee bei einer Frau Amstad, der Gattin eines Arztes, der Schwester des Stanser Malers M. P. von Deschwanden. Die kluge, wohlwollende Hauswirtin, deren unschönes Gesicht ein paar leuchtende dunkle Augen belebten, war mit dem jungen Zürcher gar wohl zufrieden, nur klagte sie, daß er sich nicht immer rechtzeitig zum Essen einstellte und so verwegen auf den umliegenden Berghöhen und Felsen herumkletterte, daß seine Waghalsigkeit sogar die der Hirtenbuben übertraf, wie es denn an Schrammen und zerrissenen Kleidern nicht fehlte.

Damals ungefähr mag ein Mitschüler von seinem Kameraden den Schattenriß entworfen haben, der mit den feinen Profillinien glaubhaft und einer im Jahre 1841 oder 1842 entstandenen Bleistiftzeichnung von Deschwandens Hand ähnlich erscheint. Dieser Künstler pflegte bei der Familie Meyer zu wohnen, wenn er nach Zürich kam, malte auch 1844 für Frau Betsy einen „Johannes auf Patmos mit dem Engel“, der zu einem wohltätigen Zwecke verlost wurde. Er hatte auch unter ihren Augen und ihre Korrekturen verwertend das Bild ihres verstorbenen Gatten für die von J. J. Hottinger verfaßte Biographie gezeichnet.

Conrads Porträt zeigt ein feingeschnittenes, hübsches Gesicht, welches die Züge des künftigen Mannes unschwer erkennen läßt. Auf dieses Konterfei bezieht sich das kleine Gedicht „Mit einem Jugendbildnis“:

Hier — doch keinem darfst du's zeigen,
Solche Sanftmut war mir eigen,
Durfte sie nicht lang behalten,
Sie verschwand in harten Falten.
Sichtbar ist sie nur geblieben
Dir und denen, die mich lieben.

Er war damals so lebhaft und quecksilbrig, daß er auf dem
Heimweg aus dem Gymnasium, das sich erst im sogenannten
„Loch" — er hat das Lokal im Jürg Jenatsch geschildert —,
dann im Chorherrenstift und schließlich im neuen Kantonsschul-
gebäude befand, nicht geradeaus ging, sondern schräg im Zickzack
über die Straße von einer Häuserfront zur anderen.

1842 begegnete ihm das Mißgeschick, sich beim hastigen Her-
unterspringen von der Treppe den Fuß zu beschädigen; die
anfänglich nicht beachtete Verletzung verschlimmerte sich, worauf
der Arzt Schwefelbäder verordnete. Da sich die Heilung trotz
derselben verzögerte, so ging Conrad mit der erholungsbedürf-
tigen Mutter und dem Schwesterchen nach dem am Fuß des
hohen Rohnen gelegenen Landbade Hütten, das ihm die er-
wünschte Herstellung brachte. Ein jüngerer Mediziner, namens
Farner, der ihn dort besuchte, berichtete der Großmutter im
Seidenhof, der Enkel befinde sich im Gefühl seiner Freiheit so
glücklich und „entschlage sich aller anstrengenden Tätigkeit dermaßen, daß er nicht einmal sein Nachdenken anstrengen möge".
Sie führte Klage über seine mangelnde Willenskraft und über
sein beharrliches Schweigen: „Ich kann nicht begreifen, wenn
ich das Bild Conrads von Deschwanden betrachte, daß dieses
geistige Auge und dieser sprechende Mund seiner Großmutter
nach einer Trennung von vierzehn Tagen kein Wörtchen sollte
zu sagen wissen."

Der Landaufenthalt entfremdete ihn der Schule noch mehr,
als er ihr schon entfremdet war, und steigerte seinen Widerwillen gegen sie. Keiner seiner Lehrer verstand ihn, keiner regte
ihn an; zudem stak er in einer verwilderten Klasse. Während der
zwischen den einzelnen Unterrichtsstunden liegenden Pausen liefen
die Schüler zum Bier, führten gelegentlich trotzige Reden und
gebärdeten sich ziemlich genialisch. Waren diese Geschichten im
ganzen auch harmlos und unschädlich, so ließ doch ein längeres
Verbleiben in der Klasse, wie die Mutter meinte, wenig Gutes
hoffen. Conrad, welcher dieser Ansicht beipflichtete, entschied sich
mit Freuden für einen Aufenthalt in Lausanne, immerhin mit
dem festen Vorsatz, rüstig weiter zu arbeiten, um später das
Züricher Maturitätsexamen bestehen zu können. Er hatte sich

am Gymnasium der Vaterstadt, das er 1837 bezogen hatte und im Frühling 1843 verließ, nichts erworben, als eine gründliche Kenntnis der klassischen Sprachen, die er freilich noch lange Jahre für sich studierte.

In der französischen Schweiz durfte er einen guten Empfang gewärtigen. Die Eltern waren, wie schon die Großeltern, mit der Genfer Familie Mallet eng befreundet, und in dem Waadtländer Historiker Vulliemin hatte der Vater, als er von Göttingen nach Lausanne kam, einen Freund gefunden, mit dem er in regem Verkehr blieb. So zog denn der Sohn aus einer Heimat in die andere.

Er wohnte bei einem Herrn Gaudin im „petit château", einer Art Pension für junge Leute, wo er Züricher Freunde, zwei Brüder Vögeli, traf und unter anderem auch mit polnischen Flüchtlingen Fühlung und Einblick in ihre Hoffnungen und Träume gewann. Er nahm Unterricht in der italienischen Sprache und las in dem damals schwärmerisch verehrten Jean Paul. Vor allem gab er sich widerstandslos den neuen Eindrücken der französischen Literatur hin, indem er Klassiker und Zeitgenossen auf sich wirken ließ, die klassische Komik Molières nicht weniger als den lyrischen Taumelbecher Alfreds de Musset. So wurde ihm von jung auf die französische Sprache vertraut.

Des Schulzwangs ledig, durch die Fülle ungewohnter landschaftlicher, geselliger und literarischer Reize erfrischt, wandte er sein ganzes Sinnen und Trachten der eigenen poetischen Arbeit zu, die damals in Fluß geriet, nachdem er übrigens, wie ein Mitschüler sich wohl erinnerte, schon auf der Schule eine Menge von Versen gekritzelt hatte. Der Glaube an seinen Dichterberuf erwachte, an dem er späterhin so oft wieder verzweifelte. Er sang:

> Steigt wohl täglich ufernieder
> Nach Duchy ein Dichterblut,
> Volle Rosen auf den Wangen,
> Rosenknospen auf dem Hut.

Er war noch zu jung an Jahren, um etwas einigermaßen Fertiges oder Geschlossenes hervorzubringen. Sehr ungleich in den einzelnen Teilen, oft ungelenk in der Form, willkürlich im

Ausdruck und gewaltsam in den Wendungen, zeigen die wenigen
Gedichte aus jenen Tagen doch einige unverkennbare Spuren
von dichterischem Talent. Es sind wesentlich Gleichnisse, in
denen er, nach der unbehilflichen Gepflogenheit lyrischer Anfänger, die Gefühle und Stimmungen seiner Seele durch ein
Landschaftsbild auszudrücken und zu verdeutlichen strebt. Im
längsten dieser Erzeugnisse — es trägt den Titel „Der Leman" —
mißriet ihm dieses Unterfangen dermaßen, daß er für gut fand,
der Schwester einen kleinen Kommentar dazu anzufertigen. Da
vernahm sie nun, was ihr sonst sicherlich nicht eingefallen wäre:
der Leman bedeute eigentlich des Dichters Brust, und beide,
Brust und See, teilten miteinander die nämlichen Gefühle, wie
Liebe, Haß, Verehrung der Autoritäten und Feindschaft. Er
setzte hinzu, die Mutter werde die religiösen Feuermetalladern,
die das ganze Gedicht durchzögen, nicht verkennen. Aber davon
ist mit dem besten Willen nichts zu entdecken.

Immerhin wird man an einer Stelle dieses monströsen Erst-
lings mindestens einen kräftigen poetischen Aufsprung spüren.
Der Dichter redet den See an:

> Was bedarfst du denn des Mondes
> Wehmutblassen Schlummerschein? —
> Wellenleuchttürm', phosphorbrennend,
> Werden grelle Lichter streun.
>
> Aus dem Schlummer denn, o Riese!
> Brich die enggespannte Fessel,
> Und die Tuba deiner Stürme
> Töne überm Wasserkessel!
>
> Aus dem Schlummer denn, o Riese!
> Brich die sperrenden Gespinste!
> Zieh das Sturmgewand der Kraft an!
> Zeige deine Wogenkünste!

Fast alle übrigen Strophen bleiben hinter diesen weit zurück
und ebenso weit die übrigen Gedichte hinter diesem ersten.
Darunter findet sich eines auf den Tod des Vaters, in dem
mit wenigen ungeschickten Strichen das Sterben mit Gewitter-
vorgängen in Verbindung gesetzt wird:

Kampf und Sieg

Es ist das Wetter so dumpf, es ist das Wetter so bang,
Es ziehen die schwärzesten Wolken den Horizont entlang.

Sie heben sich gegeneinander, sie ringen, sie kämpfen mit Macht,
Sie halten die Sonne gefangen in ihrer schaurigen Nacht.

Es ist dem einzigen Vater das Todesbette gebettet
Und niemand auf dieser Erde, der ihm das Leben rettet.

Es steht um ihn der Freunde, der Lieben trauriger Kreis,
Es ist das Blut gewichen, die Wange wie Schnee so weiß.

Jetzt hat die Wolken durchbrochen der Sonne goldiger Schein,
Jetzt zieht die Seele des Dulders ins himmlische Leben ein.

Selbst hier, bei einem Stoffe, der dem Herzen des jungen
Dichters nahetrat, vermochte, wie es ihm so oft eigen geblieben
ist, die Empfindung nicht unmittelbar durchzubrechen; hier herrscht
lediglich ein Spiel der ringenden, unruhigen Phantasie.

Zu den Angedenken jener Tage der ersten Freiheit, über
die sich nur die allerdürftigste Kunde erhielt, gehört ein Bild
Conrads, ein kleines Daguerreotyp, das auch in vergrößerter
Wiedergabe dem nachgedunkelten Werk eines alten Meisters
gleichsieht. Abgesehen davon, daß es, nach dem Urteil der
Schwester, den Vorzug ausgesprochener Ähnlichkeit besitzt, bedeutet es wohl die merkwürdigste Fixierung des interessanten
Kopfes: langes, volles, leichtgelocktes Haar über der schönen
Stirn und „ein Zug von Traum und Leidenschaft", der den
gealterten Dichter „so tief und eigen" berührte, als er im Bild
eines geisterhaften Reiters seine Jugendgestalt schilderte:

Der jungen Augen wilde Kraft,
Des Mundes Trotz und herbes Schweigen,
Ein Zug von Traum und Leidenschaft
Berührte mich so tief und eigen.

(„Begegnung.")

Schatten der Einsamkeit

Ungern kehrte Meyer 1844 von Lausanne nach Zürich zurück,
da es nun galt, die Träumereien und poetischen Versuche mit
den ernsthaften Vorbereitungen für die Maturität zu vertauschen.

Um ungestörter zu sein, wohl auch wegen einiger Nachhilfe, ging er nach Dießenhofen zu dem gelehrten Dekan Benker, wo er schon vor Jahren gewesen, hielt es aber nicht lange aus, sondern erschien eines Tages unvermutet daheim, zum nicht geringen Schrecken der Mutter. Darüber berichtet am 16. August 1845 eine Freundin der Familie: „Frau Meyer ist sehr bekümmert um ihren Sohn Konrad. Er hätte bei Dekan Benker in Dießenhofen, einem Freunde seines Vaters, einige Wochen zu seiner Erholung und Aufmunterung bleiben sollen. Anstatt dessen lief er dort am dritten Tage ohne Abschied fort, einen Brief zurücklassend, daß ihn das Heimweh treibe, wieder umzukehren, und kam ohne Regenschirm zu Fuß im ärgsten Wetter nach Hause. Er sei wirklich gemütskrank, und die Scheu vor den Menschen werde täglich größer. An seine Zukunft dürfe sie gar nicht denken, er mache immer und immer andere Pläne für einen Beruf und vermöge doch keinen festzuhalten. Die gute Frau Meyer dauert mich sehr."

Schon damals also, bevor er das zwanzigste Jahr hinter sich hatte, war es nicht gut um ihn bestellt. Indessen bestand er ein befriedigendes Maturitätsexamen und immatrikulierte sich bei der juristischen Fakultät, beraten und aufgemuntert von Bluntschli, dem Freunde der Mutter und des verstorbenen Vaters.

Er besuchte die Vorlesungen ohne Neigung und inneren Beruf, mehr der Mutter zuliebe, und zog sich allmählich aus den Hörsälen zurück. Unter der Leitung des Malers H. J. Schweizer begann er im Künstlergütchen zu zeichnen, rückte aber nicht merklich vom Fleck, da er die Sache ziemlich lässig betrieb.

Was ihn lähmte und peinigte, das waren die beständigen Zweifel, ob er zum Maler oder zum Dichter geboren sei, Zweifel, die gerade in jenen Zeiten sein um sechs Jahre älterer Landsmann Gottfried Keller für seinen Teil gelöst hatte, nachdem er, der als gescheiterter Landschafter ratlos zu Hause saß, unvermutet den poetischen Hort in sich entdeckt, binnen kurzem einen ganzen Stoß Gedichte fertig gestellt und durch Follens Vermittlung auch einen Verleger dafür gefunden hatte.

Meyer, der weder den jungen Dichter noch dessen Gönner kannte, auch sonst in der Vaterstadt keinen sachkundigen und wohlmögenden Mentor wußte oder aus Schüchternheit sich keinem anzuvertrauen wagte, mußte doch nicht völlig jeden Rat entbehren. Die Mutter hatte im Sommer 1829 während einer Kur in Gais die Bekanntschaft eines Fräuleins Marie Jäger, der Nichte Gustav Schwabs, gemacht und den freundschaftlichen Briefwechsel mit ihr auch fortgesetzt, nachdem sie sich mit Gustav Pfizer verheiratet hatte. An ihn sandte Frau Meyer die poetischen Versuche des Sohnes, indem sie zu erfahren wünschte, ob sich dichterisches Talent aus ihnen erschließen lasse. Sie hob den Antwortbrief unerbrochen auf und hing ihn an den Weihnachtsbaum, da sie gleich dem Sohne auf eine Bejahung ihrer Frage hoffte. Allein er enthielt keine tröstliche Botschaft, sondern den Rat, Conrad möchte von der Poesie absehen, und täte wohl besser daran, Maler zu werden.

Mustert man den kleinen Gedichtvorrat, den die sorgliche Schwester ins reine schrieb und aufhob, so muß man freilich gestehen, daß auch einer, der schärfer blickte als der Stuttgarter Dichter und Gymnasialprofessor, zum gleichen Urteil gelangen oder doch wenigstens unschlüssig bleiben konnte, zumal es sich um die Entscheidung in einer Lebensfrage handelte, wobei ein kräftiges Nein voraussichtlich weniger Unheil stiftete als ein zweifelhaftes Ja. Wie den Erzeugnissen der Lausanner Zeit fehlt auch denen, die damals nach Stuttgart wanderten, ein persönliches Gepräge und der Reiz des Erlebten, wenigstens den rein lyrischen. Neben einigen vaterländischen, durchaus ungenügend gestalteten Motiven finden sich etliche gutgezimmerte Sonette, die ein sorgfältiges Studium Platens verraten. Zuweilen tönt in ihnen eine starke, volle Sprache, so in einem Sonett auf Salvator Rosa; ein anderes über den Christus eines unbekannten italienischen Meisters zeichnet sich durch einen schön empfundenen Schluß aus, den freilich eine sprachliche Willkür entstellt:

> Noch darfst du nicht dein müdes Antlitz neigen;
> Dein schönes Antlitz leuchtet milde, milde
> Auf deiner Peiniger geängstigt Schweigen,
>
> Und hingezogen zu dem blassen Bilde
> Der Leiden, wird mein Herz, das öd' und wilde,
> Ein widerspenstig Herz wird dir zu eigen.

Wie er hier, wo er sich an ein Werk der plastischen Kunst
anlehnt, viel sicherer steht, so ist das auch der Fall in einem
achtstrophigen, im Juni 1846 entstandenen Gedicht „Der ster=
bende Fechter", das offenbar im Hinblick auf die bekannte an
tike Gestalt des sterbenden Galliers konzipiert und ausgeführt
wurde und übrigens einen Stoff behandelt, den Meyer später
in der „Wunderbaren Rede" und teilweise auch im „Geisterroß"
wieder aufgriff.

Einmal glänzt eine Stelle, wie sie nur einem Dichter
gelingt:

> Zwischen jenen hohen Firsten
> Kann ich eine Firn erschauen,
> Einen kleinen dunklen Streifen
> Auch des Sees seh' ich blauen.
>
> Sinkt die Sonne, meine Firne
> Ist der Erbe ihrer Helle,
> Und das Abendrot verblutet
> Sich zuletzt in meiner Welle.

Das ist schön gesehen, schön empfunden und eigen gesagt.
Aber diese zwei Strophen stecken zwischen sieben anderen, die
bei weitem nicht an sie heranreichen, ja nicht einmal zum Motiv
gehören. Überhaupt besteht ein Kennzeichen und Merkmal
dieser Poesien in der Ungleichheit und Ungleichwertigkeit der
einzelnen Teile, die so weit geht, daß man zuweilen kaum an
den nämlichen Verfasser glaubt.

Der Entscheid Pfisters, dem er beinah zwanzig Jahre später
auch die Handschrift der Balladen vor ihrer Drucklegung unter=
breitete, traf Meyer schwer und stürzte ihn in gänzliche Ratlosig=
keit. Der Ausblick auf eine verhüllte Zukunft, auf ein Leben
ohne Ziel und Zweck peinigte ihn und machte ihn nach und nach
zum Einsiedler, und während Gottfried Keller damals in die
Öffentlichkeit trat und den ersten Ruhm gewann, fing er an,
sich allmählich zurückzuziehen und in seine Klause einzuspinnen.

Nach dem Tode des Gatten hatte die Frau Regierungsrat
den grünen Seidenhof mit dem gegenüberliegenden Schmieden=
haus vertauscht und war dann 1845 in das der Familie Meyer
zugehörige, aus einem ganzen Häuserkomplex bestehende Besitz=

tum in Stadelhofen gezogen. Es liegt zwischen der Stadelhoferstraße, der St. Urbangasse und der tiefer mit ihr parallel
laufenden Seefeldstraße und besteht aus drei Gebäuden: das
eine, das Haus zum St. Urban, worin Wilhelm Meyer-Ott
wohnte, ist das Eckhaus zwischen der Stadelhoferstraße und der
von ihr rechtwinklig auf die Seefeldstraße hinunterführenden
St. Urbangasse, die damals noch Kanonengäßchen hieß. In der
St. Urbangasse folgte auf das Meyer-Ottsche Haus und von ihm
durch das auf das Gäßchen sich öffnende Hofportal getrennt,
die sogenannte Reisekiste, ein langes Doppelgebäude, dessen beide
Teile sich nicht auf gleicher Höhe befanden; im einzigen, hohen
Stockwerk des tieferliegenden und ausgedehnteren Teiles wohnte
Frau Meyer; rechtwinklig auf dieses Haus und durch einen Flur
mit ihm verbunden, stieß das von einem General Lochmann
im siebzehnten Jahrhundert erbaute sogenannte Lochmannsche
Haus, dessen Front auf die Seefeldstraße und den See hinaus-
ging. Diese drei Gebäude, das von Meyer-Ott bewohnte Haus,
zum St. Urban, die Reisekiste und das Lochmannsche Haus um-
schlossen auf drei Seiten den Hof und Garten, in dessen Mitte
ein Springbrunnen plätscherte.

Über dem Parterre des Lochmannschen Hauses befand sich
ein geräumiger Prunksaal, dessen beinahe zur Decke reichendes
Nußbaumgetäfer architektonisch gehaltene Ornamente zierten,
die einzelnen Felder durch freistehende Säulchen mit Basis und
Kapitälchen getrennt. Den schmalen Raum zwischen diesem
Getäfer und der Decke füllte eine Reihe lebensgroßer Bildnisse
von höchst zweifelhaftem Wert: Gustav Adolf, Tilly, Wallenstein,
Mazarin, Turenne, Richelieu u. s. w. Die Decke selbst prangte
mit mythologischen Figuren von noch bedenklicherem Aussehen;
namentlich stach ein Argus hervor, der eine Unmenge kleiner
und zwei große Augen besaß. Ein Mitglied der Familie, der
Maler Zeller, scherzte, man müsse sich zur Betrachtung dieser
Kunstwerke rücklings auf den Fußboden legen, einmal, um diese
Herrlichkeiten recht zu genießen, sodann um vor Lachen nicht
hintenüber zu stürzen. Von der Decke herunter hing ein großer
Leuchter von Porzellanrosen; an den Wänden schimmerte eine
Anzahl kleinerer.

In diesem Saale, dessen Schnitzereien sich erhielten, als man das Haus niederriß, versammelte sich bei festlichen Anlässen und Einladungen die ganze Familie, der Maler Fritz Meyer mit den Seinigen, sein Bruder Wilhelm Meyer-Ott und die Angehörigen, der Jurist Heinrich Meyer-Finsler, der Sohn des 1824 verstorbenen Staatsanwalts, der Maler Conrad Zeller u. a. Nebenan hauste der junge Dichter in dem mit großgeblümter Wachstapete ausgeschlagenen Zimmer. Die beiden Räume verband eine Doppeltüre, flankiert von gewaltigen Schränken. Darin lagen u. a., wie ein Gedicht es schildert, Schlittschuhe und Fechtermasken, da lehnten

Klingen kreuz und quer
An Bahles staubbedecktem Diktionär.

Die Schlittschuhe brauchte er damals kaum mehr, während er sie früher, um „seiner Jugend einz'ger Lust" zu frönen, angeschnallt hatte, sobald das Eis einen Läufer trug. Die Florettklingen dagegen ließ er nicht rosten, sondern führte sie als eifriger und gewandter Fechter, der Freunden und Bekannten, wenn sie bei ihm vorsprachen, einen oder mehrere Gänge nicht ersparte und sogar die Schwester zur Handhabung der Waffe bereden wollte. Der Fechtmeister, der ihm die Feinheiten der eleganten Leibesübung beibrachte, figuriert im „Amulet", ein zweifelhafter Geselle, aus dessen dunkler Vergangenheit, wie er selbst einräumte, eine Lache unschuldig vergossenen Blutes ungesühnt schimmerte. Die Reitstunden gab Meyer bald auf, vertrieb sich aber als Schwimmer von seltener Ausdauer ganze Nachmittage auf dem See, einsam rudernd oder gleich seinem Nicola Pesce von der Flut getragen:

Halbschlummernd lieg' ich stundenlang, umglommen
Von Wetterleuchten.

Nachdem er den Kollegien Valet gesagt und den Zeichenstift niedergelegt hatte, blieb doch ein spärlicher Verkehr nach außen bestehen. Er unterrichtete einen Studenten im Lateinischen, das ihm, wie das Griechische, geläufig und lieb war. Die Freunde besuchten ihn nicht selten, so namentlich die Schulkameraden Conrad Nüscheler, der spätere Oberrichter Ottiker, der poetisches Talent besaß, und der Jurist J. J. Treichler,

der sich deutlich erinnerte, eine ganze Wand voll von Land=
schaften bei dem jungen Dichter gesehen zu haben, die dieser
in jenen Jahren gemalt hatte. Öfter sah er wohl im Letten bei
Zürich den Juristen und Rechtshistoriker Friedrich von Wyß
(1818—1907), der 1843 eine Cousine Meyers heimgeführt hatte.
Er hing dem feinen und liebenswürdigen Manne, dem Bruder
des Historikers Georg von Wyß, bis ans Ende an, obgleich der
wesentlich aufs Gelehrte Gerichtete auch später nie zu völliger
Würdigung der künstlerischen Qualitäten seines Freundes ge=
langte. Besonders war ihm ein gewisser Schmied zugetan, ein
Innerschweizer, den er beim Zeichenlehrer Schweizer kennen
gelernt hatte. Er kam regelmäßig nach Stadelhofen, bis er,
um seine malerischen Fähigkeiten weiter zu bilden, nach München
ging, wo ihn der Typhus bald wegraffte.

Meyer erwiderte die Besuche der ehemaligen Schulgenossen
und Jugendfreunde in ihren väterlichen Wohnungen oder in den
gemieteten Studentengelassen. Aus dem Fenster eines solchen
sah er mitunter eine Enkelin von David Heß, noch nicht zwanzig
Jahre alt, die jahrelang allsommerlich nach Zürich zu kommen
pflegte zu ihrer Tante, deren Haus, das „rote Rad", oben an
der Kirchgasse lag, unweit der Staatskanzlei. Dort spazierte
das bildschöne Wesen in dem schmalen Garten, gemessen und
zierlich. Er nannte sie wegen ihrer Reinheit und feinen Er=
scheinung das Schwänlein; sie schwebte ihm später vor, als er
die Heldin seines „Engelberg" schuf. Aber er war viel zu
schüchtern, um irgend einen Verkehr zu suchen oder zu wagen.

Allgemach steigerte sich diese Schüchternheit, und er begann
die Menschen zu meiden, so daß er, nachdem sein liebster Freund,
Conrad Nüscheler, unter die östreichischen Fahnen getreten war,
fast ganz vereinsamt dastand. Sein Benehmen nahm etwas
Gereiztes und Scharfes an; er vermochte einen Zug der Ver=
bitterung nicht zu bemeistern, namentlich wenn er gewahr wurde,
wie die Gleichaltrigen sich anschickten, in Stellung und Würden
einzurücken, während sich seine Zukunft immer ungewisser und
aussichtsloser gestaltete. Auch empfand die um ihn bangende
Mutter ein merkbares Schwinden des gewohnten rücksichtsvollen
Gebarens; so stand er spät auf, nicht früh genug zum Morgen=

kaffee. Er hatte es ungern, wenn man ihm nahe auf den Leib rückte, und bot zum Gruß immer nur zwei Finger der rechten Hand. Verwandte beklagten sich, daß er auf dem Hof gelegentlich ohne Gruß an ihnen vorüberschnurre. An einem kleinen Familientee, der jeden Montagabend stattfand, beteiligte er sich zuweilen; sonst floh er Gesellschaft, namentlich weibliche.

Nur vor einer Freundin der Schwester hielt er stand, vor der fast vier Jahre jüngeren Johanna Heußer, die später den Rechtsanwalt und Stadtschreiber Spyri heiratete und, schon bald eine Fünfzigerin, Kinderschriften zu schreiben begann, die sie an die Spitze aller Jugendschriftstellerinnen deutscher Zunge stellten. Das Gesicht mit der schönen kleinen Stirne und den strahlenden dunkelblauen Augen von gewelltem Haar umrahmt, nicht emanzipiert, aber resolut, ein waldstromartiges Wesen, wie Frau Betsy sagte, blühend von Leben und Gesundheit, brachte sie jedesmal etwas von der Frische und dem Glanz aus Wald und Feld mit, darin sie aufgewachsen. Schon damals schrieb sie Lustspiele und Gelegenheitsgedichte mit außerordentlicher Leichtigkeit, spielte gut Theater und beteiligte sich bei Charaden. Wenn sie zu Betsy ins kleine Zeichnungszimmer kam, dann ließ sich auch Conrad herbei, und nun ging es zuweilen hoch und lang her in der Literatur, namentlich über Goethe und Lessing, für die sie schwärmte. Sie war und blieb ihm, nach seinem Ausdruck, bis ans Ende ein guter Kamerad.

Alljährlich besuchte, zuweilen allein, zuweilen mit der liebenswürdigen Tochter Marie und dem Sohne Joseph Viktor, Frau Major Scheffel ihre Freundin Frau Meyer-Ott. Dann wurde es lebendig in der Familie: Frau Scheffel erzählte Märchen, Marie und Joseph spielten, als sie noch Kinder waren, Marionetten oder führten mit der Jugend der Gastfreunde etwa ein Lustspielchen auf, das die geistreiche Mutter entworfen. Auch als Marie und Joseph herangewachsen waren, bedeutete das Erscheinen der Karlsruher neues Leben und neue Eindrücke. Conrad machte sich regelmäßig aus dem Staube oder vielmehr er ließ sich meistens gar nicht blicken. Wiewohl sich die beiden angehenden Dichter gut vertrugen, so ergab sich weder zu jener Zeit noch in der Folge eine nähere Berührung zwischen ihnen, die man eigentlich von der gemeinsamen melancholischen Ader und poetischen Begabung, sowie von der durch die letztere bedingten Abkehr beider von der Rechtswissenschaft hätte erhoffen sollen.

Der Vereinsamte warf sich auf eine Unmenge Bücher und las im Laufe der Jahre unendlich viel, so, um einiges namhaft zu machen, die Romantiker und was sie aus fremden Literaturen auf den Schild erhoben, namentlich Calderon; er studierte Schlegels „Vorlesungen über dramatische Kunst und Literatur" und vertiefte sich in Tieck und Novalis, den er durch und durch kannte. Unter den Neueren gefielen ihm namentlich Grabbe, Freiligrath und Lenau, dessen Savonarola er der Schwester einst im geschnitzten Saal in einem Zug bis Mitternacht rezitierte. Zu den Werken Shakespeares, die er durch Pfizers Vermittlung schon vor Jahren zum Geschenk erhalten hatte, griff er immer wieder, ebenso zu den Alten. Alfred de Musset und Lamartine musterte er öfter von neuem, las auch Verschiedenes von Guizot und der George Sand. Eifrig nach historischen Stoffen fahndend, durchstöberte er, wie in späteren Tagen, manche Chronik, um sich mit dem Geist der Zeiten vertraut zu machen, schon damals erfüllt von einer Vorliebe für psychologisch dunkle Vorgänge und rätselhafte Menschen.

Aber er betrieb jede Lektüre ohne Plan und Methode, da es sich nicht um die Erreichung irgend eines gesteckten, sicheren Zieles handelte, vielmehr alles oder doch das meiste der Laune und Stimmung anheimgegeben sein durfte. War er übrigens mit einem Schriftsteller in der Weise innerlich fertig, daß er ihm, wie er glaubte, zukünftig nichts mehr zu bieten und zu sagen schien, so pflegte er ihn zu verschenken: Jean Paul, den er damals überwand, verehrte er z. B. seinem Arzt.

Die lyrische Produktion geriet, offenbar unter dem Banne des Pfizerschen Wahrspruches, ins Stocken, wogegen die Hinneigung zur Geschichte etliche größere erzählende oder dramatische Entwürfe ins Leben rief. Er begann den Jenatsch und die Beatrice Cenci zu dramatisieren, Ariadne auf Naxos und die französische Revolution episch zu behandeln und zwar in ottave rime. Nie zufrieden mit dem Entstandenen und oftmals Umgeformten, wovon übrigens außer der Schwester niemand etwas erfuhr, vernichtete er alles, so daß auch nicht eine Zeile übrig blieb. Die dichterischen Gestalten gewannen solche Gewalt über den Einsiedler, daß die Freischarenzüge und der Sonderbundskrieg, die das Vaterland aufs tiefste zerklüfteten und erschütterten und u. a. auch Gottfried Keller unter die Freiwilligen riefen, fast spurlos an ihm vorbeidröhnten.

Eines Tages trat zwischen seine Bücher und fliegenden Blätter ein junger Offizier der östreichischen Kaiserjäger, schlank, mit etwas eckigen Zügen, scharfen grauen Augen und von ritterlichem Aussehen. Es war Conrad Nüscheler, der sich bei Santa Lucia mannhaft gehalten und dann eine Schanze stürmen half, wobei ihm der Hauptmann an der Seite erschossen wurde. Er berichtete, wie es beim Sturme zugegangen, wie er selbst verwundet wurde, wie eine Kartätsche unter die Spielleute fuhr und sie zerschmetterte, und wußte sonst von manchem zu erzählen, was Krieg und Kriegsläufe mit sich bringen. Durch seine Schilderungen Italiens entfachte er im Freunde die Sehnsucht nach dem Süden. Er war übrigens nicht nur eine sehr tapfere, sondern auch eine durch und durch von der Romantik beherrschte Natur, die ihn, den Sproß eines alten Protestantengeschlechtes, schon damals zum Katholiken gemacht hatte.

Conrad Ferdinand Meyer hat wohl an keinem Mann gehangen wie an diesem Jugendfreund. Seine Glaubensänderung führte später zu einer Entfremdung, die der Dichter schmerzlich fühlte und niemals völlig verwand.

Damals allerdings belebte und erhellte der junge Offizier die einsame Zelle des Freundes, und die beiden verlebten frohe Stunden wie ehedem. Dennoch wußte weder Meyer noch sonst jemand um den Übertritt.

Wieder brütete Stille in der Klause des Abgeschlossenen.

Beinahe seine einzige Freude bildeten die Tiere, nämlich das Haushündchen und die Tauben. Der Hund, Spitzli oder Pizipiz geheißen, drohte an Krankheit zu Grunde zu gehen, weshalb Conrad, der sonst damals zur Tageszeit die Straßen bereits mied, den Tierarzt, einen Schulkameraden, aufsuchte, der die schon aufgegebene Kreatur denn auch rettete.

Mit den Tauben aber verhielt es sich folgendermaßen. In einem Nachbarhofe, drüben überm Kanonengäßchen, befand sich ein Taubenschlag und davor ein Dächlein, worauf sich das Geflügel sonnte, keine gewöhnlichen Tauben, sondern schöne weiße Ringeltauben, andere mit rostfarbenen Flügeln und wieder andere mit schwarzen Flügeln und schwarzen Kappen. Unter diese illustre Gesellschaft suchte sich eines Tages vom nahen Kornhaus her, der späteren Tonhalle, eine fremde, mißfarbige einzudrängen und in den Schlag zu gelangen, wurde aber zurückgewiesen. Unglück und Vereinsamung machten sie zutraulich, so daß sie herbeikam und dem mitleidigen Dichter bald die Krumen aus der Hand fraß. Nach und nach stellte sich der ganze Schwarm auf der Fensterbrüstung ein, nahm von den Geschwistern Futter an und wurde so zahm, daß sie ins Zimmer hereinflogen. Conrads Lieblinge waren eine besonders sanfte, zierliche, von ihm das Pfarrerstöchterlein getauft, und ihr Gegenteil, ein ungebärdiger Geselle mit starkbefiederten Ständern, der seine Wildheit schließlich ganz ablegte und sich ohne Widerstreben in die Rocktasche stecken ließ, so daß nur sein tapferes Köpfchen herausguckte. Diesen, den er das Pelzstiefelchen nannte, mochte er vor allen gern leiden, weil er ihm selbst so sehr gleiche.

Während die heranwachsende Schwester Freud und Leid getreulich mit dem Bruder teilte, in seine Bücher einblickte und die bald erstarkenden, bald schwindenden Gestalten seiner Phantasie betrachten durfte, ließ die gute Mutter den Sohn gewähren, zumal sie in ihrer tiefen Kümmernis, gleich ihren Freunden und Anverwandten, keinen anderen Rat wußte als den eines liebevollen, weichen Herzens und brünstige Gebete. Die Entscheidung, aber eine andere, als sie erfleht, reifte nach und nach von selbst aus den Verhältnissen heraus.

Die zersplitterte und willkürliche Tätigkeit, der stetig sich vertiefende innere Zwiespalt, die gänzliche Ratlosigkeit, die anscheinende Verbauung und Absperrung jeden Auswegs und die andauernde Zurückgezogenheit begannen dem Gemüte des Dichters verhängnisvoll zu werden. Mehr und mehr schauderte ihn vor dem unentwirrbar verschlungenen Knäuel seines Daseins, vor den Rätseln des Menschenlebens überhaupt, und langsam

beschlich ihn der Wunsch, aus Welt und Verworrenheit heraus=
zukommen.

Ein literarisches Werk bekräftigte und beschleunigte diese Ge=
danken, nicht etwa ein schwermütiges Gedichtbuch oder die gräm=
liche Weltflucht eines schwächlichen Mystikers, sondern ein ur=
teilendes, nämlich Vischers Kritische Gänge, die ihm damals in
die Hände fielen. Diese Arbeiten eines scharfen, gesunden und
herben Geistes beleuchteten, indem sie das Können und Ver=
mögen wirklich schöpferischer Menschen ins hellste Licht rückten,
sein, wie ihm schien, schales und nichtiges Treiben ohne Er=
barmen. Er erkannte den Realismus wahrhaftiger Kunst und
sah vor demselben seine bisherigen romantischen Ideale plötzlich
zusammenstürzen. Ihn übermannte das Gefühl, im Leeren zu
stehen. Er lebte eigentlich kein reales Leben, sondern webte
nur in Hirngespinnsten; er hatte keine Pflichten, keine Gesellig=
keit, keine Tagesordnung, die ihn, den ausschließlich künstlerisch
Begabten, im Gleichgewicht zu halten vermochten. Er ver=
zweifelte an sich selbst, und die Versuchung, ein verhängnis=
volles Ende zu machen, trat eng an ihn heran.

In jenen Zeiten beschränkte er den Verkehr beinahe auf
Mutter und Schwester, sowie jenen Studenten, dem er im La=
teinischen nachhalf. Über Tag die Straßen scheuend, spazierte
er Nachts mit Betsy auf öffentlichen Wegen oder um den Rasen=
platz im Garten des Familienhauses, wobei er immer den gleichen
Schlangenweg durchmaß. Hier erging er sich aber nur, wenn
der Mond schien; denn, pflegte er zu sagen, der Mondschein
zieht alles ins Große und verwischt mit seinen sanften Lichtern
die Grenzen der engen Eingeschlossenheit.

Dagegen ruderte und schwamm er nach wie vor. Gewöhn=
lich nahm er am nahen Gestade ein Schiffchen, fuhr mitten in
den See hinaus, sprang in die Flut und schwamm oft so lang
und weit, daß er das Schiffchen ganz aus den Augen verlor.
Allmählich begann er von diesen Wasserfahrten erst in später
Nacht heimzukehren, worüber sich Mutter und Schwester umso=
mehr ängstigten, als er Äußerungen, die seinen Lebensüberdruß
verrieten, hatte fallen lassen.

Eines Tages drohte das Äußerste. Vor dem Fortgehen

drückte er sich besonders trüb und melancholisch aus und steckte
von den Gewichtsteinen aus dem großen Schrank neben seinem
Zimmer einige in die Tasche, ersichtlich um das Untersinken
im See zu befördern. Mutter und Schwester erstarrten dermaßen in ihrer kläglichen Hilflosigkeit, daß sie ihn ziehen ließen
und keine Schritte taten, sondern unter Ängsten, Seufzern und
Gebeten seine Rückkehr abwarteten. Stunde um Stunde ver-
rann. Ihre Lage wurde stetig qualvoller. Gegen Mitternacht
endlich kletterte er mit leichten Schwüngen seiner Gewohnheit
gemäß, weil er nämlich niemals einen Hausschlüssel mit sich
führte, über das geschlossene Eisengitter an der Stadelhoferstraße: die Schwester erkannte ihn, wie gewöhnlich, wenn er
heimkam, in der Dunkelheit an der brennenden Zigarre; und
nie hat ihr ein Stern in der Nacht so lieblich geleuchtet, wie
damals der glimmende Funke des brennenden Krautes.

Da er sich am nächsten Morgen unwohl fühlte, ließ er den
Arzt holen, der ihm gegen ein Erkältungszahnweh Blutegel
verordnete. Der Blutverlust und die Seelenqualen führten eine
Ohnmacht herbei. Nachher fühlte er sich ruhiger und wohler,
so daß der Dämon verscheucht schien. Aber während der Sommerhitze, die er in der Eingeschlossenheit seines Zimmers aus-
hielt, stellten sich die dunklen Gedanken und die Mutlosigkeit
wieder ein und steigerten sich dergestalt, daß sie zum physischen
Eindruck wurden, er sei den Menschen unangenehm und, was
wohl mit seinen nicht seltenen Zahngeschwüren zusammenhing,
mit einem üblen Atem behaftet.

Die geängstigte Mutter entschloß sich schweren Herzens, in
der neuenburgischen Irrenanstalt Préfargier, von der sie durch
die Genfer Freunde unterrichtet war, mit ihm um Rat zu fragen,
womit der Hausarzt völlig einverstanden war. Der Sohn, damals sonst von trotzigem und raschem Wesen, willigte ein: „Ja,
dir zuliebe will ich es tun!"

Den 12. Juni 1852 brachen die beiden auf. Eine Freundin der Mutter reiste nach, damit sie auf ihrer Rückreise nicht
ausschließlich auf die Gesellschaft ihrer trüben Gedanken angewiesen sei.

Erlöst

Als die hellen Mauern von Presargier vor Frau Betsy und ihrem Sohne auftauchten, sagte dieser erleichtert: „Ich glaube, ich bin gesund!"

Er war es noch nicht, aber er sollte es bald werden.

Dr. Bovet, der Direktor der Anstalt, der damals gerade im Begriffe stand, die Stelle niederzulegen, die ihm zu schwer wurde, und sein Nachfolger, Dr. James Borrel, gaben die Erklärung ab, daß bei Conrad keine eigentliche Erkrankung vorliege, sondern lediglich eine Überreizung seiner Konstitution, die allerdings nicht in jeder Beziehung beschaffen sei wie diejenige anderer Menschen. Nachdem man ihn versuchsweise in der ersten Abteilung untergebracht hatte, nahm man ihn nach wenigen Wochen aus besonderer Vergünstigung in den Kreis der Hausgenossen auf, von denen ihm namentlich Cecile Borrel, die Schwester des Direktors, mit liebenswürdiger Güte entgegenkam.

Sie und Charles de Marval, ein Mitglied des Aufsichts- und Verwaltungsrates der Anstalt, hielten neben James Borrel die Mutter über das Befinden des Sohnes auf dem laufenden. Dennoch überraschte sie die Nachricht, er sei, früher, als sie hoffen durfte, schon in den ersten Septembertagen als ein Genesener aus Presargier entlassen worden, und in überströmendem Dankgefühl forderte sie die Tochter auf, die Seelenrettung des Bruders zu feiern. Auf Anraten Dr. Borrels, der ihn in der Nähe zu behalten wünschte, begab er sich nach Neuenburg, wo er allerlei las und eine Reihe angenehmer Bekanntschaften schloß, so mit Felix Bovet, einem geistvollen Schriftsteller, der unter anderem auch eine von ihm ausgeführte Palästinareise beschrieb und lange Jahre mit seinem Züricher Freund in brieflichem Verkehr blieb.

Wollte Frau Meyer dem Sohne das benötigte Geld regelmäßig zukommen lassen, ohne ihre beschränkten Kapitalien anzubrechen, so hieß es für sie ordentlich sparen. Da er nichts verdiente und als einer, der nichts praktisch Verwertbares gelernt hatte und nichts war, voraussichtlich noch langehin zur Last fiel, so entschloß sich die Schwester, etwas Tüchtiges zu lernen, um im Notfalle, wie die Mutter sagte, ihr Brötlein zu verdienen. Sie gedachte in Genf sich eine gründliche Kenntnis der französischen Sprache sowie der Pastellmalerei anzueignen.

Als sie Mitte März 1853 Zürich verließ, schloß sich ihr die Mutter an, um sie bis nach Bern zu begleiten, wo sie mit dem ihr von Neuenburg entgegengereisten Sohn zusammentraf, den sie seit drei Vierteljahren nicht mehr gesehen hatte. Aber sie fand seine geistige Genesung weniger fortgeschritten, als sie gehofft, und gelangte bekümmert zur Überzeugung, daß ein vorläufig unbegrenztes Verbleiben in der Fremde für ihn das Bessere und von einem Zusammenleben mit ihm wenig Ersprießliches zu erwarten sei. Auch betrübte es sie, daß er, kaum vierzehn Tage nachher, rasch und früher, als sie gewünscht, von Neuenburg aufbrach und nach Lausanne übersiedelte, sei es, weil ihn die Nähe von Presargier drückte, sei es wirklich, wie er heimschrieb, weil ihm die Unordnung in dem Hause, wo er wohnte, unerträglich wurde.

Ehe er seinen Stab nach Lausanne weitersetzte, suchte er Presargier zum letzten Abschied auf, eingedenk all des Guten und Freundlichen, das ihm daselbst nach seinem Leide widerfahren. Wenige Stunden vor seiner Abreise wanderte er in einem Sturzregen dorthin und kehrte dann in stockdunkler Nacht zurück, um sich, vom Regen bis auf die Haut durchnäßt, in die Lausanner Post zu setzen.

In den ersten Tagen des April und nachdem er sich von der Reiseerkältung erholt, machte er Freunden und Freundinnen der Mutter sowie des verstorbenen Vaters seine Aufwartung, darunter auch, in dem kleinen Landsitz Mornex zwischen Lausanne und Ouchy, dem Historiker Louis Vulliemin, bei dem er schon während seines ersten Aufenthaltes in der welschen Schweiz heimisch geworden war.

So wohlmeinend und wohltuend hat sich gegen Conrad Ferdinand Meyer kein Mann erwiesen wie der waadtländische Gelehrte, dessen Bild der dankbare Schützling zu einer Zeit (in der Neuen Zürcher Zeitung) zeichnete, als er selbst in raschem Laufe seinem späten Ruhm und den bedeutendsten Schöpfungen zueilte, ein Vierteljahrhundert nach diesem erneuten Zusammentreffen.

Louis Vulliemin, der im Jahre 1797 geboren wurde, studierte
Theologie, mußte aber nach kurzem Seelsorgeramte seiner
schwachen Stimme wegen der Kanzel entsagen und begann nun
den Traum seiner Jugend zu verwirklichen, der ihn drängte,
der Geschichtschreiber seines Volkes zu werden. Er übertrug
Johannes von Müllers Schweizergeschichte ins Französische und
setzte sie nach gründlichen Vorarbeiten fort, indem er die Epoche
von 1532—1712 darstellte, wobei er, wie Conrad Ferdinand
Meyer richtig urteilt, keinen dankbaren Stoff erwählte: schöne
Details, die große Rolle Genfs und die tragischen Schicksale
Bündens im deutschen Kriege, aber eine wechselnde Szene, keine
einheitliche Handlung, ein Zurücktreten aus dem großen politischen Leben, zwei obskure Bürgerkriege, der traurige Bauern-
krieg, die fremden Kriegsdienste. Als eine Glanzpartie, wo
Vulliemin mehr als sonst seine künstlerische Begabung bekunden
und verwenden konnte, erscheint seine Behandlung der bündneri-
schen Unabhängigkeitskämpfe, aus denen die gewaltige Gestalt
des Jenatsch hervorragt, die Meyer schon seit Jahren anzog und
beschäftigte. Dann erwuchs aus eingehenden Studien über Karl
den Großen Vulliemins, wie Meyer schätzt, bestes und eigentüm-
lichstes Buch: Chillon. „Es war ein kunstvoller und doch nahe-
liegender Gedanke, vier imponierende Figuren aus verschiedenen
Zeitaltern, den Comes Wala, Peter von Savoyen, Bonivard
und Lord Byron, in den Gewölben des alten Seeschlosses zu
versammeln, das sie alle vier bewohnt oder betreten hatten.
Auch die Darstellung ist hier natürlicher, einfacher und doch individueller, passionierter als in der großen Schweizergeschichte.
Sie hat einen freien, rein menschlichen Zug und ist völlig unberührt von jenem Pathos, in welchem Johannes von Müller
zuweilen redet und das heutzutage als unwahr entschieden wider-
steht." Unter einer Reihe kleinerer Arbeiten Vulliemins ragen
zwei sehr hübsche Biographien hervor, die des Dekans Bridel
und des Journalisten Steinlen: „Hier ist Vulliemin vermöge
der Elastizität seines Geistes und vermöge seiner natürlichen Begabung für die Causerie ein Meister. Die Hand ist ihm durch
die strenge Arbeit nicht schwer geworden; er spielt mit seiner
Aufgabe, man sieht die Feder über das Papier laufen, und doch

erreicht er eine Ähnlichkeit und Lebenswahrheit, neben welcher manche berühmte Biographie zum steifen Konterfei wird." Schon beinahe ein Achtzigjähriger veröffentlichte Vulliemin in zwei Bänden von mäßigem Umfang eine vollständige Schweizergeschichte, über die sich Conrad Ferdinand Meyer folgendermaßen äußert: „Der rüstige, gleichmäßige Wanderschritt, die durchsichtige Klarheit und geistreiche Kürze, mit welchen hier unsere Geschichte sich entwickelt, gewähren das lebhafteste Vergnügen. Wir umfassen ohne Mühe mit e i n e m Blick die kleinen Anfänge, das heroische Zeitalter, die Überkraft, welche durch die notwendige sittliche Tat der Reformation gebrochen wird, die Zersplitterung, die Ohnmacht und dann, in diesem Jahrhundert, eine neue Entwicklung, welche sich noch nicht endgültig beurteilen läßt. Und wir fühlen uns ergriffen, daß uns ein patriotischer Greis unsere alten Schicksale erzählt zu einer Zeit, wo die Schweiz in einer Mitte von neuen, energisch in nationalem Sinn sich entwickelnden Staatenbildungen offenbar in eine Krise tritt, die das Maß ihrer jetzigen Lebenskräfte geben wird. Wo wir das Buch aufschlagen, haben wir ein angenehmes Gefühl der Sicherheit, daß wir nirgends einer gelehrten Kaprice, einer persönlichen Verbissenheit, einem versteckten Hasse gegen Zeiten und Menschen begegnen werden; überall finden wir die Bewältigung des Stoffes, Reife des Urteils, Gerechtigkeit, Humanität, kurz alles, was die Geschichte zu einer Muse macht gegenüber der einfältigen oder unehrlichen Fratze des Parteiurteils."

Mögen Dankbarkeit und Hochachtung vor dem ehrwürdigen Haupte, für dessen Ohr und Auge das Lob in erster Linie bestimmt war, den Historiker zu hoch werten, die liebenswürdigen Tugenden des Menschen bleiben unbestritten. Vulliemin besaß eine fast rührende Güte, mit Schalkheit versetzte Freundlichkeit, deren eigentümliche Anmut durch die leise und mit den Jahren immer mehr verhallende Stimme noch erhöht wurde, sowie ein gastliches Wesen, das ihm, als er zu Namen kam, manchen Fremden von Auszeichnung zugeführt hat. „Es belustigt mich zuweilen," sagt Conrad Ferdinand Meyer, „die bedeutenden Menschen, die im Laufe der Jahre an dem bescheidenen Herde des protestantischen Geistlichen gesessen haben, mir in eine Gesellschaft zusammenzudenken, den schwärmerischen Mickiewicz, den raffinierten Sainte-Beuve, den frommen Montalembert, den naiven Michelet und so manchen anderen, den er bewirtet und überlebt hat. Wenn ich mich dann erinnere, wie mild, wie gerecht, wie scharfblickend er sie alle beurteilt, bewundere ich die vollständige, aber unschuldig erworbene Menschenkenntnis des waadtländischen Historikers.“ Obgleich er die Menschen durchschaute, traute er ihnen doch infolge seiner optimistischen Neigung lieber das Gute und Beste zu und hatte wenig Arg, wie Rohan, der gute Herzog, zu dessen Bild er nach Meyers schriftlichem Zeugnis einigermaßen als Modell gedient.

Neben dem hohen, aber schmalen Manne mit dem markanten Kopf, der bedeutenden Stirn, dem ganz vergeistigten Ausdruck und dem unbeschreiblich freundlichen Blick waltete eine Frau, die seine Jugend begeisterte, seine Mannesjahre beglückte und sein hohes Alter erhellte. Meyer sah ihre geistvollen Augen nur unter den weißen Brauen der Matrone leuchten, aber er schloß, sie müsse in ihrer Jugend anmutig wie wenige gewesen sein.

Es läßt sich denken, wie viel Nahrung Meyers Bildung und insbesondere seine historischen Neigungen und Kräfte unter Bulliemins Dache fanden. Als einen wahren Segen jedoch empfand er in diesem Kreise, wo er häufig ein und aus ging, die liebenswürdige Teilnahme, wie die sorgliche, niemals aufbringliche Förderung seiner Ziele und sodann jene maßvolle Heiterkeit, die, vom Staub der historischen Dokumente und vom Ernst der gelehrten Arbeit unberührt, Familiengliedern und Gästen gestattete, nach der neunten Abendstunde „de dire des sottises“, das heißt, Unsinn zu schwatzen. Der helle und bei aller Frömmigkeit muntere Geist des Hauses mutete ihn um so wohltuender an, als seit dem Eintritt in Presargier sein zwar niemals kraftvolles, aber doch etwas trotziges und ungestümes Wesen in ein scheues und gebrochenes umgeschlagen hatte, das ihm auf lange Jahre anhaftete. „Es ist seltsam,“ äußerte er damals, „solange ich gegen jemand zu rebellieren hatte, war ich robust; nun, wo mir jedermann wohl will, kann mich jedes gute Wort weich machen.“ Er fühlte sich so widerstandslos, so leicht verwundbar, daß er trotz der größten Schonung, die sie ihm bewies, die ihm herzlich zugetane Schwester einmal bedeutete, ihn mit jeglichem Scherz zu verschonen, wie harmlos immer er sein mochte. „Ein Scherz führt oft ein wenig zu weit. Zeuge des Mörikes Teufel, der gegen die ruhige Verachtung des sicheren Mannes und durch den steigenden Entrain seiner eigenen Possenhaftigkeit so weit kommt, dem sicheren Mann seinen teuersten Teil, den bekannten Schwanz, in die Tasche zu stecken."

Schwäche und Mangel an Selbstvertrauen machten es dem Kleinmut und der Träumerei leicht, ihn zu übermannen. Vulliemin, der noch zwei Jahre später äußerte, Conrad bedürfe fortwährend einer ernstlichen Aufgabe, die Ausdauer und Beharrlichkeit erfordere, suchte der melancholischen Untätigkeit seines jungen Freundes dadurch zu steuern, daß er ihm eine entsprechende Arbeit an die Hand gab. Er verschaffte ihm auf Jahresmitte 1853 den Geschichtsunterricht am Lausanner Blindeninstitut; vor allem aber trachtete er danach, die ungewöhnlichen Sprachtalente Meyers in Fluß zu bringen und für Übersetzungen zu verwerten. Er bewirkte ihm von Augustin Thierry die Erlaubnis, die „Récits des temps mérovingiens" ins Deutsche zu übertragen, worauf sich Meyer unverzüglich ans Werk machte. Gleichfalls auf Vulliemins Verwendung wurde ihm angeboten, eine Zeitschrift „Suisse historique et pittoresque" zu übersetzen, die in französischer und deutscher Sprache zugleich erscheinen sollte; aber das Unternehmen kam niemals zu stande.

Da er im nämlichen Briefe, der von diesem Antrag berichtete, der Mutter melden konnte, er komme mit den Stunden bei den Blinden gut vorwärts, so tauchte immer entschiedener der Gedanke an die pädagogische Laufbahn auf, wahrscheinlich von Vulliemin zuerst geweckt, der meinte, auf kommenden Frühling dürfte sich wohl irgendwo eine Gymnasialstelle finden. Auch bei Pfizer wurden in dieser Angelegenheit Schritte getan und geschrieben, für die Fächer des Französischen und der Geschichte wäre der Kandidat zu brauchen. Die Antwort des Stuttgarter Professors, der um so lieber geholfen hätte, als er befürchtete, die Waadtländer Freunde möchten Conrad in die Literatenlaufbahn hineinziehen, lautete wenig tröstlich dahin, daß die

Hoffnung, in Deutschland unterzukommen, gering genug sei. Gegen die Neige des Jahres zeigte sich etwas Bestimmtes und Greifbares, nämlich eine Stelle an der oberen Stadtschule in Winterthur, zu deren Erlangung Vulliemin und der Züricher Historiker Johann Jakob Hottinger, auch er ein Fortsetzer der Müllerschen Schweizergeschichte und ein Freund des verstorbenen Regierungsrates Meyer, das Nötige unternahmen. Allein die Sache scheiterte. Vielleicht waren Hoffnung und Möglichkeit des Gelingens von vornherein gering, vielleicht schreckte den Aspiranten auch die beträchtliche Zahl von dreißig wöchentlichen Unterrichtsstunden, denen seine Gesundheit nicht standgehalten hätte. „Ich bin im Kopfe sehr aufgeräumt und gut am Herzen, aber gesundheitlich sehr delikat geworden," schrieb er damals; und sicherlich war dem zarten Manne, wie immer, jedes Bewerben und Rivalisieren zuwider.

Gern hätte er irgendwo bürgerliche Stellung und Pflicht auf sich genommen, und zwar unter sehr mäßigen Wünschen, wie er denn Pfizer bitten ließ, wenn immer man ihn anmelde, so möge es bescheidentlich geschehen. Sein Begehren ging dahin, „still, unbemerkt und von Arbeit nicht zu überlastet zu leben: alles, was Ruhm und Ehre heißt", ist ihm gleichgültig geworden; oder wenigstens suchte er sich's einzureden vor den Zusprüchen und Mahnungen der Mutter, die nicht ermüdete, ihn auf die Zukunft hinzuweisen und ihm das Trachten nach Selbständigkeit ans Herz zu legen. „Was du über eine gute Stelle sagst," schreibt er ihr am 17. August 1853, „ist so wahr, daß jedes Kind und selbst ich es einsehe." Die Nötigung, ihr allmonatlich neben den Rechnungen mit den unabweislichen Geldforderungen lästig zu fallen, frischte ihm die Überzeugung von der Unhaltbarkeit seiner Lage häufiger auf, als ihm lieb war.

Vor den Lausannern brauchte er sich wegen seiner Stellenlosigkeit keine grauen Haare wachsen zu lassen. Denn die Waadtländer nahmen und nehmen es noch heute nicht so genau, ob einer in Geschäften und Ämtern sitzt oder nicht. Allein die rührigen und betriebsamen Züricher urteilen in diesem Punkt anders und urteilten namentlich damals anders, wo man infolge der noch weit kleineren Verhältnisse in den hintersten

Familienwinkel guckte: ein junger Mann ohne öffentliches Unterkommen oder ein Geschäft galt als eine wunderliche und nicht
eben schätzbare Erscheinung.

Dies erwog und bedachte die Schwester Betsy für sich
und mit der Mutter oft genug, wohl wissend, daß die Ver-
mögensverhältnisse eine Versorgung des Bruders dringend erheischten. „Bist du eigentlich tapfer und hast du das Ziel vor
Augen?" forscht sie am 4. April, also kurz nach seinem Ein-
treffen in Lausanne, und am 1. Mai mahnt sie: „Gedenke des
Ziels." Am 8. Juni besuchte sie ihn. Er erwartete sie auf
der Landungsbrücke, wo sich die Geschwister wiederholt um-
armten. Sie fand ihn sehr zu seinem Vorteil verändert, im
Besitze von savoir vivre und, wie sie der Mutter gleichfalls
berichtete, allerliebst angezogen, dazu heiter und freundlich, wie
sie ihn nie gesehen. Sogar etwas prosaisch kam er ihr vor,
sehr zu ihrer Freude, weil sie die Prosa für eine Natur, wie
die brüderliche, als etwas Gesundes betrachtete. Freilich, meinte
sie, so sehr er sich beruhigt habe, von der so nützlichen Gabe
des Gleichgewichts scheine er ihr noch wenig zu besitzen. Von
der Zukunft sprach er so leichthin, daß sie nicht wußte, ob sie
wache oder träume: „unser aller Schicksal macht er wie eine
Kartenkunst." Sie redete ihm ernstlich zu, aus eigenem An-
trieb, sowie im Auftrage der Mutter, der sie darüber folgendes
berichtete: „Je n'avais pas le courage cette fois de rester
rigoureusement fidèle à mon rôle d'institutrice. Néanmoins
je l'ai exhorté de mon mieux, l'occasion se présentant, et
en vérité ils restent encore de grands et importants progrès à faire; Conrad n'a pas tout le sérieux qu'une étude
profonde exige, son français laisse beaucoup à désirer, il ne
le parle pas même couramment." Als sie Ende August über
Lausanne nach Hause zurückkehrte, sollte sie auf mütterliches
Geheiß mit Vulliemin und anderen über den Bruder sprechen.
Aber die Aufgabe war nicht durchzuführen, da er sie nie allein
ließ. „Il est jaloux de son indépendance", fügte sie erklärend
und zugleich verteidigend hinzu. Denn ihre schwesterliche Liebe
und Einsicht waren zu groß, als daß sie in allen Punkten der
Mutter hätte beipflichten können. „Conrad ist 27 Jahre alt

und hat sich durch eigene Schuld bis jetzt jede eigene Stellung unmöglich gemacht. Wo man ihn aufnahm, nahm man ihn nur deinetwillen auf. Ohne dich war er Null. Jetzt möchte er seinen eigenen Wert oder Unwert kennen lernen, und das ist gut und gehört zu seiner Erziehung. Vergiß nicht, liebste Mutter, Conrad ist ein Mann, wenn auch kein mannhafter, und was für eine Tochter das lieblichste Los ist, kann einem Sohn drückend werden. Soll Conrad einmal handeln lernen, muß man ihn vorerst ohne Stütze stehen lassen, damit er sich kenne."

Übrigens predigte sie dem Bruder nicht häufig, und was sie sich, schonend und zartfühlend genug, an Zuspruch erlaubte, fiel ihr nicht leicht und war nahe genug beisammen. Vielmehr unterhielt sie ihn in ihren Briefen, die er lässig beantwortete, mit diesem und jenem, was ihn interessieren und vielleicht erfreuen konnte. Sie erzählte unter anderem einen guten Witz aus der Genfer Gesellschaft: Eine junge Genferin sagt von den Lausannern: „Ils ne nous pardonnent pas notre supériorité." „Votre supériorité?" fragt ein junges Fräulein Souvestre, die Tochter von Emil Souvestre — „Ah oui, j'avais oublié l'horlogerie." Als Betsy Ende August heimgekommen war, traten zwei gemeinsame Freundinnen, die sich während ihrer Abwesenheit besonders eng aneinandergeschlossen hatten, mit dem Ansinnen an sie heran, im Bunde die dritte zu sein. Allein „es war ihr nicht darum; ich habe den Thrannen Dionys in dieser Beziehung nie begriffen."

Frau Meyer war überglücklich, die Tochter wieder bei sich zu haben. Hatte sie doch Tage und Stunden gezählt, bis „ihr Liebstes unter Sonne, Mond und Sternen" wieder heimkehrte. Sie nannte sie ihr liebes Götzchen, sie wußte ihre Briefe fast auswendig, sie sah an ihr hinauf, wie sie einmal schrieb. Kurz nach Betsys Abreise meldete sie: „Wir (das heißt sie und der alte Antonin Mallet) reden an einem fort von Dir und stellen Deine Tasse aufs Teebrett, als ob Du nicht fort wärest. ,Betsy' sagen wir stehend und gehend, wachend und schlafend." Die Nachrichten, die sie von der von gleicher Zärtlichkeit erfüllten Tochter wie von den Genfer Freunden empfing, steigerten, wenn es möglich war, ihre Liebe und ihr Heimweh. Man schätzte

und liebte ihr Kind nicht nur wegen der liebenswürdigen Anspruchslosigkeit und wegen der taktvollen, klugen Tüchtigkeit,
sondern vorzüglich auch wegen jener Tugend, die eine Genfer
Freundin folgendermaßen formulierte: „Mademoiselle Betsy ne
pense jamais à elle, mais toujours aux autres.‘‘

Die Mutter bedurfte des Trostes und Haltes an der Tochter
um so notwendiger, als sie sich täglich, ja stündlich um den Sohn
härmte und ihrer seit Jahren währenden Kümmernis immer
noch kein Ende absah, da sich kein Ausweg aus dem Labyrinth
auftat und sein Schicksal auch in Anbetracht der beschränkten
Mittel, die ihm zur Verfügung standen, ein äußerst ungewisses
und peinliches zu werden schien. Die Seelenleiden, die er
unter ihrem Dache und vor ihren Augen durchgemacht, hatten
die ohnehin überzarte Frau dermaßen erschüttert, die langsame
und, wie ihr wenigstens vorkam, stillstehende oder gar rück-
schreitende Genesung in Lausanne griff sie so sehr an, daß sich
bereits mit schwachen, aber bedrohlichen Linien das dunkle Verhängnis abzuzeichnen begann, dem sie entgegenging, ohne daß
wohl jemand, soweit dies für uns erkennbar ist, es ahnte. Schon
klingt es gelegentlich wie eine Selbstanklage, die sie, die doch
gänzlich schuldlos war, gegen sich erhob. „Acht Jahre lang,“
schrieb sie am 10. November 1853 an den Sohn, „in dumpfer
Resignation zusehen, wie sich der mit schönen Anlagen aus-
gerüstete Geist eines Kindes zwecklos verzehrt, ist wahrlich ein
Flecken im Buche meines Lebens, den ich mit blutigen Tränen
auswaschen möchte.“

Freilich fühlte und pries sie neben dem Jammer auch die
Erlösung: „Also morgen als am 12. Juni wird es ein Jahr,
seitdem ich mit dem armen Conrad nach Presargier verreiste
und Du mit schwerem Herzen zurückbliebst. Was wir beide
litten und wie es uns vorkam, wir stehen vor einer schwarzen,
undurchdringlichen Mauer, brauche ich Dir wohl nicht in Erinnerung zu bringen, sowie Du auch so wenig als ich je vergessen wirst, wie herrlich und mächtig uns durchgeholfen wurde.“

Aber sie fürchtete doch immer, der Dämon möchte beim Sohn
wieder hervorbrechen. „An Conrad schreibe ich noch heute, aber
behutsam, damit die Geisteskrankheit nicht wieder die frühere

Form annehme. ... Ach, man hat im Grunde immer Angst bei einem so vielen Stimmungen unterworfenen Menschen, wie unser armer Conrad ist." Er wurde ihr ein Rätsel, vor dem sie sich fürchtete; sie wußte auch nicht mehr, woran sie mit ihm war. „Ich traue meinem Urteil in Beziehung auf Conrads Angelegenheiten nicht mehr und bin daher froh, wenn andere handeln. ... Es ist mir lieb, wenn Du Dich noch gründlich mit Deinem merkwürdigen Bruder unterhalten kannst."

Während sie in den an den Sohn gerichteten Briefen mit Klagen und Aussetzungen möglichst zurückhielt, schüttete sie die Sorgen und Unzufriedenheiten vor der Tochter aus, indem sie Beschwerde erhob, daß er langsame Fortschritte im Französischen mache, daß er ihr nie in der Fremdsprache schreibe, daß er überhaupt nur kleine nichtige Briefchen schicke, flüchtig und eitel, daß er die Zukunft zu leicht nehme und sich gegen eine gewisse Erschlaffung zu wenig wehre. Immer tauchte wieder die naheliegende Frage auf, was aus ihm werden sollte, der so wenig Sicherheit bot, etwas zu werden. „Wie wenig Magnet in Conrads äußerer Erscheinung liegt," äußerte sie gegen Betsy, „wissen wir und können wir nicht anders, als alles Gute, das ihm zu teil wird, als ein freies Geschenk göttlicher Gnade betrachten." Den Gedanken, daß er bald eine Lehrstelle erhalten könnte, bezeichnete sie geradezu als une véritable dérision.

Wenn sie seinen Leichtsinn rügte, so meinte sie damit nicht etwa die Lebensführung, die eine stille und eingezogene war, sondern die Unfähigkeit, in kleinen Dingen zu sparen, den Mangel an Energie und daß er nicht entschieden einem ganz bestimmten praktischen Ziel zusteuerte, was ihm doch begreiflich die Schwäche und der heimliche Widerstand des noch unentfalteten Dichtertalentes so sehr erschwerten. In der Poesie witterte sie seine Feindin. „Der Fortschritt der Ordnung in den Rechnungen und im Zimmer freuen mich besser, als wenn Du die allerschönsten Gedichte machst. ... daß Du den Musen den Abschied gegeben, dient mir zur großen Beruhigung."

Am kräftigsten lehnte sie sich gegen seine Heiratsgedanken auf, die ihr, weil er innerlich ungefestet und äußerlich ungesichert dastand, schlankweg ein Zeugnis seiner Geisteskrankheit bedeuteten. Er hatte seine Augen auf ein blutjunges Mädchen aus vornehmer Familie geworfen und trug sich mit der Hoffnung auf Gegenliebe und, wie er in seiner Offenheit der Mutter und Schwester anvertraute, auf Heirat, sobald er eine Stellung und sie sechzehn oder siebzehn Jahre haben würde. Sie war die Enkelin eines Herrn von der Mülen und hieß Constance von Rodt. Sie starb in früher Jugend, ohne wohl von der heimlichen dichterischen Neigung jemals etwas erfahren zu haben. Auf ein Erlebnis mit ihr geht, laut einer Mitteilung Betsys, das wundervolle Gedicht „Stapfen" zurück. In dieser Angelegenheit allein nahm Frau Betsy einen strengen Ton an; sonst pflegte sie so liebenswürdig-ernst zu reden, wie z. B. im folgenden Briefe:

„Lieber Conrad!

„In der Tat werden Deine Brieflein so klein, daß ich sie bald durch ein Vergrößerungsglas betrachten muß — auch hättest Du mir die Freude machen können, etwas einläßlicher über Deine Ausgaben zu berichten und sonst noch einiges hinzuzu- fügen, was einer armen Mutter ihre Einsamkeit ein bißchen versüßen könnte. Doch ich glaube, Du willst es noch tun und tust es schon und arbeitest nicht ‚ziemlich‘, wie Du zuerst schreibst, sondern ‚fleißig‘, wie es in der Korrektur heißt. Daß dies dringend notwendig ist, um Dich durchzuschlagen, siehst Du ge- wiß so gut ein als ich — es ist daher nichts weiter beizufügen, als was ich Dir in Beziehung auf Herrn Marval sagte: Bedenke — bedenke.

„Daß Dir der Treffliche schon geantwortet, hat mich wahr- haft gerührt — auch von Rütscheler hast Du einen Brief, und daß Dir Herr Mallet schreiben wird, ist mir so gewiß als Betsys Pünktlichkeit im Briefewechseln. Stelle Dir vor, das gute Kind behauptet, es werde von Dir im Stiche gelassen. Nun von den Finanzen, die ja leider in unseren Briefen und in unserem Leben eine so große Rolle spielen. Du erhältst mitkommend 120 Franken zur Bestreitung Deines Kostgeldes und anderer Ausgaben. Schreibe sie auf, es ist wichtig.

„Neue Stiefeln brauchst Du keine zu kaufen, indem Du in

den nächsten Tagen ein Paar zurückgebliebene Stiefeln bekommen wirst, die noch ganz charmant sind. 25 Franken werden in der ganzen Welt für keine Stiefeln bezahlt. Das wäre ein fürchterlicher Schuhmacher.

„Ein Rasiermesser, und zwar ein teures, habe ich Dir selbst bei Herrn Waser gekauft, aber bitte, wische es mit keinen Taschentüchern ab. — Das wäre ein eigentlicher Greuel — ich habe Dir eigene Tüchlein beigelegt, die Du zu diesem Zwecke verwenden kannst. Die früheren Löcher sind mir unvergeßlich!

„Wenn Du mir wieder schreibst, lieber Conrad, so erzähle mir auch wieder einmal etwas von dem guten Hr. Vulliemin — meiner Freundin Fels — Madame Cuénod und dem immer gleich liebenswürdigen Herrn Verdez.

„Hast Du schon an Herrn Pfizer geschrieben?

„Die gute Mademoiselle de Tournes trägt nun mit ihren Legaten dazu bei, daß Dein Aufenthalt in der Fremde verlängert werden kann, ohne daß wir in unseren Finanzen allzusehr rückwärts kommen. Ich habe nämlich im Sinne, wo Du mit Deiner Börse nicht ausreichst, die meinige zu öffnen. Alles mit Sorgfalt, versteht sich. Lebe wohl, lieber Conrad, ich wollte, wir wären im Himmel, so müßten wir nicht mehr von Geld reden; da man aber, wie Jean Paul sehr richtig bemerkt, nicht gratis hinauffahren kann, so wollen wir uns tapfer wehren und alle unsere Pflichten so treu als möglich erfüllen.

„Fahre fort, dies zu tun, lieber Conrad, und der Herr des Himmels und der Erde wird Dir schon hienieden ein schönes Gelingen schenken.

„Den 1. Juni 1853.   Deine treue Mutter.

„Mit den Stiefeln bekommst Du auch noch einen Streichriemen für das Rasiermesser — bitte, putze das letztere mit nichts anderem als den beigelegten Tüchlein.

„Herr Mallet erwidert Deinen Gruß freundlich, und Pizipiz ist so dick geworden, daß er kaum mehr wedeln kann."

So artig und gemessen die Briefe der Mutter sind, sie beklemmen doch das Herz und haben sicherlich auf den Sohn nicht viel anders gewirkt, wie er sie denn auch solange wie möglich

nicht zu beantworten und die Kürze seiner Erwiderungen mit
seinem Mangel an Zeit zu entschuldigen pflegte. Der Sieben-
undzwanzigjährige wird fortwährend ermahnt, zurechtgewiesen,
geschulmeistert, bedauert und drangsaliert mit Kleinigkeiten, die
man einem an den Nerven Angegriffenen ersparen muß. In
diesen Dingen verrät die feine Frau, die freilich damals schon
erschüttert und religiös verängstigt war, einen schmerzlichen
Mangel an warmem, natürlichem Gefühl. Ein Psychiater von
heute wird auch den Kopf schütteln über James Borrel, der,
ein so trefflicher Arzt und Mensch er gewesen sein mag, im
Sinne der Mutter den Gedrückten noch zerknirscht und klein
macht, ehe er ihn und indem er ihn aufzurichten sucht. Conrad
erholte sich verhältnismäßig rasch, weil seine Neurose, die sich
von tausend anderen kaum unterscheidet, keine schwere war;
vor allem aber, weil er aus der stickigen Stadelhofer Luft heraus-
kam. Ganz begreiflich, daß er nach dem Tode der Mutter nach
Paris und München ging und später den, freilich mißglückten,
Versuch machte, auch der Schwester zu entrinnen.

Daß in Presargier den Aufatmenden eine Neigung zu der
liebenswürdigen und hübschen Cecile Borrel ergriff, ist begreiflich
genug. Übrigens scheint diese Neigung nicht oder nur kurze Zeit
erwidert worden zu sein, hat auch, soweit erkennbar, im Leben
und in der Kunst Meyers keine Spur hinterlassen.

Seit jenem im März 1853 zu Bern stattgehabten Zusammentreffen, zu dem Mutter und Sohn einander entgegeneilten, um
sich nach neun Monaten wieder von Angesicht zu Angesicht zu
sehen, galt es für eine ausgemachte Sache, daß Conrad vorder-
hand mindestens für ein Jahr von Stadelhofen fernbleiben und
höchstens vorübergehend heimkehren sollte. Für den Fall eines
solchen Besuches hatte ihm Frau Betsy ein anderes Zimmer
eingeräumt, da sie es nicht wagte, ihn in seine alte Stube zu
bringen, aus deren Wänden heraus, wie sie befürchtete, die schrecklichen Erinnerungen auf ihn eindringen müßten. Dem mütterlichen, schon im Sommer 1853 ausgesprochenen Wunsche zu-
folge gedachte er die Jahreswende 1853/54 im Kreise der Seinigen zu verleben, um dann die welsche Schweiz wieder aufzusuchen. Weil indessen die Berichte Betsys, die ihre Heim-

fahrt von Genf über Lausanne gerichtet, sowie diejenigen Vulliemins günstiger lauteten und Conrads Briefe selbst von seiner fortschreitenden Gesundung und wachsenden Arbeitslust zeugten, so wurde seine endgültige Heimkehr ins Auge gefaßt, zumal auch der Beutel der Mutter den Kosten eines weiter erstreckten Aufenthaltes in der Fremde nur mühsam stand= zuhalten vermochte.

Am 29. Dezember 1853 hielt Betsy im großen Saal ein Festchen ab: der Weihnachtsbaum der Armengesellschaft brannte, wozu zwölf Damen und ebensoviel arme Kinder geladen waren. Am letzten Jahrestag beging sie eine stillere, aber noch liebere Feier — der Bruder kam heim.

Er vertauschte Lausanne ungern mit der Vaterstadt. Denn er hatte hier, wie Betsy damals schrieb, eine Vergangenheit oder vielmehr keine und wußte wohl, daß man ihn darum ansah. Zudem durfte er kaum auf eine Schätzung und auf Verständnis dessen rechnen, was ihm das Innerste bewegte und doch immer noch nicht ans Licht zu bringen fähig war. Er hätte das manch= mal mit Vulliemin zu bereden gewünscht, dessen einsichtigen Anteils er sicher war und dem er so viel schuldete, daß er schon vom Genfer See her heimgeschrieben, wenn er je dazu komme, seinen Weg zu machen, so danke er es den Bemühungen dieses Mannes, des besten seiner Freunde. Er sehnte sich zuweilen nach einem Plauderstündchen mit dem väterlichen Gönner, wo er über die geliebten Historiker und seine Übersetzungen sich unterhalten konnte, über Guizot, Thierry, „Thierry surtout!" Er berichtete ihm, ein halbes Jahr nach der Abreise, von seinen Arbeiten und Entschlüssen: „Je suis tout à mes travaux; je m'y plais et je me soucie fort peu du reste, si ce n'est pas de mes amis, cela va sans dire. Vous voyez la plume me tourne dans les doigts; c'est que je les ai passablement raides à force d'écrire. Mais cela marche et jamais de ma vie l'on ne m'ôtera ma plume; — je voudrais être bon à mieux et y mettre un peu du mien; peut-être cela viendra-t-il plus tard, patience!"

Plus tard! Patience! Eine außerordentlich späte Entwick= lung, welche die ersten Früchte in einem Alter reifte, wo viele

andere schon die reichsten Gaben eingeheimst haben, am Selbst-
geschaffenen so lange Duft und Zauber des Individuellen entbehren und es darum als minderwertig zurücklegen zu müssen,
das war sein Schmerz, sein Schicksal. Dennoch wagte seine
spannkräftige Natur durch alle Entmutigungen hindurch immer
wieder auf jene Tage zu hoffen, wo das Können und Wollen
einander die Hand reichen würden. Und dieses Hoffen trog
ihn nicht.

Über das verzögerte Wachstum seiner schöpferischen Kräfte
gibt eine kleine Erzählung Aufschluß, die der etwa Dreißig-
jährige verfaßte, die erste und die einzige ungedruckte. Sie
geht auf das Erlebnis einer ihm nahestehenden Frau zurück,
so gut wie „die Richterin", die diesem Erlebnis sich teilweise
enger anschließt. Der Inhalt ist folgender: Die Komtesse Klara
von Rochefort, die über die Untertanen ihrer kleinen Herrschaft
ein entschiedenes, aber ein gerechtes und sehr wohltätiges Regiment führt, blickt in ihrer strengen Reinheit mit einer gewissen
fühlbaren Verachtung auf die um zehn Jahre jüngere Schwester
Franziska herab, weil sie sich in einem Liebesverhältnis mit
einem Musiker „vertändelte". Die fehlbare und vor der älteren
Schwester Willenlose fürchtet sogar, als Büßerin zum Schleier
gezwungen zu werden. Da erscheint auf dem Schlosse Graf
Bettino, der einzige Sproß der jüngeren Linie des Geschlechtes,
wie Klara und Franziska die letzten Abkömmlinge der älteren
sind. Er hat seine Laufbahn verscherzt, indem er in jugendlicher
Unvorsichtigkeit eine wichtige Botschaft verspätete und so den
Verlust einer Schlacht herbeizog. Seinen Werbungen um Franziska wird kein Widerstand entgegengesetzt, wiewohl sein zwar
nicht ganz untüchtiges, so doch oberflächliches Wesen Klara miß-
fällt. Aber unversehens entbrennt die Kühle und Gestrenge
selbst für ihn, nachdem sie ihn von der Schwester umarmt sieht,
der zu Gefallen er sich, um ihr eine Rose am Abgrund zu brechen,
in Todesgefahr begab. Entschlossen, sich selbst an die Stelle
der Glücklichen zu setzen, spielt sie vor Zeugen dergestalt auf
den Fehltritt der Jüngeren an, daß diese sich vernichtet fühlt
und in den Augen des Bewerbers beträchtlich an Reiz einbüßt.
Klara kommt ihrem Vetter einmal bis an die Grenzen des

Schicklichen entgegen, und er kann eine gewisse Scheu vor ihrem, wenn sie schweigt, strengen Antlitz, sowie vor ihrer ernsten Schönheit nicht überwinden. Von seinem jungen Fürsten zur Vermählung mit einer der jungen Gräfinnen aufgefordert, bittet er in der entscheidenden Stunde Klara um die Hand ihrer Schwester und erhält sie. Die Enttäuschte zieht sich ins Kloster Villamort zurück, als dessen Äbtissin sie einen wohltätigen Wandel führt, gemildert und vertieft durch die kurze Irrung, der sie anheimgefallen.

Was zunächst an dieser wenig umfänglichen Arbeit, die kaum zwanzig Seiten dieses Buches füllen würde, in die Augen fällt, ist die sichere Durchbildung des Motivs und die vollständige Durchdenkung der einzelnen Teile, der rein epische Fortgang und das Fernsein jeder lyrischen Verschwommenheit, so daß vom Dichter gilt, was er von der Heldin Klara sagt: „Sie überblickte erst das Ganze, den Grund und Bau des Gedichtes, ehe sie den Zierat besichtigte. War die Zeichnung sicher und geraten, so freute sie sich auch der Farbe. Wie mächtig sie erst das Ganze erfaßt, so deutlich machte sie sich das Kleinste." Die Vorliebe Meyers, einen Vorgang durch einen entsprechenden, von der bildenden Kunst dargestellten symbolisch zu verstärken und eindringlich zu machen, zeigt sich schon hier in aller Schärfe; wie in „Gustav Adolfs Page" die Tatsache, daß der Vater Leubelfing den Sohn so gut wie geopfert hat, durch die an der Zimmerdecke in Stuck ausgeführte Opferung Isaaks durch Abraham erläutert und verdeutlicht wird, so geschieht etwas ganz Ähnliches in der Erstlingsnovelle: es handelt sich um den Augenblick, wo Graf Bettino zwischen den Schwestern wählen soll, da ihn sein Fürst zum Heiraten aufgefordert hat. „Klara, den emporgerichteten edeln Kopf in die Hand gelegt, betrachtete gedankenlos eine verdunkelte Freske der Decke, die sie wohl noch nie eines Augenmerks gewürdigt. Ein verschollener Maler hatte vor langer Zeit das bekannte Urteil des Paris abgebildet und, boshaft genug, nicht, wie sonst, Venus, die sich hier mit Juno schon abgewendet, sondern die reine Minerva vor den unbescheidenen Hirten gestellt. Diese Posse entrüstete Klara, als hätte sie dieselbe auf sich gedeutet."

Aber keine Vorzüge der Novelle vermögen ihr blutleeres und blasses Aussehen, den Mangel an Leidenschaft, an Wärme, an Fülle zu decken. Selbst die Heldin, die doch eine Reihe sprechender Züge trägt, erscheint nicht als ein lebenswahres und in sich geschlossenes Wesen; vollends Franziska und Bettino sind die reinen Schemen, deren dürftige Blöße sich um so fühlbarer macht, als der Dichter, anstatt zu bilden und darzustellen, meistens direkt charakterisiert. Die Unfähigkeit, sich an dem Reichtum und der Wahrheit der Wirklichkeit festzusaugen, wird auch durch die Armut der Handlung erhärtet. Denn obgleich die spätere Art Meyers, ein Motiv in wenigen, dramatisch empfundenen Szenen zusammenzufassen, deutlich durchbricht, so erweckt doch das Ganze einen solchen Eindruck der Schmächtigkeit, daß es mehr wie eine saubere Skizze zu einem Kunstwerk aussieht, in dem einzelne wichtige Teile mit etwas stärkeren Strichen ausgeführt sind. So weiß der Dichter das plötzliche Erwachen der Liebe in Klara nicht anschaulich zu machen und in Handlung oder doch Rede umzusetzen, sondern nur in überlegender Betrachtung vorzuführen:

„Wie aber war Klara geschehen? Niemand, der jung ist, sieht ungestraft das Bild der Liebe. Wir können uns unter Büchern begraben, im tätigen Leben müde rennen, im Ehrgeiz verzehren, und so mag es gehen, bis Amor die Gelegenheit wahrnimmt und uns überlistet. Die Asketen freilich haben sich in die himmlische Liebe versenkt und diese Abgehärmten sollen völlig glücklich gewesen sein; aber sie sind nun ausgestorben, und wir nennen ihr Wesen Unnatur, was es auch wohl gewesen sein mag. So war Klara von dieser blinden Macht ergriffen worden und nicht, wie flüchtige Wesen nur geschaukelt wie zum Spiel, sondern schmerzlich erschüttert als eine starke, tiefe Natur. Wohl war der Gegenstand ihrer Liebe ein so geringer, fast nichtiger, aber wenn Amor erwacht, ist die Liebe Hauptsache, der geliebte Gegenstand Nebensache. Andere hätten sich vieles eingebildet und vorgeplaudert von schwesterlicher Liebe und zarter Neigung; aber Klaras herrlicher Verstand betrog sich keinen Augenblick: andere wären listig gewesen, hätten alles Hemmende sachte beseitigt, den Geliebten der Schwester entfremdet und dabei unschuldig geschienen; aber Klara vertrug keinen heimlichen Gedanken, der auf ihrem Antlitz anders lautete, als in ihrer durchsichtigen Seele. Sie konnte unbarmherzig sein, aber war weder grausam noch falsch. Ihr schien, wie ihr früher geschienen, Franziska sei Bettinos unwürdig, dem sie nun einen höheren Wert gab, weil sie ihn liebte; sei er beiden wünschenswert, so verdiene sie, die Untadelige und das Haupt des Hauses, ihn vor der Schwester. Dies wälzte sie stürmisch in schlaflosen Nächten in ihrer Seele und beschloß dann, den Geliebten der Schwester, die sie doch hätte dauern sollen, im Angesicht zu entreißen."

Bedenkt man, daß C. F. Meyer, als er die kleine Arbeit schuf, in einem Alter stand, wo die poetische Produktion voll hervorzubrechen pflegt, und daß er über eine nicht gewöhnliche literarische Bildung verfügte, und wirft man dann einen Blick auf die Gestalt der Richterin, die aus der Klara erwuchs, und auf das feindliche Paar Diana und Antiope in der „Hochzeit des Mönchs", das sich aus den Schwestern Rochefort entwickelte, so wird man gestehen müssen, daß die Fortschritte, die ihm noch beschieden waren, fast ebenso unerhört sind, wie seine zögernde Entfaltung.

Nur die ebenmäßige und bestimmte, von dem hellen Licht des gallischen Geistes durchleuchtete und dichterisch gehobene Sprache ist das Zeichen des gereiften und bedeutenden Schriftstellers, trotzdem ihr ein gewisses eigenes Gepräge nur in beschränktem Maße zukommt. Sie ist neben den konstruktiven und rechnenden Fähigkeiten das Pfand, das ihm die Muse für die noch in den Schleiern der Zukunft verborgene Meisterschaft verliehen. Wie eigen ist das gesagt: „Sie hätte so gerne die Kapuze der Reue zurückgeworfen und ihre Locken geschüttelt, als Schwester, Vertraute, am liebsten freilich als Braut"; und wie geistvoll und bedeutend: „Klara mochte die Poesie wohl leiden. Wir sind einmal, war ihr Wort, mit der seltsamen und gefährlichen Gabe der Einbildungskraft behaftet, die in diesem trockenen Leben nicht wohl walten darf; darum lieber den luftigen Linien der Dichtung gefolgt, wo wir uns freiwillig täuschen, als diesen brennenden Zauber in die Wirklichkeit geworfen, wo er versehrt und Unheil stiftet."

Ernst und künstlerische Einsicht ließen den Dichter über das
Unzulängliche seiner Arbeit nicht im unklaren; so schloß er denn
die Poetenwerkstatt wieder zu und beschied sich, in Gewärtigung
besserer Zeiten, dem gleichförmigen und nüchternen Tagewerk
des Übersetzers nachzugehen. Er vollendete die Übertragung
der récits des temps mérovingiens, die 1855 erschien, etwa
ein Jahr nachdem sein Landsmann Gottfried Keller mit dem
„Grünen Heinrich" den großen Wurf getan und, freilich nicht
durch den äußeren Erfolg, sondern durch die innere Größe der
Schöpfung alle Mitstrebenden überholt hatte. Meyer brachte
seinen Übersetzernamen weder auf dem Titel, noch sonst irgendwo
an, so daß er still und namenlos in die literarische Gilde und
in die Welt trat, ganz anders, als er sich's während eines langen
und schmerzlichen Jahrzehnts geträumt.

Die von Friderichs in Elberfeld verlegte Übersetzung — „Er=
zählungen aus den merowingischen Zeiten mit einleitenden Be=
trachtungen über die Geschichte Frankreichs" — ist ein ziemlich
umfängliches Buch von annähernd fünfhundert enggedruckten
Großoktavseiten, also jedenfalls keine kleine Arbeit. Sie erfüllt
alle Anforderungen an eine gute Leistung und hin und wieder
wohl noch etwas mehr. Der Historiker C. Monnard, der von
J. v. Müllers Schweizergeschichte neun Bände ins Französische
übertragen hatte und somit in vorliegender Sache zu urteilen
wußte, schrieb an Meyer (10. August 1855) darüber folgendes:
„Votre traduction est faite avec intelligence et avec soin.
Vous avez été pénétré des rares mérites de l'ouvrage original
et vous faites d'heureux efforts pour les reproduire. Ce livre
obtiendra, j'espère, en Allemagne le succès, auquel il a droit."
Guizot äußerte sich am 11. Oktober desselben Jahres: „Je n'ai
fait que parcourir; mais j'en ai assez vu pour reconnaître,
dans votre version, cette fidélité matérielle et morale, sans
laquelle une traduction n'est qu'un masque jeté sur l'original."
Monnards Brief enthält überdies ein wohlbegründetes Kom=
pliment über Meyers Französisch: „Votre lettre m'a frappé, non
seulement par sa correction, mais par son bon style; vos
tournures sont bien françaises et votre diction est élégante.
Vous avez acquis ce qui est de très difficile acquisition pour

tout étranger.“ Dann berührt er etwas Wichtigeres, wenigstens für den späteren Dichter und Stilisten: „En traduisant des écrivains éminents vous étudiez à fond leur manière et la différence du génie des deux langues.“

Will man die französischen Einflüsse feststellen, die Conrad Ferdinand Meyer erlitten, so muß man vor allem den Namen Augustin Thierry anrufen. Dieser Mann, den in seiner Jugend zwei Dichter entscheidend bestimmten, nämlich Chateaubriand und Walter Scott, war ganz dazu angetan, seinerseits tief und nachhaltig auf einen Poeten zu wirken, zumal auf eine nicht wenig verwandte Natur.

Wie aus der deutschen Romantik die Gebrüder Grimm hervorgingen, die mit der Begeisterung der Romantiker ein genaues Quellenstudium verbanden, so erwuchs aus den Anfängen der französischen Romantik die streng quellenmäßige Geschichtsforschung Thierrys. Gleich hervorragend durch historische Intuition wie durch peinlichen Forscherfleiß, förderte er Ergebnisse von weittragendster Bedeutung zu Tage, indem er infolge sorgfältiger Ergründung der nationalen Elemente Frankreichs in ihren Ursprüngen den Schlüssel zu ihrer späteren Geschichte fand. Aber auch durch die glänzenden Mittel seiner Darstellung übertraf er alle Glieder der deskriptiven Schule, die, im Gegensatze zur philosophischen, schildern und erzählen, nicht schließen und betrachten wollte. Weit entfernt, sich mit der Wiedergabe des Urkundenmaterials zu begnügen, bringt er in die Seele des Volkes bis zu den Triebfedern der handelnden Personen. Diese selbst und ihre Taten umkleidet er mit dem Schmelz seiner Lokal und Zeitfarbe, der er bis in das einzelne Wort hinein nachstrebt. Dabei verliert er sich niemals in Beschreibung, tritt auch nie mit seinen Ansichten hinter den historischen Gestalten hervor; vielmehr läßt er seine Personen handeln wie der dramatische Dichter, der völlig in seinen Helden aufgegangen ist. Dadurch erlangt er den Vorteil, die Erzählung an keiner Stelle zu unterbrechen und die Vorzüge der deskriptiven Schule mit denjenigen der philosophischen auf echt künstlerische Weise zu vereinigen. Sein Stil erscheint dem Gegenstand fast immer angemessen, individuell, kräftig, urwüchsig, zuweilen beinahe

herb: überall von energischem Sprachgefühl belebt, wirkt er
mit einem tiefen, gesättigten Kolorit und einer eigentümlich
dunklen und zugleich warmen Beleuchtung, zeigt aber im ganzen
wenig von der bekannten und gewöhnlichen gallischen Eleganz
und Glätte.

Alle diese Vorzüge erheben Thierry wohl zum bedeutendsten
Historiker Frankreichs vor Taine. Jedenfalls hat er in der französischen Geschichtschreibung die tiefsten Spuren hinterlassen, in
die fast alle nach ihm kommenden Historiker seines Landes traten.

Nächst Thierry wurde Pascal für Meyer von Bedeutung.
Seine Provinciales und Pensées lagen jahrelang auf seinem
Nachttisch und zwar neben den Memoiren Saint-Simons, aus
denen er die Zeit Ludwigs XIV. kennen lernte und in jenen
Jahren beträchtliche Menschenkenntnis schöpfte. Er empfand die
Schärfe und Klarheit Pascals als Erlösung aus dem verschwom-
menen Wesen der Romantik, das ihm Vischers kritische Gänge
zuerst entleidet hatten. Pascal entschied noch einen anderen Umschwung in ihm: er befestigte seine während der einsamen Züricher
Jahre ins Wanken geratene Religiosität, so daß Vulliemin 1853
der Mutter schreiben durfte, der Sohn sei wieder gesund und
ein Christ. In dieser wie in rein literarischer Beziehung wirkten übrigens auch die Schriften des frommen und geistvollen
Alexandre Vinet, in noch höherem Grade die Fenelons, der
Meyer sehr sympathisch war. Daß übrigens auch die weiten
philosophischen Ausblicke Guizots für Meyer Bedeutung erlangten, läßt sich mit Bestimmtheit annehmen.

Wie tief und nachhaltig französisches Wesen und Schrifttum
Conrad Ferdinand Meyers Entwicklung, Richtung, Schreibart
und Stoffwahl, seine ethischen, religiösen und künstlerischen Anschauungen beeinflußten, das sind weitreichende und, namentlich was die Stoffwahl anbelangt, zum Teil nicht einfache Fragen,
deren Beantwortung nicht hierher gehört, über die jedoch ein
geistvolles, wenn auch zu einseitiges Wort Carl Spittelers in
erster Reihe gehört zu werden verdient. Er sagt: „Es ist
etwas von der stolzen, spröden, keuschen Herbigkeit des Hugenotten in unserem großen Landsmann, der zwar den blühenden
Reichtum der Renaissance vermissen läßt, dafür jedoch den Willen

und die Charakterfestigkeit hinzubringt. Wo einmal die Phan
tasie versagt, da bleibt immer noch die Gebärde, um den Abe
der Persönlichkeit zu bekunden. So haben die Tyrannen und
Condottieri, so haben die großen Frauen der Renaissance ge=
dichtet, mehr mit der Energie als mit der Phantasie, haupt=
sächlich darauf bedacht, den Inhalt des zu Sagenden klar, knapp
und genau mitzuteilen, ohne blumige Zutaten, besonnen in der
Begeisterung, allezeit mit der Gesamtheit der denkenden Per
sönlichkeit schaffend. Darum wirkt auch Meyers Poesie männ
licher als jede andere. Wenn wir aber beiläufig fragen, woher
C. F. Meyer seine literarische Männlichkeit bezieht, so stehe ich
nicht an — und auch das stimmt zum Hugenotten — zu sagen:
aus Frankreich. Je öfter ich seine Novellen lese, desto unbedenk=
licher urteile ich: das ist französisch, nicht deutsch, französisch
bis in den Bau des Satzes; wohlverstanden, nicht modern=fran=
zösisch, sondern französisch aus der klassischen und vorklassischen
Zeit, das Französisch der großen Memoirenschreiber und das
Französisch von Navarra. In den Gedichten erscheint die Her=
kunft durch den deutschen historisch=humanistischen Fortbildungs=
stoff etwas maskiert; wenn wir indessen näher zusehen, so wird
auch hier die italienische Renaissance durch das Medium fran
zösischer Erziehung angeschaut und dementsprechend modifiziert.
Überhaupt möchte ich die gesamte Kunstweisheit unseres Dich=
ters, vor allem sein eminentes Formgefühl auf französische Ur=
sprünge zurückführen."

Die Übersetzertätigkeit wurde fortgeführt. Vulliemin hatte
für seinen Freund bei Guizot um die Erlaubnis einer Ver=
deutschung der histoire de la révolution d'Angleterre nach=
gesucht, die der französische Historiker am 11. Mai 1855 aufs
liebenswürdigste erteilte. Ob Meyer die Sache in Angriff nahm
und wie weit er damit gedieh, läßt sich nicht ermitteln; er scheint
nach einem Anfang oder von vornherein verzichtet zu haben,
weil er, aus einer Stelle des schon erwähnten Briefes von
Monnard zu schließen, beim Verleger Friderichs keine Neigung
fand, das neue Werk zu übernehmen, und weil er einen anderen
wohl kaum auftreiben konnte.

Er richtete daher sein Absehen auf ein weniger umfang=

reiches Buch Guizots, das er leichter anzubringen hoffte, auf
das bei Hachette in der bibliothèque des chemins de fer publizierte l'amour dans le mariage. Am 11. November 1855 erhielt er vom Autor, zugleich mit dem Lobe seines Thierry, den
er zur Legitimation eingesandt, die erbetene Zustimmung zur
Übersetzung.

Schon am 17. August vorher hatte aber Friederichs den Verlag
der Schrift abgelehnt, weil sie zu klein sei, und so erschien sie
erst 1857 bei Behel in Zürich unter dem Titel: „Lady Russel.
Eine geschichtliche Studie. Aus dem Französischen." Bevor
das dünne Büchlein ausgegeben wurde, das nur die eine Hälfte
der Vorlage enthielt und im kleinsten Format gedruckt war,
starb der Verleger, und sein Nachlaß kam unter den Hammer,
worauf fast sämtliche Exemplare entweder als Makulatur ver-
schwanden oder, was noch wahrscheinlicher ist, eingestampft
wurden. Allem Anschein nach gelangten nur wenige Frei-
exemplare aus der Druckerei in die Hände des Übersetzers, der
zwei davon am 11. August 1857 an Guizot sandte. Dieser
antwortete (21. April 1858) ... „Je regrette sincèrement de
ne vous en avoir pas encore remercié. J'ai lu votre traduction
avec un vrai plaisir; elle est exacte sans servitude, et le senti-
ment du texte original y est reproduit aussi bien que les paroles.
C'est une satisfaction, qui ne m'est pas toujours échue en
pareille circonstance."

Das begründete Urteil läßt sich nachprüfen; denn es haben
sich von dem lange verschollen geglaubten Büchlein einige wenige
Exemplare erhalten; der Dichter selbst scheint keines mehr besessen zu haben.

Die Zeiten, während welcher Conrad die Korrekturbogen
der Thierryübersetzung las und die Lady Russel verdeutschte,
verflossen still und ziemlich freudlos, namentlich als im Frühling 1855 die Schwester wieder nach Genf aufbrach, um ihre
Zeichen- und Malkunst kräftiger zu untermauern und aufzubauen.
Mitunter besuchte ihn ein Freund oder Bekannter, so der Jurist
Ottiker oder der Philosoph Kym, mit dem er, nicht gerade zur
Erbauung der Mutter, weitläufige Dispute führte. Hin und
wieder gab es Besuch und Einladung im Hause; so erschien

einmal Professor Bluntschli mit seinen Töchtern. Wurde Conrad gelegentlich von befreundeten Familien zu Tisch gebeten, so bedeutete das damals allemal ein Fest für ihn.

Seine dichterischen Pläne und Heimlichkeiten verbarg er, wodurch er sich vor der Mutter meistens zu schweigen gewöhnte, obgleich er, wie sie der Tochter wiederholt meldete, durchschnittlich heiter und vergnügt dreinblickte. Beinahe von Woche zu Woche fühlte sie sich von seinem Fleiß mehr befriedigt. Immerhin galt er eben doch noch als der „arme" Conrad, der viel guten Willen, aber wenig Kraft besaß. Ihren Wünschen folgend, unterrichtete er zwei unbemittelte Schüler, so daß die Hoffnung auf irgend eine pädagogische Versorgung stets noch grün blieb. „Unterdessen wird Deines Bruders schwarzes Kleid," berichtete Frau Betsy nach Genf, „immer fadenscheiniger, und er fängt an nachzudenken und zu finden, man könne nicht wohl anders, als seine Gedanken aufs Praktische zu richten." Ihrer sittlichen Religiosität entsproß die feste Überzeugung, sobald der Sohn, mit ernster Frömmigkeit sich in sein Los ergebend, in strenger Selbstzucht an sich arbeite und auch die geringsten Pflichten erfülle, werde die Heilung von selbst erscheinen oder sei vielmehr schon da. „Gestern gab er mir sogar Zigarren in Verwahrung, damit er sie bei mir beziehen könne; auch kommt es mir bisweilen vor, er lese Abends sein Lied mit mehr Empfindung als früher." Sie verurteilte jeden seiner Versuche, mit irgend einer selbständigen literarischen Arbeit sich aus der Enge herauszureißen, als eine Eitelkeit, die nur wieder zum Bösen ausschlage. „Vor ein paar Tagen sprach er wieder von einer französischen Abhandlung, die er schreiben wolle, um einen Namen zu bekommen. Das suchte ich ihm bestimmt, aber freundlich auszureden. Liebes, das beste ist, man empfehle unsern Conrad dem Herrn, damit er weise werde zur Seligkeit."

Indessen erblühte ihr doch noch die Freude, seinen ersten kleinen Erfolg zu erleben. Nachdem er Buchhändlerverdruß gehabt, indem der Verleger den Leipziger Korrektor wegen der ziemlich häufigen Provinzialismen der Thierryübersetzung gescholten, der Angegriffene hierauf bei Conrad Schutz gesucht und nachdem Sohn und Mutter befürchtet, das Honorar möchte ausbleiben, konnte sie eines Tages nach Genf melden: „Soeben kommt ein Brief aus Elberfeld und versetzt, wegen des darin enthaltenen Honorars, unseren Conrad in solche Ekstase, daß er wie ein Kind auf und davon und zu Onkel Wilhelm läuft, um ihm seinen Schatz zu zeigen. Freue Dich auch ein bißchen, liebes Kind, und laß uns hoffen, das sei ein Anfang, der Deinem Bruder Mut mache."

Plötzlich rührten Krankheit und Tod an die stillen Kreise in Stadelhofen. Gleich nach Neujahr 1856 wurde der beinahe siebzigjährige Antonin Mallet von einer Blutentmischung heim= gesucht und aufs Krankenlager geworfen, von dem er sich nicht mehr erheben sollte. Frau Betsy Meyer ließ sich nicht davon abhalten, möglichst viel um ihn zu sein und bei der Pflege hilfreiche Hand zu leisten, obschon dies nicht nötig war, da ein Wärter alles Erforderliche verrichtete. Sie fing an schlaflos zu werden und glaubte fortwährend den Leidenden schreien zu hören, der allerdings sehr schwer litt und wehklagte. Mit dem Eintritt der Sommerhitze wurde das Krankenbett fast unerträg= lich, aber Frau Betsy, allem Zureden der Kinder und des Arztes unzugänglich, behauptete stunden= und stundenlang ihren Platz im Zimmer des Stöhnenden, so daß sie sich aufrieb.

Im Juli endlich konnte der Gequälte sterben. Aber jetzt entwickelte sich bei der geprüften und erschütterten Frau eine ausgesprochene Gemütskrankheit: eine während der letzten Zeit der Pflege ausgebrochene Gesichtsrose, mit der sie sich durchaus nicht legen und schonen wollte, trat am dritten Tag zurück und war vielleicht die eigentliche Ursache des Leidens. Sie klagte sich an, die Mörderin des Hingeschiedenen zu sein, ihn nicht genugsam gepflegt, sowie beim Anblick seiner entsetzlichen Schmer= zen oft seine Auflösung herbeigewünscht zu haben. Religiöse Selbstvorwürfe gesellten sich dazu, den zerwühlten Geist bestür= mend. Sie nannte sich eine große Sünderin, die von Gott verstoßen sei und keine himmlische Barmherzigkeit finden werde. Auch erklärte sie ihre geistige und körperliche Kraft für gebrochen.

Zu Wilhelmsdorf im Württembergischen wohnten Freunde der Familie, mit denen man schon lange brieflichen Verkehr pflegte. Man vereinbarte sich, und Betsy brachte die Mutter in der Stille dorthin zu einem Arzt. Dann reiste sie nach Zürich zurück, wo das Hauswesen sie nötig machte, zumal nach so schweren Störungen. Doch zeigte sich bald, daß die sehr einfachen Wilhelmsdorfer Verhältnisse für die Leidende nicht entsprechend und zuträglich waren, namentlich in Anbetracht des nahenden Winters und weil die Gemütskrankheit, die man anfänglich nur für Übermüdung und Entkräftung gehalten, sich immer stärker entwickelte. Betsy klopfte in Presargier an und erbat ein Asyl.

In den Augusttagen reiste Conrad nach Solothurn zur Jahresversammlung der schweizerischen geschichtforschenden Gesellschaft, als deren Sekretär er, wie schon das Jahr vorher, das Protokoll führte. Zu dieser Würde hatte ihn 1854 Georg von Wyß, der Präsident der gelehrten Körperschaft, in Vorschlag gebracht, um ihn einigermaßen an die Öffentlichkeit zu ziehen, zu beschäftigen und womöglich für geschichtliche Arbeiten zu gewinnen. Von Solothurn begab er sich zu seinen alten Freunden nach St. Blaise, Presargier und Neuenburg.

Wenig später betrat die Schwester die Gegend, welche der Bruder eben verlassen. Sie hatte die Mutter im Württembergischen abgeholt und über Schaffhausen nach Biel und St. Blaise, wo infolge der in Neuenburg ausgebrochenen Revolution die Telegraphendrähte durchschnitten waren, und von hier nach Presargier geleitet, das nun, wie früher dem Sohne, der Ankommenden seine Kunst und seine Teilnahme darbot. Dr. Borrel trat ihr sogar sein Studierzimmer ab, weil es von allen die schönste Aussicht besaß. Übrigens flößte ihm mehr der körperliche als der geistige Zustand der Kranken Besorgnis ein, namentlich der schwache Puls.

Die Botschaften, die Conrad daheim erhielt, lauteten sehr trübe. Er entschied sich, die vereinsamte Wohnung zu schließen und für einige Monate Genf aufzusuchen, wohin die Schwester durch die notwendige Bereinigung der Malletschen Erbschaft und die den Geschwistern zugefallenen Legate gleichfalls gerufen wurde. Da er, weil seine Papiere noch nicht geordnet waren, sich weniger rasch auf den Weg machen konnte, als er vermutet, so brach Betsy auf, ohne ihn abzuwarten, und reiste dann von

Genf, an Presargier vorbei, eilig nach Zürich zurück, um, sobald der Bruder und seine Sachen reisefertig wären, möglichst
bald zur Mutter zurückzukehren.

Sie sollte sie nicht mehr unter den Lebenden treffen.

Die Leidende durfte ohne Begleitung im Garten und Umgelände der Anstalt spazieren. Am 27. September 1856 unternahm sie einen solchen Gang nach dem Landungsplatz an der
Zihl, offenbar um die Tochter zu erwarten, von deren bevorstehender Ankunft man sie in Kenntnis gesetzt hatte. Dort
stürzte sie sich vom Geländer der Brücke ins Wasser. Herausgezogen atmete sie nur noch kurze Zeit.

Gerade zu dieser Stunde, wo sie ihnen entrissen wurde,
brachte ein Freund den Geschwistern die Meldung, er habe die
Mutter in Presargier gesehen und verhältnismäßig wohl gefunden. Die Todeskunde erhielten sie am folgenden Tag und
langten in der Morgenfrühe des nächsten bei der Entseelten an.
Tief erschüttert kniete Conrad neben der Leiche nieder und brach
in Tränen aus. Sie wurde in Presargier unter dem Zuzug
von Genfer Freunden bestattet.

Die Mutter blieb den Kindern unvergeßlich. Ihr Ende
schwebte dem Dichter in mancher schwermütigen und verdüsterten
Stunde vor, wo ihn das nasse Element dämonisch anzog:

Eine liebe, liebe Stimme ruft
Mich beständig aus der Wassergruft ...

Als er später seiner Pfade und Ziele sicher und von Erfolg und
Glück gekrönt worden war, beschlich ihn häufig die schmerzliche
Erinnerung, wie sie sich um ihn und seine Zukunft gegrämt,
ohne die verschleierte Lösung zu ahnen oder zu sehen, wenn
ihr auch sein erstes gedrucktes Werk einen zarten Hoffnungsschimmer beschieden hatte.

Solche Stimmungen legte er in dem Gedichte „Hesperos"
nieder:

Über schwarzem Tannenhange
Schimmerst mir zum Abendgange,
Eine Liebe fühl' ich neigen
Sich in deinem Niedersteigen.
Unbemerkt bist du gekommen,
Aus der blassen Luft entglommen.

So mit ungehörten Tritten
Durch die Dämmrung hergeglitten
Kam die Mutter, die mir legte
Auf die Schulter die bewegte
Hand, daß ich ihr nicht verhehle,
Was ich leide, was mich quäle,
Und warum ich ohne Klage
Mich verzehre, mich zernage.
Und ich schwieg, und unter Zähren
Ließ sie meinen Trotz gewähren.
Hat sie Wohnung jetzt die Milde
Dort in deinem Lichtgefilde?
Deiner Strahlen saug' ich jeden,
Durch das Dunkel hör' ich reden,
— Und mir ist, als ob die Kühle
Hand ich auf der Schulter fühle —
Reden nicht von Seligkeiten,
Nur Erinn'rung alter Zeiten!
Jetzt versteht sie ohne Kunde,
Wer ich bin im Herzensgrunde.
Dies und jenes muß sie schelten,
Andres läßt sie heiter gelten.
Und sie meint, w i e sich's entschieden,
Gebe sie sich auch zufrieden ...;
Abendstern du eilst geschwinde!
Laß sie plaudern mit dem Kinde!
Freundlich zitternd gehst du nieder ...
Mutter, Mutter komme wieder!

Paris und München

Ins Stadelhofer Heim, wo Krankheit, Tod und Seelen=
leid so übel gehaust und aus dessen Räumen die Gute, Liebe
für immer ausgezogen war, mochten Conrad und Betsy zunächst
nicht wieder zurück. Sie ging nach Genf, er nach Lausanne.
Dann holte er sie ein, um sie auf eine italienische Reise mit=
zunehmen, wovon er seit Jahren geträumt. Aber Dr. Borrel
widersetzte sich dem Vorhaben, das beide, sagte er, die sich
angegriffen fühlten, nicht erfrischen und aufrichten, sondern
geradezu schädigen würde, zumal die Schwester, die an und
für sich nicht fürs „Wandern und nicht für Wirtshäuser" ge=

schaffen war, sich nur sehr langsam von dem schrecklichen Schlage
erholte und immer nach der Gruft der so jäh geschiedenen Mutter
zurückverlangte.

Während jener Zeit lagerte eine gewaltige, schwüle Ge=
witterwolke über der Schweiz. Man sah einem Kriege mit
Preußen entgegen, das seine Ansprüche auf Neuenburg mit
Heeresmacht zu behaupten gewillt war, und gewärtigte in langer
und banger Ungewißheit bald einen ehrenvollen Frieden, um
den sich die Staatsmänner bemühten, bald eine blutige Ent=
scheidung, der man furchtlos die Stirn bot. Schon stand ein
Teil des schweizerischen Heeres unter den Fahnen, der größere
erharrte jeden Tag das Aufgebot. Als die Dinge unmittelbar
nach der Jahreswende wiederum ein besonders ernstes Gesicht
erhielten, brach Meyer, den auch die von Norden drohende Ge=
fahr davon abhielt, nach Süden zu reisen, mit Betsy nach
Zürich auf, um daselbst vielleicht auf einem Bureau oder sonst
bei der Verwaltung dem Vaterlande mit der Feder zu dienen,
da er wegen seiner Kurzsichtigkeit nicht in die Armee eingereiht
war.

Sobald sich das dräuende Gewölk wieder ein weniges lich=
tete, entschied er sich für eine Reise nach Paris.

Seitdem ihm und der Schwester ein ansehnliches Legat des
verstorbenen Antonin Mallet zugefallen war, erlaubten ihm die
Mittel einen Aufenthalt auf dem teuren Boden der Weltstadt,
den sie ihm vorher einigermaßen verboten und den er übrigens
schon nach der Entlassung aus Presargier begehrt. Wohl hatte
einer seiner Ahnen für den reichsten Züricher gegolten; aber unter
den Stürmen, die zu Anfang des Jahrhunderts über den Staat
und die Einzelnen hereinbrachen, büßte der Großvater, den die
politischen Gegner mit starken Einquartierungen und Kontribu=
tionen nicht verschonten, das meiste ein, umsomehr, als das
anererbte Geschäft unter der Ungunst der Zeitläufte immer
bedenklicher zusammenschrumpfte, so daß es gegen 1820 auf=
gelöst werden mußte.

Wenige Wochen in Zürich hatten genügt, Meyer die Vater=
stadt wie nie vorher zu verleiden und ihn mit aller Macht in
die Fremde zu treiben, so ungern er die geliebte Schwester

verließ. Noch draußen würgte ihn die daheim erlittene Verkennung und Zurücksetzung dergestalt, daß er verschiedenemal
in den Briefen an Betsy die durchgekostete Bitterkeit aus-
schüttete und zugleich die unzweideutige Absicht ausdrückte,
allzubald den Rückweg dahin nicht anzutreten, wo ihm der
Boden unter den Füßen gebrannt. „Wie erbärmlich war ich
nicht in Zürich daran! Was mich niederwarf und aufrieb, war
die Mißachtung, das Fürkrankgelten, in der ich lebte, sowie
mich am tiefsten jene Hinweisung auf meine in den letzten
Jahren unverschuldete Berufslosigkeit kränkte ... Die Gesundheit ist recht ordentlich, was ich gar nicht der Luft zuschreibe,
sondern der Abwesenheit alles Achselzuckens über meine Bemühungen, aller Bemerkungen über mein voreiliges Wesen,
aller mitleidigen Fragen nach meiner Gesundheit, kurz, aller
der Zärtlichkeiten meiner Mitpilger" „Also, liebes Kind,
die Leute plagen Dich mit Fragen über unsere Zukunft; laß
Dich das nicht verwirren! Es ist lange nicht, daß sie uns lieb
haben, sondern sie fragen nur, um uns bemitleiden zu können;
ginge es uns gut, es würde sie verdrießen. Gott Lob und Dank,
daß ich für einmal dieser platten und gemeinen Atmosphäre
enthoben bin. Wenn ich fest entschlossen bin, nicht mehr nach
Zürich zurückzukehren, außer in eine bestimmte Stellung und
nachdem ich etwas Rechtes gelernt habe, so muß das jedermann vernünftig finden; es wäre mir geradezu unmöglich, noch
einmal dies Pflaster zu betreten, wo ich Februar und März
mehr gelitten habe, als sich sagen läßt, außer unter obigen
Bedingungen. Es hat mir damals vieles tief in der Seele
weh getan, und wenn ich hier zufrieden und heiter bin, ja fast
ein Gefühl von Gesundheit habe, so ist's, weil ich hier nicht
gekränkt werde. Das heißt die Sachen im Groben gesagt.
Natürlich sind die Leute nicht daran schuld, sie sind nicht eigen-
nütziger und nicht unzarter, als sie allenthalben sind; sondern
sie sagen sich nur: warum sollten wir einem Menschen, der
krank gewesen ist, dessen Mutter auch krank gewesen, der überdies nichts Rechtes, das heißt Praktisches, kann, das Geringste
anvertrauen? Er sei still und trete hinter die Jüngsten zurück,
so wollen wir ihn dulden. Ich erinnere mich noch, daß ein-

mal ein junger Mensch, mit mir eingeladen, v o r mir ins Eß=
zimmer trat, absichtlich, als der Berechtigtere. Es tat mir sehr
wehe. Nun, aus dieser Trübsal befreit, in höchst angenehmen
Verhältnissen, mit Kopf, um etwas zu lernen, bin ich gar nicht
geneigt, mich so bald zurückzuwünschen in die Klemme. Schon
in Basel wurde mir leicht, und hier, nach überwundener Schüch=
ternheit, bin ich ganz glücklich. Daß Du, liebes Schwesterchen,
etwas einsam bist, ist freilich wahr; aber Dein Platz ist doch
gewiß bald gefunden, sei's in Genf, sei's in Zürich, sei's in
Presargier. Du galtest, warst auch und bist noch die verständigere
von uns beiden, wirst Dir also wohl zu raten wissen. Fort mußte
ich, weil ich sonst gewiß krank geworden wäre, wie Du selbst
zugeben mußt."

Solche und ähnliche unbedeutende Stöße und Anfechtungen,
wie die erwähnten, hätte ein Stärkerer unbeachtet gelassen oder
leichthin abgeschüttelt, namentlich wenn ihm, wie das bei Meyer
nun der Fall war, die finanzielle Unabhängigkeit zu Hilfe kam,
so daß er sich schließlich über all das hinwegsetzen konnte; aber
sein krankhaft reizbares Gemüt empfand sie als ein unleidliches
Weh. Er suchte ihnen auszuweichen und, wenn er einmal heim=
kehrte, vorzubeugen. Es wurde ihm immer deutlicher, daß das
erste und für einmal einzige, was ihm oblag, darin bestand,
etwas Rechtes zu lernen, wie er sich immer wieder ausdrückte,
und sich, sollte er darüber vierzig werden, so gründlich, so tüchtig,
so streng auszubilden als möglich, nicht nur zum Wissen und
Können, sondern zur unbedingten Selbständigkeit. Unter diesem
erstrebenswerten Rechten stellte er sich juristische und national=
ökonomische Kenntnisse vor: „um eine bürgerliche Stellung zu
erringen, genügen weder Französisch, noch Geschichte; es bleibt
nur das Recht." Hoch zu steigen gedachte er mit seinem Stu=
dium nicht; es sollte ihm die Verwaltung des eigenen Ver=
mögens erleichtern und womöglich zu einer kleinen Stelle in
Zürich oder anderswo verhelfen. Der Gedanke eines Freundes,
das Augenmerk auf eine Anstellung bei einem Buchhändler zu
richten, leuchtete ihm ein, denn gerade dazu schien ihm etwas
Recht nicht zu verschmähen.

Er begehrte nur darum so wenig, weil er, mehr oder weniger

bewußt, sich lediglich die Freiheit für die Poesie erkaufen, den bürgerlichen Anforderungen dagegen nur das unumgänglich Nötige opfern wollte. Denn von Jugend auf lebte der Trieb nach Unabhängigkeit in ihm.

Da er rasch entschlossen die Eisen ins Feuer gestoßen, gedachte er auch sein Los mit ungeteilter Kraft zu schmieden, weßhalb er alle dichterischen Entwürfe und Wünsche hinter sich warf, so daß er selbst der vertrauten Schwester während des ganzen Pariser Aufenthaltes nicht eine einzige Silbe darüber schrieb. Aber es war unausweichlich, daß die Poesie, die ihn von Grund aus beherrschte, still, aber stetig mit elementarer Gewalt durch alle Fugen und Ritzen seines Zukunftsgebäudes hereindrang. Darum durfte man dem so eifrig ins Werk gesetzten Unternehmen von Anbeginn keinen gedeihlichen Ausgang zutrauen, denn es lief dem stärksten Bedürfnis und der ganzen Beschaffenheit dieses ausschließlich ästhetisch und künstlerisch veranlagten Geistes stracks zuwider. Neigung und Fähigkeit zu einem praktischen Beruf mangelten ihm schlechtweg; sie lassen sich, wenn die Anlage fehlt, auch durch den besten Willen und hohe Intelligenz nicht erzwingen.

Er nahm sich vor, zwei Jahre in Paris zu studieren und nur die Ferien bei der Schwester in der Schweiz zu verbringen. Hernach, so lautete sein weiterer Entschluß, beabsichtigte er auf der Grundlage, die er in Paris gelegt, an einer deutschen Hochschule, wahrscheinlich der Berliner, den Auf- und Ausbau der wissenschaftlichen Kenntnisse zu vollziehen.

Die Fügung entschied anders. Mitte März 1857 erreichte er Paris und genau in der Jahresmitte langte er wieder in Zürich an. Er hat Paris sein Lebtag nicht wieder gesehen.

Während seines Aufenthaltes an der Seine sandte er der vereinsamten und verwaisten Schwester eine Reihe von Briefen, Briefe eines Künstlers und Dichters, obgleich darin über seine und anderer Dichtung kein Wort laut wird; die umfänglichsten, die er, im großen und ganzen, jemals schrieb, dazu die gehaltvollsten und anziehendsten, weil sie die außerordentliche Feinheit der ästhetischen und ethischen Empfindung, die leise, schmerzliche Entsagung, die aufrichtige Frömmigkeit, seine bei allem spröden,

ungelenken Wesen und bei seiner Schüchternheit auffallende
Menschenkenntnis, kurz den ganzen Hort des Mannes aufdecken,
der ihn liebenswert macht und der später kaum wieder so offen
und unverhüllt ans Licht trat. Dazu noch das schwankende
und unentschiedene Schicksal des schon über Dreißigjährigen,
den außer der Schwester keine Seele nach seinem vollen Ge-
halte wertete.

Seine Stimmungen, die wichtigeren Eindrücke und Erlebnisse mögen hier in der Reihenfolge, wie er sie zu Betsys Handen
aufzeichnete und der Post anvertraute, fast vollständig ihren
Platz finden, und zwar in seinen eigenen Worten, mit denen
sich die Wiedergabe durch einen anderen nicht messen dürfte.
Einzelne sind so vorzüglich, daß man beinahe sagen darf: sie
sind seine Dichtungen, seine poetischen Leistungen aus jener Zeit.

(14. und 15. März 1857.) „Liebes freundliches Schwesterchen, man weiß doch nicht, was man an seinen Lieben hat, bis
man von ihnen getrennt ist; es ist nun der dritte Tag, seit wir
voneinander sind, und wie sehr entbehr' ich schon Deiner Liebe.
Das ist aber das Gute der Trennung, daß sie uns den wahren
Wert der Liebe erkennen läßt, die wir sonst dies einzige Gut
nur so hinnehmen als etwas, das sich von selbst verstund.

Ich schreibe Dir fern von allem Geräusch, am Kaminfeuer, in
einem hochliegenden, aber heimlichen Zimmerchen des Hotels
Kolet und will Dir in Kürze meine Erlebnisse erzählen; nur erwarte nichts Ungewöhnliches: diese von mir mehr gefürchtete
als geliebte Würze der Reisen ist mir ferngeblieben und möge
es stets bleiben; es ist mir nichts Besonderes zugestoßen, wofür
ich dem Himmel danke. Freitag abend blieb ich in Basel bei
herrlichem Wetter und hörte in meinem Gasthof einige unfern
von mir niedergelassene Basler Herren die städtischen Tages-
fragen erschöpfend und eigentümlich verhandeln. Samstag flog
ich in einem Zug nach Paris, über Straßburg und das hübsche
Nancy, von 6 Uhr Morgens bis 10 Uhr Abends: helles Wetter,
Ebenen, Fabriken, Tunnels, einige Schlösser, zuletzt ein Meer
von Lichtern: Paris.

Heute habe ich die Stadt etwas durchwandert, bis ich die
Napoleonsäule fand, das Palais Royal, die Tuilerien, die

Brücken und wie die Wunder alle heißen. Den tiefsten Eindruck machte mir Notre Dame, dies edle Altertum, das leider nur nicht Raum genug hat. Das Getümmel ist nicht klein. In Wahrheit, ich komme mir vor wie ein Klub im praktischen Leben, aber ich will, soviel es meine Natur erlaubt, mich umtun und lernen ...

(16. März 1857.) Meinen brüderlichen Gruß. Du wirst mein Briefchen von gestern erhalten haben, und die Hälfte Deiner Sorgen ist hoffentlich beschwichtigt. Deine Liebe begleitet mich überall und, wenn Du meiner im Gebet gedenkst, so wird mich nichts Böses anfechten. Nur das Böse ist Verderben; alles andere kommt von Gott und ist, Glück oder Mißgeschick, im Geist des Gehorsams aufgenommen, Segen. Ich gedenke Deiner und der treuen Beraterin, so oft ich kann. ... Freilich habe ich oft eine solche Menge Dinge im Kopf und schon so manchen Beweis von meiner Gedankenlosigkeit, daß mir über dem steten Achtgeben wenig Zeit zur Sammlung, doch immer die bewußte Abendstunde bleibt. Es ist nun eine Schule für mich, die ich selbst gewählt. Zuerst meine Adresse: chez Monsieur Laly, rue neuve de l'Université Nr. 18, ein bescheidenes Stübchen mit etwas Grün vor dem Fenster, wenn es erst Frühling wird ... Tuilerien und Louvre sind mir plump und drückend erschienen; aber der Tuileriengarten mit seinen Brunnen und dem fernen Triumphbogen gehören wohl zum Reizendsten auf der Erde: das machen die schönen Verhältnisse. Das Palais Royal dagegen, dieser enge und prunkende Käfig, konnte mir nicht gefallen ... Ich öffne mein Briefchen noch einmal, mit dem törichten Wunsch, meine ganze Liebe in ein Wort zu drängen.

(18. März 1857.) ... Das Briefporto von Paris wird eine Deiner Ausgaben werden, wenn das so fortdauert: alle zwei Tage ein Brief, das ist honett, sollte ich denken; — aber die Liebe zählt nicht und rechnet nicht —, wenn auch sonst alles auf der Erde zählt und rechnet.

Ich schreibe Dir dies aus meinem neuen Quartier, wo es mir provisorisch nicht so übel gefällt: der Concierge ist ein alter Cent-Suisses, eine höchst ehrliche Haut, dem allerhand Meyer

von vor 1830 dunkel vorschweben, u. a., wie er meint, der
l. Onkel Fritz, und der den Henry de France zu Roß in seiner
Loge hat. Aber die Treue tut es nicht; zwar eine schöne Tugend ist die Treue, sagt Platen, doch schöner ist die Reinlichkeit;
schicke mir ja bald meine Empfehlungen von Herrn Naville; ich
hoffe mit deren Hilfe etwas Besseres zu finden, zudem muß ich
näher an die Bibliothek rücken; der Lärm ist mir gleichgültig, ich
bin schon daran gewöhnt, und ich brauche mehr Sonne.

Herr Schultheß überhäuft mich mit Güte. Er lud mich
gestern bei Herrn Thurneisen ein; mir war etwas unheimlich
zu Gemüt, nicht wegen des Benehmens (das ginge, da man
mit Harmlosigkeit und einigen unschuldigen Artigkeiten allenthalben durchkommt), noch wegen mangelhafter Toilette (das
sind Possen), aber aus Furcht, man meine, ich wolle mich in
Kreise und Klassen drängen, die nicht die meinigen sind. Es
lief noch so ordentlich ab. Eine junge Thurneisen, geborene
Pereire (crédit mobilier), getaufte Jüdin, feuerroter Rock, oben
nichts und prächtige Diamanten, ergötzte mich in ihrer Art; die
machte am Tisch ein Kunststück, das etwas heißen will: sie zerschnitt, um eine Karaffe herum, mit gedrehtem Arm, einen
Gipfel, den sie nicht sehen konnte, holte und speiste ihn; sie hat
das wohl von ihrem Vater. Übrigens war das Dämchen so
freundlich mit mir, daß ich ihr gleich gut wurde, wie ich es
jedem werde, der mit mir freundlich ist. Die alte Frau Th. ist
doch wohl eine sehr gute Frau; eine wahre Liebe und Hochachtung bekam ich für Herrn S., die Liebe, weil er so teil-
nehmend für mich ist, die Hochachtung, weil der Ehrenmann in
jeder Bewegung bei ihm zum Vorschein kommt ...

Abends. Ich habe einen sehr vergnügten Abend in den
Français zugebracht. Die Rachel ist zwar nicht in Paris, sondern ihrer Gesundheit wegen in Ägypten, aber auch die anderen Schauspieler sind trefflich. Man spielte mit einem En-
semble, das nichts zu wünschen übrig ließ. Das Stück war
unbedeutend, aber gar nicht gemein; man legt sich darauf mit
guten Gedanken zu Bett. Nun ist es aber für einmal genug.
Morgen beginne ich die Arbeit und will meinen Platen rasch
enden. Dieses Paris ist doch sehr merkwürdig; nur darf man

nicht jung hinkommen. Aber, l. Schwesterchen, nur meine Augen und Ohren sind in Paris, mein Herz ist bei Dir. Sobald ich mit ernsthaften Leuten in Berührung komme, sollst Du auch gehaltvollere Briefe bekommen. Vergiß mein nicht. Ich denke stündlich an Dich. An Gebäuden bekomme ich täglich Neues zu sehen. Das Pantheon und all diese Nachahmungen heidnischer Kunst mißfielen mir gründlich. Hingegen ist hin und wieder ein Bau in gotischem Stil und mancher Palast im Stil der Renaissance stehen geblieben, die den Geist erheben oder bezaubern. Wie eigen ist nicht mit seinen steinernen Adlern und Löwen das Hotel Cluny, dessen Geschichte ich wissen will. Ich wohne ganz nahe am Faubourg St. Germain, wo die gewaltigen Häuser stehen, die der Adel Ludwigs XIV. bewohnte, an denen übrigens wenig zu sehen ist. Woher kommt es doch, daß wir zu bauen verlernt haben?

(22. März 1857.) Wenn ich nicht in der festen Meinung, meine Kenntnisse zu mehren und so für das Leben und — womöglich — für einen von der Gesellschaft anerkannten Beruf tauglich zu werden, hieher gekommen wäre, wahrlich, ich ließe Paris Paris sein und käme eilig zu meinem guten Schwesterchen zurück. Aber es bleibt dabei: sofern meine Gesundheit es erlaubt und ich, nach einiger Erfahrung, mich wesentlich gefördert sehe, so soll es mir auf zwei Jahre nicht ankommen, wenn Du nur recht fleißig schreibst und Deine Liebe und die unsrer Freundin uns bewahrt bleibt. Ich hätte ihr heute geschrieben, wenn ich mir getraut hätte: aber ich habe die vergangene Woche in so mannigfaltigen Vergnügen und so völlig in der Zerstreuung zugebracht, daß ich diese meine Freude auf den nächsten Sonntag versparen will, wo ich dann hoffentlich auf eine würdiger verbrachte Woche werde zurückblicken können. Sage ihr meine große und, ich darf es sagen, uneigennützige Liebe. Das Gute hat Paris, daß es alle Träumereien beseitigt. Dieser Lärm und dies Rennen läßt das innere Leben gänzlich verstummen; man geht seinen Geschäften nach, ißt und trinkt und ist eigentlich weder glücklich noch unglücklich, weil man sein eigenes Wort nicht, geschweige sein Herz versteht. Da ist nur ein Gott: das Geld und der Erfolg.

(27. März 1857.) Ich bin so beschäftigt und habe so viele und von allen Arten Bekannte, daß mir die Zeit fliegt ... Ich werde wahrhaftig von Tag zu Tag gesunder und mutiger. Ihm allein sei die Ehre qui deducit ad inferos et reducit. Er sei gelobt in kranken und gesunden Tagen ... Häusliches Leben ist freilich das beste und in meinen Jahren die Regel, aber es will mit Ehre und Freude begonnen sein. Überdies muß man sein Herz nicht daran hängen, weil es ja wohl möglich ist, daß die ewige Güte es anders gefügt hat. Im Correspondent (Aprilheft vom 25.) ist ein herrlicher Aufsatz von Montalembert: des appels comme d'abus. Ich fürchte, das ist Schwanengesang, solche beispiellos mutigen Worte gegen Unfreiheit und Wankelmut dürfte kein anderer in Frankreich und, ich glaube, auch er nicht aussprechen, wenn ihn nicht sein frühes Verwelken (er ist hektisch) schützte. Die Neuchateller Sache ist beigelegt; die Konferenz (das heißt der Kaiser) hat gesprochen, und wir werden folgen.

(28. März 1857.) Es geht mir im ganzen gottlob gut. Zwar fasse ich die Dinge unglaublich unpraktisch an, aber mein guter Wille wird am Ende doch meiner Ungelenkigkeit Herr. Manches Unangenehme, das ich unternehmen muß, will ich lieber für mich behalten; am meisten seufze ich nach Reinlichkeit. Allen Bettlerluxus zerrissener Teppiche und baufälliger Stockuhren, wie gerne gäbe ich ihn für etwas Propertät. Ich habe vorgestern ein neues Zimmer gesucht und gefunden. O Herrlichkeit: Sonne, Luft und ein herrlicher Blick auf das Pantheon, aber allerhand verdächtige Spuren. „Nous avons une baronne,“ sagte die Wirtin. „Bon,“ war meine Antwort, „pourvu qu'elle soit propre.“ — „La baronne?“ — „La chambre, que vous allez me montrer.“ — „Monsieur est Anglais?“ — „Leute,“ sagte ich zum Concierge und zu seiner Hälfte — und in Frankreich ist gewöhnlich die Hälfte gleich dem Ganzen —, „ich gebe euch cent sous monatlich hinzu, wenn ihr mir Reinlichkeit garantiert. Die Tür muß gewaschen sein, das Kanapee hat Tintenflecken u. s. w.“ Erlaube mir, l. Kind, Dir zu Handen unsrer l. Freundin, folgenden Gedanken vorzulegen. Ich möchte hier vier Semester studieren, Sommersemester 1857, Wintersemester

1857—58, Sommersemester 1858, Winters. 1858—59, so daß ich um Ostern 1859 wieder in Zürich wäre. Die Ferienmonate (15. August bis e. November) würden wir alsdann zweimal zusammen im l. Stadelhofen verleben. Wenn sich Frl. P. E. nicht etwa verheiratet. In diesem Falle nähme ich Meerbäder. Frau Delessert ist eine seine Dame, die mich gut aufnahm. Es ist eine Persönlichkeit in der Art der Genferinnen, nur gewandter und schärfer, wohnt in einem alten Palast. Genre: Louis Philippe und Mad. de Staël, hohe Bourgeoisie, über den Männern des Geldes und unter dem Quartier St. Germain. Affiche: große Verehrung für den „Geist", die „Erziehung" und den „persönlichen Wert". Doch, liebes Kind, lassen wir die Standesunterschiede, wo mir nur noch drei Zeilen bleiben. Wie will ich fleißig sein, um fröhlich zu Dir zurückzukommen. Meine herzliche Verehrung Frl. Escher, Dir meine große Liebe, darf ich hinzusetzen: meine Empfehlung an Frl. P.?

(29. März 1857.) ... Es waren gestern die (schweizerischen) Eisenbahnmänner Planta, Kilian, Simon, mit denen Herr Schultheß den jungen Wyß und mich eingeladen hatte. Ein wunderliches Volk! Non parliamo di lor, ma guarda e passa! Was mich am meisten amüsierte, waren bei diesen Männern der Gleichheit die gewaltigen Unterschiede des Standes und des Reichtums, die sie gelten ließen! * Bei feinen Naturen sind solche Nuancen unmerklich, aber bei diesen derben Gesellen treten alle diese wunderlichen Eitelkeiten aufs anmutigste zu Tag. Zuerst war in mir ein wahres Konzert von Lachstimmen, dann ein Gefühl von Wehmut über diesen Jammer, an dem, mehr oder weniger, wir alle leiden, zuletzt eine große Freude, daß es sehr wenige, aber doch Menschen gebe, die mit abgeschüttelter Eitelkeit und überwundener Selbstsucht, nach dem Bild und der Lehre des Heilands, die Wahrheit suchen. Alles ist Verkleidung und Entstellung, außer seinen Worten, die die Wahrheit der Dinge, die Wärme des Lebens und die Vernichtung der irdischen Schranken sind. Dein C.

* In dieser Orgie der Eitelkeit fehlte noch einer, unser Ambassadeur, der hier so spurlos lebt wie ein Geist. Wenn etwas an ihm die Blicke der Pariser einen Augenblick beschäftigen kann, so

ist es etwa noch seine Brille. Niemand trägt hier Brillen als die lächerlichen Personen auf dem Theater. Ich muß die meinige weglegen. Weder Brillen noch Überschuhe. Ja, die Pariser wissen rein nichts von ihm; die Tagesgrößen sind ein dramatischer Dichter Uchard, der seine Frau, die ihm fortgelaufen, aufs Theater brachte, und ein schottischer Hexenmeister, Hume.

(30. März 1857.) Das Eisenbahndiner hat mir gestern zu einigen, ich glaube konfusen Bemerkungen Gelegenheit gegeben. Was ich sagen wollte: es war wunderlich, Leute aus allen Ständen die verschiedensten Prätentionen geltend machen zu hören. Am besten gefiel mir ein gewisser Boller, von Uster, weil er der bescheidenste sein mußte; wenn er aber obenauf käme, so würde er wohl auch hochmütig. Herr Schultheß ist brav: doch Du kennst ihn. Ich wollte, die Herren wären etwas stolzer (wenn doch gesündigt sein muß!) und weniger pfiffig. Du glaubst aber nicht, wie lieb man in der Fremde die Heimat bekommt; der Begriff Heimat ist ein so natürlicher, daß man hier im Getümmel von Paris ein Gefühl der Sicherheit und des Friedens hat, wenn man seine Straße betritt. Man muß seine Heimat lieben; denn wer sein Vaterland, das er sieht, nicht liebt, wie kann er das unsichtbare Reich des Guten und die himmlische Heimat lieben? Doch ich werde wieder dunkel und breche ab.

Jawohl, der Leichtsinn! Aber Paris ist wirklich eine verführerische Stadt und die Kollegien beginnen erst nach Ostern. Zudem hatte ich ein etwas trauriges Zimmer, das ich aber um den 10. mit einem vorzüglich gelegenen (es beherrscht den prächtigen Platz Pantheon), obwohl ungern, wegen der Brabheit meines hiesigen Concierge, vertauschte. Aber dennoch hat mich der erhobene Finger rechtzeitig avertiert. Wer so ganz ohne Controle ist, muß sich selbst am schärfsten controliren. Überdies, der Gedanke, dort zu mißfallen oder zu betrüben, genügte.

Aber, liebes Kind, die schönen Bilder im Louvre! Zwar an den Franzosen (die Schule Davids) habe ich keinen Geschmack. Schöne Gliedmaßen und schulgerechte, manchmal zierliche Bewegungen, aber keine Wärme und noch mehr — kein Adel und so theatralisch alles ausgedacht; kein Leben, wenigstens kein inneres Leben. Hinter Poussin mag denn doch mehr sein; ich will ihn erst studieren; er ist Zeitgenosse Corneilles. Ich lasse ihre Watteaus gelten, auch ihre Horace Vernets; Tiere, Liebeleien, Araber, Schlachten und Jagden, das müssen diese praktischen Leutchen malen, aber nichts Hohes, nichts Heiliges. Der Leopold Robert, ja, der ist ein Künstler. Aber wie? Man denkt: diesen schönen und starken Menschen auf diesem klassischen Boden, bleibt ihnen nichts von alter Größe und Freiheit? nur die Idylle der Jahreszeiten. Aber, Kind, die Italiener! Der fromme Perugin mit seinen Madonnengesichtern, deren Unschuld unbeschreiblich ist, ein Deschwanden größerer Zeiten, aber gewissenhaft; da Vinci, der ganz gewiß keinen über sich hat, so untadelig, so kühn, so rein, so unsinnlich; Correggio mit seinen Farben und Lichtern, der Zauberer Raphael, dessen Tod aber zur rechten Zeit kam, denn manches von ihm ist getändelt, und er beginnt ganz offenbar den Verfall der Kunst. Aber das Schönste: die Madonna Murillos. Keine Himmelfahrt, eine Empfängnis, die Vollendung der Kunst; reinste Liebe, Sehnsucht, Seligkeit in diesen blauen Augen und in dem geliebten Lächeln. Ja, diese Zeitgenossen der Reformation waren Männer, und wir fühlen uns vor ihren Bildern recht schlecht und, wenigstens in himmlischen Dingen, auch dumm.

An Gebäuden habe ich so ziemlich alles gesehen. Das schönste ist Notre Dame. Die Griechentempel sollte man durchaus im Freien, am Meer, in der Ferne sanfte Hügel und oben tiefblauer Himmel, sehen; in einem modernen Häusermeer machen sie schlechten Effekt. Die Triumphbogen Ludwigs XIV. und seine nun inschriftlose Bildsäule können niemandem Freude machen. Die Julisäule, oben ein vergoldeter fliegender Engel (er steht auf der Fußzehe), unten Gaukler und Gesindel — nun sie ist ein schönes Stück Arbeit, aber sei es die heftige, freche Gebärde, die der Genius mit dem Bein macht, oder sonstige Vorurteile, ich hätte den goldenen Vogel gern heruntergeschmissen.

(4. April 1857.) Was Du aus dem Felsenhof schreibst, hat mich bestürzt, besonders insofern mich Frau Escher der Unbescheidenheit bezichtigen würde. Übrigens ist es ja ganz in ihrer

Hand, nein zu sagen zu meinem Gedanken. Ich bin die Tage sehr wohl und zufrieden; ersteres, weil ich nie ohne Hunger, sehr wenig und sehr gut esse und darum einen hellen Kopf habe; letzteres, weil ich auf der Bibliothek Genevieve zu arbeiten begonnen habe. Es gefällt mir ausnehmend hier ... Am 15. beginnen die Kollegien. Da nur wenig Geschichte gelesen wird und mir die orientalischen Sprachen ganz fernliegen (denn ich habe weder Kopf noch Zeit dazu), so werde ich wohl viel Recht hören; die école de droit liegt mir ganz nahe.

(7. April 1857.) ... So hätte ich mich denn wieder (Du weißt wohl worin) getäuscht und meine verwünschte Einbildungskraft oder -schwäche ihr altes Spiel getrieben. Demütigend und lehrreich.

Den Rest Deines Briefes finde ich nicht tröstlich. Da alle Verhältnisse und Umgebungen gegen mich sind, so mußte ich ja auf eine Art Neigung, wenn auch etwas von oben herab, zählen. Nun war dies eine grobe Täuschung; also jede Hoffnung meinerseits vergeblich. Ich schließe hiermit das Thema für immer und bitte Dich, aus Liebe für mich, alles, was mich an diese Nadel erinnern könnte, in Deinen lieben Briefen auszuweichen ... Ich gewöhne mich hier recht ordentlich ... Rechnen lerne ich allmählich, aber ich komme fast zu Deinem Resultat, an mir zu sparen und gegen andere freigebig zu sein. Das Trinkgeld (pour le garçon) spielt hier eine große Rolle. So sieht man allenthalben höfliche Gebärden und freundliche Gesichter, was auch etwas wert ist, wenn man keine l i e b e n sehen kann. Aber praktisch sind die Franzosen. Wie gefällt Dir folgendes Geschichtchen? Ein junger Mann wich aus, mit einem schönen Mädchen zu tanzen. Eine Dame frug ihn um den Grund. „Ja, sehen Sie," versetzte er, „ich verlange 600 000 zur Dot und tanze nur mit denen, die ich heiraten könnte." Diese Sitte ist allgemein und der Kunstausdruck lautet: poser ses prétentions. Der Eigennutz trägt sich hier so unverhüllt und naiv, daß man manchmal laut lachen muß. Da schwimmt keine Farbe oben auf, da liegt alles klar zu Tage. Die Französinnen, Gott bewahre und behüte jeden ehrlichen Mann davor, je ne dis que cela. Es ist wahr, der Pater Felix donnert dagegen

in Notre Dame, er donnert gegen die Krinoline, das Börsen=
spiel und wie die Laster alle heißen; aber das schlimmste ist,
daß die Franzosen über alles lachen, über ihre eigene Ver=
worfenheit, wie über den Pater Felix. An den Buden (à la
devanture, à la vitrerie des magasins) hangen abscheulicher
Leichtsinn und fromme Sachen dicht nebeneinander. Ja, ja,
der Katholizismus! Danken wir, liebe Betsy, dem Himmel
für die unsägliche, tägliche Wohltat, die, das
Schwert in der Faust, die begeisterten Ahnen
erfochten.

Natürlich streift man an alledem vorüber und kann sich eine,
wo nicht edle und gute, doch anständige und rechtschaffene Um=
gebung leicht verschaffen. Man kann (was das beste ist) mit
der himmlischen Hilfe und mit Hilfe der Demütigungen und
Schmerzen, die wir erleiden, selbständig und im Guten ein für
allemal zu Hause werden. So weit ich noch davon bin, so
strebe ich doch danach. Um mit einem heiteren Ton zu enden,
liebes Kind, nichts ist schöner als der Tuileriengarten am Sonn=
tag. Dies Leben, diese Mannigfaltigkeit, diese stete Erneuerung
der Menschen — nach zehn Minuten lauter fremde Gesichter —
diese Freude der Kinder an ihren Spielen, der Frauen an ihren
Kleidern, diese Trachten, alle diese höflichen Soldaten, die
Mohren, die Araber, der Prinz Daniel von Montenegro, die
Ristori, alles das aneinander vorüberstreifend, ohne sich zu be=
rühren — es ist zu schön. Nur muß man nicht lang bleiben,
weil einen sonst die Traurigkeit der Freude über=
fällt. Wie sagte Theremin: Um die Trauer zu vermeiden,
muß man die Freude vermeiden; denn die Trauer ist die Ab=
spannung, die auf die Freude folgt.

Ist das wahr?

Tausend Grüße an Dich, liebes Kind; ich darf ja sonst nie=
mand grüßen lassen.

(10. April.) Die peinlichen letzten vierzehn Tage in Zürich
haben mich belehrt, daß ich nicht mehr dahin zurückkehren kann,
ohne etwas Rechtes gelernt zu haben. Um eine bürgerliche
Stellung zu erringen, genügen weder Französisch noch Geschichte;
es bleibt nur das Recht; dazu kann ich hier einen guten Grund

legen; ob ich später nicht nach Deutschland gehe, ist eine andere
Frage. Zwei Jahre Abwesenheit sind ja verabredet. Ich zähle
nicht auf meine Kraft, sondern auf Ihn, bei dem alle Dinge
möglich sind. Halte das (außer für Frau Mathilde) Alles ja
geheim; man würde nur darüber lächeln, und überhaupt wollen
Entschlüsse, besonders im Anfang, geheim gehalten sein ...
Ich bin gesund. Gute Ostern.   Dein C.
    Hotel de la place du Pantheon, place du Pantheon Nr. 1.
Ich schreibe nicht wieder vor Sonntag 19.
    (20. April 1857.) ... Port Royal, oder wenigstens das
Emplacement des berühmten Klosters, ist etwa eine Viertelstunde
von mir entfernt und sehr still gelegen. Wie schön und heim=
lich ist dies alte Quartier, das Paris links der Seine, wo der
Adel (St. Germain, das ein wenig an Stadelhofen erinnert,
mit seinem schönen Dom), die Geistlichkeit (St. Sulpice), die
Schulen, die Ministerien, der Invalidendom, Luxemburg (Senat
und ehemalige Pairskammer), kurz, das Gewesene und das
Werdende zu finden sind. Rechts der Seine ist die Gegenwart:
das Ringen ums Geld und der Genuß. Ich gehe nie hin außer
Abends zu essen, weil man bei den gefallenen Größen nichts
Rechtes bekommt.
    Jawohl ist mir Herr Hirzel begegnet (im Louvre) und wir
haben uns gegenseitig besucht. Wir waren freundlich und gut
miteinander, aber welch ein Unterschied in allen Gedanken und
Wünschen! Sein zweites Wort ist: „fein, gescheit“ und „eminent
gescheit“, mein erstes und letztes Wort, mehr als je, loyal und
gerade heraus, ohne Spiel und Kunst. Es ist wahr, daß ich
bei letzterem Dinge immer zu kurz käme, schon wegen der inneren
Verachtung gegen mich selber, die mich augenblicklich ergreift,
wenn ich jemand pädagogisch behandeln, das heißt betrügen
will. Doch ich nehme die Dinge viel zu derb ... Meine Tage
verfließen auf der Bibliothek Genevieve, wo ich gewöhnlich von
10—3 und 6—10 arbeite ...
    (26. April 1857.) Ich weiß nicht, ob ich irre, aber wenn
ich während der Woche an meinen Brief zurückdachte, so warf
ich mir vor, nicht im Geist, aber in der Form nicht so liebreich
gegen Dich gewesen zu sein, wie ich innerlich bin. Nicht daß

ich Dir persönlich wehe getan hätte. Du bist ja alles, was mir bleibt, meine ganze Habe in der Liebe, und das muß jedes meiner Worte bezeugt haben; aber die Klage über meine Stellung in Zürich und mein Gefallen an der Fremde werden Dir wohl mißfallen haben. Du weißt, ich drücke mich oft etwas lebendig aus; indes gibst Du zu, daß etwas zu klagen war, nicht über die anderen, die ja nur sind, wie die Verhältnisse sie geschaffen haben, und nur tun, was sie nicht lassen können, sondern und allein über mich. Wenn ich einmal mit mir selbst zufriedener sein werde, und ich hoffe, unterwegs dazu zu sein, so wird aus meinem Inneren ein besser Licht auf die äußeren Dinge und Menschen fallen.

Sehr schön, wo nicht tief und erschöpfend sind die Vorlesungen St. Hilaires. Er handelt vom Christentum als historischem Element ... Das alles war gar nicht neu und tief, aber klar, scharf und zugleich sehr warm.

(30. April 1857.) ... An dem Aufsatz Montalemberts ist das Schöne, daß er bei Gelegenheit des Eingriffs des Staats in eine Kirchensache er, der Katholik, für Trennung von Kirche und Staat und im Staat für konstitutionelle Freiheit aufsteht. Ein Hauch, ja ein Sturmwind edelster Freiheits- und Wahrheitsliebe in der Windstille der Gegenwart. Nein, nein kein rechter Franzose lobt sich das heutige Regiment, on le subit; man sieht in dem Kaiser einen energischen und wohlwollenden Menschen, der aber, kraft seines Namens, schlechte, demokratische, despotische Tendenzen vertritt und der nur die Börse, den Katholizismus und den Neid des Proletariats, das heißt die drei Pesten der Gegenwart, für sich hat. Neulich hat Laboulaye (am College de France und liest über die römischen Kaiser) schön durchgeführt, wie Demokratie stets zum Despotismus führe (schon Plato wußte das); nicht, daß ich die damaligen Zeiten, fügte er bei, schlechthin mit den unsrigen vergleichen wollte.

Man sagt, die Italiener seien nichts wert, aber die Italienerinnen seien gut; hier scheint es mir umgekehrt: die Franzosen sind wohl so übel nicht, aber die Französinnen, nach Theater und öffentlichen Spaziergängen zu urteilen, widerstehen mir mit ihrem herzlosen Lachen, dem Leichtsinn, mit dem sie alles zeigen; bei allem diesem Schmeicheln und Schöntun blickt ihnen die kälteste Berechnung aus den verdrehten Augen. Schlangen.

Am Samstag ist, wie Du weißt, ein recht schöner Verein bei Herrn Keller. Herr Schultheß(-Rechberg) hat mich da eingeführt. An jenem Abend war bei Besprechung eines Bibeltextes von Missionen und, wie jeder und jede sich daran beteiligen solle, die Rede. Sanfte und klagende Stimmen (leider so häufig unter den Frommen) hoben das hervor, als auf einmal Herr Schultheß mit ungemein kräftigen Tönen hinwarf, eine Frau habe keine Mission als ihr Hauswesen.

(12. Mai 1857.) ... Dein äußerst freundliches und liebes Briefchen kam mir heute vor acht Tagen zu und hat mir die größte Freude gemacht. Es ist — nicht laut, aber tief — ein Leben der Liebe darin, das mich tief bewegte. Dann vernahm ich mit Freuden, daß Du ein wenig nach Deutschland gehst, und vom Donnerstag an war mir jeder blaue Himmel für Dich ein Geschenk. Ich bin gewiß: Du wirst in den Reiselüften Erfrischung und überall gute Aufnahme finden.

Es mag auch etwas anderes sein, bei diesen guten Deutschen zu wohnen, als hier, wo man sich jeden Tag von den Schätzen der Kunst und den Monumenten der Geschichte (denn hier ist alles Geschichte) mehr gefesselt und vom Volkscharakter mehr angewidert fühlt. Und doch sind auch die Franzosen kein schlechtes, ja, in vielen Punkten ein tüchtiges Volk. Aber abgesehen vom Leichtsinn der Geschlechter, der entsetzlich ist und dann, beim Heiraten, in die kälteste Berechnung umschlägt, abgesehen von ihrer Genußsucht, die ich nicht verstehe, table ich an ihnen ihre kindische Unselbständigkeit und ihren Mangel an Sinn für politische Freiheit, dies edelste aller irdischen Güter. Der Staat ist hier alles und sollte, nach mir, so wenig als möglich sein.

Ich habe einer Sitzung des Instituts (sciences politiques et morales) beigewohnt mit einem Billett, das mir der Bankier Baron (von Ludwig Philippinischer Schöpfung) Delessert gegeben hatte. Es war in seiner Art das Beste, was ich noch gehört habe. An den ersten Phrasen erkannte ich Mignet. Wirklich war er's; als secrétaire perpétuel gab er eine Biographie

Lakanals. Du kannst sie nun in den Blättern lesen. Aber das ist alles tot und fahl, wenn man dies geistreiche Mienenspiel, diese Würde, seinen Tadel, hellen Spott, vollendete Bosheit in einer Betonung, in einem Nichts von Verweilen auf einer Silbe, von Hinweggleiten über ein Wort nicht gehört hat. Das Auditorium war äußerst glänzend. Mignet hat einen edeln Kopf, aber solche Künste! ... Ganz herrlich ist das Hotel Cluny, eine alte, nun zum Museum gemachte Abtei — die alten Zeiten in Waffe, Hausrat und Schmuck aufgestellt — und dicht dabei die Reste (ein Badzimmer) des römischen Kaiserpalastes. Dieser römische Trümmer ergriff mich eigentlich. Die Art, wie, obwohl nicht unverdient, der Moniteur uns in der Neuchateller Geschichte schulmeistert, hat mir für unsere Ehre wehgetan. Unsere Sache ist aber auch in unerfahrenen Händen.

Nun muß ich freilich noch ein Bekenntnis ablegen. Ich bin krank gewesen, aber, dank dem Homöopathen, den mir Herr Schulheß empfohlen, wieder auf der Besserung; ja, ich kann schon wieder ein wenig ausgehen. Den 5., Dienstag Abend, wurde ich plötzlich von Fieber und Kolik überfallen und war am ersten Tage übel dran. Nun bin ich aber v ö l l i g (hörst Du), v ö l l i g auf der Besserung; freilich vorsichtig muß ich sein und den Sommer darf ich verständigerweise nicht hier zubringen.

(18. Mai 1857.) ... Ich bin wieder gesund nach zehn Krankheitstagen. Mein Übel (Fieber, Kolik, Krämpfe und dann eine fabelhafte Diarrhöe) überfiel mich ganz plötzlich. Es ist nun vorbei und vergessen (ohne Leichtsinn).

Wieder gesund (ich brachte meine Genesung über einigen archäologischen Werken über Paris und seine Umgebung zu) habe ich einige herrliche Ausflüge gemacht. Zuerst nach dem Turm von Vincennes, wo der Duc d'Enghien erschossen wurde, St. Cyran und dann Mirabeau gefangen lag ... Dann nach Versailles, das ein, wenn man will, steifes, aber immerhin ein Wunder ist mit den beiden zierlichen Schlößchen Trianon und etwas ferner Ludwig XIV. berühmten Landhäusern Marly-le-roi. Zuletzt (und das Schönste) heute das schwarze Schloß St. Germain (wo der geflüchtete Stuart Jakob II. hauste) mit seiner alles Land beherrschenden Terrasse. Es war zu schön. Ich

komme, wenn mich die Hitze hier vertreibt (Juni, spätestens
Juli), wahrscheinlich Juni nach Zürich und gehe, nach vierzehn
Tagen Alpenluft, im Herbst nach Berlin. Die Jeanne de Naples
will ich anzubringen suchen; es ist nicht unmöglich, aber schwer.

(24. Mai 1857.) ... Ich bin ganz ordentlich wohl und eigentlich j e d e n T a g n e u b e z a u b e r t, werde aber die ernste
Nahrung, wonach mich verlangt, nur in Deutschland finden.

Ich bin heute im Luxembourg gewesen, wo die noch lebenden
großen Maler auf den Louvre warten. Das ist ein Zauber.
Neben den blendenden Tierstücken (ihm ist alles Tierstück)
H. Vernets der theatralische de la Roche und de la Croix, drei
Maler wie mit einem Hauch aus dem großen (16.) Jahrhundert
oder einer Ahnung einer neuen, gewaltigen, tiefen Kunst.
Scheffer (die Corday), der tiefsinnige Gleyre (les illusions per-
dues), das zugleich lieblichste und wehmütigste aller Bilder:
Poesie, Liebe, allerhand Ideale ꝛc., eine leuchtende Schar, die
sich einschiffen, und, am Ufer versunken, ihnen nachstarrend, ein
Mann. Das Ergreifendste ist, daß sich die auf der seligen Fahrt
auch gar nicht nach dem Armen umsehen, dessen Gäste sie waren.
Endlich der größte: Ingres, dessen Kartons zu Bildern, ich weiß
nicht, welcher Kirche unglaublich zart und fest zugleich sind.
Aber was ist das alles vor den Bildern im Louvre, dem Raphael
und dem verklärten Blick der Murillo-Madonna?

Doch, wahrhaftig, ich schwatze Unsinn; nun, in Paris ist
man bald kuriert; ich gehe in mein Restaurant zum Essen. Ein
Blick auf diese grundgescheiten und gründlich leichtfertigen
Männergesichter, die klugen und eigennützigen Augen und die
gefräßigen Zähnchen der Pariserinnen wird mich belehren, daß
die Poesie wirklich eingeschifft und verreist ist.

(12. Juni 1857.) ... Ich weiß nicht, wie es werden mag,
wenn ich mein Pantheon nicht mehr sehen und meinen Morgen-
gang in dem grünen Luxembourg missen soll. Dies Paris ist
eine Zauberin. Man gewöhnt sich hier an das Großartige und
zugleich auch an alle Anmut dieses Lebens. Vergangenen
Sonntag sprangen die Wasser in Versailles wie unter dem
großen König. Zuschauer zu Tausenden, auch der König von
Bayern, aber wie ein anderer, sur un pied de parfaite égalité.

Il regarde avec plaisir, sagten die Zuschauer geschmeichelt. Und, nachdem die Künste geendigt und die Menschen zu einem anderen Bassin geeilt waren, zogen die geflohenen Schwäne wieder friedlich auf dem Teich.

Doch ist trotz alles des Schönen meine Abreise auf die Nacht vom 30., meine Ankunft in Zürich auf den 1. Juli festgesetzt. Vor allem will ich mein Schwesterchen wiedersehen, dann mich auf Berlin vorbereiten, sparen (ich equipiere mich hier so ziemlich neu und möchte doch meine Revenüen nicht überschreiten), meine Zähne plombieren lassen u. s. w. Ich freue mich kindisch auf einige stille Monate bei Schwesterchen und dann auf den Berliner Winter. Überhaupt liebe ich die Fremde, weil sie selbständig und darum glücklich macht. Einreden werde ich mir in meine Pläne nichts lassen, weil ich mit meinem Gewissen einig bin. Die Lady, deren Korrektur ich dem I. Onkel herzlich verdanke, muß ich, so bald als möglich, in sechs Exemplaren haben. Den Platen habe ich sorgfältig ausgearbeitet und ins Reine geschrieben, aber ihn anzubringen wird nicht leicht sein. St. Hilaire, auf den ich etwas rechnete, wurde plötzlich von einem Nervenübel überfallen und von den Ärzten über Hals und Kopf aufs Land geschickt. Ich sah ihn zwar noch; es war aber natürlich nicht der Augenblick, ihm von meinen Sachen zu reden.

(21. Juni 1857.) Möge die gütige Vorsehung uns ein gutes Wiedersehen schenken, wofür ich ihr herzlich dankbar sein werde, ich will (mit Gottes Willen) den 1. Juli mit dem letzten Eisenbahnzug in Zürich anlangen. Die Wahlen bewegen hier die Menge mannigfach; es ist ein eigenes Schauspiel und für mich interessanter, als Du denkst. ...“ — —

Die Liebeshoffnung, die ihn vermutlich mit nach Paris getrieben, war zerflossen; aus dem Rechtsstudium, das er gar nicht angepackt, war nichts geworden; einer Stellung war er um keinen Schritt näher gerückt; die Anknüpfung mit St. Hilaire war fruchtlos geblieben, und für seine Jeanne de Naples hatte er keinen Verleger gefunden. Allein er hatte unvergleichliche, unverlöschliche Eindrücke empfangen; er hatte sich so viel mit Kunst aller Art berührt, daß die gelehrten Velleitäten den letzten Stoß erhielten; und er hatte zum erstenmal den Segen der völligen Unabhängigkeit kennen gelernt, von der er selbst Betsy nachdrücklich fernhielt, als sie Miene machte, ihn mit Verwandten zu besuchen.

Der Ankömmling fand die Schwester, wie sie ihm gemeldet, unter einem anderen Dache eingehaust, im Familienhaus zum St. Urban oben an der Stadelhoferstraße, da das alte Heim für das Geschwisterpaar allein zu geräumig war. Auch das neue sollte eigentlich nur noch als Absteigequartier dienen, wenn Conrad oder Betsy oder beide zusammen wieder nach Zürich kamen. Denn sobald der Bruder einen jahrelangen Aufenthalt in der Fremde beschlossen und angetreten, konnte sich die Schwester, einmal von ihm getrennt, nicht darein ergeben, ein mehr oder minder untätiges Leben zu führen, vor dessen Leerheit oder doch ungenügender Fülle und, wie ihr schien, ungenügendem Nutzen ihr schauderte. Schon in Presargier hatte sie sich gelobt, sowie auch das äußere Versprechen abgelegt, sich der Pflege Geisteskranker zu widmen, und tat nun nach Conrads Abreise die erforderlichen Schritte zur Verwirklichung dieses Vorhabens. Sie ging zunächst zu Pfizers nach Stuttgart, die es drängte, von der Mutter, ihren letzten Zeiten und ihrem Ende zu hören, von da nach Boll in das Asyl für Gemütskranke, dann nach Winnenthal (beide in Württemberg) zu Hofrat Zeller, der sie in ihrem Vorhaben bestärkte. Über Heidelberg begab sie sich, um sich auf ihren Beruf vorzubereiten, den sie gefunden zu haben glaubte, in die badische Irrenanstalt Illenau, wo ein Fräulein von Sternberg, die sie von Zürich her kannte, eine ganze Abteilung von unheilbaren Geisteskranken mit fünfzehn Wärterinnen unter sich hatte und in ihrer Stellung, die sie nach kurzem Übergang mit derjenigen einer Hofdame vertauscht, Eifer und Geschick bewies und innere Zufriedenheit empfand.

Als Betsy daselbst, durch dieses Vorbild ermutigt und fortwährend vertrauter mit dem Gedanken an die entsagende Laufbahn, sich allseitig umgesehen, langte der Brief an, der Conrads Erkrankung und die dadurch bedingte vorläufige Unterbrechung seines Aufenthalts und seiner Studien in Paris anzeigte. Sie entschied sich, für den zu sorgen und für den zu leben, der ihrem Herzen und Geblüt am nächsten stand und für den ja sie auch, wie er geschrieben und sie wohl wußte, die einzig übriggebliebene Habe in der Liebe war. Erst beinahe zwei Jahrzehnte später, als ihm in der Gattin eine Nachfolgerin für die Schwester geworden, nahm sie den alten, lange gehegten Gedanken wieder auf und widmete ihre Kräfte den Werken der Nächstenliebe.

Der Erholung bedürftig, von der Hitze, dem Staub und dem Lärm der Weltstadt ermattet und angegriffen, dürstete Meyer nach dem reinen Quell der Berglüfte und machte sich mit der Schwester unverzüglich nach Engelberg auf. Unterwegs besuchten sie in Stans den Maler Deschwanden, den sie von seinen früheren Besuchen im elterlichen Hause her wohl kannten und als Menschen wie als Künstler schätzten. Der liebenswürdige Mann, ein kindlich frommer Katholik, kam ebenfalls nach Engelberg, wo er mit den Geschwistern am Wirtstisch aß, der ihm besser mundete als die Klosterküche.

Die schönen, erfrischenden Tage in den Bergen, während welcher der Dichter eine Anzahl von Ausflügen und Touren unternahm und unter anderem auch den Titlis erklomm, hinterließen, da sie in ungetrübter Helle verflossen und als die Erstlinge so mancher gesegneten Zuflucht nach den Höhen bei Conrad und Betsy eine wohlige, sonnige Erinnerung. Sie endigten mit einer kleinen Reise über Luzern, ausgeführt in Begleitschaft einer Frau von May, der Schwester von Mathilde Escher. Auch jenes Schwänlein von ehedem reiste mit, nachdem es, wie Frau von May, den Bergaufenthalt mit den Geschwistern geteilt.

In Meyer, den die kräftigenden Wochen und Wanderungen im Hochland sich selbst zurückgaben, weckte die Poesie, ihre Rechte wieder erobernd, unterschiedliche Entwürfe, darunter als den wichtigsten denjenigen der Dichtung Engelberg selbst, der mit den übrigen den inneren Schatz und die Zuversicht des Hoffenden und Harrenden mehrte, wenn sie auch insgesamt die schließliche Gestalt noch keineswegs zu erlangen vermochten.

Von den juristischen Studien, die er, ungeachtet aller guten Vorsätze, in Paris mit keinem Finger angerührt zu haben schien, wurde kein Ton mehr laut, wie auch das Vorhaben eines Besuches der Berliner Hochschule verstummte und ohne Sang und

Klang begraben wurde. Als er im Herbſt mit ſeinem Vetter
Heinrich Meyer ein Münchener Kunſtreischen unternahm, blieb
es ganz ſtill von Studien, die zu einer Lebensſtellung führen
ſollten, und er tat nicht dergleichen, als ob er ſich in einer
Univerſitätsſtadt befände, während er über die Kunſtſchätze der
Schweſter allerhand zu berichten wußte.

(München, 12. Oktober 1857.) „Glücklich und heiter in Mün=
chen angekommen, will ich meinem Schweſterchen guten Tag
ſagen, bevor ich nur das geringſte von ſeinen (Münchner) Herr=
lichkeiten geſehen habe, außer den braunen und höchſt rieſen=
haften Türmen der, ich glaube, Liebfrauenkirche, die faſt in
mein Zimmer, Hotel Maulick, hereinfallen. Geſtern gefiel uns
beſonders der Alpſee mit Umgebung und vorher die Einfahrt
in Lindau, dies beides mit ſchönem Wetter.

(München, 13. Oktober 1857.) Obwohl ich Dir, liebes Schwe=
ſterchen, nichts als meine Liebe und unſer Wohlergehen zu melden
habe, ſo will ich doch meinen Morgengruß ſchicken. . . . Geſtern
habe ich mich hier ein wenig orientiert; alle dieſe Kunſtſtücke
in Stein und Farbe ſind recht hübſch, einiges, zum Beiſpiel
die Aukirche, vollkommen zierlich. Aber alles ermangelt des
Ernſtes und des Großartigen. Wenn es verglichen wird mit
dem Louvre, woran das Blut der Hugenotten klebt, und der
Notre Dame mit ihren finſteren Erinnerungen, ſo erſcheint es
als Spielerei. Man ſieht aber aus dieſer Empfindung, daß
allenthalben erſt das moraliſche Element, hier die Geſchichte,
den Kunſtwerken Tiefe und Anziehungskraft geben kann, die
ſonſt gar leicht zu willkürlichen Spielereien ausarten. Gott be=
fohlen, liebes Kind, laß uns das Leben nutzen, aber mit gött=
licher Kraft und im Sinn des Himmels.

(München, 15. Oktober 1857.) . . . Was würde er ſagen zu
den Münchnerinnen in den öffentlichen Gärten, wie ſie Schal
und Hut wegſchmeißen mit den Worten: ‚Zum Eſſe muß me
gmütli ſein, ſunſt is nix.‘ . . . Geſtern machte ich Herrn S. meine
Aufwartung, der mir, mit Goethe zu reden, ein gnädiger Herr
war. Abends ſah ich im Hoftheater Wallenſteins Lager höchſt
vortrefflich geſpielt. Am beſten gefällt mir hier das Antike;
nur ſollte man dieſe Säulen und Statuen in Griechenland auf

heimischem Boden sehen; hier bilden sie einen wunderlichen Gegensatz zum Bier, das übrigens vortrefflich ist. Gott befohlen!

₩ (München, 16. Oktober [eigentlich 15. spät].) Das vierte Bulletin, liebes Kind, schreibe ich Dir anticipando, heute nacht, statt morgen früh. Heute morgen hatte ich halb und halb Lust, bei so schönem Wetter nach Starenberg und dem dortigen Seechen zu gehen, als Herr Schultheß bei mir eintrat und mir mit großer Freundlichkeit guten Tag bot. Wenn, besonders auf fremdem Boden, ein Mann so vollkommen freundlich sich gegen uns benimmt, muß man ihm dankbar sein: so will es, bei allen Verschiedenheiten die Lebensart, das Ehrgefühl und die Hochachtung, die man dem Alter und einer, wo nicht vorurteilsfreien, doch gewiß aufrichtigen Religiosität schuldig ist. Daß der alte Herr unendlich unterhaltend und voller Geschichten ist, kannst Du Dir vorstellen. Das ist kostbar auf Reisen.

Die Basilika wäre prächtig in morgenländischer Felsenlandschaft oder in Rom, aber die blauweißen Pfähle mit den Verbottafeln lassen wunderlich: so auch der gemütliche Gendarm, der, am Fuß der Bavaria sitzend, das kolossale Weibsbild vor Verunglimpfung (Verunreinigungen sagt die Affiche) schützt. Abends sah ich Rossinis Wilhelm Tell, ein Stück mit herrlichen Motiven, aber liederlich durchgeführt. Gespielt wurde tadellos.

So mögen denn einige Tage in Zerstreuung und sogenanntem Kunstgenuß (man begreift hier, woher sich das Schiefe an dem sonst so tüchtigen Platen herschreibt), der eigentlich der qualifizierteste Müßiggang ist, hingehen; bald wieder zu Hauskost, Arbeit und dem treuen Schwesterchen.

ˑ (München, 17. Oktober 1857.) Wenige Zeilen, liebes Kind, um Dir zu sagen, daß ich hier höchst vergnügte Augenblicke verlebe. Zwar die Tempelchen und Basiliken mißstimmen mich stets mehr, als sie mir gefallen; aber ich habe gefunden, was ich liebe, in der alten Pinakothek viel Italienisches, Raphael, den herrlichen Lionardo da Vinci (Vasari sagt von Lionardo, er habe, der erste, dem menschlichen Antlitz den Ausdruck der Güte gegeben). Seine Cäcilia ist vielleicht das Lieblichste, aber kräftig-lieblich, was ich je gesehen habe, zum nicht sich losreißen können: sie ist flankiert von mannigfaltigen Giulio, Guido, Domenichino, Tizian, P. Veronese; dann die herrlichen Bettelbuben von meinem Liebling Murillo, Rubens, mir zu derb, aber höchst tüchtig, prächtig repräsentiert, neben viel Altdeutschem, das ich auf sich beruhen lasse. In der neuen Pinakothek ist viel Schönes, obwohl natürlich weit unter dem Alten. Poetisch am begabtesten ist Overbeck, aber ein Weichling. Kaulbach ist ganz Reflexion — getrennte Hälften der alten Kunst. In der Glyptothek war mir interessant, neben den Alten Canova und Thorwaldsen zu finden.

(München, 20. Oktober 1857.) ... Gestern waren wir am Starenbergersee bei herrlichstem Wetter. Unter den hiesigen Kunstsachen haben mich gefesselt und fesseln mich noch eigentlich nur die Italiener, Spanier und auch Niederländer, zu denen ich täglich wallfahrte. Da ist die Quelle und der Strom, Anfang und Ende der Kunst. Die Kunstgeschichte in Gebäuden, dies Nebeneinander von allen Stilen auf Plätzen und Straßen einer kleinen Residenz, finde ich bei milderer Stimmung wenigstens instruktiv. S. hat mir täglich zwei bis drei Stunden gewidmet mit großer Güte; Bluntschli will ich eine Höflichkeitsvisite machen.

(München, 21. Oktober 1857.) A la veille de partir, liebes Kind, bin ich (so Gott will, bald wieder, Freitag mit dem Abendtrain, bei Dir eingezogen) nicht in der Verfassung, lange Briefe zu schreiben. Ich habe hier viel Schönes gesehen und nun wieder eine große Lust zu einem stillen und arbeitsamen Leben an Deiner Seite. Alle diese Theken sind ein bißchen Liebe nicht wert, und bei Dir ist mehr als ein bißchen. Von Herrn S., bei und mit dem ich täglich einige Stunden verbrachte, habe ich heute Abschied genommen; auch bei Bluntschli war ich, und es ist gut abgelaufen. Der Temperaturwechsel war freilich rapid von dem alten katholischen Herrn zu dem genialen Bluntschli, der, wie er mir sagte, wofern er um unsere Anwesenheit gewußt (denn auch der stille Henry ist erst spät hingegangen), etwas veranstaltet hätte, wovor uns denn der Himmel in Gnaden behütet hat."

Mathilde Escher

Das stille und arbeitsame Leben an der Seite der Schwester, das er sich in der Münchner Epistel gewünscht, wurde ihm. Doch fehlte dem Schüchternen und ziemlich Vereinsamten der Verkehr nicht völlig, wenigstens nicht ein regelmäßiger, den ihm und der Schwester eine treue Freundin der verstorbenen Mutter bot: Mathilde Escher.

Unter Meyers Pariser Briefen ist kaum einer, worin er nicht von ihr spricht oder doch Grüße an sie aufträgt. „Sage ihr meine Grüße und, ich darf es sagen, uneigennützige Liebe" — „meine herzliche Verehrung an Fräulein Escher" — „grüße mir mit Verehrung und innigem Vertrauen Fräulein Mathilde" — „richte an Fräulein Mathilde meine ehrerbietigen Grüße aus" — „meine treue Verehrung an Fräulein Mathilde" — „da ich innig überzeugt bin, daß sie mich richtiger beurteilt als ich selbst und darum mein wahres Wohl besser versteht, so baue ich unbedingt auf sie" — „in Deinen Entschlüssen folge doch ja immer Deiner Freundin; ihr Wille sollte Dir maßgebend sein, wie er es mir stets sein wird: sage ihr, ich werde jede Neigung überwinden, die sie mißbilligen würde" — „sobald ich eine Stelle habe, die ihren Mann nährt und öffentliche Achtung gewährt, wird die liebe und von mir gleich einer Mutter geehrte Fräulein Mathilde gebeten, mir eine folgsame Frau zu wählen, die es verdient, daß man sie lieb habe" — „während Deiner Abwesenheit von Zürich hat mir Fräulein Mathilde ein freund= liches und unverdientes Brieflein geschrieben, das mich innig gerührt hat" — und aus München schreibt er: „Grüße mir besonders die verehrte Fräulein Mathilde. Es wird sich ein= mal zeigen, da, wo alle Dinge offenbar werden, wie hoch und wie uneigennützig ich sie verehrt habe."

Man erschließt aus solchen Worten, was ihm diese Frau war. Er hat, unterstützt durch die Aufzeichnungen einer Nichte der Verstorbenen, in großen Zügen ihr Leben und ihr sorg= fältiges Porträt gezeichnet, ohne auf seine Stellung zu ihr ein= zugehen, was freilich auch nicht an diesen Platz und damals nicht an die Öffentlichkeit gehörte.

Mathilde Escher wurde den 26. August 1808 als Kind des genialen, unternehmenden und feurigen Hans Kaspar Escher geboren, der das Geschäft Escher, Wyß und Cie. begründete, das längst einen Weltruf genießt. Sie zeigte von früh auf neben großem Verstand eine gewisse Strenge und Herbheit. Mit zwanzig Jahren sah sie Wien und Prag, mit zweiundzwanzig unternahm sie einen längeren Aufenthalt in Frankreich, wo sie, in Morlay bei Ligny, Heilung suchte für ein zunehmendes Schiefwerden, das übrigens nicht den Eindruck einer Mißbildung erweckte und nur dem schärfer Hinsehenden in die Augen fiel. 1833 kam sie nach England; die Ganzheit des britischen Wesens wirkte bedeutend auf ihre verwandte Natur, wie sie von nun an auch einen Teil der englischen Sitte bewahrte.

Nach dieser englischen Wanderzeit beginnt eine langsame, aber entschiedene Wendung in ihren religiösen Anschauungen; sie wird eine sogenannte „Fromme", nicht weil ihr Gefühl danach verlangte, sondern weil sie, in der Vertiefung ihres ethischen Wesens und nach einem erweiterten Blick in das Elend der Welt, dahin getrieben wurde und keinen anderen Weg sah.

Diese Wandlung rief die Bibel, sodann die Bekanntschaft mit der edeln Quäkerin Elisabeth Fry hervor, deren Aufenthalt in Zürich (wo sie, wie auf dem ganzen Kontinent, für ihren Lieblingsgedanken, die Pflege der Sträflinge, Propaganda machte) entscheidend wirkte, indem sie Mathilden ein Beispiel und eine bestimmte Bahn wies. Die „hehre Gestalt, die herrliche Frau" machte den tiefsten Eindruck auf sie, und das mit weicher Stimme gesprochene „I am pleased to see thee" blieb ihr in unauslöschlichem Andenken. Sie trat, nicht ohne lange innere Kämpfe, in die verehrten Stapfen, half in Zürich einen Verein für die sittliche Pflege der Sträflinge gründen und ging in ähnlichen Bestrebungen immer weiter. Schritt für Schritt den Freuden dieser Welt sich entziehend, half sie 1842 den Amalienverein stiften, in Nachahmung des in Hamburg von Amalie Sieveking gestifteten weiblichen Armenvereins. Sie war dabei, als man in ihrer Vaterstadt den ersten Suppenverein ins Leben rief, und bot die Hand noch zu manchem anderen guten Werke, am liebsten aber in der Stille. Die reichen Mittel,

ihr Organisationstalent und ihre Gesundheit ließen sie vieles
bewältigen und ihre Kräfte mit den Jahren wachsen. Dabei
versäumte sie die Ihrigen nie, wie sie denn Vater und Mutter,
die ein hohes Alter erreichten, mit rührender Treue pflegte.
Sie starb den 29. Mai 1875.

„Mathilde Escher," sagt C. F. Meyer, „war eine angenehme
edle Erscheinung mit dunklen Haaren, lichtgrauen geistvollen
Augen, schmaler Kopfbildung, jabenschmaler weißer Scheitel
und energischer Linie des Profils, von edler Haltung und einfach und stilvoll gekleidet. Entschlossen war sie in einem hohen
Grade und wo sie mitzureden hatte, gab sie zuweilen Räte,
die nahe an das ‚Biegen oder Brechen‘ grenzten. ... Das
Prompte und Entschlossene ihrer Natur trat zuweilen, besonders
fackelnden und säumigen Menschen gegenüber, in komischer Weise
hervor ... oft bediente sie sich drastischer Wendungen, die sie
wohl mit einer nachdrücklichen Handgebärde begleitete. ... Ein
Mathilden aus ihrer Jugend gebliebener Zug war ihr Sinn
für landschaftliche Schönheit. Und es brauchte eben nichts
Außerordentliches zu sein. Eine Waldgegend, wie sie oberhalb
der Schipf, ihrem Landhaus am See, liegen, mit einem
Durchblick auf die Seebläue und ihre Segel genügte. Doch
war es das Großartig-Einsame der Alpen, was sie vor allem
anzog. Sie mochte dabei an ihren Gott denken. Sie hat mir
erzählt, daß sie einmal bei einem Aufenthalt in Tirol, mit ihrer
erkrankten Mutter allein, von einer Gebirgslandschaft bis zu
strömenden Tränen ergriffen wurde, womit sie wahrlich nicht
freigebig war. Auch für Kunst, wenigstens für die große Kunst
mangelte ihr der Sinn keineswegs. ... Ob sie d i e Menschen
kannte? D e n Menschen kannte sie gründlich, das heißt in
seinen allgemeinen Zügen. Ihr fehlte das Gefühl der Nuance.
Sie urteilte nach dem Maßstabe ihrer eigenen Natur und sah
Gute und Böse, wo die Kraft zum Guten und Bösen mangelte.
So wußte sie auch unter den weiblichen Sträflingen, welche sie
zurechtzubringen suchte, mit den sentimentalen Naturen nichts
anzufangen. Diese ‚langweilten‘ sie, und sie sagte wohl, ‚auf
dem Schlamme sei nicht Fuß zu fassen‘, während eine rohe,
wildwüchsige Kindsmörderin sie beschäftigen und interessieren

konnte. Wo sie aber einmal eine Zuneigung gefaßt hatte oder eine Zuneigung zu ihr gefaßt worden war, blieb sie unverbrüchlich treu. Man hatte in ihrer Nähe das Gefühl des Stetigen, ich hätte fast gesagt des Ewigen."

Unter die Menschen, zu denen sie Neigung und Zutrauen gefaßt, gehörten Conrad und Betsy, die allerdings Zutrauen und Neigung in hohem Grade erwiderten. Sie unterhielten langehin einen regelmäßigen Verkehr, der erst während der letzten Lebensjahre Mathildens durch die räumliche Entrückung des einen Teiles etwas gelockert wurde. Was Meyer an dieser Frau, mit der er doch, weil sie des literarischen Sinnes ermangelte, seine poetischen Angelegenheiten nicht verhandeln konnte, anzog und ihm wohltat, das war die Verschiedenheit seiner und ihrer Natur, die Eigenschaften, die ihm fehlten und bei ihr in seltenem Maße sich fanden: sichere Ganzheit und Geschlossenheit des Wesens, Kraft und Entschiedenheit, praktische Klarheit, das Aufgehen in der Tat, die Ablehnung des Theoretisierens und Philosophierens; denn ihr fehlte jede kritische und spekulative Aber, die ihm tausend und abertausend Stunden erwärmte und belebte, aber auch tausende peinvoll machte.

Als die Geschwister zu Jahresanfang 1857 Genf verließen, nahm sich Mathilde der beiden mütterlich an und griff entschieden ein. Unfähig, den Verlust der lieben Toten zu verwinden, fühlte sich Betsy immer noch gebrochen und vernichtet. Da wählte die Gönnerin nach ihrer energischen Weise ein gewagtes und scharfes Gegengift, das Betsys von Haus aus ungleich zartere und jetzt durch das Unglück untergrabene Natur ebensogut schädigen konnte, als es sie heilte und aufrichtete: sie nahm sie sofort mit ins Zuchthaus zu den weiblichen Sträflingen, was nun zwölf Jahre hindurch jede Woche einmal geschah, bis Conrad mit der Schwester an den See hinaufzog. Diese versah Mathilden auch wöchentlich zwei Vormittage die Dienste eines Sekretärs und half mannigfach die großen Lasten tragen, welche die Wohltäterin sich aufgeladen, die unter anderem etwa hundert Patenkinder besaß und versorgte. Unabänderlich erhielten die Geschwister von der Freundin und Beraterin zur Jahreswende zusammen ein Pfund feine Schokolade und als Gebäck zu dem daraus zu bereitenden Getränk einen sogenannten Eierkranz und jedes ein Paar Glacéhandschuhe nebst einem von ihr gezogenen Spruch. Mit solcher Regelmäßigkeit verfuhr sie gegenüber so und so viel anderen.

Conrad und Betsy besuchten sie in der Stadtwohnung zum „Felsenhof", sowie in der „Schipf", dem Landsitz am See. „Was mir diese Sommer und Herbste, in welchen meine Schwester und ich die treue Freundin unserer seligen Mutter in der Schipf besuchen durften, so reizend erscheinen läßt, ist wohl die zeitweilige Muße, zu der das Landleben von selbst sie nötigte. Später, nach dem Tode ihres Vaters, da sie ihren bleibenden Sitz im Felsenhof hatte, war sie immer ein bißchen gejagt, trat stürmisch ein und schied viel zu früh. Sie selbst freilich hat sich je älter je glücklicher und in ihren letzten Jahren am glücklichsten gefühlt. Das ist eine Tatsache, sei es, weil sie manches erreicht hatte und das Alter überhaupt ein entschiedenerer Zustand ist, als die späteren Mitteljahre, sei es, weil das von ihr geglaubte Jenseits ihr seinen ersten Schimmer entgegenwarf."

In den Felsenhof waren die Geschwister ein für allemal jeden Montag siebeneinhalb Uhr geladen und regelmäßig aufs freundlichste von Mathilde empfangen, die, sobald sie in den hellen, blanken Salon trat, ihre Geschäfte und Armensachen hinter sich tat. Schon standen prächtige Birnen aus der Schipf bereit, daneben die altmodischen Silbermesserchen und die hübschen Servietten. Erschienen die Ankömmlinge zu spät, was wohl etwa geschah und sich beim besten Willen nicht immer vermeiden ließ, so pflegte sie zu sagen: „O ihr Zeitlosen! Wenn ihr wüßtet, wie kostbar meine Minuten sind!"

Man verhandelte und besprach dieses und jenes, vorab natürlich die beiderseitigen persönlichen Angelegenheiten, und zwar mit völligem Vertrauen, da man auf Verständnis und Verschwiegenheit unbedingt zählen durfte. Literarisches wurde selten berührt, nur daß Conrad gelegentlich zum besten gab, was er bei französischen Schriftstellern für seine Gönnerin Interessantes und Näherliegendes gefunden hatte, so zum Beispiel bei Fenelon. Als bei einer solchen Gelegenheit die Rede einmal auf die von bedeutenden Katholiken gepriesene Beschaulichkeit geriet, machte sie die Bemerkung: „Es ist wunderlich! Wenn ich so viel beschauen und betrachten will, so schlafe ich einfach ein!"

Bei aller Teilnahme und dem angeborenen Bedürfnis, den Stein ins Rollen zu bringen, mischte sie sich ungefragt nicht in die Verhältnisse der Geschwister, sondern ließ die Dinge an sich herankommen, um dann kräftig Hand anzulegen. Sie hatte nach dem Tode der Frau Betsy Meyer vorübergehend die mütterliche Absicht gehegt, die Kinder zu sich in den Felsenhof zu nehmen, Betsy als Gehilfin ihrer stetig anschwellenden Tätigkeit, Conrad mit dem stillen Gedanken, er werde doch in Bälde seine eigenen Wege ziehen und diese Wege würden wohl zu eigenem Haus und Herd führen. Sie wünschte überhaupt die beiden etwas auseinander zu haben, um sie selbständiger zu machen; sie verglich die geschwisterliche Haushaltung wohl mit derjenigen eines katholischen Pfarrers und seiner Haushälterin und scherzte dann, mit ihren weißen, bis in hohe Jahre erhaltenen Zähnen lachend: „Ich kann eure Kaplanei nicht leiden! Ihr Freiherrn mit eurer freien Zeit! Könnt' ich nur jedes von euch in einen Karren spannen, daß ihr recht ziehen müßtet!"

Schlag neun Uhr erhob und verabschiedete sie sich, um mit dem ergrauten Vater das Abendbrot einzunehmen.

Als Conrad Ferdinand Meyer ihr Porträt zeichnete, wollte er nicht die Greisin, er wollte die etwa Fünfzigjährige sich und anderen vergegenwärtigen; denn in diesem Alter machte sie ihm den größten Eindruck, damals, wo er in Paris sein Schicksal einzurenken suchte und aus München zurückkehrte, damals, wo er, nach einem Ziel strebend, das er nicht sah, die herrschende Sicherheit ihres kräftigen und zugleich wohlwollenden Wesens am tiefsten und dankbarsten empfand.

Da sie als die Steuernde, rastlos Wirkende, vor allem als die Herrschende seinem Gedächtnis eingeprägt blieb, so waren es eben einige dieser Züge, die von ihr in den Gestalten der „Clara" und der „Richterin" wieder auflebten.

Ihrer Fürsorge gemäß begehrte sie ihrem Schützling auch zu einer Heirat zu helfen. Das entsprach seinen Wünschen, die er oft mit ihr erörterte. Er hatte ja aus Paris geschrieben, er werde jede Neigung unterdrücken, mit der sie nicht einverstanden sei, und sie solle ihm einst die geeignete Frau aussuchen.

Als sie aber Anstalten traf, dieses Begehren zu verwirklichen, stieß sie auf eine veränderte Sachlage. Sein Herz war nicht mehr frei.

Jenes Schwänlein, das er vor Jahren insgeheim von ferne betrachtet, war, zu einer schönen Jungfrau herangeblüht, in seinen näheren Gesichtskreis getreten, als sie mit ihm und der Schwester die Engelberger Tage teilte und im darauffolgenden Winter zu einem längeren Aufenthalt nach Zürich kam.

Aber wieder hatte ihm die Einbildungskraft einen argen Streich gespielt, indem sie ihm trüglich Gegenliebe vorgegaukelt. Dies Mißgeschick, das ihn mehr als einmal traf, entsprang seiner innersten und eigensten Art: zart und äußerst phantasievoll, wie er war, bildete er, ohne die wirklichen Verhältnisse zu prüfen, an seinem Idol herum, bis er schmerzlich verwundet jählings aus seinen holden Träumen stürzte.

Jetzt fühlte er den Boden unter den Füßen wanken. Genau wie ein Jahr vorher wurde ihm Zürich unleidlich. Rasch lebte das alte Vorhaben einer Italienfahrt wieder auf.

Rom und Florenz

Den 17. März 1858 nahm die Reise der Geschwister ihren Anfang. Der Winter herrschte noch im Lande, von Bern bis herunter nach Lausanne starrte alles von Eis und Schnee. Am 18. in Genf angelangt, ohne bei ihren Freunden angemeldet zu sein, da der Aufbruch eigentlich Hals über Kopf stattgefunden, übernachteten die Reisenden im Gasthof, entschlossen sich aber, einer freundlichen Aufforderung nachgebend, einige Zeit bei der Familie Mallet zu verweilen, bis sie infolge genauerer Erkundigung unvermutet erfuhren, daß keine Stunde zu versäumen sei, wenn sie das nächste von Marseille nach Civitavecchia abgehende Schiff benutzen wollten. So warteten sie denn keine zweite Nacht ab, sondern setzten sich in die Bahn, dem Süden zu.

Der Morgen stieg eben herauf, als sie sich Marseille näherten; aus der Tiefe schimmerte es rosenrot empor zur Höhe des Eisenbahndammes, auf dem sie dahinrollten: es waren die blühenden Mandelbäume. Auch im botanischen Garten der Seestadt prangte alles in vollem Flor, namentlich die Hyazinthen.

Noch in der Nacht, die dem Ankunftsmorgen folgte, stachen sie in See, vom hellsten Himmel begünstigt, der ihnen langehin treu blieb; denn während Monaten fiel kein Regen. Die Fahrt war ruhig und schön, mit strahlenden Sonnenauf- und -niedergängen. Nur in der Straße von Bonifacio drohte infolge der etwas bewegten Flut die Seekrankheit.

Am dritten Tage tauchte die rosenfarbige Küste Italiens aus den Wellen, und die Festungsmauern und Bastionen von Civitavecchia zeichneten sich am blauen Himmel ab. Da versuchte ein Schweizer Offizier in neapolitanischen Diensten die Geschwister vom Reiseziel, das er aus dem Gespräch erfahren, abzubringen: „Kommen Sie doch nach Neapel! Was wollen Sie in Rom? Sie können dort nicht einmal ein rechtes Paar Handschuhe kaufen.“

Eingedenk des aus Büchern oder mündlichem Bescheid geschöpften Hinweises auf die beträchtliche Rolle, die das Trinkgeld und dergleichen bei der päpstlichen Douane spielte, griff Conrad, den die Natur zu allem eher als zur Bestechung geschaffen, am Strand von Civitavecchia, mitten unter den Reisegefährten und vor den Zollwächtern, die das Gepäck der Gelandeten untersuchten, seelenruhig in die Tasche und bot dem obersten Douanier ein Goldstück. Entrüstet wies es dieser zurück, worauf begreiflich die bescheidene Habe des Romfahrerpaares gründlich auseinandergerissen und durchwühlt wurde. Es steckte nichts Verzollbares darin; aber namentlich das in einem Etui befindliche Bild der Mutter betrachtete man voller Mißtrauen. Als sie endlich loskamen und sich anschickten, die Diligence zu besteigen, lehnte der Gekränkte mit gekreuzten Armen an einer Säule und fragte großartig, aus welchem Lande sie eigentlich herstammten, daß sie die Italiener für ein so käufliches Volk hielten? Meyer mußte auf den Stockzähnen lächeln, weil er hinter der sittlichen Empörung des Braven nur zu deutlich den Ärger über das für ihn nun unrettbar verlorene Goldstück durchblicken sah.

Die Postillone trieben die Pferde häufig an, da sie die Stadt rechtzeitig zu erreichen wünschten; denn wenige Tage vorher war ein Gesandtschaftsattaché, der sich etwas verspätet hatte, vor den Toren Roms ausgeraubt worden. Mit den beiden saß ein französischer Schneider im Wagen, der schon in Südfrankreich eine Reihe von Wallfahrtsorten besucht hatte und nun diesem verdienstvollen Tun durch die Romfahrt die Krone aufsetzen wollte. Interessanter war ein etwas rundlicher, jedoch ehrwürdiger belgischer Priester. Er hatte einen Orden zum Besuch der Gefängnisse gegründet, war dafür vom heiligen Vater zum Kämmerer ernannt worden und reiste jetzt hin, diese Würde in Empfang zu nehmen.

Das gute Französisch seiner Reisegenossen, das glatte Gesicht Conrads, dem Bart und Schnurrbart erst sehr spät gediehen, und Betsys Trauerhut und schwarzes einfaches Kleid, wie sie es seit dem Tode der Mutter trug, ließen ihn auf geistliche Rompilger katholischer Konfession schließen. Er wandte sich an Betsy:

„Madame a fait sa profession chez les dames du sacré coeur?"

„Monsieur, je suis protestante."

Sofort begann er Bekehrungsversuche, indem er lebhaft bedauerte, daß so tugendhafte Personen, wie sie dem Anschein nach fraglos seien, des Heiles verlustig gehen sollten. Religiöse Hin- und Widerreden füllten fast den ganzen siebenstündigen Weg durch das ziemlich dürre Land, in welchem nur dann und wann Ochsenherden mit ihren spitzhütigen berittenen Hirten auftauchten. Als alles nicht verfing, nahm er den beiden wenigstens das Versprechen ab, am grünen Donnerstag zur Stelle zu sein, wenn der Papst urbi et orbi den Segen erteile. Vielleicht, daß der doch noch ersprießlich wirke.

Gegen Abend wurde der Lauf der Rosse immer beschleunigter, da man vor dem Ave Maria anzulangen begehrte. Nach der Einfahrt ins Tor traten drei junge Geistliche heran, um den freundlichen Würdenträger ehrerbietig aus dem Wagen zu

heben. Auch der Schneider verschwand. Aber Conrad und
Betsy mußten noch geraume Zeit nach einem Obdach herum-
fahren, das sie in keinem der Gasthöfe finden konnten, weil
alle von den auf die bevorstehenden Feste herbeigeströmten
Menschen überfüllt waren. Schließlich erlangten sie Unterkunft
in einem alten, nahe beim Kapuzinerkloster gelegenen Hause bei
dem badischen Hofbildhauer Lotsch. Namentlich ein Zimmer
mit Plattenboden, Matten und Rohrsesseln weckte ihr Behagen.
Sie aßen auch bei ihrem Vermieter, bis ihnen angesichts seiner
wunderlichen Kocherei bald der Appetit schwankte und sie um
der großen Wanderungen willen überhaupt es für bequemer
erachteten, ihr Mittagsmahl da oder dort einzunehmen, wie es
ihnen beliebte.

Der gefällige Lotsch führte sie in ein richtiges Künstleben
hinein, indem er sie in verschiedene Ateliers brachte. Der
Landsmann Corrodi, ein bedeutender Landschafter, ihnen schon
von Zürich her bekannt und damals auf der Höhe seiner Kraft
und seines Könnens, bot ihnen neben manchem lehrreichen
Wink und Aufschluß eine liebenswürdige Aufnahme in seinem
geselligen Hause, das den Mittelpunkt für die Schweizer in
Rom bildete. Auch den Urner Bildhauer Imhof lernten sie
kennen.

Bedient wurden sie in ihrer Wohnung von der glutäugigen
Domenica, und zwar aufmerksam und in guten Treuen, wiewohl
sie das Eheweib eines Räubers war, die zur Winterszeit nach
Rom kam, um zu dienen, im Lenz aber wieder den Bergen
und ihrem Manne zulief, sein gefährliches Gewerbe zu teilen.
Nun erklärte sie, solange Betsy bleibe, halte sie aus. Denn sie
hatte die Freundliche gleich in ihr Herz geschlossen.

Am Morgen nach der ersten Nacht, die sie in der ewigen
Stadt geschlafen, verwunderten sich die Fremdlinge nicht wenig
über die Melodie der ungezählten Glocken, die fortwährend
durch die Lüfte schwebte; Vogelsang, Kindergeschrei und der
singende Ruf der Verkäufer scholl darein; in den Kramläden
kreischte und feilschte es; hämmernd und lärmend trieben die
Handwerker auf den Straßen ihr Wesen, Kinder zogen mit dem
Schulmeister, Litaneien singend, zur Messe. Über allem strahlte

ein tiefblauer Himmel, und aus den Gärten strömten Blumen und Zitronenblüten berauschenden Duft empor.

Gleich in aller Frühe sich erhebend, überließ Conrad die von der Reise ermüdete Schwester noch der Ruhe, um ungeduldig nach dem Forum zu eilen, von dessen Anblick er entzückt zurückkehrte. Ohne sich besonders vorbereitet zu haben, fand er sich mit Hilfe des Försterschen Handbuches beinahe auf Schritt und Tritt zurecht und heimisch, eine Folge seiner genauen geschichtlichen Studien. Übrigens war er zu keinen Zeiten ein Bildungsphilister, der Sammlungen und Sehenswürdigkeiten peinlich absucht, von der steten Angst erfüllt, irgend etwas Wichtiges und Lehrreiches zu versäumen.

Wochenlang durchstreifte er an Betsys Seite Rom beinahe den ganzen Tag. Einmal unternahm er einen Ausflug nach Tivoli und in Begleitung Imhofs einen nach Veji, wobei sich die Gesellschaft nicht so ganz geheuer fühlte, weil man Gefahr lief, von Banditen angefallen zu werden, sobald man das Weichbild der Stadt überschritt. In Gebäuden und Sammlungen machte Lotsch zuweilen den Führer, was nicht gering anzuschlagen war, da er große Vertrautheit mit den Denkmälern der Kunst und Geschichte und, wie es sein Beruf mit sich brachte, auch beträchtliche Einsicht besaß.

Lebhaften und nachhaltigen Eindruck machte auf Meyer das auf Straßen und Plätzen sich entfaltende Volksleben, das Treiben um die Feuer, an denen man auf offener Straße kochte, briet und buk, die mannigfaltigen Trachten nicht nur der stolzen Campagnarden, wie sie Leopold Robert gemalt hat, die auf ihren Ochsenwagen nach Rom hereinfuhren, sondern auch die unzähligen Orden aller Nationen in den farbigen und bunten Gewändern und das Aussehen der Städter: besonders belustigte ihn ein Römer, der in zerrissenem und abgeschossenem rotem Mantel und mit einem von der Zeit durchaus nicht weniger angetasteten Zylinderhut ehrwürdig einherwandelte.

Am tiefsten wirkte ein liebliches Totengesicht auf ihn. Eines Tages schritt den Geschwistern auf der zum Forum ansteigenden Straße ein Leichenzug entgegen, voran auf offener Bahre die Leiche eines jungen Mädchens, farbig angezogen, mit vielem

Flitterwerk behangen und die erblichenen Wangen mit etwas Rot angemalt. So trug das bunte Gefolge die Entseelte nach Ara Coeli.

Reich, bunt und verwirrend war das Gewühl der Menge während der heiligen Woche, das dem Reisenden wie ein fortgesetztes Züricher Sechseläuten, wie ein ununterbrochener Fest- und Maskenzug erschien, so recht danach angetan, dem Katholizismus und seinem Geist, aber auch seiner Macht auf den tiefsten Grund zu blicken, wie denn Meyer die anläßlich dieser prunkenden Umzüge und Schaustellungen gewonnenen Empfindungen und Überzeugungen in der Folge nicht wieder vergaß.

Mag die zauberische Macht, womit Kunstvollendung und weltgeschichtliche Zeugnisse seine Seele bestürmten und übermannten, sich der Beschreibung entziehen; man spürt und wittert die Geister der großen Vergangenheit, der Antike und der Renaissance in seinen Werken und erkennt sie in einzelnen seiner Gedichte, aus denen die Reiseerinnerungen jener Tage nachleuchten und die doch nach Gestaltung und Schönheit mehr sind als bloße poetische Reiseeindrücke.

Mehrmals sah und sprach er die in päpstlichen Diensten stehenden „alten Schweizer" mit ihren Hellebarden und puffigen Hosen; einer half ihm und der Schwester am Karfreitag zum miserere in die überfüllte Sixtina, und bei der Girandola auf der Piazza del popolo hörten sie zwei päpstliche Zuaven gut schweizerdeutsch reden, einen Urner und einen Zuger.

Das Gedicht „Der römische Brunnen" entwarf er in der Villa Borghese vor dem plätschernden und überströmenden Becken selbst:

> Aufsteigt der Strahl und fallend gießt
> Er voll der Marmorschale Rund,
> Die, sich verschleiernd, überfließt
> In einer zweiten Schale Grund;
> Die zweite gibt, sie wird zu reich,
> Der dritten wallend ihre Flut,
> Und jede nimmt und gibt zugleich
> Und strömt und ruht.

Unverlöschliche Eindrücke hinterließen ihm einige Marmorbilder. Die gigantischen Gestalten des Castor und Pollux auf

der Piazza del Quirinale mögen ihm beim „Botenlauf" vor=
geschwebt oder ihn sogar zu dem Gedichte veranlaßt haben.
Bewundernd trat er vor die gegeißelte Psyche im kapitolinischen
Museum,

> Wo von alter Schönheit Trümmern
> Marmorhell die Säle schimmern.

Ebendaselbst sah er auf dem Sarkophag, der die Schöpfung
des Menschen durch Prometheus darstellt, die Seele als Schmet=
terling, wie er in einer später getilgten Zeile sagt:

> So lernt' ich einst
> In Rom an einem Basrelief.

Und —

> Im Vatikan vor dem vergilbten Sarkophag,
> Dem ringsum bildgeschmückten, träumt' ich lang,
> Betrachtend seines feinen Zierats üpp'gen Kranz:
> Thetis entführt den Sohn, den Rufer in der Schlacht.

Auch an den Musensaal erinnerte er sich später:

> Den Vatikan
> Betrat ich. Ich betrat den Musensaal
> Verwundert, denn er war ein andrer heut,
> Als ich geschaut mit jungen Augen ihn,
> Da Pio nono höchster Priester war.

Die gleichfalls im Vatikan aufgestellte Figur des Nilgottes
wirkte dergestalt im Dichter nach, daß er das Gütige, Wohl=
wollende, das auf dem bärtigen Antlitz liegt, schließlich als
Hauptsache in das ursprünglich viel längere und ganz anders
gehaltene Gedicht „Jakobs Söhne in Ägypten" (in den „Bal=
laden", 1864) hineinlegte und die Schöpfung deshalb umtaufte
in „Der Stromgott". Noch tiefer prägte sich ihm der sterbende
Gallier im kapitolinischen Museum ein; sein schmerzliches Ende
erscheint schon in einem Jugendgedicht und kehrt in verschiedenen
nach den Römertagen entstandenen wieder. Der 1770 aus=
gegrabene, im Vatikan aufgestellte Torso des schwermütigen
Eros (eigentlich Todesgottes), dessen Bild fast zwanzig Jahre
nach der Heimkehr aus Italien eine von Betsy aus Rom mit=
gebrachte Photographie in ihm wieder auffrischte, gab den An=
stoß zum Gedicht „Der Marmorknabe".

Manchmal unternahm er den Spaziergang nach der Kirche
Pietro in vincoli, um Michel Angelos Moses zu bestaunen:

Du packst mit nerv'ger Hand den Bart,
Doch springst du, Moses, nicht empor.

Hingerissen von der wunderbaren Größe und dem Tiefsinn
des gewaltigen Meisters, trachtete er immer von neuem danach,
dessen Geist zu fassen und zu formulieren, wie in dem Gedicht
„Michel Angelo und seine Statuen", oder indem er die Entstehung einer einzelnen Schöpfung zu schildern versuchte, was
im „Pensieroso" geschah. Er träumte ihn

In der Sistina dämmerhohem Raum,
Das Bibelbuch in seiner nerv'gen Hand.

Unter den damals und in der Erinnerung stets wieder be-
wunderten Bildern der sixtinischen Kapelle wählte er das genialste
als selbständiges Gedichtmotiv:

Wo sah ich, Mädchen, deine Züge,
Die droh'nden Augen lieblich wild,
Noch rein von Eitelkeit und Lüge?
Auf Buonarottis großem Bild!

Der Schöpfer senkt sich sachten Fluges
Zum Menschen, welcher schlummernd liegt,
Im Schoße seines Mantelbuges
Ruht himmlisches Gesind geschmiegt.

Voran ein Wesen, nicht zu nennen,
Von Gottes Mantel keusch umwallt,
Des Weibes Züge, zu erkennen
In einer schlanken Traumgestalt.

Sie lauscht, das Haupt hervorgewendet,
Mit Augen schaut sie, tief erschreckt,
Wie Adam Er den Funken spendet
Und seine Rechte mahnend reckt.

Neben diesem höchsten von der Kunst jemals erreichten
Triumph der Symbolisierung fesselten ihn mächtig die wunderbaren Stanzengemälde Raffaels, die freilich in seinen Dichtungen keine greifbaren Züge hinterließen. Dagegen lieferte
ihm ein in der Gemäldesammlung des Vatikans hangendes Bild

Andrea Sacchis einen poetischen Vorwurf oder doch eine In=
spiration: St. Romualdus zeigt den Kamaldulenser Mönchen
die Himmelsleiter, auf welcher seine Nachfolger emporsteigen:
weißgekleidete Ordensleute, die verschiedenen Stufen der Kon=
templation, der Loslösung vom Irdischen und der Verklärung
darstellend. Er schuf daraus zwei zusammengehörige Balladen:
der Abbé Rancé, der Stifter des Trappistenordens, hetzt in
wilder Wetternacht sein Pferd nach dem Schlosse der Geliebten,
einer Verheirateten, findet sie tot und schon im Sarg, geht
erschüttert in sich und tut Buße. Diese Reue und Buße selbst
vergegenwärtigte das zweite Stück im Anschluß an Sacchis
Schöpfung. Schließlich unterdrückte der Dichter die Schilderung
des sündlichen Rittes sowie der bußfertigen Umkehr und be=
schränkte den zweiten Teil in enger Anlehnung an das Bild
des Malers auf die wenigen schönen Zeilen, aus denen das
Gedicht „Die Karthäuser" besteht:

> Ich sehe sie auf Sacchis süßem Bilde
> Beschreiten ihrer toten Brüder Grüfte,
> Gegürtet mit dem Knotenstrick die Hüfte,
> In weißen Kleidern, festlich, göttlich milde u. s. w.

Alle diese Gedichte bedurften zur völligen Reife ein Viertel=
jahrhundert oder mehr. Der erste dämmernde Gedanke an
dieses oder jenes mag schon damals in der Dichterseele auf=
getaucht sein, wenn er auf einsamem, abendlichem Lieblingsgang
nach Sant Onofrio, wo Tasso begraben liegt, emporpilgerte,
sich dort in Sinnen und Träumen verloren auf die Mauer des
stillen Klösterchens setzte und in den über der ewigen Stadt
schwimmenden Abendduft blickte.

Zu solcher Abendstunde saß und sann vielleicht damals in
Rom ein um wenige Jahre Jüngerer — Anselm Feuerbach.
Die beiden, die sich nie gesehen haben und vielleicht, solange
sie noch beide lebten, niemals von einander hörten, waren merk=
würdig verwandte Naturen, beide von den gewaltigen Werken
der Renaissance und der Antike mit gleichen Kräften ergriffen
und gehoben, beide der großen, einfachen Kunst zustrebend.

Aus dem Kranz der herrlichen Bauwerke hat Conrad Ferdi=
nand Meyer in der „Wunderbaren Rede", die früher geradezu

„Das Amphitheater" hieß, das Colifeo mit einigen Strichen
gezeichnet:

> Über Dach und Zinne ragt empor
> Himmelhoch ein riefenstarker Bau,
> Der ein Volk empfängt durch manches Tor.
> Hinter feinem Mauerkranz hervor
> Steigt es schwarz und schwärzer auf im Blau.

Diese schwarzen Wolken sah er sich jählings türmen und
in gewaltigen Güssen über der Stadt entleeren, als es gegen
Mitte Mai drückend schwül geworden, als Orangen und Akazien
erstickend dufteten und aus den rasch überschwemmten und rasch
getrockneten Gassen Dämpfe und Dünste aufstiegen. Den Geschwistern schien ringsum ein unheimlicher Brodem zu weben,
so daß die Sorge um die Gesundheit den Abschied von Rom
erleichterte, dessen Glanz und Größe sie ungern entsagten.

Die Abschiedsstimmung suchte Conrad nach Jahren (1864)
in folgenden, nie gedruckten Strophen wiederzugeben:

> Aus eines hohen Gartens Dunkel schau ich still,
> Da eben auf St. Peters lichtem Dom
> Der letzte Strahl der Sonne zittern will,
> Auf das erblichne Rom.
>
> Sacht tritt zurück in seiner Schwestern Reihn
> Das ungeduld'ge, ruhelose Heut,
> Und keine Welle flutet mehr allein
> Im tiefen Strom der Zeit.
>
> Nun laß mich scheiden, Stadt der Welt, von dir
> Und laß mich dein gedenken früh und spat,
> Daß die Betrachtung tätig werde mir
> Und ruhig meine Tat.
>
> Den Ernst des Lebens nehm' ich mit mir fort,
> Den Sinn des Großen raubt mir keiner mehr;
> Ich nehme der Gedanken reichen Hort
> Nun über Land und Meer.

Er und die Schwester faßten den Entschluß, die Heimfahrt
nicht anzutreten, ohne dem Baron Bettino Ricasoli die Hand

gedrückt zu haben, der 1849 nach Zürich und, mit einer Empfehlung von Ernest Naville, in das Meyersche Haus gekommen
war, dessen Herrin er hoch verehren lernte und noch ein Jahr
vor ihrem Tode wieder besucht hatte.

Nachdem die Geschwister ihm ihr Erscheinen angezeigt, schrieb
er erfreut und liebenswürdig, sie möchten über Siena reisen
und die Stunde ihrer Ankunft in dieser Stadt melden; er hause
auf seinem Landsitze Brolio, zu ihrem Empfange bereit.

Da man ihnen wegen ihrer damals unzulänglichen Kenntnis
des Landes und seiner Sprache vom Vetturin abriet, wählten
sie den Kurier, der, mit zwei Pferden fahrend, die Briefe be-
förderte und zwei oder drei Personen aufnahm. Als sie Abends
auf dem zur Abfahrt bestimmten Platz eintrafen, fanden sie
einen bequemen Wagen und einen artigen Mann, den Kurier,
der die Extrapost führte. Vor ihnen war, einen ansehnlichen
Kreis Abschied nehmender Freunde um sich, eine elegante,
freundliche Dame in den Dreißigen zur Stelle. Sobald die
Räder rollten, knüpfte sie mit Conrad und Betsy ein Gespräch
an. Sie erzählte, sie komme von Paris — sie trug auch einen
Pariser Hut mit reichem Blumenschmuck — und beabsichtige,
in Florenz einen namhaften Arzt zu Rate zu ziehen; sie sei
eine Bologneserin, eine geborene Primodi, mit dem Grafen
Baruzzi vermählt, einem Bildhauer und Schüler Canovas, und
besitze ein Landgut in der Nähe der Stadt. Dann berichtete
sie allerlei aus deren Geschichte, so vom Kampfe um ihre Villa
im Jahre 1849 und wie übel die Kroaten dort gehaust.

Auf einmal fragte Conrad: „Haben Sie nicht damals in
Ihrem Schrank den Brief eines österreichischen Offiziers gefunden?" Als sie dies verwundert bejahte, teilte er ihr mit,
was ihm Freund Rüscheler vor Jahren erzählt und was ihm
nun infolge ihrer Schilderungen mit voller Deutlichkeit wieder
lebendig wurde.

Nach dem Sturm auf Bologna und dem Gefecht in der
nächsten Umgebung kam Rüscheler mit seinen Kaiserjägern zu
einer Villa, wo die Kroaten, die zuerst ins Feuer gegangen,
plünderten und allerhand Greuel verübten. Er tat dem schlimmen Treiben Einhalt, lebhaft bedauernd, daß von den im Hause

angehäuften Kunstschätzen so viel beschädigt oder zerstört war. Durch die Flucht der Gemächer wandernd, schritt er an einer Reihe von Bildsäulen vorbei, die ihn an die Manier Canovas erinnerten, und gelangte schließlich in einen kleinen blauen Salon, worin er die Büste einer jungen Frau und darunter die Inschrift fand: „Carolina". Er vermutete den Kopf und Namen der Hausherrin und beschloß, hier den Morgen abzuwarten. Als nun allmählich die abendliche Stille niedersank, alle die sanften Zauber der sternhellen Mainacht zu weben und walten begannen und die ruhigen, edlen Statuen in zartem Dämmerschein flimmerten, da fiel ihm der Gegensatz aufs Herz zwischen dem friedevollen Schweigen der nächtlichen Lüfte und dem kaum gestillten mörderischen Tun, dem auch das Leben des Pächters zum Opfer gefallen war. Er setzte sich hin und schrieb, während ihr Bild auf ihn herabschaute, der unbekannten Gebieterin dieser Räume einen Brief, welcher die Frevel der Soldateska berührte und zu entschuldigen suchte. Dann steckte er, nachdem er seine Zeilen in einen Schrank gelegt, zur Erinnerung an die seltsame Nacht eine kleine, wertlose Brieftasche zu sich.

Die Gräfin hatte das Schreiben in der Tat gefunden, war aber davon so wenig erfreut, wie von der Erzählung der romantischen Umstände, unter denen es entstanden. Denn sie konnte das Leid über die Ermordung des Pächters, dessen Weib die Kroaten überdies wegschleppten, nicht verwinden und hatte darum auch, wie sie nun erzählte, die kleine Erhöhung, worauf der Unglückliche sein Leben ausgehaucht, abtragen, den Garten umändern und den Park anders einteilen lassen.

Es war eine helle Mondnacht, so schön wie jene, als der junge Offizier der Kaiserjäger träumte und schrieb. Nach und nach verstummte das Gespräch, und man überließ sich dem Schlummer. Plötzlich erscholl ein kurzer, rauher Ruf. Jedes fuhr mit einem anderen Laut des Schreckens aus seinen Gedanken und Träumen empor; trieben doch auch in der Campagna Banditen ihr Wesen. Neben dem Wagen hielt ein Berittener, einen spitzen Hut auf dem Kopf, eine lange Stange in der Hand. Es war ein Ochsenhirt, und was er gerufen, lautete: „la scarpa!“ Der gleichfalls eingenickte Kurier hatte nämlich vergessen, den Radschuh anzulegen. Darauf machte sie der nächtliche Rufer aufmerksam, weil sie eben eine Anhöhe hinunterfuhren.

In der ersten Frühe tauchte Aqua pendente auf. Sie wurden hier zu einem Aufenthalt genötigt, da ihr Kurier den von der entgegengesetzten Seite kommenden abwarten mußte, den, wie man nachher vernahm, der Zusammenbruch einer Brücke aufgehalten hatte. Während der unfreiwilligen Wartezeit besichtigten sie unter anderem die Kirche, aus welcher eben die Prozession einer Brüderschaft herausschritt, sämtliche Mitglieder in graue Kutten gehüllt, so daß von ihnen nichts zu gewahren war als die dunklen, durch die Kapuzenschlitze flammenden Augen.

Sehr verspätet erreichten sie Siena, früh zwischen zwei und drei Uhr. Da stand schon Ricasolis maestro di casa, um sie in Empfang zu nehmen und auftragsgemäß sofort seinem Herrn zuzuführen. Aber sie fühlten das Bedürfnis, erst ein wenig zu ruhen. So empfahl er sich, einen Brief des Barons zurücklassend, der seine Gäste früher von Rom aufgebrochen glaubte.

Er bat sie, ihre Ankunft zu beschleunigen, da er gezwungen sei, sich in der nächsten Zeit nach Turin zu begeben, und fügte unter der Versicherung der lebhaftesten Freude, die Freunde bei sich zu sehen, einige Vorschläge für die Tage des Zusammenseins hinzu.

Nachdem sie ein paar Stunden geschlafen, besahen die Geschwister den herrlichen Dom mit den Intarsien, die Dominikanerkirche und die interessante Brunnenanlage Fontebranda; um zehn Uhr bestiegen sie das für sie gesandte Gefährt, mit welchem ihnen Ricasoli noch einen Brief geschickt hatte.

Als sie unterwegs an stattlichen Landhäusern vorbeifuhren und der Kutscher eben bemerkte, man befinde sich bereits auf dem Gebiete Ricasolis, erschien dieser unvermutet selbst auf einem englischen Pferd, begrüßte seine Gäste verbindlich, ritt eine Weile neben dem Wagen her und verschwand dann wieder. Nachdem sie die Höhe eines steilen Hügels erreicht, stand er unversehens auf der Schloßbrücke seiner Stammburg: „Dies ist

mein Schloß! Betrachten Sie es als das Ihrige!" sagte er
ritterlich und höflich, zugleich auch etwas theatralisch; denn trotz
seiner geraden und einfachen Natur war er eben doch ein Italiener
und ging ein wenig auf dem Kothurn.

Brolio war nicht, wie sich's die Reisenden ausgemalt, ein
Landhaus, sondern eine starke Burg, schon über ein halbes
Jahrtausend der Sitz der Ricasolis und nunmehr das Zentrum
der landwirtschaftlichen Versuche des Barons. Jetzt waren es
gerade die Seidenwürmer, die Zeit, Aufmerksamkeit und Arbeitskraft vollauf beanspruchten. Weil man ihnen sogar im Eßzimmer
Platz gemacht hatte, speiste man in einem kleinen Saal mit zwei
Marmorgruppen, von denen die eine die Erziehung darstellte,
eine schöne jugendliche Gestalt mit einem Kind zur Seite. Als
vierter saß, ohne während der Mahlzeit ein Wort zu äußern,
der maestro di casa zu Tische, altem Brauche gemäß von jedem
Gerichte kostend, ehe er es anbot. Von der Tafel weg sah
man durch die Tür über eine Freitreppe auf die Schloßterrasse,
wo es in wunderbarer Fülle und etwas verwildert grünte und
blühte. Herrlich war der Blick auf den Apennin, an dessen
Abhang man sich eigentlich schon befand, und auf Siena, das
mit seinen Kirchen, Mauern und Zinnen märchenhaft herauf-
leuchtete. Die beste Fernsicht genoß man aus dem engen
Arbeitsraum des Barons, wozu er als leidenschaftlicher Freund
landschaftlicher Schönheiten ein Stübchen des Burgturmes aus-
gesucht hatte.

Am zweitnächsten Tage schirrte er sein englisches Pferd vor
das leichte Gefährt und kutschierte die Gäste persönlich über
den Apennin, um ihnen seine im Val d'Arno gelegenen Besitzungen zu weisen. „Io non saperò come meglio mostrar
loro il mio cuore nè come meglio riceverli se non con pro-
porre di mostrar loro le mie foreste e i miei campi tanto più
che pur essi sono sotto il peso d'un colpo funesto e amarissimo,
la perdita recente di loro madre," schrieb er einem Freunde
vor der Ankunft der „ospiti svizzeri".

Als die Steigung des Weges zunahm, brachte ein Hirt zwei
Ochsen von der Herde, ganz weiße, sanfte Tiere mit großen,
erdwärts gebogenen Hörnern, die nun dem Engländer bis auf

die Berghöhe vorgespannt wurden. Den Aufwärtsfahrenden
winkte jenseits einer Schlucht von waldigem Berghang eine
alte, schattige Abtei. Conrad Ferdinand Meyer mag an sie
gedacht haben, als er die Lucrezia Borgia mit ihrem Gefolge
zur Base Angela emporreiten ließ. Ricasoli äußerte lächelnd,
in jenen Mauern habe einer seiner Vorfahren beschaulich sein
Leben beschlossen, sogar im Geruche der Heiligkeit.

Nach einer ganzen Tagfahrt gelangten sie nach Terranova,
wo Ricasoli wie ein Feudalherr empfangen wurde. Der Geistliche und der Gonfaloniere stellten sich ein, um Rechenschaft
abzulegen, alles redete ihn mit „lustrissimo" an, und die Frauen
überreichten ihm Blumen und Früchte. Er tat viel für die
von ihm abhängigen Bauern, ausgiebig für ihr Wohl sorgend,
freilich oft nach seiner besonderen Weise. Er hatte kurz vorher eine beträchtliche Anzahl Leute aus der Gegend mit sich in
die Maremmen geführt, deren Austrocknung er wagte. Aber
eine ganze Reihe derselben raffte der Tod hinweg, darunter
seinen Milchbruder Giuseppe; auch seine eigene Gesundheit
blieb nicht unberührt, und von Zeit zu Zeit packte ihn das
Fieber.

Man stieg in einem einfachen, luftigen Landhaus ab. Der
Baron, ein tüchtiger Geschäftsmann, der mit Wein, Öl und
Seidenraupeneiern einen schwunghaften Handel trieb, dadurch
sein gewaltiges Vermögen noch beträchtlich vermehrend, begab
sich mit dem fattore, dem Gutsverwalter, zur Musterung der
Geschäftsbücher auf die Seite, während sich Conrad und Betsy
die Zeit mit einer Art Billardspiel vertrieben. Des Herrn gewärtig, schauten der Curato und der Gonfaloniere mit glänzenden Augen zu, bis sie zur Teilnahme aufgefordert wurden,
worauf sie als geübte Spieler in einen solchen Feuereifer gerieten, daß sich die Nordländer nicht wenig verwunderten. Da
erschien der Gestrenge, und sie erstarrten förmlich. So gewaltig
wirkte der Respekt.

Er schlug einen Spaziergang nach einem nahen Hügel vor,
um von dessen Höhe den Sonnenuntergang zu betrachten. Es
war schon fast zu spät; aber er trieb zu so raschen Schritten
durch die steigenden Schatten, daß man das Tagesgestirn doch

noch flammen und versinken sah. Aus diesem Erlebnis und einer
Jugenderinnerung bildete Meyer später das Gedicht „Spiel":

> Denkst, Freund, des wilden Knabenspiels du noch,
> Das wir getrieben einst am Bergesjoch,
> Wenn unser freud'ger Wandertag verglomm
> Und höher stets und immer höher klomm?
> Wir sprangen jubelnd über Stock und Stein
> Bergan und wieder in das Licht hinein,
> Und noch einmal und noch einmal,
> Bis uns entschlüpft der letzte Sonnenstrahl.

Nachdem Ricasoli ihnen einen Tag lang seine Wälder und
die gepflegten Kulturen gezeigt, die stattlichen Ölbäume und die
ausgedehnten Rebgüter, deren würzige Tropfen auf allen Aus-
stellungen Italiens den ersten Preis gewannen, wurde mit ihm
die Reise nach Florenz fortgesetzt. Sie passierten im Laufe
derselben Figline, in dessen Nähe, auf Cerbone, der berühmte
Raffaele Lambruschini eine große Erziehungsanstalt leitete. Die
Geschwister trugen einen von Ernest Naville an diesen Mann
ausgestellten Empfehlungsbrief mit sich; da Ricasoli jedoch weiter
drängte, so blieb er in ihren Händen.

Gleich dem Schlosse Brolio erweckte auch der in der Nähe
des Domes zu Florenz gelegene Palast des Barons den Eindruck seltsamer Verlassenheit und Verwaistheit: den prachtvollen,
mit hellblauer oder apfelgrüner und weißer Seide ausgeschlagenen
und mit gleichem Stoffe dekorierten lichten und kühlen Räumen
mangelte die Hausfrau, die vor Jahren gestorben war, wie denn
Ricasoli mit seinen Gästen auch nicht zu Hause speiste, sondern
sie zum Essen in irgend ein Restaurant geleitete. Er führte
sie in Florenz herum, nur nicht in die Galerien, weil diese des
Großherzogs Eigentum waren, auf das der Baron, seit er sich
mit dem Herrscher entzweit, keinen Fuß mehr setzte, bis der
toskanische Thron zusammenstürzte. Auch die große Villa, die
Ricasoli damals baute, besichtigte er mit ihnen.

Eines Abends gab er die bestimmte Absicht kund, in der
kommenden Frühe geschäftshalber nach Siena aufzubrechen.
Als sie ihn vor seiner Abreise noch begrüßen wollten, lag er an
einem Fieberanfall danieder. Am nächsten Morgen war er

dennoch abgereist. Infolge ihrer mangelhaften Kenntnis des Italienischen außer stande, sich den Dienstboten des einsamen Palazzo genügend verständlich zu machen, und da sie den Herrn, wie er geäußert, auf dem Wege nach Turin und für eine lange Reihe von Tagen abwesend wähnen mußten, zogen Conrad und Betsy in einen Gasthof, wo die Gräfin Primodi, der sie einen Besuch versprochen, ihr Absteigequartier genommen hatte. Da kehrte Ricasoli plötzlich zurück und zwar von Siena, wohin er gegangen war, um die geplante Reise nach Turin hinauszuschieben und so für seine Gäste noch ein paar Tage zu gewinnen. Der harmlose Auszug der Geschwister riß ihn zu einer vorwurfsvollen Szene hin, bei ihm eben keine seltene Sache. Sie fühlten sich erschreckt und zugleich unschuldig. Sie hatten sein Haus verlassen, weil sie über die italienischen Sitten und den Charakter des Barons nicht hinreichend Bescheid wußten. Er aber war im tiefsten gekränkt. Indessen beruhigte er sich bald, und sie schieden in Minne als gute Freunde vor seinem Aufbruch nach Turin.

Wie ein Zeitgenosse Dantes erschien Ricasoli dem Dichter mit seinen Zügen einer großen, bis zur Herbheit entschiedenen und strengen Natur, von der er während der apenninischen Wandertage, in Florenz und während der nächsten Folgezeit die stärksten Eindrücke empfing und die ihm die Augen darüber öffnete, „was ein Charakter im Leben einer Nation zu bedeuten hat. ... Ich lernte einen Mann kennen, dessen starke Seele der eine Gedanke der Freiheit und Einigung Italiens erfüllte. Dafür war er zu jedem Opfer bereit. Damals — 1849, beim ersten Züricher Aufenthalt — erschien er mir als ein starrer Idealist, dessen eisernem persönlichem Willen sich die politische Wirklichkeit niemals fügen würde. Anders war es, als ich ihn 1858, ein Jahr vor dem Ausbruch des italienischen Krieges, in seinem heimatlichen Toskana wiedersah. An einem Maiabend auf einem seiner Landgüter im Valdarno riß er mich hin durch die freudige Sicherheit, womit er mir seine Ziele, die jetzt greifbar vor ihm standen, bezeichnete.“

Der unbeugsame, auf dieses einzige Ziel gerichtete Wille imponierte dem Dichter als etwas an einem Lebenden in solchem

Maße ihm Neues. Diese Wirkung mußte sich noch steigern, nachdem Ricasoli seine geträumten Erfolge errungen. Denn trotz der ausgesprochenen Verschiedenheit beider Naturen verleugnete damals, im Jahre 1858, ihr Schicksal eine gewisse Ähnlichkeit nicht, namentlich nicht in Hinsicht auf ihre späte und ungeahnte Entwicklung. Mit allen Kräften eines einseitigen, aber starken Geistes seinen unverrückbaren Aufgaben nachstrebend, fand Ricasoli erst spät das Feld, auf dem er sich auszeichnen und entfalten konnte; und wie den Dichter quälte auch ihn vor dem Tage der Erfüllung eine gewisse Unruhe und Zerrissenheit. Auch er war im engeren Vaterland eigentlich ein Unverstandener, indem sein strenges und fast puritanisches Wesen den milden und freundlichen Toskanern gewissermaßen ein Rätsel blieb und sein unbeirrbarer Doktrinarismus mehr nach dem Norden hin wies. „Meine wahre geistige Heimat ist Genf", bekannte er einmal vor Betsy.

Mochte den Züricher Gastfreund, solange er in Ricasolis Nähe weilte, das selbstherrliche Gebaren des an keinen Widerspruch Gewöhnten manchmal auch beengen, die Augen des Dichters ruhten doch mit Wonne auf der Größe des Mannes, und seine Aussprüche, wie zum Beispiel das an Rabille gerichtete Wort: „N'importe que je sois malheureux, pourvu que je sois grand," gaben ihm rechtschaffen zu denken. Hier konnte er das Ungewöhnliche, das seine Seele von früh auf fesselte, einmal mit Händen greifen; hier fand er einen Maßstab für die gewaltigen, das Alltägliche mächtig überragenden Gestalten seiner Helden, die noch in ungewisser Haltung und unsicheren Umrissen vor seiner Phantasie standen. Im einzelnen ist zu sagen, daß die Eigenheit Ezzelins in der „Hochzeit des Mönchs", den Verstorbenen die Augen zuzudrücken, sich aus Ricasolis Vorliebe für Leichenbegängnisse entwickelte. Er hat auch, diesem junebren Zuge folgend, seine Frau eigenhändig in den Sarg gelegt. Der Hang zum Tragischen war ihm angeboren und entsprang seiner strengen und herben Natur so gut wie die Begeisterung für Dante.

Möglicherweise lieh Ricasoli auch für diesen dem Dichter einige Züge. Meyer verfolgte Dantes Spuren in Florenz,

deſſen Geſchichte er, gerade aus ſeinen Studien über den größten
Florentiner, einigermaßen kannte. Neben einer wohl bald nach
der italieniſchen Reiſe verfaßten und mit Recht verworfenen
Ballade, deren Held der junge Dante iſt, fand ſich unter ſeinen
Papieren die von ihm ſelbſt ſorgfältig hergeſtellte Abſchrift eines
Schloſſerſchen Aufſatzes über den Verfaſſer der göttlichen Komödie.
Alle Forſchungen und poetiſchen Verſuche verdichteten ſich ſchließ-
lich zu dem herrlichen Bilde des Erzählers in der „Hochzeit des
Mönchs“.

Auch Macchiavell zog ihn an, ſchon als Geſchichtſchreiber
der Florentiner. Nach ſeinen „Istorie fiorentine“ bearbeitete
Meyer einen blutigen Vorgang aus der Familienſage der Amidei
und Donati („Der Mars von Florenz“).

Wenige Tage, nachdem Ricaſoli Florenz verlaſſen, brachen
die Geſchwiſter nach Livorno auf. Von hier unternahm Conrad
einen Abſtecher nach Piſa, holte die Schweſter in Livorno wieder
ab und fuhr mit ihr nach Genua, auf überfülltem Schiff, in
unangenehmer Geſellſchaft und bei windigem Wetter. Dann
ging’s nach Turin. Sie konnten den vielbeſchäftigten Ricaſoli
nicht mehr ſprechen, der die Teilnahme an einem hier ſtatt-
findenden Kongreſſe zu einer Zuſammenkunft mit Gleichgeſinn-
ten des ganzen Vaterlandes benutzte: es galt, Mittel ausfindig
zu machen und Vorbereitungen zu treffen zur Befreiung und
Einigung Italiens.

In Arona ſchifften ſich Conrad und Betſy auf den Langen-
ſee ein. Während der Fahrt geſchah, beiden unvergeßlich, was
er ſo ſchön im Liede ſchildert:

> Es war am Comer- oder Langenſee,
> Auf lichter Tiefe trug das Boot mich hin
> Entgegen meinem ew’gen ſtillen Schnee
> Mit einer andern lieben Pilgerin —
> Raſch zog mir meine Schweſter aus dem Haar,
> Dem braungelockten, eins, das ſilbern war,
> Und es betrachtend ſeufzt’ ich leis und ſann:
> „Du biſt ein Pilgerim und Wandersmann.“

Zwiſchen hohen Schneemauern führte ſie die Poſt über den
Gotthard und darauf das Schiff über den Vierwaldſtätter See,

der einen wolkenlosen Himmel widerspiegelte, nach Luzern. Sie
bestiegen die Rigi, um nach so langer Abwesenheit auf fremdem Boden und nach so reichen Erlebnissen das liebe Vaterland
aus der Höhe zu grüßen. Auf dem Kulm wurde eben das
neue, jetzt alte Wirtshaus eingeweiht. In Zug trafen sie auf die
Fronleichnamsprozession, deren Gang und Glockengeläute die
Erinnerung an die erste, festreiche Römerwoche anmutig im
kleinen noch einmal wachrief.

Die Heimat mit ihrem sanften Himmel, den kühleren Lüften
und dem üppigen Grün erquickte und erfrischte sie. Allein die
Sehnsucht nach dem Wunderland im Süden regte sich noch
langehin und klingt vernehmbar aus einem bald nach der Rückkehr niedergeschriebenen Wunsche:

> Einmal noch, o könnt' ich lauschen,
> Halb entschlummert, halb erwacht,
> Was in Rom die Brunnen rauschen
> In dem Schoß der Mitternacht.

Verschlossene Türen

Land und Leute im Süden, die Kunstgröße, die Denkmäler
hatten Meyers Geist gehoben und bereichert. Doch an seiner
Gesundheit spürte er die Glut der römischen und florentinischen
Maitage, so daß er, nachdem er sich daheim wieder einigermaßen eingehaust und eingewöhnt hatte, Mitte August abermals ins Engelberger Tal flüchtete. Über Aarau und Zofingen
reisend, nächtigte er in Luzern und genoß am nächsten Tag
eine herrliche Dampfschiffahrt mit kleinen fahrenden Nebeln
an Tann und Fels. Bei seinem bescheidenen gesellschaftlichen
Bedarf befand er sich unter der harmlosen Gesellschaft des Gasthofs zum „Engel" in Engelberg wohl, durchstreifte jedoch meistens
das Tal und labte sich eines Abends auf der Engstlenalp so recht
an Herdengeläute und Einsamkeit. Daneben stand er in gutem
Einvernehmen mit den Geißbuben und ergötzte sich an den
Melodien des Nachtwächters. Dann schlug das Wetter um,
die Berge prangten bis an ihren Tannengurt im Schnee, die

Bäche und Wasserfälle waren voll zum Überströmen. Jetzt nahm ihn die nachdenkliche und trübe Stimmung wieder in Besitz, die er im Bergasyl hatte abschütteln wollen; denn er war die letzten Wochen vor der Auffahrt ins Hochland ein „erbärmlicher Wehmutspinsel" gewesen. Einmal, nachdem ihn der Wetterumschlag auf das Zimmer und seine Gedanken zurückgedrängt, machten sich die grüblerischen Anwandlungen auch in einem Briefchen an die Schwester geltend:

„Man muß glauben, unser Charakter gestalte unser Schicksal, oder richtiger: unser Schicksal sei auf unseren Charakter berechnet. Weisheit wäre dann: ein freiwilliges Eingehen und, womöglich, ein selbständiges Ergreifen unseres notwendigen Loses und ein Ruhenlassen streitiger Punkte, bis wir wissen, ob oder ob nicht sie in der Linie unseres Lebens liegen. Solange die Vorsehung zerstört, was wir wollen, sind wir offenbar irregegangen oder voreilig, wenn etwa sie nicht unsere Standhaftigkeit nur prüfen will. Läßt sie's gelingen, so sind wir recht, wenn etwa sie nicht unseren Irrweg nur zur Blüte gelangen lassen und dann erst jäh abschneiden will. Wie kurz oder lang? wer weiß es, und es wäre doch wesentlich, es zu wissen. Wie ist nun unser Weg annähernd zu erraten? Durch stete scharfe Vergegenwärtigung alles Verflossenen, ohne das Spiel der Phantasie und Hinhorchen auf unsere Herzenswünsche, wo dann in gewissen hellen Stunden, mehr durch ein Verschwinden alles Unmöglichen, als ein positives Erraten, aus den gegebenen Linien unseres Lebens das Weitere sich zu bilden und die Figur sich zu schließen scheint. Alles dies nur gesprächsweise."

Er verweilte nicht völlig zwei Wochen in dem Bergtal, halb und halb die Schwester erwartend. Allein sie entschloß sich schließlich zum Daheimbleiben, teils wegen der unsicheren Witterung, vor allem aber, weil sie Zürich nun für längere Zeit zu verlassen sich vorgenommen hatte. Sie schnürte im September ihr Bündel und suchte die Genfer Freunde auf, vom Wunsche bewegt, mit Stift und Palette weiter zu kommen, und immer noch von den italienischen Kunstschätzen erfüllt. Denn sie konnte die Zauberin Rom nicht vergessen. Übrigens hielten die Geschwister die Blicke fortwährend nach Süden gerichtet, wo die Flammen immer stärker emporloderten und die Geschicke des italienischen Landes geheim und offen geschmiedet wurden, wobei Freund Ricasoli sich in erster Linie hervortat. So sehr der Bruder seine Betsy mißte, so freuten ihn doch neben der ihr in Genf allerorten erwiesenen Freundlichkeit, neben ihrem angenehmen Aufenthalt ihre künstlerischen Bemühungen. „Es freut mich doch innig," schrieb er am 6. November, „daß Du das Zeichnen wieder übst. Ich bin überzeugt, titulo: retrempieren, daß die mit der Ausübung der Kunst verbundene Übung der Denkkraft und Bildung des Geschmacks unendlich zum Glück beiträgt durch das Gefühl eines täglichen Gewinnsts, der den Wert des Lebens vergrößert. Besonders nachdem Du Rom gesehen hast, muß es Dir, der Antike gegenüber, ganz anders zu Mute sein und müssen Dir Erkenntnis und Gefühl von selbst zufallen, wonach Du früher umsonst gerungen hättest. Und wie es nichts Niederschlagenderes gibt, auf sittlichem und geistigem Boden, als das Bewußtsein des Stillstehens, das heißt des Rückschreitens, so nichts Belebenderes als dasjenige eines namhaften Fortschritts, der uns dann als plötzlich und übernatürlich erscheint, obgleich er auf vielen anscheinlich vergeblichen Anstrengungen ruht. Wir sehen die Türe aufspringen und vergessen, wie lang wir daran gerüttelt haben."

Er tat sich nach einem tüchtigen Stück Arbeit um und fand es bald, da seine Herrschaft über das Französische so weit gediehen war, daß er sich darin beinahe mit gleicher Leichtigkeit ausdrückte wie in der Muttersprache; und da seine Übertragungen aus der Fremdsprache ins Deutsche weder bei den Verlegern noch bei der Lesewelt großen Anklang gefunden hatten, so entschloß er sich, die Sache am anderen Ende anzufassen und aus dem Deutschen ins Französische zu übersetzen.

Schon unter den nach Paris mitgenommenen Papieren hatte sich ein solcher Versuch befunden, eine „Jeanne de Naples"; das war nichts anderes als eine Übersetzung von Platens „Geschichten des Königreichs Neapel", soweit sie die Schicksale der Königin Johanna behandelten. Das in Paris druckfertig gestellte Manuskript fand keinen Verleger; er sandte es aber gegen Ende 1858 an Vulliemin, der eine stückweise Ein-

rückung in die Bibliothèque universelle versprach), bei der Re=
daktion jedoch mit diesem Vorhaben auf Widerstand gestoßen zu
sein scheint, so daß die Handschrift nicht zum Druck gelangte.
Sie verschwand spurlos, in einer späteren, von aufblühendem
poetischem Schaffen erfüllten Zeit vom Dichter vielleicht selbst
vernichtet.

Eine andere, umfängliche und schwierige Übersetzung kam
damals so rasch unter die Presse, daß er sich monatelang redlich
sputen mußte, um mit dem Manuskript nachzukommen. Es
handelte sich um ein bei J. J. Ulrich in Zürich erschienenes
Prachtwerk, „Die Schweiz in Bildern", herausgegeben
von Professor J. Ulrich. Es waren 45 Landschaften in Quer=
folio (Blattgröße 28/38, Bildgröße 15/22), jede für sich ein gutes
Blatt, die meisten künstlerisch empfunden, tüchtig gezeichnet und
von Huber trefflich in Stahl gestochen; zu jedem gehörten noch
einige Vignetten, in oder über den von dem schweizerischen
Schriftsteller J. Reithard geschriebenen Text gedruckt, im ganzen
etwa zweihundert.

Indem Meyer diesen Text ins Französische übertrug, unter=
zog er sich einem mühsamen und zugleich undankbaren Unter=
fangen, einer richtigen Taglöhnerei, die an sein Können be=
trächtliche Anforderungen stellte, ohne ihm für die Entfaltung
des Eigenen mehr als das bescheidenste Winkelchen einzuräumen,
da es sich wesentlich um die Wiedergabe topographischer, stati=
stischer und geschichtlicher Tatsachen handelte, welche das Voll=
bild sowie die beigefügten Vignetten erläuterten und genau
eine Seite, gleich groß wie die Kunstblätter, füllen mußten,
weil die erste Seite des Erläuterungsblattes des äußeren Ein=
drucks wegen keinen leeren Raum bieten, die zweite aber aus
Rücksicht auf die Vignetten der Vorderseite nicht bedruckt werden
durfte.

Ziemlich eng an die Vorlage gebunden, vereinfachte und
präzisierte er Reithards Schreibart, beseitigte etwa eine allzu
schwunghafte Stelle, erweiterte oder beschnitt eine historische
Notiz, brachte an zwei Orten in Prosa wiedergegebene Stellen
aus Schillers Tell und spendete da oder dort etwas aus seinem
selbsteigenen Vorrat. Anläßlich des Basler Totentanzes z. B.

fügt er folgendes zum Originaltext hinzu: „On sait que nos
ancêtres aimaient à représenter la mort les venant chercher
sans acception de personne. L'affreux squelette abordant,
en ricanant, l'empereur et le mendiant, le vieillard et la jeune
fille, avec des paroles tantôt facétieuses, tantôt lugubres, quel-
quefois compatissantes, disait bien des choses aux contem-
porains du concile: c'était l'illustration populaire de la sen-
tence célèbre de Pascal: Le dernier acte est toujours sanglant,
quelque belle que soit la comédie en tout le reste. On jette
enfin de la terre sur la tête et en voilà pour jamais."

Wie anmutig und anſchaulich ſchildert er die Schönheit des
Genfer Sees: „De nombreuses barques à voiles latines le
sillonnent et plusieurs bâteaux à vapeur y luttent de vitesse.
L'epître si connue de Voltaire et plus d'une page éloquente
de la nouvelle Héloise nous dispensent de décrire les beautés
du Léman. Disons cependant qu'il est remarquable surtout
par ses contrastes. Les pentes boisées et les vignobles en
terrasse de la rive suisse font face aux rocs nus et abrupts
de la rive savoyarde; d'un autre côté les bords rapprochés
du bassin de Genève qui rappellent les gais rivages du lac
de Zurich ne font point soupçonner le sévère amphithéatre
des montagnes qui s'élève autour du bassin de Villeneuve
et le transforme en un golfe imposant. Ajoutez-y la beauté
d'une végétation vigoureuse et le bien-être d'un climat qui
tempère les fraîches haleines du nord par les chaleurs du
midi." Sehr hübſch zeichnet er eine landſchaftliche Eigenheit
des Engadins: „La végétation se compose de pins alpigènes
(pinus cimbra), de mélèzes et de sapins rouges: déjà ces arbres
annoncent l'Italie, ou du moins indiquent le versant méri-
dional des alpes, par leur couleur non moins sombre mais
plus rousse que celle de nos sapins, par la vigoureuse irré-
gularité de leurs rameaux, par la profondeur de leur ombrage."

Die Schilderung des Engelberger Tales beſchließt er mit
ein paar Worten, die wie eine proſaiſche Faſſung des Einleitungs-
gedichtes zu ſeinem „Engelberg" anmuten: „Il nous en coûte
de quitter cette poétique vallée, ses douces solitudes, ses
humbles cabanes, qu'enferme de toutes parts l'herbe du pâ-

turage, ses troupeaux paissant en liberté et promenant au loin le son de leurs clochettes. Qui donc a assisté à ses scènes simples et agrestes et n'en a pas gardé le souvenir?"

Wie fein ist die Bemerkung über Johann Gaudenz von Salis-Seewis: „Plus loin on rencontre le village de Seewis, où naquit l'aimable poète élégiaque dont on aime a relire les vers dans ses heures de tristesse. Chaque poète se ressent du paysage où il a promené ses jeunes rêves: la douce mélancolie de Salis ne rappelle-t-elle pas les sapins des Grisons et sa foi sereine les purs contours des hautes cimes?"

Um völlig sicher zu gehen, erbat sich Meyer vor der Drucklegung eine Durchsicht des Manuskriptes vom Hauskaplan von Prefargier, F. Vorel, der ihm den gewünschten Dienst gerne leistete.

Ohne den Namen des Übersetzers erschien das Werk unter dem Titel: „La Suisse pittoresque par J. Ulrich, professeur de l'école polyt. fédérale", und zwar bei Füßli & Cie. in Zürich; der Verlag der Originalausgabe war während oder kurz nach dem Drucke von der Kunsthandlung G. H. Bär an diese Firma übergegangen; gedruckt wurde das Werk von Herter.

Während er die Feder für die Suisse pittoresque emsig laufen ließ, tat er sich eifrig nach einer bedeutenderen Aufgabe um und zwar im Verein mit dem Privatdozenten Alfred Rochat, einem Waadtländer, den er bald nach den Pariser Tagen in Zürich kennen gelernt hatte und in dessen Hause er ziemlich häufig verkehrte. Sie machten Ende der fünfziger und Anfang der sechziger Jahre fast allwöchentlich große Spaziergänge zusammen und spielten dann gewöhnlich eine Partie Schach, wenn sie ein Wirtshaus trafen, wo ein Schachbrett zu finden war. Sehr häufig wanderten sie nach der romantisch bei Zürich gelegenen Trichtenhauser Mühle. Auf solchen Spaziergängen legte Conrad Ferdinand Meyer dem Freunde oft seine Zukunftspläne dar; er dachte damals lediglich daran, Dramen zu schreiben, und entwickelte Rochat mit großem Eifer die Charaktere und Situationen. „Ne croyez-vous pas, ce sera beau, ne croyez-vous pas?" pflegte er zu schließen. Es handelte sich dabei ausschließlich um historische Stoffe, unter denen sich auch die Vorgias befanden, wie sich Rochat entsinnt. Damals äußerte Meyer manchmal: „Ich bin bald vierzig Jahre alt und habe eigentlich nichts geleistet; aber mir fällt oft Cervantes ein, der erst nach den sechziger Jahren berühmt wurde; das tröstet mich: ich habe also noch Zeit."

Die beiden verbündeten sich zu einem großen und schweren Werk, nämlich zur Übertragung von Mommsens römischer Geschichte ins Französische. Betsy, welcher das Vorhaben nach Genf gemeldet wurde, dünkte das Duumvirat ein ersprießliches. „Ich meine," schrieb sie am 25. November 1858, „Rochat hat gerade, was Dir am meisten abgeht, die alltägliche Gewandtheit und den angeborenen Takt eines Franzosen. Bei Deiner mehr tiefen, exakten und kritischen Weise macht ihr zusammen ein Ideal von Übersetzer aus: Du das Gerippe, er das remplissage."

Der Rechtshistoriker Friedrich von Wyß, der Bruder des Geschichtsforschers, unterstützte das Anliegen der beiden an den ihm von Zürich her wohlbekannten und befreundeten Mommsen, der 1852—1855 eine Professur an der Züricher Hochschule bekleidet hatte. Der Gelehrte antwortete ihm (3. Dezember 1858): ... „Ich bin im allgemeinen, nachdem ich mehrere ähnliche Anerbieten ablehnend oder schweigend beseitigt habe, bereit, auf dieses einzugehen, da ich, nach dem, was Sie mir sagen, und nach der ganzen wissenschaftlichen und verständigen Anlage der Arbeit, von derselben ein gutes Resultat erwarte. Aber um eine bestimmte Zusage geben zu können, die natürlich die Ablehnung einer jeden analogen künftigen Aufforderung in sich schließt, muß ich vorher wissen, daß nicht bloß die Übersetzer, sondern auch der Verleger gefunden ist. Sie so wenig, wie die Herren Meyer und Rochat werden sich darüber wundern, daß ich nur dann meine Autorisation geben kann und will, wenn ich auch weiß, daß die Übersetzung wirklich ans Licht kommt und nicht schließlich im Pult liegen bleibt. Veranlassen Sie darum gefälligst die beiden Herren, sich hierüber zu äußern oder den Buchhändler selbst zu einer Äußerung zu veranlassen."

Conrad Ferdinand schrieb unverzüglich, indem er sich die für die erforderlichen Verhandlungen mit dem Verleger benötigte

Frist erbat. Mommsen bewilligte sie (22. Dezember 1858): „Ich danke für Ihre Mitteilungen vom 6. dieses und bin gern bereit, Ihnen für die erforderlichen Verhandlungen die nötige Frist zu gewähren. Sollten mir inzwischen von anderer Seite her Anträge gemacht werden, so werde ich in keinem Falle abschließen, ohne Sie vorher benachrichtigt zu haben, da nach allem, was ich höre, meine Schrift bei Ihnen in guten Händen ist und ich nichts mehr wünsche, als sie Ihnen anvertrauen zu können. ... Doch möchte ich gleich jetzt Sie auf zweierlei aufmerksam machen: einmal, daß ich hier in Berlin, vollkommen unbekannt mit den Usancen des französischen Verlagsgeschäfts und mit den Persönlichkeiten, unmöglich im stande bin, den Kontrakt zu entwerfen, sondern Ihnen dies anheimstellen muß; zweitens, daß es wider meinen Wunsch sein würde, mir den etwaigen Vorteil allein zuzueignen, und eine derartige Verabredung für mich drückend sein müßte. Ich bitte Sie, wenn es zu ernstlichen Unterhandlungen kommt, dies nicht zu übersehen. Im übrigen seien Sie überzeugt, daß ich nicht durch überspannte Forderungen Ihnen die Sache, die an sich nicht leicht ist, erschweren werde, und daß mir weit mehr an der Güte der Übersetzung gelegen ist als an dem Plus-Minus des Honorars."

Meyer und Rochat übersetzten den Übergang Hannibals über die Alpen und schickten diese Probe an den Verleger Hachette nach Paris; dieser erklärte, er könne sich nicht entscheiden, ehe wenigstens ein Band fertig vorliege. Da gaben sie die Sache auf; und Meyer war vielleicht froh, sich gleichsam durch einen Wink des Schicksals an die Poesie zurückgewiesen zu sehen, der sein Sinnen und Sehnen ohnehin angehörte.

Betsy kehrte aufs Christfest von Genf zurück. Nach einem stillen, in den gewohnten Geleisen laufenden Halbjahr begab sie sich im Sommer 1859 mit dem Bruder auf die Engstlenalp. Sie unternahmen kleinere Ausflüge und erklommen zusammen den Titlis. Die glanzvollen Tage auf den paradiesischen Weiden, der schimmernde See, die strahlenden Berghäupter, die sickernden, rauschenden Wasser, die duftenden Matten, das alles spiegelt sich in der Dichtung „Engelberg", die er damals wieder überträumte und langsam formend im Geiste hin und wider wendete, während er an irgend einem Hange lag oder über die Weiden schlenderte. Mit Vorliebe stieg er den Jochpaß hinan, um sich, zumeist in der nächsten Nähe des Schnees, ins Moos zu legen. Hier oben entstand das Gedicht „Himmelsnähe":

> In meiner Firne feierlichem Kreis
> Lagr' ich am schmalen Felsengrate hier,
> Aus einem grünerstarrten Meer von Eis
> Erhebt die Silberzacke sich vor mir.

Wenn das Spätrot am Titlis verglühte und die Matten wie schwarzgrüner Samt dunkel und doch leuchtend sich in den Abendschatten hinstreckten, dann bimmelten von den höher ge= legenen Hängen jenseits des Sees die Glöcklein der heimkehren= den Ziegen, oft ein ganzes Rudel oder eine Reihe, eine hinter der anderen, dann etwa wieder eine allein, nicht selten eine verirrte zuletzt. Aus diesen Farben und Schatten, aus diesen abendlichen Klängen erwuchs das Gedicht „Das Glöcklein":

> Mich überflutete das Abendrot,
> Die Matten dunkelten so grün und rein,
> Die Firnen brannten aus und waren tot,
> Darüber glomm ein leiser Sternenschein —
>
> Da horch! Ein Glöcklein läutet in der Schlucht,
> Verirrt, verspätet wandert's ohne Ruh,
> Ein armes Glöcklein, das die Herde sucht — —

Ende März 1860 zog Meyer wieder nach Lausanne, zum dritten und letzten Aufenthalt am Genfer See. Er war fest entschlossen, unter sein bisheriges Leben einen Strich zu setzen und eine Neugestaltung seiner Lage einzuleiten.

Drei Jahre vorher (1857) hatte ihn die Enge der heimischen Verhältnisse nach Paris getrieben, im Frühling darauf die Liebe nach Italien; jetzt (1860) war es abermals diese Gottheit, die bestimmend in seine Lose griff.

Unlang vor der Romfahrt hatte er Clelia Weidmann kennen gelernt (1837—1866), die Tochter eines St. Galler Kaufmanns, der ursprünglich aus Basel stammte; ihre stillen Lieblichkeiten taten es ihm an, so oft sie später zu ihren Verwandten nach Zürich zu Besuch kam.

In der Absicht, die Vergangenheit zu verbergen und die
Herzenswunde zu verhüllen, erklärt er im ersten der Gedichte,
welche die Abteilung „Liebe" füllen:

> In diesen Liedern suche du
> Nach keinem ernsten Ziel!
> Ein wenig Schmerz, ein wenig Lust,
> Und alles war ein Spiel.

Dennoch liegt diesen Gedichten Wirklichkeit zu Grunde, und die
Frühverblichene der Liebesgedichte ist Clelia Weidmann, keine
andere, wenn auch die zwei ihr zugeschriebenen Erlebnisse nicht
die ihrigen sind: denn die „Stapfen" der Geliebten, die der
Dichter dem feuchten Waldesboden eingedrückt sieht, führen auf
eine aus seinem zweiten Lausanner Aufenthalt stammende Erinnerung zurück, und der „Blutstropfen" gehört in das Leben
der Frau Uhland: Meyer schöpfte das seine Motiv aus einem
an seine Mutter gerichteten Briefe der Frau Marie Pfizer, der
diesen Vorgang ausführlich erzählte. Von den übrigen vier
Gedichten entstand „Lethe" schon 1860 oder noch früher, jedenfalls noch vor Clelias Ende und zweifelsohne angeregt durch
Gleyres „Illusions perdues"; auch im „Wetterleuchten" fehlte,
wie ein früherer Entwurf beweist, ursprünglich die Gestalt der
Toten: ihre Porträtzüge hat der Dichter erst später in beide
Gedichte hineingebracht.

Die Tugenden dieser sechs Gedichte, tiefe und zarte Leidenschaft, verwundener Schmerz und versöhntes Leid, krönt ein
Vorzug, der in solcher Vollendung der Liebeslyrik kaum eines
anderen deutschen Dichters eignet: es blickt aus ihnen ein zwar
leicht idealisiertes, aber ein geschlossenes und mit einer Fülle
von Porträtzügen ausgestattetes Bild der Geliebten, soweit der
Lyriker ein solches geben kann, etwa wie ein von einem guten
Meister des Cinquecento gemaltes Bildnis.

„Das Cleli," wie sie im engeren Kreise genannt wurde, war
schlank und über mittelgroß. Sie besaß volles, dunkles, ge-
welltes Haar und hübsche Zähne, die das blühende, aber dunkle
und etwas schmale Antlitz erhellten, wenn sie lächelte, was nicht
eben häufig geschah. Sie hatte braune, sanfte, von langen
Wimpern beschattete, ein wenig melancholische Augen:

Braune, schwermutvolle Augen,
Öffnet euch ein letztesmal! ...
O wie hatt' ich euch so gerne,
Traute, träumerische Sterne!

Sie ging mit einigermaßen raschen, langen Schritten und hatte
etwas lieblich Scheues, Zurückweichendes an sich. Sie lockte
doppelt an, weil sie sich so leicht zurückzog, und zwar ohne einen
Hauch von Gefallsucht, die ihr, die eine ungewöhnliche Natur
war, in seltenem Maße fehlte. Diesen Zauber hat der Dichter
mit manchem schönen Epitheton festgehalten:

... wandernd, reisehaft,
Schlank, rein, walddunkel, aber o wie süß!

Eigen war ihr die etwas vorgeneigte, wohl mit ihrer Kurzsichtigkeit zusammenhangende Haltung des Kopfes:

Ich erkannte deines Nackens Demut.

Voll Frömmigkeit und Verlangen nach den ewigen Dingen,
eine Heimwehseele, wagte sie, wenigstens für ihr Teil, nicht an
das Glück zu glauben, so wenig wie sie einen langen Wandel
auf Erden erhoffte:

Zeigte jung ein arger Spiegel
Dir den Wurm in jeder Frucht?
Schwebte nahen Todes Flügel
Über dir mit Eifersucht? ...

Warum war dir's nicht gegeben,
Mutig deinen Tag zu leben?
Ohne Glauben an das Glück
Flohst ins Dunkel du zurück.

Als sie, im dreißigsten Lebensjahre, vernahm, daß sie die Folgen
einer erlittenen Operation nicht überstehen würde, glitt ein
seliges Lächeln über ihr bleiches Antlitz:

Willig stiegest du die Stufen
Nieder in dein frühes Grab.

Es war besonders diese Melancholie, die ihrer stillen Art einen
eigentümlichen Reiz, etwas Verschleiertes verlieh und den Dichter
fesselte, neben einer scheuen, jungfräulichen Reinheit:

> Feuchte Waldesschatten lagen
> Über dir in Lenzestagen ...
> Ein stilles, scheues ... Kind.

Mehr als die übrigen weiblichen Wesen seiner Umgebung, die Schwester ausgenommen, der Poesie zugetan, ließ sie sich gerne von des Dichters Sachen vorlesen, wobei sie mit ihren schwermütigen, gesenkten Augen, die sie häufig niederschlug, vor sich hinblickte, welche Haltung mit der Bescheidenheit und der geringen Meinung, die sie von sich selbst hegte, anmutig übereinstimmte. Diese Augenblicke, wo er etwa in Stadelhofen vorlas, klingen an, wenn ihm dünkt:

> Als ob sich deine Wimper schatte
> Vor mir auf diesem ampelhellen Blatte ...
> Dein Auge sieht
> Begierig mein entstehend Lied.

Vom Unglauben an das Glück beherrscht, wich sie scheu und unentschlossen zurück und versagte dem Dichter das erbetene Jawort, ganz wie anderen auch, die um sie warben und, wie es wohl den Anschein gewann, nicht ohne Erfolg warben. Dieses Zurückweichen meint Meyer, wenn er sie eine Flüchtende, Ungezähmte, Ungebändigte nennt.

Leidenschaft und Enttäuschung hatten den Dichter gehörig ergriffen; noch zwei Monate, nachdem er Zürich verlassen, konnte ihn „eine Initiale bewegen"; so tief war es gegangen. Am 4. Mai schrieb er der Schwester nach Hause: „Es war der Selbsterhaltungstrieb, der jedem Geschöpfe eingepflanzt ist, der mich wegtrieb, und wahrhaftig, es stand wieder, mehr als jemand wußte, mit mir auf dem Äußersten. Ich muß es jetzt bestaunen, daß ich die monatelange Folter überstanden habe, und kann nicht ohne Entsetzen an die Gefahr denken, der ich entronnen bin. Es weiß es niemand, welche Höllenqualen mir die Spannung, das Schwanken gemacht hat. Nun lichtet sich das Leben wieder."

Es waren überdies die „Erörterungen" über seine Persönlichkeit, die ihn von Zürich fortscheuchten und ihm einen grundbitteren Geschmack hinterließen. Sie betrafen eine alte, seit den Schulbänken hundert- und tausendfältig beredete Sache, nämlich seine Stellenlosigkeit, die in sein Liebesschicksal abermals widerwärtig hineingespielt hatte. Jetzt wollte er Abhilfe schaffen.

Seit den Pariser Tagen war das juristische Studium kaum wieder in Erwägung gezogen worden. Dagegen griff er jetzt ältere literarhistorische Pläne auf und überlegte sich neue, um als Gelehrter und Übersetzer die Wand irgendwo zu durchbrechen und einen Platz zu finden; er zielte damals ernstlich auf die Tätigkeit eines Privatdozenten für französische Sprache und Literatur am Polytechnikum in Zürich; ein längerer Aufenthalt auf welschem Boden schien zur Ausfüllung allfälliger Lücken zweckdienlich; Bulliemins allzeit hilfbereite Einsicht und Verbindungen konnten möglicherweise ein übriges tun.

Allein es galt noch etwas anderes: er wollte innerlich selbständig werden und endlich eigene Wege gehen lernen. „Mein Herz," schrieb er der Schwester, „begehrt Ruhe und mein Geist Selbständigkeit. Auch der beste und liebste Einfluß würde mich jetzt nur stören. Ich bin ganz durchdrungen von dem Gefühl, meiner Individualität endlich einmal ihren freien und natürlichen Wuchs zu gönnen nach allen den erbärmlichen Spalieren, an denen sie sich hingewunden hat. Wenn ich bedenke, wie viel Zerstörendes von Jugend auf mich befallen, wie noch die letzten Jahre alles, was ein Mensch Bitteres und aus der Bahn Werfendes erfahren kann, auf mich einstürmte oder langsam an mir nagte, so erscheint es mir ein Wunder, daß ich noch lebe; das aber gerade versichert mir andererseits, daß ich Vitalität habe und noch nicht aller Tage Abend ist. Ich habe nun das Ruder ergriffen und das Ziel im Auge; es gilt, mein letztes Teilchen Kraft anzustrengen. ... Andererseits hat sich doch in der Drangsal ein Wille gebildet. Ich habe oft eine Ruhe, wo ich deutlich sehe, was mir frommt und wie ich es nach und nach ergreife, wie aller Einfluß uns nicht entwickeln kann. Ich erstaune über das Gezwungene und Gewalttätige meiner Vergangenheit und will die Sachen künftig natürlich nehmen und meinen Willen brauchen, wo es recht ist, und meine Natur walten lassen, wo sie darf."

Er lebte in Lausanne geistig und körperlich auf, zuweilen von einer unbekannten, wunderbaren Lebenslust durchströmt;

er fühlte, daß er die Scheu vor dem eigenen Weſen ablegen dürfe; er entdeckte in ſich „recht tüchtige Kräfte, die nur geübt werden ſollten. ... Neben dem unerſchütterlichen Glauben an Gottes Güte erhebt mich mitunter das Vertrauen auf meinen Stern und auf endliches Gelingen, ohne welches ich das Vergangene, ſowie die höchſt monotone, freudenloſe Gegenwart nicht ertragen hätte; denn ich bin in den Dingen dieſer Welt gründlich verbittert und enttäuſcht.“

Er empfand außer der Wohltat, die ihm der Orts- und Umgebungswechſel und die veränderte Lebensart brachten, vor allem den Segen der angeſtrengten regelmäßigen Arbeit, an die ſich zu gewöhnen ihm ſchon aus körperlichen Gründen nicht leicht fiel. Doch machte er ſich’s zur Pflicht, von neun bis fünf Uhr dabei zu verharren. Dann begab er ſich, nachdem er ſolchermaßen den Tag nutzbringend ſo ziemlich ausgefüllt, ins Hotel Gibbon zum Eſſen. Dort war u. a. ſein Tiſchnachbar der geiſtreiche Fonton, der ehemalige ruſſiſche Botſchafter am Wiener Hofe, der ſich ins Privatleben zurückgezogen hatte und übrigens Meyer durch ſeine Neigung zum Duell und Spiel ſtutzig machte; er ſchrieb beinahe unter den Augen des Dichters zwei Broſchüren: „La question d’Italie“ und „La necessité d’une place forte en Suisse“. Meyer wurde auch dem ſechsundſiebzigjährigen Fürſten Pückler-Muskau vorgeſtellt, der ſich als türkiſcher Paſcha kleidete; er fand den einſt geiſtvollen Mann langweilig und abgeſchmackt geworden, wenn auch körperlich ausgezeichnet erhalten. Sonſt behagte ihm mancher der wechſelnden und meiſt fremdländiſchen Tiſchgenoſſen, weil er ihnen gegenüber ſeine Freiheit wahren, folglich nach ſeinem Wunſche ungeirrt und ſich ſelbſt überlaſſen den inneren Stimmen lauſchen konnte. Seine Abende verbrachte er oft im Kreiſe Vulliemins.

Im Juli 1860 ging er für einige Wochen in die Sommerfriſche auf die Engſtlenalp, um mit der Schweſter zuſammen zu ſein, wofür ſie ihn einmal im Oktober am Genfer See beſuchte.

Wie weiland in Paris erlebte er jetzt in Lauſanne, daß auf dem Felde gelehrter Studien guter Wille und entſchloſſener Fleiß allein nicht weit reichen, ſobald Neigung, beſondere Begabung, Technik und Wegleitung fehlen. Wiſſenſchaftlich zu arbeiten hatte er niemals gelernt, so daß er sich als auf den einzigen Helfer auf Vulliemin angewiesen sah, der doch nicht in der Lage sein konnte, Winke darüber zu erteilen, wie man irgend einen Gegenstand aus dem weiten Gebiete der deutschen Literatur anfassen mußte, um die Befähigung für einen Lehrstuhl der französischen Sprache und schönen Wissenschaften auf deutschem Boden zu beweisen. Aber etwas anderes fiel noch viel schwerer, sogar entscheidend ins Gewicht: weil Meyers Natur nach plastischer Gestaltung lechzte, widerstrebte ihr, worüber ihm damals das Licht noch nicht völlig aufgegangen war, alles wissenschaftliche Untersuchen und Betrachten von Grund aus.

So stand er denn während der ersten Lausanner Zeit ziemlich ratlos da. Sein Arbeitseifer warf sich auf das nächste Beste und, in Anbetracht des äußeren Zieles, das er sich gesteckt, auf das Ungeschickteste, wie es der absoluten Planlosigkeit entsprach: er begann die Apostelgeschichte zu bearbeiten und hierauf vergleichend die Evangelien zu lesen. Dann vertiefte er sich in die Paulinischen Briefe, worüber er der Schwester schon am 8. April 1860 folgendes meldete, zugleich mit dem Auftrag, ihm Neanders Kirchengeschichte zu kaufen: „Ich habe mich in die Paulinischen Briefe hineingearbeitet und bin jetzt an dem zweiten Korinther, der mich, da er fast von nichts als Pauli Persönlichkeit handelt, ungemein fesselt. Im ganzen ist es freilich derselbe Paulus, den wir kennen, aber welchen Reichtum ganz individueller Züge gibt nicht der griechische Text, der oft, sehr oft von Luther, ich will nicht sagen, mißverstanden, aber höchst genial gehandhabt und verwandelt worden ist. Besonders das Verhältnis Pauli zu den Petrinern und Jakobiten tritt erst in manchen seinen Zügen des Griechischen zu Tag. Das hat mich natürlich wieder in diese Sprache hineingebracht, die ich mit großem Eifer und, ich hoffe, gründlich wiedererlerne. Schon diese philologische Seite der Sache bringt mich in ein gewisses Feuer, dem ich mich um so sorgloser hingebe, als ich den wohltätigen Einfluß dieser Anstrengung wohl fühle und die neuen Einwanderer, ich meine die griechischen Vokabeln und unregelmäßigen Verba, eine ganze Bevölkerung unnützer Gedanken aus meinem Gedächtnis vertreiben. — Über den Eindruck, den mir Paulus und

sein ganz individueller Christus gegenüber dem historischen, den
er nicht gekannt hat, machen wird, kann ich noch nicht reden,
bis ich das Ganze übersehe; jedenfalls läuft durch seine Briefe
ein Feuer und eine Kraft, die dies Studium, das wohl das
der interessantesten und gewaltigsten Persönlichkeit ist, die je
gelebt hat, zugleich zu einer stärkenden Nahrung macht. Ich
wende eigentlich jedes Wort her und hin, bald mit· großem
sprachlichem und historischem Interesse, bald wieder mit er-
griffenem Herzen. Dabei verfließen die Stunden schnell."

Ungefähr fünf Wochen später berichtete er, ohne den Inhalt
zu berühren, eine kleine Arbeit sei angelegt und werde, so hoffe
er, von statten gehen. Dann verlautet nichts mehr über seine theologischen Studien, wie sich denn nicht das geringste davon erhielt.

Auch die Vollendung eines anderen Vorhabens, nämlich
einer Sammlung von Gallizismen, die er während des zweiten
Lausanner Aufenthaltes anzulegen begonnen hatte, verwarf er
nun endgültig, von der Einsicht geleitet, daß ein Durchdringen
lediglich mit einem gehaltvollen Buche zu erzielen sei, das der
Individualität gehörigen Spielraum gönne. Es blieben aus
der kleinen Kollektion nur zwei Zeilen vom Buchstaben R übrig:
reclamer la permission und se rendre aux prières.

Er fand, er müsse neben der schweren, das heißt theologischen
Arbeit, die den Tag ausfüllte, Abends etwas Leichtes und Er-
heiterndes treiben, „eine kleine Studie über Goethe und Lavater, ihr Verhältnis und ihren Briefwechsel". Es war offenbar ein alter Plan; denn schon im Mai 1853 hatte er die Mutter
um die Zusendung von Lavaters Tagebuch gebeten. Er gedachte das Werklein in französischer Sprache abzufassen; nur
auf diese Art konnte er seinen Anspruch auf einen Lehrstuhl
der französischen Sprache und Literatur bekräftigen. Ein Freund
besorgte ihm aus der Züricher Stadtbibliothek das benötigte
Material, darunter den vierten Band von Gervinus' „Geschichte
der deutschen Dichtung"; dankbar empfing er auch einen vom
gefälligen Absender angebotenen Band von Heinrich Gelzers
„Geschichte der neueren deutschen Nationalliteratur seit Klop-
stock und Lessing", der Lavater sehr viel Raum zuwies.

Meyer hatte gemeint, es sei „eine Kleinigkeit, die er etwas

rasch von der Hand schlagen möchte". Aber die Kleinigkeit, die
eigentlich auf ein umfängliches Buch angelegt war, gedieh nie
zum Abschluß. Die biographischen und literargeschichtlichen Partien nahm er gar nicht in Angriff, offenbar weil ihm in Lausanne das Material fehlte, das nur die reichen handschriftlichen
und gedruckten Schätze der Zürcher Stadtbibliothek bargen.
Und die konnte er erst nach seiner Rückkehr in die Vaterstadt
nutzen. Jedenfalls ging er diesen unangenehmen und ihm völlig
widerstrebenden Abschnitten des geplanten Buches möglichst
lange aus dem Wege; er machte sich wohl auch stille Hoffnung
auf irgend einen glücklichen Zufall, der ihm einmal die ganze
Bürde abnehmen würde.

Zunächst hielt er sich an die seinem Können und Geschmack
entsprechende Seite seiner Aufgabe, indem er die an Lavater
gerichteten Freundesbriefe übersetzte, die Ulrich Hegner aus dem
Nachlaß des merkwürdigen Mannes herausgegeben hatte. Er
wählte die wichtigeren und interessanteren aus, diejenigen Klop-
stocks, Wielands, Herders, des Malers Füeßli u. s. w. und vor
allem diejenigen Goethes, die er indessen nach dem von Heinrich
Hirzel 1833 veröffentlichten Texte übertrug, da sie Hegner nicht
in vollständigem Umfang mitgeteilt hatte.

Bei dieser Übersetzung und den damit verbundenen kleinen
Kommentaren ließ er es einstweilen bewenden, sei es, daß ihm
der im Grunde wenig ansprechende Stoff entleidete, sei es, daß
er nachträglich darauf rechnete, die Korrespondenz an und für
sich, selbstverständlich in tadelloser Übersetzung samt den nötigen
Anmerkungen und Erläuterungen, würde den gewünschten Dienst
schon leisten und ihn als Fachmann legitimieren, der sich vor
einem deutschen Auditorium dürfe hören lassen. Er schrieb alles
säuberlich ins Reine; doch wurde davon so wenig wie von der
Jeanne de Naples je eine Zeile gedruckt.

Die feinfühlige Einleitung über Goethe mag für die Art
der übrigens wenig zahlreichen und nicht sehr eingehenden Anmerkungen, einer der Goethebriefe für die gute, aber ziemlich
gekürzte und dem Geschmack französischer Leser etwas angepaßte
Übertragung einen Beleg bieten:

Goethe né en 1749, mort en 1832. La correspondance

de Goethe avec Lavater remplit les sept premières années (1775—1782) que le grand poëte passait à la cour de Weimar et elle est presque le seul monument *. Déjà Goetz et Werther avaient fait explosion, et une ample moisson de gloire en avait calmé le besoin dans le jeune auteur. Il s'etait sauvé du double danger de la jeunesse, les goûts anarchiques et les mirages de l'amour, en en retraçant les images d'une main encore agitée, mais qui allait se raffermir, dans ce drame et ce roman devenus si célèbres, et qui respirent à la fois la violence et la sympathie. Guidé par un bon sens admirable qui lui apprit à pondérer, les unes par les autres, ses hautes facultés et ses ambitions variées, au lieu de suivre une carrière exclusivement artistique, il venait de se faire des devoirs positifs dans l'état et à la cour d'un jeune prince devenu son ami.

* Dans ce qui nous reste de cette correspondance, il n'y a que trois lettres qui soient antérieures à l'arrivée de Goethe à Weimar.

Ohne Datum.

Sonntag nachts. Ich will wenigstens wieder einmal einen Brief an Dich anfangen, daß wir uns nur einmal wieder berühren. Eine herrliche Mondennacht! Ich bin über die Wiese nach meinem Garten eben herausgegangen, habe mich in Nachtdämmer gesetzt und denke an Dich. — Lieber Bruder, daß Du just so geplagt sein mußt zur Zeit, da ich so glücklich bin, da mir das Schicksal einen ganz reinen Moment bereitet, daß ich nicht müßig sei, eine würkende Entfaltung für die Zukunft. Gute Nacht. Heut ist Deine Büste von Frankfurt angekommen glücklich, hat mir viel Freude gemacht. Ich fühl' erst jetzo, wie weit wir auseinander kommen sind, ich kann Dir nichts schreiben. Resultate und Abstraktionen mag ich nicht, Geschichten und Einzelheiten kann ich nicht.

Sans date.

Dimanche soir. J'ai besoin de renouer avec toi, ne fût ce que par un commencement de lettre. Je suis dans mon jardin, je jouis de la nuit et je pense à toi. — Cher frère, te voilà tourmenté tandis que je suis parfaitement heureux. La destinée m'envoie des moments délicieux et qui féconderont mon avenir. Ton buste vient d'arriver de Francfort, et je ne puis pas m'en séparer. Je sens maintenant que nous sommes devenus presque étranger l'un à l'autre. Je ne sais que t'écrire. Que te raconterai-je? Ma vie intérieure? Je ne veux. Ma vie extérieure? Je ne peux.

Von Zürich aus korrespondierte Meyer mit Vulliemin über ein neues Vorhaben: er gedachte das von J. F. Astié 1861 herausgegebene Buch „L'esprit d'Alexandre Vinet" zu verdeutschen. Es war eine Art Blütenlese aus Vinets Werken. Auch dieser Plan scheiterte an der Sprödigkeit der Verleger.

Was den Fortgang und Abschluß des Lavaterbuchs hauptsächlich hemmte, das war die Poesie. Gar oft, wenn er, nach der Gepflogenheit seiner jüngeren, unentschiedenen Jahre, mit dem liebenswürdigen Mentor Vulliemin einen seiner halbwissenschaftlichen Pläne durchgesprochen, wer weiß zum wievielten Mal, und wenn er sich dann auf seinem Zimmer an die Ausführung setzen wollte, so wanderten seine Gedanken unversehens ins Reich der Dichtung, um daselbst hartnäckig zu verharren. Der Übersetzerfleiß so wenig wie die literarhistorischen Velleitäten vermochten die poetische Lust in ihm zu unterdrücken; vielmehr erwachte sie gerade in Lausanne mit aller Kraft und behauptete nach langer Knechtung durch die lediglich vom Pflichtgefühl geforderten Studien und gelehrten Aufgaben siegreich das Feld. Schon Anfangs Juni 1860 meldete er der Schwester, er sei die Zeit her ganz produktiv gewesen. Fest entschlossen, nun endlich etwas Rechtes zu wagen, räumte er seine Schubladen, holte den ganzen dichterischen Schatz ans Licht, reinigte, ordnete, mehrte ihn und brachte ein ansehnliches Manuskript von genau hundert Nummern zusammen, so daß jedenfalls der Löwenanteil des Fleißes, worauf er sich in den Lausanner Briefen mehrfach beruft, seinen Versen zu gute kam. Er betitelte die Sammlung „Bilder und Balladen von Ulrich Meister", rückte also mit seinem Namen nicht heraus, um der Verwechslung mit dem Züricher Dichter Conrad Meyer vorzubauen.

Anfang November 1860 bot er die Handschrift dem Leipziger Verleger J. J. Weber an. „Es ist zehn gegen eins zu wetten, daß das Manuskriptchen nicht angenommen wird," schrieb er an Betsy, „aber ich wollte es versuchen." In der Tat erhielt er abschlägigen Bescheid, dahin lautend, man sehe sich außer stande, der Bedingung einer baldigen Drucklegung der übrigens wertvollen Sendung zu entsprechen, empfehle jedoch dem Dichter, sich an Costenoble oder die Cottasche Buchhandlung zu wenden.

Er verspürte keine Lust, ein zweites Mal vergeblich anzuklopfen.

So hart sie ihn damals treffen mochte, er hat später sicherlich die Zurückweisung als eine Wohltat empfunden, die ihn davon abhielt, vorzeitig auf den Markt zu treten und, wenn nicht auf Schlimmeres, doch auf Nichtbeachtung zu stoßen.

Denn diese Blätter, neben der „Clara" in jenen Tagen seine ganze dichterische Habe und Hoffnung, sind ein beredtes Zeugnis seiner unerhört späten Reise.

Zweiundzwanzig Balladen, von denen einige humoristische unter einem Sondertitel stehen, beanspruchen den meisten Raum. Er verwarf wenige Jahre später mehr als die Hälfte davon für immer, die Mehrzahl, weil die Motive zu anekdotenhaft, zu unpoetisch, andere, weil sie zu leichthin erfunden waren und darum einigermaßen in der Luft hingen, bei erzählenden Sachen immer ein gefährliches Ding; denn sie wollen einen Boden unter sich haben. Die im Laufe der Zeit vielfach umgeschmolzenen, wie: Der Schwimmer (jetzt „Camoens"), Die Bahre („Der Gesang der Parze"), Die Dioskuren („Der Botenlauf"), Das Heimchen („Conquistadores"), Das Bild („Das Gemälde"), Der Mönch („Der Mönch von Bonifazio"), Schloß Gottlieben („Hussens Kerker") sind fast ausnahmslos von einer ermüdenden Breite, in deren Flächen und Weiten einzelne Schönheiten und eine stattliche Menge klarer und knapper Verse wirkungslos versinken; so zählt „Der Botenlauf", der jetzt aus neun Distichen besteht, nicht weniger als achtzehn achtzeilige Strophen, wovon die fünf ersten folgendermaßen lauten:

> Zu zwei und dreien stehn die Frau'n,
> Doch nirgends ist Gespräch und Kauf,
> Mit kummervollen Blicken schau'n
> Sie betend in den Himmel auf.
> Ein Bote kam am Morgen an
> Und wußte, daß die Schlacht begann;
> Es steht die Burg im Abendlicht,
> Doch kam der Siegesbote nicht.
>
> Die Knaben fragen allerhand
> Und sie bekommen nicht Bescheid;
> Die Mädchen weinen abgewandt,
> Verheimlichen ihr Herzeleid;

Die Greisin sagt: Genug gelebt!
Das junge Weib die Arme hebt
Und liebend in die Ferne langt;
Und jede lauscht und jede bangt.

Da klirrt ein naher Roßehuf.
Sonst alles still und kein Geschrei;
Da reitet ohne Jubelruf
Ein junges Kriegerpaar herbei;
Sie halten an dem Brunnen jetzt,
Und ihre Schwerter blutbenetzt,
Die tauchen bis ans Heft sie ein,
Der Sprudel wascht die Schwerter rein.

„Was weint ihr, römisch Weib und Kind?
Wir bieten allen einen Gruß:
Die königlichen Scharen sind
Verschwunden schon mit flücht'gem Fuß.
Der Sieger kommt und schreitet scharf,
Daß keiner länger zagen darf.
Ihr werdet ja vor Freude bleich!
Entgegen, Weiber! Eilet euch!"

Und während noch der eine spricht,
Verschwindet neben ihm das Roß,
Er tritt zurück ins Abendlicht,
Und nun verschwindet der Genoß:
Zerronnen ist der ganze Schein,
Die Schar der Frauen ist allein
Und überall verbreitet sich
Die Götternähe schauerlich.

Hiermit hat das Motiv, wie es der spätere „Botenlauf"
darstellt, ein Ende; die dreizehn folgenden Strophen enthalten
die Einholung des siegreichen Heeres durch die Frauen und
Kinder, sowie den Bericht der heimkehrenden Krieger von dem
wunderbaren Eingreifen des Dioskurenpaares in die mörderische
Schlacht gegen Tarquin.

Hier wie sonst quält sich ein peinlicher, zuweilen beinahe
schulmäßiger Fleiß mit der sauren Arbeit, ohne trotz aller Anstrengung Flicke und Ungeschicklichkeiten zu vermeiden, wie aus
den wenigen Strophen sattsam erhellt; allein er erzielt nur im
einzelnen Effekt, im großen und ganzen keinen, weil er, un-
vermögend, zwischen Haupt- und Nebensachen zu unterscheiden,

pflichtmäßig alles mit den nämlichen sauberen Strichen hinsetzt. Diese klare, fast nüchterne Ausführlichkeit, die ungeachtet mancher gehobener Stellen einen prosaischen, ermüdenden und dennoch etwas mageren Eindruck hervorbringt, entspringt wohl dem Geiste der französischen Literatur, der wesentlich deutlicher, kühler ist als der deutsche.

Noch versagte die Muttersprache, nachdem ihn die welsche auf andere Bahnen gelenkt, dem Dichter den freien eigenen Ausdruck und stillte ihm die von früh auf empfundene Sehnsucht nach Kraft und gedrängter Fülle noch nicht.

Der erste Teil der Sammlung enthält „Bilder und Sprüche", mit den Balladen verglichen wesenlose, dürftige Gebilde. Er wird eingeleitet durch einen Prolog „Der Zimmermann", worunter niemand anderer zu verstehen ist als der Dichter selbst:

> Es ist ein alter Zimmergesell
> Noch nicht ein Zimmermann ...
> Die Meister halten Rat,
> Und ihre Augen leuchten hell;
> Dann wird der Spruch getan:
> Wir sprechen dich, du Zimmergesell
> Zum strengen Zimmermann.

Mitten unter den Sprüchen stehen vier Gedichte beieinander, die als heimliche, eigentlich nur für ihn erkennbare Allegorien den Verfasser und sein Los versinnbildlichen, ihn zugleich aber auch ermutigen und zum Ausharren ermahnen sollten: ein junger Legionär, der sich in der Schlacht tapfer gehalten, auf dem beschwerlichen, nachfolgenden Marsche jedoch erlahmt, wird von einem Veteranen zurechtgewiesen und ermuntert; ein Renner von weniger edlem Geblüt nimmt, als ihm abermals droht, vom edleren Pferd überholt zu werden, alle Kraft zusammen, so daß er im Wettlauf vor diesem das Ziel erreicht; ein König lernt Geduld von der Spinne, die zum dritten Mal zu weben anfängt, nachdem er ihr zweimal das Netz zerstört hat; auch „Cäsars Schwert", später zweimal umgeformt und unter die gesammelten Gedichte eingereiht, birgt eine Beziehung auf den Dichter selbst: er ist Cäsar, das verlorene Schwert bedeutet seine früheren Mißerfolge.

Die Sprüche sind interessant als die einzigen Proben von
Meyers betrachtender Poesie, die er später als etwas Unkünst-
lerisches verstieß, so sehr er zu philosophieren und sich in Re-
flexionen zu ergehen liebte. Sie betreffen übrigens ziemlich
ausschließlich die Kunst selbst und stellen in ihrer Art zum Teil
vorzügliche Sachen dar, deren beste die folgenden sein mögen:

Das Lustspiel

Du malst das Herz, wie es ist und war,
Grausam bist du, doch du bist wahr.
Was nichtig ist in unserm Sein,
Der kranke Stolz, der eitle Schein,
Der hohle Flug mit mattem Schwung,
Des Narren warme Begeisterung,
Der Liebe wechselnde Phantasie
Und blinde Gunst und verlorne Müh',
Des Herzens unerschöpfte List,
Der Fromme, der ein Sünder ist,
Das schilderst du alles mit lachendem Mund:
Wie bist du herb und wie bist du gesund!

Der Scherz

Gaukler läßt die Dolche springen,
Seht den scharfen Kreis von Licht!
Und er fängt die spitzen Klingen
Wieder auf: es blutet nicht.

Ästhetik

Gescheuert ist der edle Saal
Und alles fertig bis ans Mahl;
Die Schüsseln sind im rechten Sinn
Geordnet und ist nichts darin,
Die Gläser, die sind hell und rein,
Und mangelt nur der Feuerwein.

Pathos

Er hat sich auf den Stein gestellt
Und eine schöne Rede hält,
Und als der Spruch beendigt war,
Spricht einer von der Hörerschar:
Ihr meint es redlich, das ist klar;
Was Ihr da sagt, ist alles wahr.
Nur eines hab' ich nicht verstanden:
Warum Ihr auf den Stein gestanden.
Wir hätten's ebenso gehört,
Wenn Ihr am Boden blieben wär't.

Macchiavelli

Was meinst du, Freund, von diesem Mann?
Ich stell' ihn allen oben an:
In dem Gewirk der Dinge fand
Er die Entwicklung und das Band,
Und wo der Mensch zerstört und schafft,
Da sah er ein Gesetz in Kraft,
Und als den Faden er gepackt,
Da macht' er's kurz und sagt' es nackt.

Wie fein empfunden und wie bezeichnend für Meyers Charakter ist folgendes:

Zensurlücke.

Was streichst du an den Epigrammen
Und räumst gewaltig auf im Haus?
„Ich dulde nur die lichten Flammen,
Die spitzen Flämmchen hauch' ich aus.

Es mußte mich so viel verwunden,
Es wurde mir so weh getan,
Daß ich in meinen herbsten Stunden
Nun keinen mehr verletzen kann."

Gleich einer der ersten Vierzeiler trägt den Titel „Poesie" und lautet so:

Es schüttelt sich der schlanke Baum,
Und Frucht an Frucht zur Erde fällt.
Er steht in Paradiesesraum
Und nicht in dieser herben Welt.

Das ist, wenn auch nicht leicht erkennbar, wohl die Urform des schönen „Fülle", das die 1882 erschienene Sammlung seiner Gedichte einleitet.

So rücken noch einige seiner bedeutendsten lyrischen Gebilde in ihrer ersten oder doch in der ersten erreichbaren Gestalt auf, meistens zart und eigen erfunden und empfunden, aus dem Inneren und Erlebten geschöpft, von Vorbildern nicht beeinflußt, aber bleich und schwächlich, ohne Wärme der Seele und des Blutes, ohne besonderes Gepräge, auch sie eigentlich nur Skizzen zu Gedichten, wie die „Clara" nur der Skizze zu einer Novelle gleichsieht, für den Betrachter am Ende erst poetisch durch die Erwägung, was später aus ihnen wurde. Wie die Schatten der

homerischen Unterwelt sind sie ohne Klang und Kraft, sie warten
auf das warme Blut, das ihnen Stimme und Leben verleiht.

Da finden sich: Ja!, Kaiser Karls Käppchen (in Hutten über-
gegangen als „Das Hütlein"), Das Dorf (später „Spielzeug"),
Der Erntewagen („Auf Goldgrund"), Traumbild („Lethe"),
Pilgrim („Ein Pilgrim"), Springquell („Der römische Brunnen").
Wie blaß und ungeschickt sieht das feine Motiv eines seiner
letzten, zu einem Epilog seines Lebens vertieften Gedichte aus:

Pilgrim.

Da langt' ich jüngst in — an,
Ein Stündchen weilt die Eisenbahn,
Ich warf mich hin auf eine Bank
In einem kühlen Schattengang:
Vorüber wandelt manch Gesicht,
Da kommt der Freund und kennt mich nicht,
Er geht mit seinem Weib einher
Und sieht mich an von ungefähr.
Da sagt' er ihr mit leiser Stimm':
Ein Fremdling und ein Pilgerim.

Ein einziges Mal wagt er einen wirklich lyrischen Flug, in
einer Ode ans Vaterland; aber gerade dieses eine Mal, wo er
unter fremdem Einfluß steht, unter dem Einfluß der gäng und
gäben patriotischen Schlagwörter, kommt er über das Aller-
gewöhnlichste nicht hinaus, sondern bringt es lediglich zum Ge-
zwungenen, sogar Unwahren.

Die Gedichtsammlung, welche der Verleger zurückwies, und
das Lavaterbuch, das ein nutzloses Bruchstück blieb, waren das
Reisegut, das Meyer aus Lausanne mitbrachte. Die erhoffte
Frucht, eine Stellung sowie die Mehrung des äußeren An-
sehens, hatten ihm die Tage in der Fremde nicht gezeitigt. Aber
sie hatten seine Menschenkenntnis erweitert und, wie er fühlte,
seinen Geist verjüngt. Er fing an, wahres Vertrauen in
seinen Dämon zu setzen; er hoffte, „ganz bezidiert durchzu-
bringen, nach Jahr und Tag, mit viel Schweiß, aber: d u r c h -
z u b r i n g e n".

So schrieb er Betsy, schon zur Heimfahrt gerüstet, die er
am 3. Januar 1861 antrat.

Zweites Buch

. . . Süßres gibt es auf der Erde nicht
Als ersten Ruhmes zartes Morgenlicht.

———————

Die zwanzig Balladen

Über anderthalb Jahrzehnte hatten die Geschwister im Stadelhofer Familiensitz verlebt, als sie 1862 an den sogenannten Mühlebach zogen: eine Verwandte hatte geheiratet, und sie machten dem jungen Eheglücke Platz. Schon übers Jahr vertauschten sie die neue Wohnung, die sich als feucht erwies, mit dem sogenannten Schabelitzhaus in Oberstraß, nahe dem Polytechnikum.

Der Wechsel der Behausung änderte an ihrem stillen, gleich= mäßigen Wandel und Tun wenig genug, und Conrad trieb nach wie vor sein ziemlich vereinsamtes Wesen, das außer der Schwester kaum jemand begriff und würdigte, im Grunde auch nicht würdigen konnte. Nun schritt er bereits den Vierzigen entgegen, immer noch ohne Amt und Stellung, die ihn mit den Mitbürgern in Reih und Glied gebracht hätten, immer noch ohne sichtbares Ergebnis seiner dichterischen Arbeiten und Mühen. So geschah es, daß man ihn einigermaßen über die Schulter ansah als einen aus dem Geleise Abgeirrten, den man gewähren ließ, da er niemand etwas in den Weg legte und keinen behelligte.

Sein Mißgeschick fügte es, daß er in Zürich keinen literarischen Umgang fand oder vielmehr zu wenig bestimmende Initiative besaß, um die vorhandenen Züricher Schriftsteller und Literatur= freunde aufzusuchen. Aber wenn er von Stadelhofen oder Oberstraß nur fünf Minuten weit wanderte, so stieß er auf ein Urteil und ein künstlerisches Verständnis, wie es auf dem weiten Feld deutscher Zunge kein besseres gab: oben an der Kirchgasse wohnte der Staatsschreiber Gottfried Keller, den er als Lyriker und Erzähler nach Gebühr zu schätzen wußte. Meyer trachtete damals weder nach seiner Bekanntschaft noch nach

seinem Urteil. Die gewaltigen Schöpfungen des um wenige
Jahre älteren Mannes mochten ihn, der noch nichts geleistet
hatte, drücken und in scheuer Entfernung halten, wobei er schwerlich ahnte, wie liebenswürdig und anerkennend Keller Anfänger-
arbeiten und überhaupt die Leistungen anderer beurteilen konnte.
Ihn scheuchte der Ruf der Derbheit, der wie eine Gewitterwolke
über der Staatskanzlei schwebte; und Derbheit, die er sein
Lebtag schwer ertrug, mied er damals wie ein schneidendes
Schwert. Auch betrat er gewöhnlich ohne Not kein Wirtshaus,
während Keller sich mit Gleichgesinnten hinterm Becher vom
Tagewerk zu erholen liebte.

Da es indessen zu seinen Bedürfnissen gehörte, in jener Zeit
des Harrens und Hangens mehr als je die Meinung anderer
über seine entstehenden und abgeschlossenen Sachen zu hören,
so erbat er sich, nachdem er das maßgebende Urteil in Zürich
nicht herauszufordern gewagt, ein unmaßgebliches im Welschland, dasjenige des Freundes Felix Bovet.

Nach der ersten Bekanntschaft von 1853 hatten sich die beiden
einigermaßen aus den Augen verloren, da Bovet durch große
Reisen ins Ausland geführt wurde. Aber im Oktober 1860
meldete Meyer von Lausanne aus, er wünsche den Freund zu
sprechen, und stellte sich einige Tage später in Neuenburg ein.
Nach dem Mittagessen im Familienkreise bat er um eine Unter-
redung unter vier Augen und erklärte nun mit einer gewissen
Feierlichkeit, er lege Wert darauf, ihm zu sagen, daß er endlich
seinen Weg gefunden habe: „Je ferai de la poésie.“ Bovet
war nicht wenig erstaunt; denn nichts hatte ihn darauf schließen
lassen, daß Meyer Poet sei oder sich mit dergleichen Dingen
auch nur von ferne befasse; er hatte ihn immer nur mit Entwürfen und Arbeiten historischer oder kritischer Natur beschäftigt
gesehen. Er konnte sich bald davon überzeugen, daß es Meyer,
da er ihm kurze Zeit nach dieser Eröffnung einige Balladen
schickte, mit seinem Vorhaben ernst war. Jede trug das Datum
ihrer letzten Fassung, und keines dieser Data reichte weiter
als ein halbes Jahr zurück.

Bovet nahm das Amt eines Kritikers nicht ohne merkliches
Sträuben und mit entschiedenen Vorbehalten an, zumal er

damals mit Arbeit überbürdet war: „Mais, franchement, je ne comprends pas, quel genre d'intérêt ces jugements superficiels et non-motivés peuvent avoir pour vous. Je vous répète que je suis tout-à-fait incompétent en cette matière et que mes jugements sur vos ballades, bien loin de devoir vous influencer en quelque manière, n'ont pas même de valeur à mes propres yeux." Erst nach sechs Wochen traf der Spruch ein. „Ce qui m'a surtout retenu, c'est, comme je l'avais pressenti et comme je vous l'avais dit d'avance, l'extrême difficulté qu'il y a pour moi à apprécier des poésies allemandes d'une manière un peu complète et indépendante." Er betonte ferner, daß er, wie die Franzosen nach Voltaires Ansicht im allgemeinen, n'avait pas la tête épique. Er bewunderte die Balladen seines Freundes und übertrieb ihr Lob. Eine ganz unpoetische, die der Dichter später völlig verwarf und aus dem Vorrat seiner Motive für immer ausschied, nannte er ein Meisterwerk ihrer Gattung. Immerhin fehlte es nicht an zutreffenden Bemerkungen; so sagte er von dem Gedichte, das, später umgeschmolzen, vom Dichter „Die Rehe" getauft wurde: „L'idée en est un peu fine et risque d'échapper." Am besten gefiel ihm „Die Bahre", zuletzt „Die Parze" betitelt: „Très beau! art sévère et d'une vérité frappante. Tableau émouvant dans sa simplicité. Style sobre. Aucune trace de ce facile remplissage romantique que l'on trouve partout, même chez les bons auteurs." Ein Blick auf die drei Jahre später gedruckten Balladen gibt ihm ziemlich recht, ein gewisses freundschaftliches Zuviel des Lobes abgerechnet.

Die Anerkennung des Freundes und seines Kopfes, so wenig sie im Grunde besagen wollte, spornte den Dichter jedenfalls zum Versuch einer teilweisen Publikation an, so daß er, abermals unter dem Autornamen Ulrich Meister, eine Auswahl der Gedichte an die Redaktion des „Morgenblattes" nach Stuttgart schickte. Die Ablehnung mochte der Schwester als ein Muster von höflicher Abspeisung erscheinen, weshalb sie das Blatt aufhob: „Euer Wohlgeboren erhalten hier mit unserem verbindlichsten Dank die uns gütigst mitgeteilten Gedichte zurück, von denen wir, durch zufällige Umstände verhindert, erst vor kurzem

Einsicht nehmen konnten. Wir erkennen den Wert des Mit=
geteilten bereitwilligst an, müssen aber bei der Menge der uns
vorliegenden und zum Druck bestimmten Dichtungen eine ganz
unbestimmte Frist dafür in Anspruch nehmen, was wir uns,
im Interesse derjenigen, die uns mit Beiträgen beehren, wie
in unserem eigenen, niemals gestatten (25. Juni 1861)."

Für einmal hatte er nun wieder genug, war auch um einen
anderen Weg verlegen. Obgleich er der Zukunft vertraute und
auf die endliche Erfüllung seiner Wünsche hoffte, fühlte er sich
doch gekränkt und entmutigt. Noch näher ging sein Mißgeschick
der Schwester. Sie drang in ihn, einen neuen Versuch zu
machen. Aber spröd und stolz, wie er im Gefühle seines Wertes
war, verschmähte er einen weiteren Schritt, so oft sie ihm an=
lag, sich an einen Verleger zu wenden, und ihm eindringlich
vorstellte, daß nun endlich etwas geschehen müsse, um aus der
dumpfen Ungewißheit des einsamen Zimmers auf den litera=
rischen Markt zu gelangen.

Schließlich faßte sie sich ein Herz, packte seine Gedichte zu=
sammen und reiste im Frühling 1863 zu den Pfizerschen nach
Stuttgart, mit dem festen Vorsatz, Zürich nicht wieder zu sehen,
ehe sie einen Verleger gefunden habe, koste es, was es wolle,
und sicher, bei den Stuttgarter Freunden einsichtigen Rat und
tatkräftige Hilfe zu treffen. Sie brachte die Sache wirklich
ins reine, worüber sie dem Bruder eingehend und tröstlich Be=
richt erstattete, während er sich in seiner Klause still verhielt
und über die Mission seines lieben literarischen Sachwalters
vor niemand etwas verlauten ließ.

Stuttgart. Sonntags.

Meine Adresse: Frau Professor Gustav Pfizer.
Kronenstraße.

Mein lieber Conrad!

Wie geht es bei Dir? Das Reiserößlein springt nicht mehr
wie früher, ich habe Heimweh nach Dir, nach unserer Stille. —
Und doch ist die liebe Frau Pfizer, sind alle unaussprechlich
freundlich. —

Deine zwanzig Kinder liegen in ihrem sauberen gelben

Umschlag vor mir!   Sie sind vorläufig der lieben Frau Pfizer
vorgestellt worden, mit klopfendem Herzen von meiner Seite.
Sieh, lieber Bruder, ich bin nicht unbefangen genug. Findet
man sie nicht ebenso schön, wie ich, sieht man sie nicht mit derselben Liebe an, so tut es mir, trotz aller Vernunft und äußeren
Kühle, weher, als ich mir's selbst gestehen darf, und ich rette
sie schnell wieder in meine liebevolle Verwahrung.

Vor allem muß ich Dir nun sagen, daß ich ein eingehendes
Urteil noch von niemanden habe. Ich habe sie nur erst meiner
Freundin gezeigt. — Alle, besonders aber Herr Professor, sind
tief betrübt über den Tod seines Neffen, eines jungen, seit
einigen Tagen halb gemütskranken Rechtskonsulenten, der vor
vierzehn Tagen spurlos verschwand und erst gestern tot im
Neckar gefunden wurde.

Das ist nun natürlich kein Augenblick, liebster Bruder, Gedichte zu ruhiger Kritik vorzulegen. Frau Pfizer meint, ich
solle morgen und übermorgen, da man ihn begräbt, nach Tübingen zu Luise Geib hinübergehen.

Wahrscheinlich mach' ich es so. Am 20. April, wenn ich über
alles, was Dir nützen kann, im klaren bin, möcht' ich gern wieder
nach Hause kommen. — Doch sag' ich das heute noch nicht bestimmt, sondern behalte mir vor, Dir Tag und Stunde meines
Kommens in einem zweiten Briefchen anzuzeigen.

Jetzt will ich Dir sagen, so gut ich kann, was die liebe Frau
Pf. meint.

Sie las zuerst Nummer 1, „Bertarit"; eine ganz hübsche
Sage, sagte sie; einige Ausdrücke wünscht sie hinweg, zum Beispiel den „Trunkenbold". Dann zeigte sie mir auch einige
undeutsche Ausdrücke. „Der Mönch", den ich ihr danach zeigte,
gefiel ihr durch seine Wärme und das Spannende darin, doch
fand sie nicht heraus, wie sein Tod mit dem Durste, durch sein
Leben dem Vaterlande die Freiheit zu erkaufen, zusammen-
hange, es sei ja doch kein Opfertod. — Die historischen An-
deutungen wünscht sie klarer. Im ganzen findet sie bei Dir
ein bedeutendes Talent zweiten Ranges. — (Sie hat einen
hohen Maßstab, wirft Herwegh unter das alte Eisen, er habe
durch einige geistreiche, aber prosaische Pointen Aufsehen ge-

macht — weiter nichts — und kann Geibels vierzehn Auflagen durchaus nicht anders erklären, als „weil er im höchsten Grade ein S ch e n k b u ch ist". —)

„Ein begabter Mensch ist Conrad sicherlich," sagte sie; „aber es fehlt ihm doch der „Hauch', an dem man den geborenen Dichter erkennt."

In „Th e s p e s i u s" und „Fingerhütchen", meinen Lieblingen, die ich dann gleich hervorsuchte, fand sie mehr „Hauch", doch setzte sie auch daran einige sprachliche Kleinig= keiten aus. „Aber," sagte ich, „denke an die Droste=Hülshoff und ihre Sprachkühnheiten und Unklarheiten." „Ja, dort," meinte sie, „ist's die außerordentlich starke Originalität, die alles durchschlägt.

„Eines von beiden braucht es, entweder das Leichte, Melo= dische, Geschmeidige, das sich bei jedem einschmeichelt und ein Echo findet, oder das Kühne, Originelle, dem immer zuletzt sein Recht werden muß."

Beide, glaubt sie, habest Du, aber nicht im höchsten Maße, nicht genug, um durch den literarischen Wust hervorzubrechen.

„Findet er einen Verleger, was ich nicht für unmöglich halte, so ist es gut. Wenn nicht, so soll er die Gedichte doch nicht auf eigene Kosten drucken lassen, sondern auf einer anderen Seite mutig fortarbeiten, bis er den glücklichen Wurf tut, der ihm Beifall und Stellung verschafft. Abgewiesen werden, wenn auch ganz unverdient, ist immer entmutigend; viel besser ist's, auf die Seite legen, bis man das Rechte trifft, und dann die früheren Arbeiten dran reihen zu einem erfreulichen Ganzen."

Das sind ungefähr ihre Worte. — Dann erzählte sie mir die Geschichte eines lange verkannten Doktors *), der jüngst mit Vorträgen über Dante auf einmal zur literarischen Größe wurde. Mit sechzig, sage sechzig Jahren! — Ein an diese Vorlesungen angehängter Romanzenzyklus — es liegt beides vor mir — kommt mir aber nichts weniger als ausgezeichnet vor — gut versifiziert, im übrigen die alte Leier.

———   —

*) Doktor = Arzt. Gemeint ist wohl Friedrich Notter.

> Von des Provençalenstrandes
> Mild umwehten Töneschoße
> Bis zu jenem fernen Osten,
> Wo erschaffen ward die Rose,
> Wie vom gleichen Blütenstaube
> Windgejagt von Land zu Landen,
> War ein Lenz, ein rasch geborner,
> In den Seelen auferstanden.
> Ihren Schleier schlug die Schöpfung
> Weg vom lang verhüllten Herzen:
> In den Himmel drang das Auge
> Und zum Abgrund aller Schmerzen u. s. f.

Sieh, lieber Conrad, da scheint mir Deine Poesie hundertmal wahrer, gesunder und schöner in ihrer schweizerischen Kraft und Einfachheit.

Oder bist D u's, den ich unter den Versen sehe, bist D u's, den die anderen nicht also kennen und lieben können?

Oder ist doch irgendwie die verborgene Tendenz im Spiele?

Höre, was mir letzte Nacht einfiel: soll ich nicht zu Albert Knapp gehen, wie zufällig, mit einem Gruß von Frau Spyri, und ihm etwas von der Sache sagen? Ihn fragen, ob er glaube, Meta Heußers *) Verleger würde die Gedichte übernehmen?

Oder willst Du von Johanna **) den Namen des Mannes selbst erfahren? oder nur im Vorbeigehen von Schädler im Depot Dir die „Gedichte der Verborgenen"***) zeigen lassen und den Namen des Verlegers Dir merken und mir schreiben?

Schreibe mir, bitte, ein paar Worte, aber frankiere, sonst bekomme ich sie nicht.

Natürlich betrachte ich meine kleine Mission noch kaum als angefangen. Ich muß Pfizers eigenes Urteil noch haben. Er scheint mir aber der Poesie ziemlich satt. Hauff †) lüge sehr. Wenn er etwas aufnehmen w o l l e, so könne er's immer. Es sei unglaublich, wie viele Bestechung, vom Schriftsteller bezahlte Kritiken und andere Schleichwege angewendet werden, um zu

---

*) Die Mutter von Johanna Spyri, Dichterin.
**) Johanna Spyri.
***) Von Meta Heußer.
†) Redakteur des Morgenblattes.

Namen und Ansehen oder nur zum Verkaufe seines Buches zu
kommen. „Gemein", würde Herr Major sagen.

Ach, lieber Conrad, sei ein tüchtiger Mann, dann kommen
zu seiner Zeit auch Deine Gedichte zu ihrem Rechte. — Heute
morgen hörte ich eine gute Predigt von Prälat Kapff, diesen
Nachmittag sah ich ihn h i e r , er kam zu kondolieren.

Du kannst der lieben Mathilde einen Gruß von Herrn Kapff
ausrichten. Grüße mir die gute Lisbeth und das kleine un=
dankbare Bälgli *). Lebt es noch?

In herzinniger Liebe

Deine Betsy.

Sonntag. — Kronenstraße.

Liebster Conrad!

Nun weiß ich alles, was ich für Dich wissen muß. Eine
hiesige Verlagsbuchhandlung erklärte sich bereit, Deine Gedichte
auf Herrn Pfizers Empfehlung hin à tes risques et périls zu
drucken. Die Bedingungen bringe ich Dir geschrieben mit. Das
Ganze wird Dich auf 380—400 Franken zu stehen kommen.
Albert Knapp bleibt ganz aus dem Spiel. — Außer den Pfizer=
schen habe ich n i e m a n d e n Deine Sachen gezeigt; hingegen
habe ich mir die Kritiken unserer Freunde gut gemerkt und teil=
weise hinein notiert.

Alles müßte noch einmal überarbeitet werden. — Acht Ge=
dichte, deren Wahl Dich wundern wird, wurden, als tief unter
den anderen stehend, beiseite gelegt, und es wird Dir geraten,
sie durch andere kleinere in mehr lyrischer Form zu ersetzen,
da eine Reihe von zwanzig epischen Gedichten etwas Ermüden=
des habe. - Gewiß, Dein „Joseph" würde hier eines der besten
genannt werden.

Natürlich soll all dieses nur ein freundschaftlicher Rat in
Hinsicht auf den Erfolg und die Eigentümlichkeit deutschen Ge=
schmacks, nicht von Ferne eine Beschränkung Deiner Freiheit sein.

Doch alle Einzelheiten behalt' ich der mündlichen Mitteilung

---

*) Die Katze.

vor. – Im ganzen, mein liebster Dichter, bin ich mit meiner Reise zufrieden. Einige Gläser kalten Wassers hab' ich wohl bekommen: aber viel freundschaftliches, h i l f r e i c h e s Interesse gefunden, mehr Klarheit in der Sache gewonnen und die freudige Zuversicht, daß ein wichtiger Schritt vorwärts getan wird durch die Publikation.

Liebster Conrad, gehe also ans Werk und bereite, so schnell wie möglich, eine Auswahl anderer Gedichte aus den „Vignetten und Genrebildern"*), die ich Dir dann abschreibe, sobald ich heimkomme. Herr Pfizer will dann die Güte haben, sie wieder zu kritisieren und, wenn Du wünschest, sie zu ordnen. Er ist unaussprechlich gut. Wenn ich nur unseren Dank beweisen könnte.

Sein Töchterlein soll jedenfalls diesen Sommer einige Wochen zu uns kommen, dann wollen wir ihr viele Freude machen.

Deine Handschrift kann man n i c h t l e s e n, sie sei französisch. Zuletzt mußt Du Dich auch noch zu den deutschen Buchstaben bequemen.

Der liebe Herr Prälat Kapff ladet mich auf übermorgen zum Mittagessen ein. Und zwar ohne Mathildens Empfehlung, die ich ihm erst bei dieser Gelegenheit übergeben kann, da er die letzte Woche wegen der Examina mit Geschäften überhäuft war.

Am selben Abend, Dienstags, gehst Du ja zu ihr! Sage ihr dann doch meinen herzlichsten Dank für ihr Billet!

Gestern war Herr Zeller aus Winnenthal hier mit seiner Tochter. Ich war leider ausgegangen. Gestern mußt' ich natürlich den feierlichen Einzug des Königs mit ansehen. Der alte, verfallene Mann dauerte mich. Adel und Equipagen waren weder charakteristisch noch glänzend, wie die grande gente in Rom, hingegen der Zug der Gewerke, Schulen und Vereine wie ein imposanter Sechseläutenzug. – In Tübingen war's herrlich, die Geibschen Kinder sind so frisch und lebendig wie möglich, und es führte der Zufall gerade mehrere gelehrte Größen und Berühmtheiten ins Haus.

-----

*) Untertitel aus Meyers handschriftlicher Sammlung seiner Gedichte.

Es gibt für die liebe Luise Wyß und ihren Mann manches zu erzählen.

Aber ich sehne mich nach Haus; meine Lebensluft ist in der Stille und Einsamkeit. So erfrischend eine kleine Reise wie die jetzige ist, ich sehne mich nach dem ruhigen Geleise, nach der Stille der Gedanken und nach Dir vor allem.

Ich wollte spätestens Mittwochs fort, nun ist's aber gerade der Verlobungstag meiner lieben Wirte und hält die liebe Frau Pfizer darauf, daß ich darum erst Donnerstag reise.

Gottes Gewalt vorbehalten, werd' ich nun Donnerstag morgens Sechs hier verreisen und Donnerstag abend vier Uhr achtzehn Minuten im Bahnhofe ankommen.

Grüße mir die liebe Lisbeth *) herzlich und bitte sie, mir einen Thee mit etwas Fleisch auf meine Ankunft (fünf Uhr) bereit zu halten. Es freut mich, wenn Du mich im Bahnhof holen kannst, ich übergebe dann den Koffer einem Bahnhof- packträger. Fände ich Dich nicht, so nähme ich, besonders bei Regen, eine Droschke.

In Summa, ich bin zufrieden und herzlich dankbar für alles und hoffe von ganzem Herzen, Du werdest es auch sein.

Wie freue ich mich auf Donnerstag. Sie sagen alle, ich sei jünger und fröhlicher als vor sechs Jahren, aber ganz fröhlich bin ich doch erst, wenn ich wieder mit Dir in Johannes lesen kann und den ungestörten Frieden der Heimat wiederfinde.

In großer Liebe

Deine Betsy.

Es verstrich noch über ein Jahr, ehe die Balladen zur Aus- gabe gelangten, da sich Meyer wohl hütete, etwas zu über- stürzen, so sehr er darauf brannte, der drückenden Namenlosig- keit endlich zu entrinnen. Das Kleinste einer gründlichen Prü- fung unterstellend, ermangelte er nicht, den Rat des Pfizerschen Ehepaares von neuem einzuholen. Infolge ihres Einwandes verzichtete er auf ein unpoetisches Stück, „Der Wucherer", ver- schloß sich auch Pfizers Mahnung nicht, daß „die sittliche Ten- denz von Gedichten keinen Ersatz bieten könne für den Mangel

*) Das Dienstmädchen.

der vollen ästhetischen Befriedigung"; dagegen beharrte er auf einem anderen, „Die Rehe", und ließ sich nicht bereden, die Sammlung durch lyrische oder philosophisch-reflektierende Bestandteile zu erweitern, um dadurch, wie der Freund meinte, seine Individualität in ein schärferes Licht zu rücken, als dies durch lediglich Episches zu erreichen sei. Er tat gewiß mit seiner Weigerung wohl. Er kannte den Vorteil des einheitlichen, geschlossenen Charakters, den die zwanzig Balladen für sich beanspruchen durften, und verhehlte sich keineswegs, wie wenig seine lyrischen Schöpfungen damals den epischen durchschnittlich gewachsen waren, die er alle zwanzig ziemlich auf gleiche Höhe der Durchbildung gehoben hatte. Auch beunruhigte ihn der Gedanke, indem er sich durch Preisgabe seiner intimen Schöpfungen möglicherweise Anfechtungen und Kränkungen aussetzte, die Wunden zu vermehren, die seinem empfindlichen Gemüte Abweisungen, Zurücksetzung und Verkennung schon geschlagen.

Als bald nachher, anläßlich der Schweizerreise der Stuttgarter Freunde, dem brieflichen Verkehr der mündliche folgte, wurde Jegliches aufs eingehendste erörtert, woran sich noch Hunderte von Stunden schlossen, die in Überlegung, Umbauen, Umschmelzen und Feilen dahingingen, bis Meyer das Manuskript mit dem Bewußtsein aus der Hand gab, seine Kräfte nach Möglichkeit angespannt zu haben und nun ein weiteres nicht tun zu können.

Endlich erlebte er die erste selbständige dichterische Publikation, im neununddreißigsten Jahre seines Lebens. 1864 erschienen in der Metzlerschen Buchhandlung die „Zwanzig Balladen von einem Schweizer", ein Büchlein von 144 Seiten, auf dickes, schönes Papier hübsch gedruckt. Auch jetzt noch mußte er sich wegen seines poetischen Mitbürgers und Namensvetters die Namsung versagen.

In jenen Jahren 1861—1864 tat seine Entwicklung einen starken Schritt vorwärts. Die Balladen zeigen eine auffallende Steigerung der poetischen Einsicht, so daß er später, auf der Höhe der Meisterschaft, nur zwei verwarf, wenn er sie auch alle in einer Weise, wie das nur bei ihm vorkommt, umschuf und

umgestaltete. Die Sprache ist gewandt, mitunter nur zu gewandt geworden und verrät in manchen Wendungen und Partien die Nachwirkung Platenscher Verskunst und Formenlust;
daneben ist sie oft sehr knapp, energisch, von kurzstämmiger
Kraft und Gedrungenheit, die in wahren Quaderversen auf-
steigt, während recht im Gegensatz dazu Neigung und Fähigkeit zum vollen, rollenden Ton hervortritt, der an Schiller
gemahnt. So stehen die entgegengesetzten Elemente des kurzen,
gedrängten Stiles und eines rhetorischen Pathos in diesem
Werklein ungeschieden und doch nicht verschmolzen da und ver-
hindern, weil sie nicht ineinander aufgehen können, ein im
strengeren Sinne individuelles Gepräge und ausgesprochene
eigene Züge. Pfizer erblickte die Ursache dieser Erscheinung
im Durchsickern und Durchschimmern des französischen Geistes
und Idioms, wie er auch den Dichter veranlaßte, auf den Titel
zu setzen: „von einem Schweizer“ — hundertunddreißig Jahre,
nachdem Albrecht von Haller seine Gedichte schweizerische genannt, von der Erkenntnis durchdrungen, daß die heimische
Mundart seine Verse und Diktion mehr gefärbt habe, als sich
mit den Forderungen des Schriftdeutschen vertrage.

Meyer stellte hinter das Häuflein der zwanzig Balladen
einen Nachzügler, der bekundete, was der Verfasser auf dem
Gebiete des Anmutigen und Lieblichen einst noch leisten würde:
es ist das reizende „Fingerhütchen“. Aber er sandte auch einen
Herold voraus, ein lyrisches Gedicht, das vor allem, mehr als
eine der Balladen, das ungeahnte, in wenig Jahren eingetretene
Wachstum seiner Dichtergaben beweist; so eigen erfunden, so
tief und gehalten zugleich in der Stimmung, so schön und rein
in der Ausführung ist es und mutet mit einem solchen Hauch
der Wahrheit und des Schicksalsmäßigen an:

> Der Frühling kommt, die Berge strahlen rein,
> Der Himmel spiegelt sich in klarer Bucht,
> Mit gleicher Güte neigt der milde Schein
> Sich auf das sanfte Tal, die rauhe Schlucht.
>
> Leis schmilzt der Schnee, es stürzt in breitem Guß
> Der Wasserfall und braust zu Tale schon,
> Mit vollen Borden rauscht der kühle Fluß,
> Mit allen Wassern zieht der Rhein davon.

Du hast den Wanderstab nun in der Hand,
O Frühling, alles rinnt und rauscht mit dir,
Nimm du mir meine Lieder über Land
Und gib aus deinem Füllhorn neue mir!

Diese Bitte um neue Lieder gewährte ihm das Schicksal und maß ihm dabei mit vollgerütteltem Maße. Die Hoffnungen jedoch, die er, nach Art der Anfänger, auf seine erste Veröffentlichung gründete, gingen nur teilweise in Erfüllung, sie konnten es auch nur teilweise. Eine kleine Gabe von zwanzig Balladen, und wären sie die vollendetsten, bringt höchstens einige von der Zunft in Bewegung, niemals aber das Publikum, sofern sie nicht einer berühmten Feder entstammt oder auf bestimmten gegenwärtigen Vorgängen von Bedeutung fußt. Das eine wie das andere fehlte hier, und daneben mangelte den Sachen der Vorzug des durchschlagend Neuen. Übrigens stellten sie, allen Mängeln zum Trotz, die bedeutendste Gedichtsammlung dar, die seit Kellers Gedichten der Schweiz geschenkt wurde; denn wenn sie auch an Fülle und Eigenheit nicht an diese heranreichten, so waren sie ihnen an körperlichem Wesen, an durchgebildetem Geschmack, an gleichmäßigem Können ebenbürtig.

Wiewohl das Balladenbüchlein nicht dazu berufen war, in die Breite des literarischen Deutschland zu wirken, so bedeutete es doch für den Dichter innerhalb seiner engeren heimatlichen Kreise geradezu eine Auferstehung. Freunde und Bekannte rieben sich verwundert die Stirn und gestanden unumwunden, derartiges dem Verfasser nicht zugetraut, vor allem die zu solchen Schöpfungen unerläßliche Konzentration hinter dem anscheinend immer etwas Zerfahrenen nicht gesucht zu haben.

Unter diese Überraschten zählte auch der Historiker Georg von Wyß. Mit dem Regierungsrat Meyer befreundet und durch gemeinsame geschichtliche Neigungen, politische und religiöse Anschauungen verbunden, kannte er den Sohn seit dessen Knabentagen und erinnerte sich ein halbes Jahrhundert später noch gar wohl, ihn 1839 oder 1840 im väterlichen Arbeitszimmer im Seidenhof gesehen zu haben. Während der zweieinhalb Dezennien, die zwischen jener Begegnung und dem Erscheinen der Balladen lagen, hatte er den seltsamen Einsiedler nie völlig aus den Augen verloren, verkehrte auch seit Meyers Heimfahrt von Lausanne, seit 1854, nicht selten mit ihm. Meyer ver= ehrte dem angesehenen Mann und Gelehrten seine Übersetzung von Thierrys „récits des temps mérovingiens" sowie nach neun Jahren auch die poetischen Erstlinge. Die Wirkung, die Wyß von dem Büchlein verspürte, blieb ihm unverlöschlich, so daß sie sich ihm tiefer einprägte als die aller Schöpfungen des nach= mals berühmt gewordenen Dichters, wie er mir wenige Tage vor seinem Ende im Dezember 1893 erzählte. „Meyer schenkte mir seine Balladen. Ich fand keine Zeit, sie sogleich zu lesen, dachte auch, es würden ja so unendlich viele Verse gemacht, daß es mit der Lektüre dieser, die wohl nicht besser sein würden als andere auch, keine Eile haben dürfte, und steckte sie zu meinem Reisegepäck, als ich mich zur Jahresversammlung der schwei= zerischen geschichtsforschenden Gesellschaft, deren Präsident ich war, nach Solothurn aufmachte. Dort wurde ich mit den Vor= bereitungen zu dem Vortrag, den ich damals halten wollte, früher fertig, als ich gedacht, und griff fast zufällig nach dem Büchlein. Da kann ich Ihnen nun nicht sagen, wie es mir erging, als ich gerade auf die ‚Römerin' geriet. Ich las alle Nummern durch und mußte mich immer wieder fragen: Ist es möglich? Ist das unser Conrad Meyer? Und ganz das Gleiche widerfuhr Vulliemin, den ich von Solothurn aus in Lausanne besuchte." Vom Genfer See sandte G. v. Wyß einen hoch= erfreuten Dankesbrief an den Dichter.

Auch Rochat, der damals Zürich vorübergehend mit Bern vertauscht hatte, schickte ein freudiges Schreiben: „Je souhaite à vos ballades le succès qu'elles méritent; mais j'y vois aussi un gage pour l'avenir. Dans le temps, à Lausanne, j'avais découvert au milieu de votre poésie encore informe certaines lueurs d'un vrai talent; aujourd'hui, en songeant à votre travail, à vos progrès, je vois en vos ballades le trait distinctif d'un grand talent, la certitude d'une oeuvre encore plus belle."

Aus Vulliemins Zeilen leuchtete das Glück und eine herz= liche Genugtuung. „Mon cher Conrad. Vous lirez ma ré= ponse à votre mot d billet dans la Bibliothèque universelle d'octobre, au plus tard de novembre. Malade tout l'été, je suis ressucité pour vous lire et pour parler de vous, quoique le médecin m'a défendu encore de lire et de parler. Merci, trois fois, dix fois merci de l'envoi de vos chants. — Notre ami, Mr. G. de Wyss, vous donnera de nos nouvelles. Quand viendrez-vous, à votre tour, nous donner la joie de vous revoir au milieu de nous? Tous, nous vous souhaitons. Vous achevriez de me rendre les forces, que j'avais perdues."

Im Novemberheft der vorzüglichen Zeitschrift „La Bibliothèque universelle" veröffentlichte Vulliemin eine umfangreiche Anzeige der Balladen. Ohne mit einer Silbe die persönlichen Beziehungen zum Verfasser zu streifen, strebte er ausschließlich danach, ihn der französisch-schweizerischen Leserwelt vorzustellen und von seinem Schaffen einen Begriff zu geben, indem er ihn selber zum Worte kommen ließ, das heißt in diesem Falle, indem er ihn teilweise übersetzte. Er übertrug in Prosa nicht weniger als fünf der Balladen: „Die Römerin", „Die Schlacht bei Tiberias", „Siegesfeier am Leman", „Königin Agnes in Königsfelden", „Der Hugenot", so daß die Anzeige, im Format der Balladen gedruckt, fast ein Drittel ihres Raumes einnehmen würde. Als Welscher der deutschen Sprache nicht in dem sehr seltenen Grade kundig, um über das Mehr oder Weniger der Ursprünglichkeit mit Sicherheit urteilen zu können, vergriff er sich in dieser Beziehung, wie er auch im unklaren war, welchen Platz er den Balladen seines Freundes in der deutschen Literatur anweisen sollte, da er eben auf diesem Gebiete ungenügend Bescheid wußte. Was er sonst äußert, ist warm und meistens richtig, aber sicherlich zum Teil der Nachklang mancher Unterhaltung und Plauderstunde mit Conrad:

„Les sujets de ces poèmes sont très-variés. Tous sont beaux. Tous appartiennent, à ces âges où la ballade naît auprès de la légende, mais ils n'en sont pas moins de siècles très éloignés les uns des autres et ne nous transportent pas moins sur des scènes très-diverses. On dirait, les réponses du génie de l'humanité, interrogé par le poète à ses moments les plus saisissants, et chacune de ses réponses laisse l'âme émue; chacune y dépose une grande image historique avec une haute pensée morale. C'est cette richesse, c'est cette

nouveauté des sujets, à laquelle répond celle du rhythme, c'est
cette élévation morale, c'est je ne sais quelle sévérité du fond
comme de la forme qui constituent à ce livre une originalité
et lui créent une distinction.

Le poète se nomme un fils de la Suisse; certes il l'est
bien réellement, et c'est par là surtout qu'il est ce qu'il est.
Sa ballade n'est pas celle de Bürger ou de Goethe; elle ne
se perd pas, comme la ballade allemande, dans le vaporeux
et la rêverie. Elle tend à l'action. Elle a le caractère mâle,
ferme et pratique. Il circule dans ces strophes quelque chose
de cet air des Alpes, de cet air pur, sain, vivifiant qui courait
à travers les chants du grand Haller, en même temps que
l'écrivain moderne s'est ouvert des voies nouvelles, riches,
nombreuses, fécondes et qu'il déploie une remarquable flexi-
bilité. Un dernier trait les caractérise: si nous ne nous abusons,
une rare appropriation de la littérature française a com-
muniqué à son langage, comme à sa pensée, une netteté et
une précision que l'on ne trouve pas souvent à ce degré dans
la poésie allemande." Seine Schlußworte lauten: „Nous nous
étions demandé si des chants tels que ceux que nous venons
de faire connaître par quelques citations seraient accueillis;
nous osons affirmer qu'ils le seront par les hommes de goût.
Nous hésiterions davantage à répondre à la question de savoir
jusqu'à quel point ils le seront par un grand public."

Was er hier andeutete, erfüllte sich. Das schweizerische und
das deutsche Publikum kümmerte sich kaum um die Balladen.
In Deutschland ließ sich, wie es scheint, nicht eine einzige öffent=
liche Stimme vernehmen, in der Schweiz wenigstens eine: die
Zeitschrift „Die Schweiz" brachte in ihrem siebenten Jahrgang
(1864) eine ziemlich anerkennende Besprechung, freilich ohne
Vulliemins Wärme und Anteil.

Es war eine wunderliche Fügung, daß die Erstlinge eines
deutschen und in deutschredendem Lande lebenden Dichters von
einem Welschen mit frohem Zuruf begrüßt wurden, während
sich die Stammesangehörigen schweigend verhielten. Und doch
war sie begreiflich: wie viele Lebenskräfte hatte er aus welscher
Erde gesogen! Erst nach Jahren, als er sich von französischem

Wesen und Geist, worin er tiefer wurzelte, als er selber dachte, zu lösen begann, öffneten ihm die Deutschen freudig ihre Reihen.

Ein deutsches Lob fand er doch, das ihn erfrischte, wohl mehr als alle übrige Anerkennung. Er hatte dem damals als Professor des Polytechnikums in Zürich lebenden Ästhetiker Vischer ein Exemplar zugestellt: dieser anerkannte das Vorhandensein einer echten Metallader des Talents, ließ dagegen die Frage offen, wie mächtig diese Ader noch werden würde.

Nachdem sich Conrad Meyer nun in aller Form als zünftigen Dichter ausgewiesen, drang Pfizer für ihn endlich beim „Morgenblatt" durch. Es brachte 1865 ein paar lyrische und epische Gedichte Meyers, der nur mit den Initialen C. M. zeichnete. Die Titel sind folgende: „Vercingetorix", „Waldweg", „Die drei Spielleute", „Der Erntewagen", „An die Natur im Spätsommer", „Himmelsnähe", „Michel Angelos Gebet", „Der Musensaal".

Es war der letzte Jahrgang des „Morgenblattes". So mußte sich der Dichter nach einer anderen Unterkunft für seine Schöpfungen umsehen: er veröffentlichte in der schweizerischen Zeitschrift „Alpenrosen" 1866 „Der erste Schnee" und „Die Lautenstimmer", 1867 „Der Mars von Florenz" und „Miltons Wache".

Diese Publikationen blieben ohne Folge und Erfolg.

<hr>

Auf den Fährten des Jenatsch

Als er, erst von Engelberg und ein zweites Mal von der Engstlenalp (1860) emporgestiegen, auf der Hochwacht des Titlis Auslug hielt, fielen dem Dichter aus der schimmernden Runde der unzähligen Firnhäupter namentlich die Bündner Schneeberge in die Augen, die sich wie eine Reihe weißer Gezelte am Horizont hinstreckten.

Zu dieser nachhaltigen Erinnerung gesellte sich im Sommer 1866 plötzlich eine Art Heimweh nach dem Lande der Grisonen, das er einst, das Ränzchen auf dem Rücken, an der Seite des Vaters durchwandert, seit den Knabentagen aber nicht mehr gesehen hatte. Ein Wirtshaus in Silvaplana stand deutlich wieder vor seinem Blick, mit steinerner, geländerloser Freitreppe und einem steinernen Saal, worin der Wirt obenan zu Tische saß, patriarchalisch und wohlwollend, eher wie ein väterlicher Gastfreund als wie ein berufsmäßiger Herbergsvater.

Es drängte ihn, diese Stätte eines froh verlebten Jugendtages nach einem Vierteljahrhundert wieder aufzusuchen. Selbstverständlich sollte ihn die Schwester begleiten, wie sie zwei Jahre vorher mit ihm ins Berner Oberland gereist war und in Bönigen am Brienzer See drei genußreiche Wochen mit ihm verbracht hatte.

Es war nicht allein die reiche und mannigfaltige Landschaft Rhätiens, was ihn lockte. Jürg Jenatsch, der größte Bündner, hatte ihn seit zwei Dezennien beschäftigt und sich ihm infolge mehrerer dramatischer Gestaltungsversuche immer tiefer eingeprägt, so daß er nun vor allen übrigen dichterischen Figuren in dem Augenblick entschieden vor die Seele des Poeten trat, wo dieser aus dem bescheidenen Erfolge der zwanzig Balladen Mut und Vertrauen gewann, sich größerer Dinge und Schöpfungen zu unterfangen.

So machte er sich mit dem Vorsatz auf, während seiner Wanderungen im Engadin und der Enden acht zu haben auf den rätselhaften Krieger und Volksführer, auf die Schauplätze seiner leidenschaftlichen Demagogie, seiner heldenhaften Gefechte und Streifzüge, seiner heimlichen diplomatischen Wanderungen und verdeckten Machenschaften, auf seinen schwarzen Verrat und sein blutiges Ende.

An einem klaren Sommerabend fuhr er mit der Schwester den Züricher See hinauf und setzte sich in Rapperswil in die Eisenbahn. Es dämmerte bereits, als sie Uznach erreichten, wo im letzten Tagesschein mit ihren Rößlein die Boten aus der Innerschweiz standen. Um elf Uhr in Chur angelangt, verzehrten sie ihr Abendbrot unter einer Weinlaube hinter der Post im sogenannten „staubigen Hütlein", wo es von Soldaten und Bürgern lebhaft herging und ihnen schon das romanische Idiom entgegenklang, und fuhren dann um Mitternacht in das mondbeschienene Land hinein, über Churwalden nach Tiefenkastel, um dessen stille Kirche die Bergwasser rauschten. Zu-

weilen schlafend, zuweilen verträumt den Wandel der Sterne
betrachtend, erreichten sie, als diese verblichen, die Ortschaft
Mühlen; von hier fuhr der Postwagen immer langsamer den
einsamen Weg hinan, auf welchen da oder dort vom Berghang
ein Burgstall herniederwinkte, bis sie endlich die Höhe des
Juliers erreichten mit seinem Seelein, den schimmernden
Gletscherzungen und den zwei gebrochenen Säulen, in deren
Nähe bergamasker Hirten die Schafe weideten, ganz wie es im
Eingang zum „Jenatsch" geschildert ist. Dann trug sie die Post
rasch abwärts ins Engadin, so daß sie in Silvaplana anlangten,
ehe sie sich's versahen.

Die Geschwister stiegen aus, ihr Gepäck wurde auf die Straße
abgeladen, die Pferde zogen an und trabten weiter. Die Reisenden standen eine Weile unschlüssig da, denn das alte Wirtshaus, in dem Conrad mit dem Vater Einkehr gehalten, war vom
Erdboden verschwunden, und an seiner Stelle erhob sich ein noch
ziemlich unvollendeter Neubau, mit seinem Gebälk nicht eben von
gastlichem und einladendem Aussehen. Als aber die Wirtin
heraustrat und einfaches Essen sowie gute Unterkunft in einem
nahen Hause verhieß, waren sie es zufrieden und zogen bei
einem Förster namens Rizzaporta (Ritz a porta) ein, in dessen
einfachen Zimmern außer der Bettstatt und dem Tisch mit
der Schieferplatte und den gewundenen, durch ein Kreuz verbundenen Füßen sich noch einige Holzstühle vorfanden; auf diesem
Tisch nahmen sie ihre Mahlzeiten ein, wobei es, früh oder spät,
nie an herrlicher Milch, Mittags und Abends nie an dunklem
Veltliner, sowie an geräuchertem und an der Luft gedörrtem
Fleisch mangelte. Zuweilen wurde Betsy noch ein besonderer
Genuß zu teil: zwei alte Weiblein, die in der Stube nebenan
hausten, gönnten sich mitunter, wenn sie Nachts nicht schlafen
konnten, ein Schnäpslein als Herzstärkung und Schlummertrunk,
dessen würziger Geist verstohlen durch die dünne Wand duftete,
das nächtliche Geheimnis verratend. Sie für ihr Teil hielt es
freilich mit der Milch und dem kristallenen Wasser, das vor dem
Hause mächtig aus der Röhre schoß.

Jeder Tag, soweit es das Wetter gestattete, brachte Ausflüge in die nahen Arvenwälder und in die Alpenrosen; auch

den Piz Surlei, der ihnen in die Fenster strahlte, bestiegen sie.
Mehrmals wanderten sie über Sils Maria nach dem Fextal,
das „fern der Welt, dem Himmel nahe" ist: dort stand „die Bank
des Alten", dort blitzen am Firmament die sieben Silberspitzen,
hinter denen „Schneewittchen" den Zwergen die Wirtschaft
führt. Sie stiegen auch zum buchtigen, düsteren Caveloschsee
hinauf, der, wie es im „Jenatsch" heißt, in eine „überall, überall
sich zudrängende Wildnis dunkelrot blühender Alpenrosen versenkt ist wie in ein blutiges Tuch"; sie sahen, gegen den Ausgang
des Talgrundes, aus einem glänzenden Schneefeld rötliche
Klippen und Pyramiden hervorstechen, noch weiter südwärts
eine hochgetürmte, dunkle Gebirgsmasse, den Monte della
Disgrazia, von den Veltlinern Monte dei guai, Berg des Wehs,
benannt; sie sahen den im Zickzack zum Murettopaß sich empor-
windenden Pfad, den Heinrich Waser beschreitet, um drüben im
Veltlin seinen Jugendfreund Jenatsch heimzusuchen.

Das von Alpenrosen überwucherte Seegestade wie den un-
heimlichen Berg mit dem schwermütigen Namen hielt der Dichter
später, jedes für sich, in Gedichten fest. Er schrieb beide im Jahre
1871, schloß aber beide von der Aufnahme in seine Sammlung
aus. Beide, das erste beinahe restlos und unverändert, das
andere gewendet und gekürzt, ließ er im unverlöschlichen Landschaftsbild seines „Engelberg" wieder erstehen. Das Lied vom
Berg des Unglücks legte er überdies im Erstdruck des „Jenatsch",
wie er in der Zeitschrift „Die Literatur" erschien, der Lucretia
Planta in den Mund, tilgte es jedoch in der Buchausgabe des
Romans. Zwei Zeilen davon verwandte er als Anfang des
Gedichtes „Vision".

Das rote Tal.

Auf Felsenstufen stieg einmal
Ich in ein abgelegnes Tal,
Das vollgedrängt bis an den Rand
Von blüh'nden Alpenrosen stand.

Das ganze Tal war rot wie Blut:
Da dacht' ich dein in Liebesglut;
Doch länger schauend in das Rot
Gedacht' ich an den jähen Tod.

„Ein altes, seltsames Lied fiel ihr ein, das sie meinte in

ihrer Kindheit mit Jürg gesungen zu haben; sie sagte es leise
vor sich hin" („Die Literatur", S. 816):

Als ich einst in jungen Jahren
Nach Italia bin gefahren,
Wo die Lüfte geh'n gelind,
Sah den dunklen Berg der Klagen
Hoch am blauen Himmel ragen
Ich, ein heimatloses Kind.

Lang war mir der Berg verschwunden.
Ruhig flossen meine Stunden,
Ohne daß mir Leid geschah —
Aber jüngst, als ich verirrt war,
Wo kein Jäger und kein Hirt war,
Stand er plötzlich wieder nah.

Und nun muß ich Arme schauen
Immerdar den Berg mit Grauen,
Der mir ganz den Himmel raubt —
Allwärts blickt er mir entgegen,
Über allen meinen Wegen
Droht er mir mit dunklem Haupt.

In „Engelberg" heißt es:

Du kennst den Berg des Unglücks nicht,
Ich sah ihn einst von ferne stehn,
Als ich in meinen jungen Jahren
Bin nach Italia gefahren.
Viel Silberhörner ragen dort,
Er schweigt, genieden von den andern
Tief im Gebirg am düstern Ort,
Nur wen'ge schauen ihn, die wandern;
Doch wen der Fuß vorüberträgt,
Dem bleibt sein Bildnis eingeprägt.
Ich sah ihn wieder heut im Traum.
Ich drang in eines Tales Raum,
Das dicht gefüllt bis an den Rand
Von blüh'nden Alpenrosen stand.
Das ganze Tal war rot wie Blut —
Ich dachte dein in Liebesglut,
Doch, länger schauend in das Rot,
Gedacht' ich an den jähen Tod.
Da hob den Blick ich und ich sah
Den Berg des Unglücks groß und nah.
Wie hing er über mir so schaurig!
Wie blickt' ins rote Tal er traurig!

Eines Morgens, nachdem sie ihre Wanderungen auszudehnen
beschlossen hatten, fuhren Conrad und Betsy in der Chaise des
Wirts und von dessen ältestem Buben geführt über die Maloja.
Dann schickten sie ihn mit Roß und Wagen nach Castasegna voraus, um das Schloß des Barons Castelmur zu besehen, der,
wie so mancher seiner Landsleute, als Zuckerbäcker sein Glück
in der Fremde gemacht und hernach, zu Sommeraufenthalten
in die Heimat zurückkehrend, das Ahnenschloß wieder aufgebaut
und unter anderem mit einem schönen Gemälde Deschwandens,
„Die Seligen“, geschmückt hatte. Hierauf schlugen sie den Weg
nach Soglio ein, einen Fußpfad, der längs der Berghalde immer
steiler und einsamer in die steigende Sonnenglut emporführte,
nur belebt von den vorüberhuschenden Eidechsen, welche der
Dichter von jeher gerne sah. Auf einmal, um einen Felsen herum-
gekommen, erblickten sie eine in eine Felsenspalte geschmiegte
Reihe von Herrschaftshäusern, die sie bald erreichten.

Der Ort Soglio war wie ausgestorben, da jung und alt,
der Heuernte obliegend, mit Sense und Rechen auf den Wiesen
hantierte. Conrad und Betsy betraten, mit einer Empfehlung
an die Eigentümer ausgerüstet, das alte Herrenhaus der Brüder
Giovanoli, die als Zuckerbäcker in Berlin vermöglich geworden,
und gelangten über breite, harzig duftende Arventreppen in
einen stillen, kühlen Saal. Ein schöner, alter Mann mit grauem
Bart, gemessen und ruhig nach Bündner Art, schritt ihnen vom
Pulte weg entgegen, wo er in einer Übersetzung des Plato gelesen. Das war einer der beiden zuckerbäckerlichen Brüder, der
nun den Gästen ein einfaches Mittagessen auftischte, sie selber
bediente und dann freundlich im Hause herumführte, um ihnen
dessen Sehenswürdigkeiten zu weisen.

Wunderlich berührte sie der Anblick der stillen, halbzerfal-
lenen Herrensitze, denen überdies ein Felssturz Verderben
drohte, das Gras, das zwischen dem Pflaster des Hofes hervor-
brang, die stolze, alte Pforte, zu deren linker und rechter Seite
in der Mauer ein massiver Ring hing, ob zum Festbinden der
Pferde oder, in früheren Jahrhunderten, als Fackelhalter,
wußten die Wanderer nicht zu entscheiden. Recht im Widerspruch zu der vergänglichen Menschenherrlichkeit warf der ge-

waltige Bondasgletscher seinen ungebrochenen Glanz aus der
Höhe über den Talgrund.

Hinter dem großen Hause klomm ein verwilderter Garten
mit verwachsenen, im Geschmack der Rokokozeit geschnittenen
Taxuswänden und mit verwitterten Statuen den steilen Berghang hinan, seltsam abstechend von dem vollen, ungehemmten
Wuchs der übrigen Abhänge Soglios, an denen Arve und Edel-
kastanie nebeneinander gedeihen, ein Schauspiel, das diese Landschaft insofern im großen wiederholt, als von der Maloja herunter dunkle Tannen und Arven zur Tiefe rücken, während
ihnen von Castasegna herauf die edle Kastanie entgegengrünt.

Der Dichter verwertete diesen landschaftlichen Reiz in dem
Gedicht „Die Schlacht der Bäume", wobei er zur Steigerung
des Kontrastes die in dieser Gegend allerdings auch wachsende
Rebe an die Stelle der Kastanie setzte und, um einen greifbaren Mittelpunkt und zugleich eine deutliche Abgrenzung der
beiden Gebiete zu gewinnen, einen alten Sarazenenturm erdachte:

> Hier am Sarazenenturme,
> Der die Straße hielt geschlossen,
> Ist in manchem wilden Sturme
> Deutsch und welsches Blut geflossen ...
>
> Arvbaum ist der deutschen Bande
> Bannerherr, der düster-kühne,
> Üppig Volk der Sommerlande,
> Rebe führt's, die sonniggrüne.
>
> Ohne Schild- und Schwertgeklirre,
> Ohne der Drommete Schmettern
> Kämpfen in der Felsenirre
> Hier die Nadeln mit den Blättern.

Die nach Castasegna hinab und dann nach Bondo hinauf Ge-
wanderten nahm hier das Fuhrwerk wieder in Empfang. In
dunkler Nacht auf der Malojahöhe wieder angelangt, empfanden
sie nach der schwülen Glut der Tiefe die kalte, vom nahen Schnee
herwehende Luft und den Nebel, so daß ihnen ein wärmender
Reisetrunk angezeigt schien. Als der Wirt, der diesen brachte,
mit einem brennenden Kienspan aus dem Hause trat, funkelte
der Veltliner in seinem Scheine wie Rubin; den Eindruck, den

diese ganze Szene dem Dichter machte, gab er wieder in der
Reise des Herrn Waser, da, wo er ihm statt der erbetenen Unterkunft im Malojahospiz nur einen Becher Weins zu teil werden
läßt.

In Begleitschaft der Schwester tat sich Meyer annähernd
eine Woche im Unterengadin um, überall den historischen Stätten
nachspürend und allenthalben aufmerksam, wenn aus dem
Wappen eines alten Herrenhauses die Bärenpratze der Planta
oder die Weide der Salis herabwinkte.

Die Besichtigung des Veltlins, des für seinen Helden bedeutsamen Schauplatzes, gedachte er mit der Heimreise zu ver-
knüpfen, nachdem der Waffenstillstand zwischen Preußen und
Österreich geschlossen und das Grenzland wieder ruhiger geworden war. Denn nicht nur auf dem Meer und in der lom-
bardischen Ebene, auch im Hochland, nahe der Schweizergrenze,
hatten Österreich und Italien, der Bundesgenosse des siegreichen
Preußenkönigs, die Waffen wider einander gewendet; und der
weltgeschichtliche Krieg spülte eine kleine, unblutige Welle selbst
nach dem entlegenen Silvaplana hinauf. Eines Tages nämlich
rückte zur Deckung der unweit gelegenen Grenze eine Abteilung
schweizerischer Artillerie ein, deren Offizier unvermutet auf
den Dichter und seine Schwester zuschritt, um ihnen als guter
Züricher Bekannter die Hand zu schütteln. Ein Teil der Mann-
schaft, gerade unter den Fenstern des Rizzaportahauses kampie-
rend, erhielt in der grauen Frühe vor dem Abmarsch ihren
dampfenden Kaffee ausgeschenkt von den Händen einer Schwester
des Försters, bei dem die Geschwister wohnten, einer schwarz-
haarigen, hochgewachsenen und stolzen, aber einfachen Bünd-
nerin, wie sie dem Dichter für seine Lukretia etwa vorgeschwebt haben kann.

Später, als man die Truppen von der Grenze zurückzog,
erhob auf derselben Stelle ein Haufe Scharfschützen romanischer
und italienischer Zunge einen Tumult in dem Augenblick, da sie
ihren Sold gewärtigten, der in großen Holzbecken auf einem
Tisch zur Seite bereit stand. Mit hitzigen Worten und Gebärden vor den Tisch tretend, wandten sich die aufgeregten
Männer drohend gegeneinander, so daß die mächtigen Feder-

büsche ihrer Hüte, wie sie damals die Scharfschützen trugen, hin und her wallten. Die Offiziere redeten ruhig und beschwichtigend dazwischen und führten Eintracht und Stille bald herbei. An dieses Vorkommnis mag Meyer gedacht haben, als Jenatsch sich den Bündnerführern für die Summe verbürgt, die ihnen der Herzog Rohan schuldet.

Mit Fritz, dem Knechte des Wirtes und Posthalters, der sie ins Unterengadin und zurück geführt und dabei samt seinem Pferde Hans die Probe wohl bestanden hatte, brachen die Reisenden eines Morgens nach Pontresina auf und fuhren über die Bernina ins Puschlav. Als sie den Paß hinter sich ließen, überströmte den Dichter mit aller Macht das alte Heimweh nach Italien, dessen Himmel und Schönheit er nie vergessen konnte. Dieses Verlangen nach dem südlichen Wunderlande drängte er später in die schönen Strophen zusammen, in denen er La Röse, die erste Station auf der Südseite des Berninapasses, besingt, wobei seine vorgreifende Reisesehnsucht das kahle Berghaus mit den Rosen und Reben der blühenden Tiefe schmückte, welcher er entgegeneilte:

> Mit flachem Dach ein Säulenhaus,
> Das erste welsche Bildnis,
> Schaut Röse, weinumwunden, aus
> Erstarrter Felsenwildnis ...
>
> Nun, Herz, beginnt die Wonnezeit
> Auf Wegen und auf Stegen!
> Mir kommt ein Hauch von Üppigkeit
> Und ew'gem Lenz entgegen.

Nachdem sie in Le Prese genächtigt, machten sie am zweiten Tag zeitig Station in dem berühmten, oberhalb Tirano gelegenen Wallfahrtsorte Madonna di Tirano, um dem Pferde, das ordentlich in den Strängen gelegen, die benötigte Ruhe zu gönnen.

Die Unordnung des Kriegs und der allenthalben starrende Schmutz verhießen übles Quartier und bedenkliche Mahlzeiten, und diese Verheißung ging in Erfüllung. Zwar die Wirtin war eine feine Schönheit und voll Begeisterung für die causa sacrosanta della patria; aber die von ihr aufgetischte Suppe war

grau anzusehen und schmeckte übel. Das Zimmer, darin Betsy
schlief, gab der Suppe wenig nach: Betsy band die Türe zu, weil
sie das verlotterte und verrostete Schloß nicht schließen konnte,
während sie Fenster und Laden offenlassen mußte, da ein mit
seinen großen Blättern hereingewachsener Feigenbaum sich in
die Füllung drängte. Das üppige Geäst und Blätterwerk seines
Abbildes sperrt den Fensterladen, den Herr Waser im Pfarrhause zu Verbein aufstößt.

Am nächsten Morgen besuchten sie die Kirche der Madonna.
Gleich den übrigen Anwesenden, lauter Einheimischen, stellten
sie sich um ein Paar, das eben getraut wurde, in den Ring.
„E fatto! è sacrificata!‟ flüsterten die Weiber, mitleidig auf
die armselige, gedrückte Braut blickend, die den Sohn des Küsters
heiratete. Hernach betrachteten sie in Tirano einige der hübschen
Paläste der Salis, Visconti und anderer, getrauten sich jedoch
wegen des überall herrschenden Unrates nicht, den Fuß in ein
Wirtshaus zu setzen.

Es wurde ihnen freier um Stirn und Brust, als sie, die
Reise landaufwärts ausdehnend, Bormio entgegenfuhren. Hier
wich der lastende Sumpfbrodem einem frischen Hauch, in welchem
durchschnittlich kräftige und zuweilen schöne Menschen gediehen,
wogegen sie drunten in Tirano auf Schritt und Tritt auf Kretins
gestoßen waren.

Wegen des noch nicht völlig verrauschten Kriegslärms verweilten in den Bädern zu Bormio nur zwei Kurgäste, ein
Schweizer, namens Gilli, nebst seiner Tochter, beide aufrichtig
froh über das Erscheinen der Landsleute, weil ihnen die vorhandene Gesellschaft nur mäßig behagte. Da saß nämlich eine
lange Tafel voll italienischer Offiziere, meistens Garibaldiner,
präsidiert von einem ehrwürdigen, gleichfalls in eine rote Bluse
gehüllten Oberst, wie es denn allenthalben von diesen Rothemden
schimmerte.

Die Kriegsleute kamen den beiden Damen galant entgegen
und kredenzten ihnen von dem feinen Veltliner, der am Offiziers-
tische floß. Sonst waren die Italiener auf die Schweizer nicht
eben gut zu sprechen. Von den Österreichern mit blutigen
Köpfen vom Stilfser Joch heruntergejagt und aus Bormio, das

sie gleich dem übrigen Veltlin seit der Waffenruhe wieder inne-
hatten, verscheucht, beschuldigten sie die Schweizer, die in einem
nahen Seitentälchen unweit Santa Maria lagerten, den Feind
durchgelassen zu haben, und was dergleichen törichte Fabeleien
mehr waren, woran sie indessen hartnäckig festhielten, ohne zu
überlegen, daß ihnen lediglich die eigene militärische Unzuläng-
lichkeit die Schlappe zugezogen hatte. Da der Knecht Fritz, der
die Grenzbesetzung als Scharfschütze mitgemacht hatte, über
seinem Schweizernamen nicht minder eifersüchtig wachte als
über seinem Gaul, so drohte fortwährend ein kleines Gewitter
am Reisehimmel, zumal der aus gesundem, aber etwas derbem
Holz geschnitzte Bursche mit seiner Abneigung gegen die Welschen
nicht hinter dem Berge hielt.

Nachdem sie einen Ausflug gegen das Tal Fraele unter-
nommen, das Meyer als den Ort eines glänzenden Sieges des
Herzogs Rohan wenigstens aus der Ferne zu sehen wünschte,
fuhren die Geschwister aufs Stilfser Joch hinauf, begleitet von
Fräulein Gilli, welche die Reisegelegenheit mit Freuden ergriff.
Unterwegs schloß sich ein italienischer Major an, der die seit dem
Friedensschluß wieder bis zur Jochhöhe stationierten Truppen
schon längst hätte inspizieren sollen, aber erst jetzt Anlaß dazu
fand, wo es in angenehmer Begleitung geschehen konnte. Die
Soldaten tranken mit den Vorgesetzten in den Cantinieren auf
das Wohl Italiens und Viktor Emanuels, dabei weidlich auf
die Schweizer schimpfend, denen sie auch die Grenzsteine um-
gestürzt hatten. Fritz bezähmte seine Zunge, rächte sich jedoch
durch die strikte Weigerung, den Major, dessen armseliges Pferd
den beleibten Reiter talwärts zu tragen außerstande war, in
seine Chaise aufzunehmen, so daß der Tapfere in einem kleinen
Wagen nach Bormio zurück mußte. Übrigens verabschiedete er
sich am nächsten Morgen galant und freundlich, als Conrad und
Betsy zur Weiterreise aufbrachen.

Auf dem Rückwege in Madonna di Tirano angelangt, vermieden sie — wie Lukretia die Locanda — das bekannte Wirtshaus, setzten sich vielmehr in einer nahen Wiese nieder, um das
vorsichtigerweise aus Bormio mitgenommene gebratene Huhn, zu
dem sie sich Brot und Wein reichen ließen, im Freien zu ver-

zehren. Dann ging es vorwärts nach Sondrio und an Ver=
benn vorbei, wo Jenatsch als Pfarrer geamtet, nach Morbegno.
Wegen der ungesunden Sumpfluft verzichtete der Dichter auf
einen Besuch der in Ruinen liegenden Festung Fuentes, so sehr
ihn danach gelüstete. In Colico trennten sie sich von Fritz, der
über Chiavenna den Heimweg einschlug, und erreichten zu Schiff
Bellaggio, wo sie einen mehrtägigen, wonnigen Aufenthalt ge=
nossen. Zu der leuchtenden Pracht des Himmels und der
strahlenden Früchte, unter denen sich Baum und Strauch bogen,
gesellte sich der Jubel der Bevölkerung; denn nun kehrten die
Garibaldini nach endgültigem Friedensschluß an ihren Herd
zurück, fröhlich unter den Ihrigen gehend und die Kinder auf
den Armen tragend. Einen hübschen Anblick gewährten auch
die Chorbüblein, die am Sonntag auf der Straße vor der Kirche
ihre Hemdlein überwarfen, lustig und nichts weniger als an=
dächtig; und aus der Kirche, durch deren Fenster und Türe
der entzückende Schmelz eines südlichen Herbsttages schimmerte,
wurden die Beter mit einem glänzenden Walzer entlassen.

Die Geschwister durchquerten den See und begaben sich
von Menaggio über Porlezza nach Lugano, um hier durch eine
genußreich verbrachte Woche die Sommerrast im Gebirge und
alle Ausflüge und Reisen des Jahres abzuschließen. Lange
wirkten die schönen Bilder Luinis und die Marmorwerke Velas
in ihrer Seele nach. Bellenz und seine Felsenburgen hinter
sich lassend, zogen sie durch das schöne Misox zum Sankt Bern=
hardin empor, von da durch die Via mala nach Thusis: das
ist der Weg, den Lukretia Planta mit dem befreiten Jürg
Jenatsch wandert.

Der Dichter war, als er das Engadin aufsuchte, völlig im
klaren über den außerordentlichen, ja völlig einzigen Wert des
Jenatschstoffes und aus diesem Grunde entschlossen, während des
ganzen Bergaufenthaltes Land und Leute zu studieren. Er
erreichte seinen Zweck, wie er dem Verleger Häffel schrieb,
indem er eine „Last schönster Landschaften und lebensvoller
Genrebilder" heimbrachte, als er am 3. Oktober wieder in
Zürich eintraf. Um so bitterer berührte es ihn, als er vier
Monate später das Geständnis ablegen mußte, er bringe nichts

zustande, weil die historische Wahrheit den Vorsprung gewonnen habe und er sich nicht getraue, ihr eine vollere Gestalt zu geben, als die Quellen böten. Mit anderen Worten: sein poetisches Vermögen reichte noch nicht an die Größe des Vorwurfs heran. Es erstarkte dann im Lauf der Zeit dermaßen, daß es ihm nichts mehr schuldig blieb. Aber dazwischen lagen viele Stunden der Niedergeschlagenheit und der Verzweiflung.

Übers Jahr im Sommer (1867) suchte Meyer mit der Schwester Silvaplana von neuem auf, so lieb und vertraut war ihm Bünden geworden. Freilich zeigte sich das Hochland vorübergehend auch von der weniger angenehmen Seite, da Anfang September plötzlich eine beträchtliche Kälte einfiel, so daß von dem Vordächlein des kleinen Hauses, worin die Geschwister diesmal Unterstand genommen, die Eiszapfen meterlang herunterhingen, die Telegraphendrähte nach St. Moriz so dick waren wie Waschseile und überall auf den Wegen die Schlitten klingelten. Als die Wärme wieder die Oberhand gewann, wurde von größeren Ausflügen abgesehen, die kleineren dagegen wieder aufgenommen und fortgesetzt, so ins Fextal, nach Samaden und Pontresina. Hier, angesichts des gewaltigen Morteratschgletschers, schenkte die Muse dem Dichter eines seiner schönsten Gedichte, „Firnelicht"; es verrät seinen Ursprung durch die Überschrift der ersten gedruckten Gestalt: „Im Engadin".

Wie das Jahr vorrückte, verlegten die Geschwister ihr Standquartier von Silvaplana nach Thusis und durchstreiften von hier die Umgegend nach allen Richtungen, das Augenmerk vorwiegend auf die alten Burgen und Ruinen gerichtet, an denen am Fuß des Heinzenbergs und im Domleschg kein Mangel herrscht. Hier ist ein Bezirk, wo die Erinnerung den Namen des Jürg Jenatsch geradezu herausfordert. Thusis selbst hatte er mit stürmender Hand genommen; unweit von Thusis, drüben im Domleschg, liegt Fürstenau, der Lieblingssitz des Herzogs Rohan; östlich davon, höher und näher an den Bergen, dehnt sich das Dorf Scharans unter seinen üppigen Obstbäumen: noch ragt unverändert die wettergraue Kirche, auf deren Kanzel der junge Gottesmann das Wort des Herrn verkündete, ehe er infolge seines ungestümen politischen Eingreifens auf eine

Veltliner Straßpfarre versetzt wurde. Und kaum mehr als eine
halbe Stunde talabwärts erhebt sich Schloß Riedberg; dort
zeigt ein schwarzes Kreuz am alten Kamin die Stelle, wo Pom-
pejus Planta unter den Streichen seiner Feinde verblutete. Er
hatte sich im Kamin geborgen und schien gerettet, als ein blindes
Hündlein, das winselnd nach seinem Herrn hinaufschnupperte,
ihn den ergrimmten Verfolgern verriet. Meyer verwertete das
Ende des mächtigen Parteigängers in einem Gedicht, das, nach
der Schrift zu schließen, in der erhaltenen Fassung jedenfalls
nicht vor Ende 1870 aufgezeichnet wurde und das er niemals
veröffentlichte, hauptsächlich wohl darum, weil er sich in dem
später abgeschlossenen, damals aber erst entworfenen „Jenatsch"
nicht wiederholen wollte. Auch hat er den vorliegenden Entwurf ersichtlich nie wieder übergangen.

Das Mordbeil (aus Graubünden)

Kühl im gewölbten Salone verweil' ich, der Herrin gewärtig.
Album und Photographie füllen den marmornen Tisch,
Neben der Augsburgerin ist entfaltet die Revue des deux mondes —
Aber die Herrin erscheint, rauschend im seidenen Kleid.
Erst die Verbeugung und erst das Geplauder von Neuem und Neustem,
Dann vor die lächelnde Frau bring' ich ein schlichtes Gesuch,
Daß sie mir zeige den Turm, umkleidet vom neuen Gebäude,
Der in verschollener Zeit einst eine Rolle gespielt.
Und sie willfahrte mir gern und sie ging mir voraus in den Zwinger
Hallende Stufen hinauf bis in das alte Gemach.
Und ich bat, daß sie mir selber die Märe berichte,
Wenn sie nicht schaudre davor. Doch die Beredte begann:
„Drei Jahrhunderte sind's, da ward mir der Ahne gemordet,
Hier, wo das Kreuz ist geritzt, nachts mit der Schärfe des Beils.
Als er die nahenden Schritte vernahm, da entschlüpft' im Kamin er,
Dort!" und sie zeigte den Herd, mächtig aus Quadern gewölbt.
„Weh! Aufschnobernd verriet ihn sein eignes erblindetes Hündchen,
Und am ergriffnen Gewand riß ihn der Mörder herab,
Dem an die Knie sich geklammert ein Kind, das er wegstieß.
Aber das Beil ward bewahrt, aber das Mädchen erwuchs.
Nimmer rastete sie, die blühende Jungfrau, bis ihr der Mörder
Sank, von desselbigen Beils rächendem Streiche gefällt."
Sprach's und eröffnet' den modernden Schrein, und die rostige Mordaxt
Wog sie mit nerviger Hand, lodernde Flammen im Blick.
Weg war die Dame von Welt, ich erschaute die wilde Grisonin,
Wie sie die Chronik erzählt, männlicher Taten gewohnt.

Ungefähr gegenüber Riedberg, auf der westlichen Seite des
Rheins, liegt das Dorf Cazis, das mitten unter protestantischer
Bevölkerung fast allein katholisch blieb. An den langen Klostermauern, hinter welchen der Dichter die Lukretia Zuflucht finden
läßt, wanderte er mit der Schwester oftmals vorbei. Von hier
oder von Thusis erstiegen sie die Präzerhöhe, den höchsten Punkt
des Heinzenberges, den Herzog Rohan für den schönsten Berg
der Welt erklärte.

Sie klommen zusammen auch zu der zerfallenden, über der
Schwelle der Via mala hangenden Feste Hohen Rhätien oder
Hohen Realta empor. An der Wand der aufrecht gebliebenen
Burgkapelle stand neben allerlei Inschriften das Herz gemalt,
das den Anlaß gab zu dem Gedichte „Alte Schrift":

> In den Mauern bin ich lang' geblieben:
> Alte Namen standen rings geschrieben
> Hoch im Raume, wo die Luken schimmern,
> Doch die Wendeltreppe lag in Trümmern.
>
> Die den Blick ins Weite dort gerichtet,
> Ihre Wanderstäbe sind vernichtet,
> Ihre leichten Mäntel sind verstoben,
> Ihre Sprüche blieben aufgehoben ...
>
> Dort ein Herz, von einem Pfeil durchschnitten.
> „Hedewig" steht auf des Bolzes Mitten.
> Dicht daneben schrieb ein Fahrtgenosse
> Gut lateinisch eine derbe Posse.

Daß der Dichter die Via mala manchmal besuchte, versteht
sich von selbst. In ihrem Schlunde wandern Wulfrin und Palma
novella; auf einer Alpe in der Höhe entlodert die schwüle
Leidenschaft zwischen beiden; unter einem der vorhandenen oder
verschwundenen Burgställe im Tal des Hinterrheins, am ehesten
wohl unter Hohen Rhätien hat man sich Malmort zu denken.

Schließlich fühlte sich Meyer in Bünden und besonders in
Thusis so heimisch, daß er sich allen Ernstes mit dem Gedanken
trug, in dieser Ortschaft ein Haus zu erwerben und sich dauernd
anzusiedeln. Zum Glück widerrieten ihm die Zürcher Freunde
das Vorhaben und behüteten ihn vor der Gefahr, dem Hange
nach Stille und Einsamkeit so weit nachzugeben, daß wohl
Stimmung und Arbeiten gelitten hätten.

Erst spät im Jahre kehrte er heim, da die Cholera, die nach seiner Abreise in Zürich ausgebrochen war, eine frühere Rückfahrt nicht rätlich erscheinen ließ und weil er möglichst lange in der Höhe verharrte wegen seiner nervösen Reizbarkeit, deren Beseitigung, wie er dem Freunde Friedrich von Wyß schrieb, ihm der kürzeste Weg schien, noch etwas Tüchtiges zu leisten. —

Nachdem der Dichter für seinen „Jenatsch" die Landschaften und ihre historischen Stätten beschritten hatte, erwuchs ihm die Aufgabe, sich den Stoff des genaueren anzueignen. Seit dem Verkehr mit Vulliemin kannte er das Material hinreichend, um sich den Helden und seine Geschicke zu vergegenwärtigen; aber bis in alle Winkel hinein kannte er es nicht. Eine solche Kenntnis zu gewinnen, ist keine ganz einfache Sache, so wenig als die Topographie Bündens ein Ding ist, dem man im Handumdrehen beikommt.

Zunächst galt es einen Einblick in den zwischen Frankreich und Östreich=Spanien geführten Kampf, woraus die Bündner Kriege des siebzehnten Jahrhunderts lediglich ein Ausschnitt sind. Er ließ sich wohl bei Ranke am besten finden. Über die Taten und Erlebnisse des Jenatsch sodann verbreiteten sich zwei Monographien, eine kleine, aber gründliche von Alfons von Flugi und eine umfänglichere, aber minder zuverlässige von Balthasar Reber. Meyer scheint nur die letztere gekannt zu haben. Dann mußte er die Werke dreier Bündner durchpflügen, die als Zeitgenossen des Jenatsch schrieben. Der Titel des einen lautet: „Des Marejchal de Camp Ulysses von Salis=Marschlins Denkwürdigkeiten"; der des zweiten: „Des Ritter Fortunat Sprecher von Bernegg J. U. D. Geschichte der Kriege und Unruhen, von welchen" u. s. w.; der des dritten: „Denkwürdigkeiten des Fortunat von Juvalta 1567—1649. Aus dem Lateinischen" u. s. w. Alle drei gab Conradin von Mohr in den fünfziger Jahren des vorigen Jahrhunderts in dem „Archiv für Graubünden" heraus.

Von dieser Durcharbeitung hat sich wenig erhalten; immerhin genug, um des Dichters Gründlichkeit darzutun: er füllte mehrere Seiten, sehr sorgfältig geschrieben, mit Abschriften einzelner Partien aus den erwähnten Denkwürdigkeiten des Ulysses von Salis und verzeichnete auf der Rückseite des einen dieser

mit Kopien gefüllten Blätter die Hochgerichte und Gerichte der
drei Bünde.

Auch Spezialarbeiten über Rohan, Werdmüller, Waſer und
andere an den Bündner Wirren Beteiligte zog er zu Rate und
fahndete auf der Züricher Stadtbibliothek nach allen erreichbaren Bildniſſen jener Kriegsleute und Staatsmänner.

Wie der „Jenatſch" vor dem Erſtdruck ausſah, entzieht ſich
unſerem Wiſſen, da von den vielen Wandlungen, die er ſicherlich
durchlief, auch nicht das geringſte Bruchſtück übrig blieb. Dagegen
fand ſich ein von der Schweſter des Dichters geſchriebenes und
aufgehobenes Reſtchen der niemals vollendeten Dramatiſierung
des Stoffes.

Zweiter Oberſt

Ein andres wär's, wenn unter eignen Fahnen
Wir für die Heimat unſer Blut verſpritzten.

Erſter Oberſt

So war es früher, und ſo war es beſſer.
Erinnerſt du dich noch, Jenatſch, wie wir
Im Prättigau die Spanier niedermähten,
Die Sprecher, du und ich, wir fünf zu Roß,
Und hinter uns mit hochgeſchwungnen Keulen
Das wutentbrannte Volk, die kecken Weiber
Mit blut'gen Armen Todesſenſen ſchwingend?
Die Dinge waren damals klar. Wir faßten
Die Sache einfach an.

Dritter Oberſt

Verworren, unklar
Iſt all' und jedes heut'. Wenn nicht den Herzog,
Wen faſſen wir als gült'gen Schuldner?

Jenatſch

Mich!
Kam'raden, hört! Ich bin nicht unbegütert.
Mir liegen Haus und Wieſen zu Davos,
Mir reifen dunkle Trauben im Veltlin;
Auch in Italien blüht mir ein Beſitztum;
Redlich erwarb ich's in Venedigs Dienſt.
Dies alles, Herrn, verbürgt euch euern Sold.
Doch mehr! Mit Gut und Blut, mit Leib und Seele
Verſch(reib.?) ...

———————

Strand-Idyll

Wenn auch nicht in ein weltabgeschiedenes Bergtal, so zog der Dichter aus der Stadt wenigstens aufs Land und tat der Einsamkeit einen starken Schritt entgegen, als er zu Ostern 1868 in dem von Zürich eine Stunde seeaufwärts gelegenen Dorfe Küßnacht im „Seehof" Wohnung nahm, in einem zur Zeit des Dreißigjährigen Krieges von jenem Züricher General Lochmann, der das alte Haus in Stadelhofen erstellt hat, erbauten Landsitz. Mit der Schmalseite gegen den See gerichtet und von diesem nur durch einen engen Gartenstreifen getrennt, besitzt der Seehof im Erdgeschoß eine Reihe kleinerer Zimmer, während sich die eigentliche Herrenwohnung, ganz wie es in Stadelhofen war, im ersten und einzigen Stockwerk befindet, durchlaufen von einem langen Korridor, dem sich links und rechts die Zimmer anschließen.

In diesem Korridor pflegte der Dichter zur Winterszeit oder bei schlechtem Wetter rauchend auf und ab zu spazieren. Nachts wurde der gestreckte Raum durch eine große Lampe erhellt, die Betsy darin aufgehangen hatte und deren Schimmer weithin zu erblicken war, wenn man auf dem See vorbeifuhr oder von der Landstraße her dem Hause zuschritt. Aus den sieben Zimmern des von den Geschwistern ganz allein besiedelten Stockwerks erkor Meyer das schönstgelegene zum Arbeitsgemach, das auf die Flut hinausgehende, dessen Fenster völlig von der Seebläue und den vorüberwandernden weißen Segeln gefüllt war, die seeaufwärts, in der Gegend von Meilen, wo der Wind die Richtung wechselt, immer ein besonderes Spiel aufführen, indem sie je nachdem plötzlich zusammenfallen und erschlaffen oder, von einem aufspringenden Hauch geschwellt, sich beleben.

Hundertmal erblickte er hier, was er im Gedicht festhielt und dadurch, daß er dieses unter die Liebeslieder reihte, zum anmutigen Symbol gestaltete, „Die zwei Segel":

Zwei Segel erhellend
Die tiefblaue Bucht!
Zwei Segel sich schwellend
Zu ruhiger Flucht!

Wie eins in den Winden
Sich wölbt und bewegt,
Wird auch das Empfinden
Des andern erregt.

Begehrt eins zu hasten,
Das andre geht schnell,
Verlangt eins zu rasten,
Ruht auch sein Gesell.

Gar oft erweckten die ziehenden Schiffe und Segel Reise=
lust und Sehnsucht in ihm, wie Vorboten der Hoffnung und
einer hellen, weiten Zukunft erscheinend:

Ein Segel zieht auf wunderkühlen Pfaden,
Im Flutendunkel spiegelt sich der Tag.
Was hat die Barke dort für mich geladen?
Vielleicht ist's etwas, das mich freuen mag.
Entgegen ihr! Was wird die Barke bringen
Durch blauer Wellen freudiges Gebraus?
Entgegen ihr! Mit weitgestreckten Schwingen!
Tag, schein herein! und, Leben, flieh hinaus!

Zuweilen, wenn er allein mit dem Raddampfer von Zürich
nach Küßnacht und später nach Meilen in vorgerückter Nacht
heimfuhr, wird er, auf der Bank des Verdecks in traumartiges
Sinnen versunken, dem Schlummer nahe gekommen sein:

Auf der Schiffsbank mach' ich meinen Pfühl,
Endlich wird die heiße Stirne kühl!
O wie süß erkaltet mir das Herz! ...
Nur der Steurer noch, der wacht und steht,
Nur der Wind, der mir im Haare weht!
Schmerz und Lust erleiden sanften Tod.
Einen Schlummrer trägt das dunkle Boot.

Mitunter mag auch den aus einer Gesellschaft Heimfahren=
den jene dunkle Stimmung und der Gedanke an die toten Freunde
befallen haben:

Das Boot stößt ab von den Leuchten des Gestads,
Durch rollende Wellen dreht sich der Schwung des Rads.
Schwarz qualmt des Rohres Rauch ... Heut hab ich schlecht,
Das heißt mit lauter jungem Volk gezecht —

Du, der gestürzt ist mit zerschossener Stirn,
Und du, verschwunden auf einer Gletscherfirn,
Und du, verlodert wie schwüler Blitzesschein,
Meine toten Freunde, saget, gedenket ihr mein?

Und wie oft lauschte er auf seinem Lager bei offenem Fenster, wenn er den Schlummer erwartete, den Nachtgeräuschen:

Melde mir die Nachtgeräusche, Muse,
Die aus Ohr des Schlummerlosen fluten!
Erst das traute Wachtgebell der Hunde,
Dann der abgezählte Schlag der Stunde,
Dann ein Fischerzwiegespräch am Ufer,
Dann? Nichts weiter als der ungewisse
Geisterlaut der ungebrochnen Stille,
Wie das Atmen eines jungen Busens,
Wie das Murmeln eines tiefen Brunnens,
Wie das Schlagen eines dumpfen Ruders,
Dann der ungehörte Tritt des Schlummers.

Da in der geräumigen, nach allen Richtungen freistehenden Landwohnung sowie in dem anstoßenden Garten und Umgelände für unterhaltendes Hausgetier hinreichender Tummelplatz vorhanden war, so wurden Conrad und Betsy eins, solches anzuschaffen; denn das Kätzlein Bälgli hatte beim Auszug aus der ländlichen Behausung am Mühlebach nach dem feineren modernen Schabelitzhause verschenkt werden müssen. Ein Freund verehrte ihnen das Sepli, eine sanfte Katze, und diese begabte ihrerseits die Herrschaft alljährlich regelrecht zweimal mit zierlichen Nachkommen, von denen ein Stück auserkoren, erzogen und dann an irgend einen befreundeten Ort verschenkt wurde.

Als die Geschwister eines Tages wieder vor einem solchen Nest voll Sprößlingen standen, um über Leben und Tod zu entscheiden, begnadete Betsy ein nettes, graues Tigerchen, das der Mutter ähnelte und später, nach gehöriger Erziehung, in vertraute Hände weiter gegeben wurde. Aber da krabbelte in der kleinen Versammlung noch ein wunderliches Geschöpf, das die Augen gar nicht recht aufmachte, sondern nur sachte ein wenig in die Welt blinzelte. „Das ist ein Philosoph, er tut die Augen nicht auf; den müssen wir behalten!" entschied der Dichter. Und so geschah es.

Tschugg, wie er das Katerchen benamste, besaß einen vierschrötigen schwarzen Kopf und ein schwarzes, sammetglänzendes Fell; nur am Bauche war er weiß, ebenso an den Pfoten, die an den schwarzen Vorderbeinen wie aus dunklen Ärmeln hervorstanden. Sehr philosophisch gebärdete er sich nun freilich insofern, als er bei der Gepflogenheit verharrte, die übrigens großen Augen niemals völlig aufzumachen. Er zeichnete sich durch beträchtliche Sanftheit aus und durch ein behäbiges, behagliches Wesen, so daß er nie eine Maus fing, sondern dies Geschäft der Mutter Sepli überließ, welche die Beute vor den Sohn hinlegte. Er schritt gemütlich und ohne sich umzusehen durch die Tauben, obgleich er, wenn er erschreckt wurde, was sehr leicht eintrat, in gewaltigen Sprüngen davonsetzen konnte. Übrigens nahm er nach einem beschaulichen und angenehmen Leben ein trübseliges Ende. In Meilen, wohin ihn die Geschwister beim Umzug später mitführten, weil in Küßnacht niemand nach seinem Besitze begehrte, verweilte er viel in der Küche bei der Magd Marie, die zärtlich an ihm hing und voller Sorgen war, was aus ihm werden sollte, nachdem er seine Mutter Sepli verloren hatte; er pflegte sich, sobald die treue Seele aß, auf das Tischchen vor sie hinzusetzen, um sich die Bissen, die sie zum Munde führen wollte und die ihm behagten, herzulangen, was sein gutes Recht war. Als er sich eines Tages zur Mahlzeit einstellte, diese aber noch ungerichtet fand, entfernte er sich nach seiner Art gelassen. Von jener Stunde an ward er nicht mehr gesehen. Ein bösartiger Landschneider, der schon neun Katzen, wie die Dorfmäre ging, auf dem Gewissen hatte, erschoß ihn mit seiner rostigen Flinte, um aus dem schönen Fell für einen ländlichen Jüngling eine Pelzmütze zurechtzuschneidern.

Der dritte im vierfüßigen Triumvirat war ein schneeweißer Pudel, vor der Welt Joli, daheim aber Pudi oder Pudpud genannt, ein hübscher, munterer und anhänglicher Gesell, freilich etwas herrisch und gewalttätig gegen Sepli und den langsamen Tschugg, den er gelegentlich ein bißchen am Schwanz oder an einem Bein packte, während er fremde Katzen unnachsichtlich verscheuchte und unverweilt zur Verfolgung aufbrach,

sobald er ihrer ansichtig wurde. Leidenschaftlich aufs Baden
erpicht, holte er die von seinem Herrn weit in den See hinaus-
geschleuderten Scheiter ungestüm zurück; das erleichterte nicht
nur seine Reinhaltung, so daß er immer blank und sauber einherging, sondern er geriet dabei zum trefflichen Schwimmer,
was ihm bei seinen Liebesfahrten zu statten kam. Wenn er nämlich durch die verschlossenen Garten- und Haustüren nicht zum
Stelldichein gelangen konnte, so sprang er einfach in den See,
um sein Ziel vom Strand her zu erreichen, und flüchtete sich
wieder in die Flut, sobald ihm von Menschen oder stärkeren
Nebenbuhlern Gefahr drohte. Als er zum ersten Mal geschoren
wurde und, nachdem er vor vollendeter Prozedur der äußerst
verhaßten Schere entronnen war, in seinem hier langen, dort
kurzen Habit verdrießlich auf dem Boden lag, pflanzte sich das
Sepli langgestreckt vor ihn hin, den Kopf auf den Pfoten, und
lachte ihn wegen seines putzigen Aussehens höhnisch an: „Die
Tiere lachen auch,“ sagte der Dichter, „sie lachen mit den Augen.“
Eines Tages traf Pudi mit seinem Vater zusammen. Die beiden,
die sich ganz offenbar erkannten, wedelten sich freundlich an und
fanden sich von der Zeit an häufig zusammen, indem sie namentlich, wenn Conrad und Betsy spazieren gingen, einträchtiglich
nebeneinander herpilgerten. Doch hielt sich der Vater, ein zer-
zauster und etwas verwahrloster Kumpan, stets in gewisser ehr-
erbietiger Entfernung von seinem eleganten und vornehmen
Sohne. So erzählte mir Conrad Ferdinand Meyer.

Bei den fast täglichen Spaziergängen fehlte Pudi niemals.
Wenn während einer solchen Wanderung die Schwester gelegentlich in den Bruder drang, ihn zu rascherer Fortführung seiner
Arbeiten, zur Vollendung des Begonnenen ermunternd, so wurde
er wohl still und traurig; und schritt er dann mit gesenktem
Haupt und schlaffen Armen einher, so sprang Pudi an ihm
empor und leckte ihm die Hand, gleichsam um ihn zu trösten,
wie er auch zu Hause tat, wenn er den Dichter den Kopf in
die Hand gestützt dasitzen sah. Dann wurde Betsy, die ihre
Bitte aus eitel Liebe und Wohlmeinenheit angebracht, ihrerseits
von tiefer Traurigkeit befallen und schämte sich im Gedanken,
das unvernünftige Geschöpf sei eigentlich verständiger als sie.

Daß Conrad nicht untätig dahinlebte, wußte sie gar wohl, zumal er sie in seine Blätter und Entwürfe hineinblicken ließ und kaum eine Zeile niederschrieb, ohne sie vorher mit ihr erörtert zu haben. Gerade während der Küßnachter Jahre entstanden eine ansehnliche Reihe von Gedichten; die Balladen und alten Konzepte wurden stets von neuem umgemodelt und umgeschmolzen; der Jenatsch wuchs, wenn auch langsam und nicht ohne sich unter der bildenden Hand immer wieder zu ändern und zu verjüngen. Allein es gedieh nichts zum wirklichen Abschluß, und schien etwas fertig, so entsprach es nur zu bald den unmerklich sich wendenden und sich steigernden Forderungen des rastlos formenden und überdenkenden Dichters nicht mehr, so daß, je mehr er arbeitete, Arbeit und Aufgaben sich türmten. Und bei der Fülle des Unvollendeten, des Unerledigten und des neu Ersonnenen verdrängte ein großer Plan den anderen in banger, eifersüchtiger Hast aus der Gunst und Stimmung des Poeten, der diese Not, verschleiert und verschönt, bald darauf im „Hutten" zeichnete:

> Ein werdend Lied taucht aus des Stromes Lauf
> Wie eine Fei mit hellen Augen auf.
>
> Doch eh ich meinen Fang ans Land gerafft,
> Erhebt ein zweites sich schon nixenhaft,
>
> Winkt lachend mir mit beiden Armen zu:
> Ich bin das schönere, mich dichte du!
>
> Indes ich sinne, welches schöner sei,
> Entflieht die eine mit der andern Fei.

Angesichts des sich häufenden und doch nicht bezwungenen Stoffes konnten gelegentliche Rückfälle in den früheren Kleinmut und die melancholischen Selbstbetrachtungen nicht ausbleiben, die selbst nach kräftigen Erfolgen eine stärkere Natur heimsuchen, sofern sie mit Ernst bei der Sache ist.

Die neben der Poesie betriebene vielsprachige und sorgfältige Lektüre begann sich in jenen Tagen sogar auf das Mittelhochdeutsche zu erstrecken. Ettmüller, Meyers ehemaliger Lehrer am Gymnasium, kam jede Woche einmal nach Küßnacht heraus, um mit den Geschwistern den armen Heinrich, sowie den Gre-

gorius des Hartmann von Aue zu lesen, wobei er es nicht an
sprachgeschichtlichen Abstechern fehlen ließ.

Mitunter legte ihm der Dichter ein paar Strophen vor,
wofür er dann geduldig die umfänglichen dramatischen Untaten
des grundgelehrten Mannes anhörte, dessen poetischer Webstuhl
außerordentlich leicht und glatt lief, so daß er immer etwas
in der Mache oder fix und fertig auf Lager hatte.

Die Tafelrunde zu Mariafeld.

Am rechten Ufer des Züricher Sees hatte sich die Muse auf
diese oder jene Weise lange her etwas zu schaffen gemacht und
für kürzere oder längere Frist sich mehrmals ein Plätzchen aus-
gesucht.

Oberhalb Küßnacht, in der Gemeinde Herrliberg, steht die
Schipf, das einstige Landgut des Vaters von Mathilde Escher.
Goethe war einmal bei ihm zu Besuch, und als er, der bald
fünfzigjährige, den geräumigen Saal des oberen Hauses betrat,
fing er an zu tanzen mit dem Ruf: „Hier muß man tanzen!"
An die Schipf stößt das Gut Mariahalden, wo der Graf
Bentzel-Sternau nach langem Aufenthalt sein Leben beschloß.
Betsy war in ganz jungen Jahren dort, etwa 1845. Um das
Haus herum sah alles romantisch zerfallen und verwildert aus,
wie es denn mit den Verhältnissen des alten Herrn nicht mehr
zum besten stand. Von einem Haushofmeister in schwarzem
Anzug und weißen Handschuhen empfangen, wurde man sofort
in die erlesene Gemäldegalerie geleitet, worin prachtvolle Stücke
hingen, so ein von Holbein gemaltes Bildnis der Tochter des
Thomas Morus mit dem Aschenkrug des Vaters. Den Galerie-
wänden entlang liefen geblümte, aber etwas zerrissene und
verschossene Diwane. Und dann trat der Graf selber herein, in
einen Schlafrock gehüllt, dessen Stoff und Zustand demjenigen
der Diwane so ziemlich entsprach, ein zusammengefallener Greis,
jedoch mit schönem Kopf und feiner Nase, liebenswürdig und
geistreich. In den Glasschränken eines anderen Saales befanden
sich die Spielsachen, die verdorrten und beinahe zu Staub ge-

wordenen Blumen, die roten Saffianschühchen seines im Springbrunnen ertrunkenen Töchterchens Leopoldine. Dieser Springbrunnen war längst in ein Blumenbeet umgewandelt und wie
der ganze Garten verwildert; über die Wege schossen die Rosen-
zweige ungebändigt herein, das Dach überragten gewaltige
Kastanien, in denen sich mächtige Krähenschwärme eingenistet
hatten, so daß es beinahe unheimlich aus den dunklen Kronen
herniederrauschte, wenn sich die schwarzen Flüge erhoben. Als
Betsy nach Jahren wiederkehrte, waren die Bäume umgehauen,
die vielen Dienstboten entlassen, die schöne Galerie verkauft;
den Grafen selbst, der seinem Ende entgegenging († 1850),
bekam man nicht zu sehen, die früher oft zahlreiche Adelsgesell-
schaft deutscher Verwandter war verschwunden, das ehedem
heitere und geistreiche Leben der stillen und aufopfernden Kran-
kenpflege einer alten Freundin gewichen.

Der jüngste Sohn des Grafen, der wenig von den schön-
geistigen und schriftstellerischen Neigungen des Vaters geerbt,
lebte in der Nähe als tüchtiger Landwirt; er hatte ein hübsches,
unbemitteltes, braves Mädchen vom See geheiratet (eine Seiden-
winderin), das als richtige, ernste Bäuerin an seiner Seite
schaltete und waltete. Später nach Amerika ausgewandert,
begabte er die Gemeinde Erlenbach, auf deren Grund und
Boden Mariahalden liegt, sowie die Nachbargemeinden Herrliberg und Wetzwil im letzten Dezennium des Jahrhunderts
mit einer Stiftung für arme Kinder, die unter dem Namen
„Bentzelheim" im Mai 1897 eröffnet wurde. In die Heimat
zurückgekehrt, starb er im Alter von 85 Jahren in Kählhof-Stäfa
den 2. November 1904 und zwei Tage nach ihm seine Frau
Regula, geborene Äberly.

Weiter oben am See, an der Grenze der Gemeinden Herrliberg und Feldmeilen, befand sich das Landgut — das sogenannte
Chorherrengütli — der Jungfer Küngolt Ulrich (1800 bis
13. Januar 1874), die, aus einer alten Züricher Familie mit
geistreichen Traditionen stammend, diese Tradition durch einen
klaren Verstand und literarischen Sinn aufrecht hielt. Aus dem
dauerhaften Kernholz der guten alten Zeit geschnitten, schritt sie,
eine große Tasche am Arm, noch in hohen Jahren nach Zürich

hinein, um ihre Einkäufe und Geschäfte zu erledigen, und kehrte
am nämlichen Tag den über zwei Stunden langen Weg wieder
in ihr Anwesen zurück, das sie geschickt und tüchtig bewirtschaftete,
unterstützt von einer gleichfalls betagten Magd, Regula, die,
ähnlich der Herrin, ihren Platz so ehrenhaft und wacker ausfüllte, daß, als sie das Zeitliche gesegnet hatte, eine ganze Reihe
alter Züricher Herren aus angesehenen Häusern ihr das letzte
Geleite gaben. Jungfer Küngolt bewahrte sich die Jugend
durch den Verkehr mit den nachrückenden Geschlechtern, wie
sie denn langehin ein stetsfort aus neuem Zuwachs ergänztes
Schärlein junger Mädchen bei sich sah, welche sie in die Geheimnisse der englischen Sprache und Literatur einweihte. Nach
arbeitsvollem Tage pflegte sie bis Mitternacht einer ausgedehnten
Korrespondenz obzuliegen. Sie liebte die Geselligkeit und bot
im Sommer geistig bedeutenden Leuten gerne ihr gastliches
Dach zur Erholung, unter dem sie halb als Gäste, halb als
Pensionäre weilten.

Durch eine Freundin der verstorbenen Mutter mit Küngolt
zusammengebracht, lernten Conrad und Betsy in ihrem Hause
Dr. Wille sowie seine Frau und die beiden Söhne kennen. Als
der nahe und liebenswürdige Nachbar der ergrauten Küngolt
hauste er auf seinem Landsitz Mariafeld: etwas erhöht auf einer
Terrasse, von Wiesen und Weinbergen der sanft ansteigenden
Höhen umgeben, liegt das einfache, innen mit anheimelnder
Altertümlichkeit eingerichtete Gebäude, das ein Züricher Pa-
trizier vor mehr als hundert Jahren erbaut hatte. Auf dem
die Einfahrt zur Freitreppe bildenden Hofe erhebt sich neben
zwei alten Nußbäumen eine Platane. Vom Garten und den
Fenstern streift der Blick über den See nach dem wohlbebauten
Gelände des jenseitigen dörferreichen Gestades bis zu den Glarner
Schneegebirgen.

Françoıs Wille (20. Februar 1811 bis 8. Januar 1896)
war von Herkunft ein Welschschweizer und sein Name ursprünglich Vuille. Sein Vater, aus der Grafschaft Valangin im Kanton
Neuenburg gebürtig, war nach Hamburg ausgewandert und
hatte sich mit einer Hamburgerin verheiratet. Nach dem Zusammenbruch des väterlichen Geschäftes brachte sich der junge

Wille mit Privatstunden in Latein und Mathematik kümmerlich
durch, bis ihm ein nachträglich geretteter Vermögensrest das
Studium erlaubte, dem er als ein wilder, aber äußerst mutiger
Student oblag, wie seine von Heine im „Wintermärchen" erwähnten Schmisse und die am Leibe sichtbar gebliebenen Stich-
und Schußnarben vollgültig bezeugten. Er wurde mit Otto
von Bismarck und anderen Mitgliedern eines Seniorenkonvents
wegen eines erlassenen Verrufs relegiert. Pflichtgemäß erkundigte
sich der damalige Professor und Universitätsbibliothekar Jakob
Grimm vor ihrem Weggang bei den Ausgewiesenen nach den
Büchern, die sie von der Bibliothek in Händen hätten. Es hatte
aber keiner von ihnen ein Buch. Die Relegierten wandten
sich zum Teil nach Jena (Bismarck nicht), wo sie, der rüben
Sitte jener Zeit gemäß, sofort bei der Ankunft ankontrahiert
wurden. Sie erbaten und erhielten einige Wochen Frist, um
sich auf die ihnen ungewohnte Waffe, die sogenannten „Pariser",
einzuüben. Nur Wille, obgleich mit der Handhabung der Stich-
waffe auch nicht vertraut, stellte sich sofort und trug schwere
Verwundungen davon. Als er nach mehr als dreißig Jahren
mit Bismarck wieder zusammentraf, erinnerte sich dieser, den
Mut und Tapferkeit zeit seines Lebens über alles anzogen,
sofort des Vorgangs und stellte der Gesellschaft Wille als seinen
Studiengenossen vor, der sich „zweimal durch den Leib habe
stechen lassen".

In Hamburg, wo Wille unter anderen mit Heine und Wien-
barg verkehrte, warf er sich auf die Journalistik. Geist und
Schärfe seiner politischen Artikel und die Stärke seiner Überzeugung machten Aufsehen, und seine Rezensionen verursachten
die Bekanntschaft mit seiner nachmaligen Frau, die er 1845
heimführte. Durch die Reaktion und das Dänentum immer
unangenehmer beengt, vertauschte er den Norden Deutschlands
mit den Ufern des Züricher Sees, wo er 1851 vom ehemaligen
Reichsregenten Simon, der gleichfalls in der Schweiz ein Asyl
gesucht und gefunden, Mariafeld erwarb.

Seine Frau Eliza (9. März 1809 bis 23. Dezember 1893),
eine Tochter aus dem weltbekannten englisch-deutschen Kauf-
mannshause Sloman in Hamburg, verband mit den Tugenden

einer zärtlichen Gattin und Mutter diejenigen einer feinen, liebenswürdigen Wirtin, ausgedehnter musikalischer und literarischer Bildung, vorzüglich aber die enthusiastische Begeisterung für alles Gute, Schöne und Rechte, wie sie in solchem Umfang unsere rauhere und schärfer blickende Zeit kaum mehr kennt. Nachdem sie 1835 ihr erstes dichterisches Werk „Der Sang des fremden Sängers" veröffentlicht, das ihr in Paris Börnes Freundschaft eintrug, gab sie im folgenden Jahre ihre „Gedichte" heraus, dann, nach langer Pause, die Romane „Felicitas" (1850) und „Johannes Olaf" (1871), die allerdings in höherem Grade poetisches Empfinden und edle Gesinnung verraten als energische Gestaltungskraft. Einen Teil ihrer Jugenderinnerungen teilte sie in dem Buche „Stilleben aus bewegter Zeit" (1878) mit, aus späteren Jahren manches in den Erläuterungen und Zusätzen zu den fünfzehn an sie gerichteten Briefen Richard Wagners, welche sie in der „Deutschen Rundschau" bekannt machte.

Sobald er die Bürde eines Journalisten abgeschüttelt, griff Wille nur noch beiläufig zur Feder, sei es, um eine Rezension, sei es, um irgend etwas Gelegentliches in die Welt zu werfen. So beurteilte er, bald nachdem Vischers „Auch Einer" erschienen war, den seltsamen Roman in der „Frankfurter Zeitung" eingehend, scharf und geistreich, weswegen er mit Gottfried Keller auseinander geriet, der zwar im innersten Herzen weder das Buch noch den Verfasser liebte, aber dennoch nichts auf ihn kommen lassen wollte. An den politischen Vorgängen des Kantons Zürich, in welche er einmal in Verbindung mit Gottfried Keller einzugreifen versuchte, betätigte sich Wille nur vorübergehend, da die Bauersame vom See seiner Einsicht und Erfahrung nicht die genügende Wertung erwies. Dafür gestaltete er mit Frau Eliza sein Haus seit Anfang der fünfziger Jahre zu einem Heim der Wissenschaft und Kunst, in dessen Räumen fast alles, was Zürich an einheimischen und fremden Berühmtheiten beherbergte, sich ein Stelldichein gab.

Freilich war der Herr von Mariafeld eine Persönlichkeit, die magnetisch anzog und sich so leicht nicht wieder findet. Kaum mittelgroß, aber stämmig und gerade gewachsen, von blühender Gesichtsfarbe, mit hoher Stirn, gebogener, langer Nase, durch-

dringenden blaugrauen Augen, von starkem, zuweilen aggressivem
Temperament, bot er das Bild eines kräftigen Mannes, in
welchem man den unerschrockenen Studenten und Journalisten,
der keiner Forderung zum Waffengang auswich, unschwer wieder
erkannte. Die ihm eigene Mischung deutschen und welschen
Geblütes bedingte in ihm die Vereinigung entschiedener Wider=
sprüche, die seiner Art das markante Gepräge verliehen. Ein
oft durchbringender Menschenkenner, wußte er bedeutende
Männer, auf welchem Feld er sie immer traf, wohl zu würdigen,
ohne Überschätzung und ohne von den Menschen im allgemeinen
am besten zu denken, da neben seiner lebhaften Phantasie und
Empfindung sich ein gehöriges Stück Skepsis geltend machte.
Er verstand mit seltener Leichtigkeit sich in jeden hineinzufinden
und, liebenswürdig, wie er war, ihn dementsprechend zu behan=
deln, wobei ihm ein seltener Takt und Geschmack zu statten kam.
Doch konnte er eine unvermutete Schärfe hervorkehren, wie er
auch in seiner streitbaren Weise Gefallen daran fand, wenn
sich die Köpfe erhitzten und die Geister auseinander stießen.
Ein sprühender, aber unruhiger, sprunghafter Geist, für alles
offen und empfänglich, mit einem gewissen kosmopolitischen
Zug, sehr gebildet und belesen, ein vorzüglicher Plauderer und
Erzähler, besaß er die Fähigkeit, aus den Erinnerungen und Er=
fahrungen eines reichen Verkehrs mit hervorragenden und ge=
wöhnlichen Menschen unerschöpflich zu berichten, ohne je weit=
schweifig zu werden; er wußte als ein scharfer kritischer Kopf
und nüchterner Beobachter zu urteilen, so daß man nicht leicht
ohne Genuß und Gewinn von ihm ging. Bei aller Liebens=
würdigkeit hielt er mit seiner ungeschminkten Meinung nicht
hinter dem Berge, sondern liebte das Kind beim Namen zu
nennen. Auch bekam man von ihm, oft ungefragt, guten Rat;
denn wiewohl für sein Teil ein bißchen Chniker, sorgte er bei
anderen gerne dafür, daß alles seinen rechten Gang ging, und
zwar aus Anteil und Wohlmeinenheit. Weniger leicht spendete
er von seinen Blumen, die er leidenschaftlich liebte. Dagegen
ließ er es niemals an einer wohlbesetzten Tafel und einem feinen
Tropfen fehlen, denn er war zwar ein sparsamer Haushalter
und genauer Rechner, aber auch ein trefflicher Wirt, gleich seiner

auf alles bedachten Frau, und tat auch, wo es öffentliche Not zu lindern gab, die Hand rechtschaffen auf.

An einem Maisonntag 1852 kehrte Richard Wagner zum ersten Mal in Mariafeld ein, begleitet von Herwegh, den Wille schon seit einiger Zeit kannte. Während seines Züricher Aufenthaltes wiederholte er diese Besuche häufig. Auch Liszt stellte sich ein, mit dem Wille schon seit 1842 intim verkehrte. Zwölf Jahre später fand Wagner dann, als er seinen Wiener Nöten und Gläubigern entflohen und um eine Unterkunft verlegen war, bei den Meilener Freunden monatelang eine behagliche Stätte und liebenswürdiges Entgegenkommen, bis ihn der Abgesandte des Bayernkönigs zu diesem seinem fürstlichen Schutzherrn in die bekannte glänzende Stellung abholte.

Am gastlichen Sonntagstisch Willes erschienen neben Richard Wagner und Herwegh auch Mommsen, der Philologe Köchly und die Physiologen Ludwig und Moleschott, die nun freilich, weil sie Zürich verlassen hatten, verschwunden waren, als Meyer mit seiner Schwester in den Mariafelder Kreis trat. Aber noch pflegte sich daselbst zuweilen eine Tafelrunde zu versammeln, wie sie mancher gekrönte Mäcen nicht um sich sieht. Da saß neben dem genialen Gottfried Semper Gottfried Keller, nicht ganz so, wie Conrad und Betsy, die ihn übrigens in Mariafeld nur ein einziges Mal sahen, ihn nach der Fama sich gedacht, sondern würdig und taktvoll, aber allerdings schweigsam, ganz im Gegensatz zum lebhaften, geselligen Rheinländer Kinkel, der sich eifrig und mitunter auch etwas pathetisch über Kunst und Politik verbreitete. Einmal, erzählte Wille, hatte er zum politischen Meinungsaustausch neben dem Grafen Wladislaw Plater auf dem Sofa Platz genommen und beredete mit ihm die Gestaltung der künftigen deutschen Republik, in der ihm, dem beharrlichen Achtundvierziger, eine Rolle vorbehalten schien, und keine ungewichtige. „Nein, Herr Graf," rief er entschieden, „Danzig kann ich Ihnen nicht lassen!"

Plater, der auf dem entgegengesetzten Seeufer wohnte und dessen Gutsnachbar Meyer später wurde, wachte nämlich über den Geschicken Polens, dessen diplomatische Angelegenheiten er als eine Art fiktiver Herrscher leitete, im Vertrauen auf die

Wiedererstehung des Reiches. Aus den erreichbaren Zeitungen, namentlich der Schweiz, schnitt er alles aus, was irgendwie auf Polen Bezug hatte, und verteilte die Blätter und Blättchen, je nach ihrem Inhalt, in eine Anzahl von Schubladen, welche die verschiedenen Ressorts seines Heimatlandes darstellten; so war eine solche überschrieben: Le capital intellectuel de la Pologne; sie bedeutete das Unterrichtsministerium des Reiches. Meyer scherzte damals, wie jeder französische Soldat den Marschallstab im Tornister trage, so trage jeder Pole die Krone seines Landes in der Tasche, besonders der Graf Plater. Dieser, übrigens ein Pedant und Ignorant, lebte als ein feiner, aber innerlich hochmütiger Herr, der, den Seebauern zum gehörigen Ärger, mit seinen zwei Hengsten wild daherbrauste. Indessen führte er in seiner Villa Broelberg durchaus keine polnische Wirtschaft, sondern eine bis ins kleinste genau und peinlich geordnete; da er aber einen ansehnlichen Teil seines Vermögens polnischen Dingen zukommen ließ, so zum Beispiel dem Polenmuseum zu Rapperswil, so verzweifelte seine Frau, die ehemalige Schauspielerin Karoline Bauer, gar oft, wo sie das Geld für die Bedienten und für anderes hernehmen sollte.

Vom literarischen Hauche Mariafelds ermuntert und erwärmt begann sie ihre Jugenderinnerungen aufzuzeichnen, um sich in einsamen trüben Stunden die helle Vergangenheit tröstlich zurückzurufen, jedoch auch in Gewärtigung etwelchen Honorars. Nachdem sie sich mit dem Schriftsteller Arnold Wellmer zusammengetan, der ihr die Sachen zurechtstutzte und, wie Frau Wille sagte, immer mit einer Träne an der Federspitze schrieb, erschienen diese Rückblicke in „Über Land und Meer", von der Lesewelt mit vielem Beifall aufgenommen. Nah und fern, wie sich Betsy Meyer lächelnd erinnert, gerieten ehemalige Verehrer, die nun auch keine heurigen Häslein mehr waren, in Saft und Bewegung und schickten freudige Briefe und Geschenke, so daß die alte Dame, die übrigens stattlich und jünger aussah, als sie war, in ein förmliches literarisches Räuschlein verfiel und im Mariafelder Kreise siegestrunken die mitgebrachten Korrekturfahnen schwang, welche die Fortsetzung ihrer „Erinnerungen" enthielten. Gerne deklamierte sie irgend ein Stück aus den Glanzrollen, womit sie einst, vor bald einem halben Jahrhundert, die Zuschauer bezaubert; da indessen ihr beträchtliches Äußere dem Bilde einer jugendschlanken Liebhaberin einigermaßen widerstrebte, so „schlüpfte" sie einst, wie sie sich ausdrückte, und so behend, als ihr Leibliches dies gestattete, als sie vor Conrad und Betsy den Balkonmonolog der Julia zum besten gab, hinter eine spanische Wand.

Zu den ziemlich regelmäßigen Gästen Willes gehörten, außer dem freisinnigen Theologen Lang und dem Archäologen Benndorf und seiner Frau, das reiche und kunstliebende, aus Richard Wagners Lebensgeschichte sattsam bekannte Ehepaar Wesendonck, in dessen Hause Meyer mit seiner Schwester gleichfalls verkehrte. Auch der Seminarlehrer Calmberg, der längere Zeit ein Zimmer im Erdgeschoß des „Seehofs" in Küßnacht bewohnte und sich vielfach als Dichter versuchte, stellte sich oft ein, ebenso einer der frühesten Genossen in Mariafeld, der Germanist Ettmüller, von Wille wegen seiner Übersetzung der Edda scherzhaft Eddamüller genannt, aber in Ansehung seiner Anspruchslosigkeit, seines Wissens und als ein idealer Charakter respektvoll und freundlich behandelt. Mochten sich die anderen noch so lebhaft und erregt gebärden, er blieb immer ruhig und gleichmütig und brachte seine Sprüche gelassen vor. Er war hager und zusammengeschrumpft, vielleicht etwas vor der Zeit, da ihn Sorgen mancher Art bedrückten; seine langen Haare wallten auf den schmalen Spitzkragen seines altdeutschen Mäntelchens herunter, das ihm die Frau nach seiner Zeichnung und Anleitung zurechtgeschnitten. Es war gleich der übrigen Kleidung, sowie dem vor hohem Alter seines Inhabers etwas ins Gelbliche stechenden, langen Bart von gelbgrauer Farbe und einigermaßen verschossen. In früheren Jahren war er, eine wahre Sehenswürdigkeit Zürichs, mit einem Barett und gelegentlich mit einer Laute einhergeschritten, woran ein blaues Band hing. Diese Laute schlug er auch, wenn er daheim dichtete, wozu er sich oft auf ein ledernes Pferd setzte, wie es die Turner zu ihren Übungen benutzen.

Bei schönem Wetter versammelte sich die Gesellschaft unter den Bäumen von Mariafeld zuerst zu einer Tasse Kaffee, oder

man nahm in einer Veranda im Blumengärtchen der Frau
Eliza Platz. Hierauf spazierte man im Garten, oder Wille las
vor, was er meisterlich verstand. Meyer hörte ihn Reuter vorlesen, den er gleich vom Blatt ins Hochdeutsche übertrug, ferner
den ganzen Shakespeare und bewunderte ihn namentlich im
Faust, dessen Mephisto er mit einer genialen Bosheit auszu-
statten vermochte; überhaupt war ihm wohl wie dem Fisch im
Wasser, sobald er auf etwas Problematisches geriet. Nach dem
Abendbrot wurde musiziert oder konversiert, wobei dafür gesorgt
war, daß die Unterhaltung, die oft bis nachts elf Uhr währte,
keinem lang vorkam.

Romanzen und Bilder

Dem Willeschen Kreise, den die Geschwister von Küßnacht
aus beinahe regelmäßig jeden Mittwoch aufsuchten, unter-
breitete Meyer ältere Entwürfe und neu entstandene Gedichte,
um die Kritik herauszurufen, deren Kosten wesentlich Wille
bestritt.

Sechs Jahre nach dem Erscheinen der Balladen hatte der
Vorrat an lyrischen und epischen Sachen einen solchen Umfang
erreicht, daß an eine neue Sammlung gedacht werden konnte,
worauf der Verleger schon lange spannte. Denn nun befand
sich der Dichter in der angenehmen Lage, für seine Schöpfungen
ein Unterkommen zu wissen, ehe sie nur vorhanden oder wenigstens druckreif waren. Das kam folgendermaßen.

Einer seiner Genfer Bekannten, der Philosoph und Journalist
Ernest Naville, hielt in der ersten Hälfte der sechziger Jahre zu
Genf eine Reihe populärwissenschaftlicher Vorlesungen vor einer
Zuhörerschaft, die nach Tausenden von Männern zählte; der
Beifall, den einzelne von einer Zeitschrift der welschen Schweiz
veröffentlichte Bruchstücke davon auch im Auslande ernteten,
bewog ihn, an eine gleichzeitige Übersetzung in mehrere Sprachen
zu denken. Unzufrieden mit der ersten deutschen Ausgabe dieser
„Reden", richtete er die Anfrage an Meyer, ob er die Übertragung einer späteren Folge von Vorträgen zu übernehmen
gesonnen wäre. Dieser lehnte ab, seit der Publikation der Bal-

laden entschlossen, fortan ausschließlich poetischen Dingen obzuliegen, erklärte sich indessen bereit, ein wachsames Auge auf
die Arbeit zu haben, als Betsy sich willig finden ließ, an seiner
Stelle in den Riß zu treten. Im Sommer 1865 erschien das
Buch: „Der himmlische Vater, sieben Reden von Ernest Naville",
mit wenigen Worten Meyers eingeleitet.

Auf einer Schweizerreise begriffen, überbrachte der Verleger,
Hermann Hässel aus Leipzig, das Honorar samt den Frei-
exemplaren im August der ihm persönlich unbekannten Über-
setzerin, bei welchem Anlaß er vernahm, daß die allerdings freie,
aber schöne Übertragung der von Naville in den Text ein-
geflochtenen Stellen französischer Dichter, die ihn vom ersten
Augenblick an frappiert hatte, nicht von Betsy herrührte, sondern
von ihrem Bruder. Der Wunsch regte sich in ihm, die Sprach-
kunst seines neuen Bekannten nicht brach liegen zu lassen, weshalb er als findiger Kopf ihm eine Verdeutschung des Horaz
nebst anderer fremdsprachiger Gedichte vorschlug, welch letztere
er, als sparsame Zugabe zu deutschen, in einer Folge kleiner
Anthologien zu veröffentlichen wünschte. Meyer schlug den
Antrag aus und tat den Gegenvorschlag, Hässel möchte ihm
doch lieber die eigenen Gedichte drucken, von denen er ihm auf
der Stelle einige vorlas. Jener griff freudig zu, wie er auch
übers Jahr lebhaft genug die Hand nach dem Jenatsch aus-
streckte, dessen Plan ihm der Dichter aus Silvaplana mitteilte.
Zugleich geriet er auf den Gedanken, ob sich nicht nebenher aus
den Jenatschstudien eine bescheidene Zahl historischer Arbeiten
gewinnen ließe, die, in der Art von Gustav Freytags Bildern
aus deutscher Vergangenheit gehalten, dem Publikum genehm
sein würden. Der Dichter trat auch darauf nicht ein, um Kraft
und Muße ungeteilt für seine kleineren und größeren Schöpfungen
zu sparen, die ohnedies langsam gediehen, so daß er erst fünf
Jahre nach der Abmachung mit Hässel dazu gelangte, diesem
so viele lyrische und epische Gedichte einzuhändigen, als er für
eine Sammlung benötigte. Da er nicht hinreichend neuen Stoff
besaß, um der Dünnleibigkeit des Büchleins völlig abzuhelfen,
so hatte er daran gedacht, die Balladen umzuarbeiten und bei-
zusteuern, stand dann aber von diesem Vorhaben ab und reihte

nur eine einzige unter die Neulinge ein, nämlich „Cäsars Schwert", allerdings tüchtig umgeformt und umgemodelt.

Das Bändchen erschien Ende 1869 unter dem Titel „Romanzen und Bilder von Conrad Ferdinand Meyer". Schon zwei Jahre vorher hatte Hässel die Balladen aus dem Metzlerschen Verlag erworben und mit neuem Umschlag und Titelblatt ausgestattet.

Der Dichter war fünfundvierzig Jahre alt geworden, ehe er, anderthalb Dezennien nach seiner ersten Publikation, mit seinem Namen vor die Welt trat. Infolge einer Abrede mit seinem Landsmann, dem ihm befreundeten Dichter Conrad Meyer hatte er, um der Verwechslung endgültig vorzubeugen, seinem Vornamen Conrad den des Vaters Ferdinand zugefügt.

Was Meyer („Mein Erstling Huttens letzte Tage") von den Balladen sagt, gilt in erhöhtem Maße von den Romanzen und Bildern: „sie bezeichnen und schließen eine Lebensepoche ästhetischer Beschaulichkeit, mannigfaltigster, vielsprachiger Lektüre, verschiedener Interessen, ohne die Glut einer erwärmenden Parteinahme des Herzens, und vieler nachhaltiger Reiseeindrücke, deren stärkster, neben der unwiderstehlichen Anziehung meiner heimischen Schneeberge, die alte Kunstgröße und der süße Himmel Italiens war." Auch diese Sammlung entbehrt, wie die ihr vorangegangene, durchschnittlich die kräftig hervortretenden individuellen Züge, obgleich sie, was die Ausprägung der Eigenart erleichtert hätte, zur Hälfte aus Lyrik besteht und obgleich die epische Kunst darin stellenweise so weit erstarkt ist, daß einzelne Gedichte, wie „Weinsegen" und „Die Spielleute" später mit nur geringfügigen Änderungen in die gesammelten Gedichte hinübergingen.

Gottschall empfing das Büchlein mit einer wohlwollenden, klugen und ziemlich einläßlichen Rezension. Er schrieb: „Die nur 123 Seiten starke Sammlung ist mit sorgfältigster Auswahl gemacht, sie sollte, das sieht man, nur Gereiftes und Gediegenes bringen, und das tut sie. Nichts Unfertiges und sogar nichts Unbedeutendes tritt uns in ihr entgegen. Alles ist konzentriert, in der Empfindung, im Gedanken und im Ausdruck; die Situationen sind mit wenigen, aber bedeutsamen Strichen

gemalt, und diese regen die Phantasie des Lesers mehr an und
reizen sie mehr zur Selbsttätigkeit, als es die ausgeführtesten
Bilder getan haben würden. Kurz, wir haben es hier mit
einem wirklichen Dichter und Künstler zu tun, dessen Weise
viel mit der Hermann Linggs Gemeinsames hat. In der ersten,
‚Stimmung‘ überschriebenen Abteilung finden sich reizende
Landschaftsskizzen, meist aus der Schweiz und Italien, die
ebenso stimmungsvoll sind, wie ihnen ein bedeutsamer, oft nur
angedeuteter, halbverschleierter Gedanke zu Grunde liegt....
Sinnige Betrachtung und empfindungsvolle Versenkung in
die Gestalten der Natur, der Kunst und des Lebens ist das den
Dichter Bezeichnende; Leidenschaft, Schwung und Feuer fehlen
ihm wie seiner Sprache und seinen Rhythmen, die mit einer
gewissen, meist trochäischen Monotonie behaftet sind. Er gibt
seine Persönlichkeit nicht ganz aus, sie und seine Weltanschauung
blickt nur verhüllt durch seine Bilder und Erzählungen, eine gewisse künstlerische Kälte und Objektivität haucht uns trotz des
geistreich Gedachten und schön Gestalteten mancherwärts an;
um so rührender und ergreifender klingt das „Glöcklein“, die
Perle der Sammlung, von großer Zartheit und Tiefe.... An
solchen in wenig Worten viel andeutenden Situationen ist besonders die zweite Abteilung: ‚Erzählung‘ reich. Es ist alles nur
skizziert, aber die Züge sind markig und vielbedeutend, so in
‚Amphitheater‘.... Die Stoffe zu diesen konzentrierten Ge-
schichtsbildern sind dem alten Hellas und Rom, doch einige auch
dem Mittelalter und einer der neueren Zeit entnommen; die
Inszenesetzung ist frappant, der zu Grunde liegende Gedanke
ist fast immer bedeutsam und poetisch, tritt aber zuweilen nicht
klar genug heraus, vor allem da nicht, wo die Darstellung sich
auf ein wenig bekanntes, der Spezialgeschichte entnommenes
Faktum bezieht. Besonders angesprochen haben uns ‚Die Fahrt
des Achilles‘ mit dem Schlußvers ‚Horch! Homer beginnt sein
Lied!‘; das tiefsinnige ‚Michel Angelo‘; ‚Papst Julius‘, ein
großartiges Charakterbild; das lebhaft und anschaulich erzählte
‚Alexanders Fest‘; ‚Die Spielleute‘ mit seinen poetisch romantischen Perspektiven; ‚Miltons Wache‘, eine rührende Szene
aus des blinden Dichters Leben, in die eine Stelle des ‚Ver-

lorenen Paradieses bedeutungsvoll hineinklingt, und ‚Das
Heimchen‘. . . .“

Gottschall tat nicht wohl daran, Meyers Sprache den Schwung
überhaupt abzuerkennen; mit Fug und Recht rühmte Gottfried
Keller unter anderem den vollen Klang, den stolzen Gang des
Gedichtes „Die Fahrt des Achilles“, zugleich die spätere Um-
arbeitung bedauernd und mißbilligend, weil sie diesen Klang
verstummen machte. Aber Gottschall witterte, erkannte und
wertete durchaus den Geist, den er vor sich sah, und indem er
mit seinen Tugenden auch die Grenzen zeichnete, zeigte er zugleich die Gründe an, die dem Büchlein einen nennenswerten
Erfolg verwehrten, nicht davon zu reden, daß unter der Leidenschaft und dem majestätischen Getöse eines gewaltigen Völker-
krieges jeder sanftere Ton ersterben mußte.

Drüben überm Rhein war Gottschall der einzige, der seine
Stimme erhob. In der deutschen Schweiz ließ sich nicht der
geringste Laut hören, während in der französischen ein Wort
des Lobes erklang, indem J. L. Michéli, ein Genfer Freund
der Geschwister, in der „Bibliothèque universelle“ mit einer
Besprechung hervortrat, welche die fehlende Einsicht durch Wärme
aufwog. Da setzte sich nach seiner resoluten Gepflogenheit Wille
im Frühling 1871 hin, um seiner Entrüstung über das stumpfe
Schweigen der literarischen Miteidgenossen Luft zu machen:
„Während in unseren zahlreichen, heimische Talente immer
patriotisch feiernden Blättern auch die unbedeutendste Gedichtsammlung nicht der freundlichen, von rührender Genügsamkeit
zeugenden Empfehlungen entbehrt, habe ich diese Gedichte eines
Zürichers noch niemals in unserer Presse erwähnt gefunden,
obschon sie in der französischen Schweiz ein Mann wie Vulliemin
mit hoher Anerkennung begrüßt hat und in Deutschland der
Dichter und Kritiker Rudolf Gottschall in den ‚Blättern für
literarische Unterhaltung‘ erklärt, daß man es in diesen Romanzen
und Bildern mit einem wirklichen Dichter und Künstler zu tun
habe, der nur Gereiftes und Gediegenes bringe. Das aber mag
ihnen gerade unter uns zum Nachteil gereichen, daß sie sich zu
sehr über das demokratische Niveau allgemeiner Mittelmäßig-
keit erheben. Seien sie darum denen, die mit Verständnis und

Empfänglichkeit für wahre Poesie begabt sind, doppelt empfohlen! Das Büchlein zerfällt in zwei Teile: ‚Stimmung‘ ist der erste überschrieben und gibt Stimmungen, wie Wald und Berg, Leben und Erinnerung sie in der Dichterbrust wecken. Der andere Teil heißt ‚Erzählung‘ und bringt in wohltönenden Rhythmen und reichsten Reimen bewegungsvolle, lebenswarme, farbenblühende Balladen aus Morgenland und Abendland, Altertum und Mittelalter. Durch das Ganze weht aber ein edler Geist, der uns aus der Schwüle und Kleinlichkeit des Alltagtreibens mit sich emporhebt zu von reineren Lüften und verklärtem Licht umspülten Höhen.“

Da Willes persönlich teilnehmende und künstlerisch mitempfindende Kritik, gemäß seiner spontanen Art, niemals versagte und, wo nicht immer durch ihren Gehalt, so doch durch ihre Bestimmtheit förderte, so läßt sich der Einfluß, den er auf Meyer gewann, nicht leicht hoch genug anschlagen, so daß die Behauptung nicht übertreibt, auf den Dichter habe kein Mann so stark gewirkt, selbst Vulliemin nicht, dem überdies die hinreichende Kenntnis des Deutschen, das intime poetische Verständnis, die werbende Impetuosität, sowie der urteilende Scharfblick mangelte. Dazu kam noch ein anderes, gewiß nicht minder wesentliches Moment: gar oft mag ein Blick auf den Lebensmut und die Lebenskraft Willes, den er noch 1891 Chidher den ewig jungen nannte, seinem ungleich zarteren Wesen Stärkung gebracht haben.

Conrad Ferdinand Meyer erkannte diesen Einfluß sehr wohl. Als er 1881 den jungen Literaten Herm. Friedrichs nach Mariafeld empfahl, der einem deutschen Blatte einen kurzen Abriß seines Lebens liefern sollte und bei Wille sich Stoff zu holen gedachte, schrieb er diesem: „Ich sprach ihm der Wahrheit gemäß von dem großen Einfluß, welchen Sie auf mich geübt. Das gehört·doch gewiß in meine Lebensbeschreibung.“ Er selbst hatte vor, wie er Wille mehrmals mitteilte, eine Biographie des Herrn zu Mariafeld zu verfassen und dabei der empfangenen Förderung und Freundschaft eingedenk zu sein.

Das Schicksal vereitelte dies Vorhaben, indem es dem Jüngeren die Feder zu einer Zeit entriß, da der um andert halb Jahrzehnte Ältere noch in ungebrochener Kraft des Leibes und der Seele gleich einem grauen, unverwüstlichen Seegreis Gestade, Haus und Garten beschritt, wo sich so lange Jahre die Tafelrunde versammelt hatte, aus deren Kreis er einen Ritter um den anderen scheiden und schließlich auch die Gattin verschwinden sah, die leicht und heiter aus einem langen und nur dem Guten gewidmeten Leben hinwegging.

Als Meyer, selber leidend, im Februar 1888 von einer, übrigens bald hernach gehobenen, Erkrankung der Freundin vernahm, bezeigte er ihr „die innigste Teilnahme, die des treusten, dankbarsten und verehrungsvollsten Freundes" und fügte hinzu: „Über den Wert der Frau Doktor, den Sie aus den Briefen ihrer Freundinnen ermessen, habe ich längst keinen Zweifel mehr: er ist der höchste."

Noch im Lenz des nämlichen Jahres (1891), dessen letzte Tage die ersten Schatten auf ihn senkten, sandte er ihr ein Sonett hinüber:

Frau Eliza Wille an ihrem Geburtstag, 9. März 1891.

Vom hassenswerten winterlichen Eise
Ist die lebend'ge schöne Flut gebunden,
Indes die Amsel, die den Lenz empfunden,
Die Auferstehung singt in ihrer Weise.

Seltsam verwächst der Jüngling mit dem Greise,
Das Wintermärchen mit den Lenzesstunden,
Seltsam vermischen Zeiten sich und Stunden
In der Natur und auch in dir, Eleise! *)

Was du jetzt lebst, ist's Welken, ist's Verjüngung?
Ist's ein Beginnen? Ist es die Vollbringung?
Du kannst die ew'gen Quellen rauschen hören.

Bald wird der Sonnenpfeil das Eis zerstören,
Dann wogt die Flut, das fessellose Leben:
Mir ist, ich seh' ein lichtes Segel schweben.

----

*) Die englische Aussprache von Eliza, wie sie in Mariafeld beibehalten wurde.

Huttens letzte Tage

Wäre Conrad Ferdinand Meyer zu jenen Aufzeichnungen gelangt, die ihm als eine freundliche Gedenktafel und Dankes= urkunde für François Wille vorschwebten, so hätte er wohl darin den Anteil des merkwürdigen Mannes an der Entstehung des Hutten erwähnt und betrachtet. Als diese Dichtung auf dem Amboß lag, da hat Willes Geist und lebhafter Ratschlag mit= geholfen. Und der Dichter hat die Hilfe um so dankbarer emp= funden, als dieses Werk im eigentlichen Sinn sein Schicksalsbuch ist, das ihm auf einen Schlag die seit einem Vierteljahrhundert ersehnten Güter verschaffte: die ungehemmte innere Entfaltung und den äußeren Erfolg.

Indessen bieten einige Blätter, in denen er, dem Ansuchen des bekannten Schriftstellers Karl Emil Franzos entsprechend, die Entstehung des Hutten nebst den damit verknüpften Vor= gängen beschrieb, etwelchen Ersatz für jene Erinnerungsschrift, deren Abfassung ihm eine dunkle Fügung verwehrte, und für den Werdegang der Dichtung wohl einen vollen Ersatz. Denn gemäß seiner ausgeprägten Neigung, rein literarische Angelegen= heiten kurz zu behandeln und alles zu vermeiden, was einen philologisch abhandelnden und somit, nach seinem Gefühl, einen unkünstlerischen Anstrich gewinnen konnte, würde er schwerlich jemals mehr in die Breite und ins einzelne gegangen sein, als es in dem kleinen Aufsatz geschah.

„Huttens letzte Tage, meine erste größere Dichtung," er= zählte er, „erschien zum erstenmal im Jahre 1871. Sie ist aus drei Elementen geboren: aus einer jahrzehntelang genährten, individuellen Lebensstimmung; dem Eindrucke der heimatlichen, mir seelenverwandten Landschaft und der Gewalt großer Zeit= ereignisse. Alle drei gewannen ganz von selber Gestalt in meinem Helden. ... Ich bin zu jener Zeit ein wanderlustiger Mensch und ein froher Ruderer und Schwimmer gewesen. So blieb mir kein Fleck unseres Seespiegels und seiner schönen Ufer unbekannt, am wenigsten das unweit meines damaligen Wohnsitzes gelegene Eiland der Ufenau, welches den doppelten Reiz lieblicher Stille und einer großen Erinnerung besitzt. Oft

bin ich bei den beiden Kirchlein gestanden, die auf dem nördlichen Wiesengrate über einem das Ufer einfassenden Kranze
von Eichen und der grünen, die Insel bildenden Mulde den
Höhepunkt der Ufenau bezeichnen. ... So wurde ich auf der
Insel heimisch und geschah es, daß Hutten, dessen Leben ich
genau kannte, nicht als der ideale Freiheitskämpfer, der Hutten,
welcher durch die damalige deutsche Lyrik ging, sondern als
ein Stiller und Sterbender in den sanften Abendschatten seiner
Insel meinem Gefühle nahe trat und meine Liebe gewann.

Unter meinen poetischen Entwürfen lag eine Skizze, wo der
kranke Ritter ins verglimmende Abendrot schaut, während ein
Holbeinischer Tod von der Rebe am Bogenfenster eine Goldtraube schneidet. Sie bedeutete: ‚Reif sein ist alles‘.

Das ist der Kern, aus dem mein Hutten entsprungen ist.
Ich nahm das Gedicht in meine Sammlungen nicht auf mit
dem dunklen Gefühle, den vollen Hutten gebe es nicht.

So blieb es liegen jahrelang.

Inzwischen vergrößerten sich die Zeitereignisse. Zwei Aufgaben des Jahrhunderts, die Einigung Italiens und Deutschlands, schritten ihrer Erfüllung entgegen. Beide verfolgte ich
mit persönlichem Interesse. ... Das glückliche Fortschreiten der
italienischen Einigung ließ die baldige Gründung auch einer
deutschen Einheit ahnen, wenn auch in jener Zeit gerade in
Zürich Großdeutsche und Kleindeutsche schärfer als je auseinander traten. Der Sieg von Sadowa entschied diese Frage
durch das Schwert. ... Dieser wundersame Glaube an das
Preußen zustehende Amt blieb für mich die langen Jahre hindurch ein nicht zu bezweifelnder Satz, den ich übrigens für mich
behielt, bis ich, bei herannahender Entscheidung, in François
Wille, meinem lieben Freunde und Nachbar in Meilen, einen
feurigeren Glaubensgenossen fand. ...

Gerade zwischen 1866 und 1870 sah ich Wille sehr häufig,
und sein temperamentvolles Wesen ermutigte meine dichterischen
Kräfte. Sicherlich erzählte ich ihm oft von Hutten, dessen Waghalsigkeit er liebte, nicht davon zu reden, daß er, als gewesener
Journalist, eine Zärtlichkeit für den Ritter hatte, von dem er
behauptete, er sei der älteste der Journalistenzunft.

Hutten fing an in mir zu leben. Er war in den Vorder=
grund meiner Seele getreten.

Aufs tiefste ergriff mich jetzt der ungeheure Kontrast zwischen
der in den Weltlauf eingreifenden Tatenfülle seiner Kampf=
jahre und der traumartigen Stille seiner letzten Zufluchtstätte.
Mich rührte sein einsames Erlöschen, während ohne ihn die
Reformation weiterkämpfte. Wieder erfüllten sich große Ge=
schicke in Deutschland, und der ohne Grab und Denkmal unter
diesem Rasen Ruhende hätte seine Lust daran gehabt, denn
auch er hatte von der Einheit und Macht des Reiches ge=
träumt.

Ritter Hutten, den ich bisher auf seinem Eiland entsagend
sterben sah, erhob sich vor meinem Blicke, um es ungeduldig zu
umschreiten, hinaushorchend nach dem Kanonendonner an der
Grenze, den man in der Winterstille auf den Höhenzügen seines
Sees vernehmen konnte."

Jener älteste, von Meyer erwähnte Entwurf ist verschwunden.
Bald nach oder vielleicht mit den „Balladen" entstanden, schilderte
er, so entsinnt sich die Schwester deutlich, den erlöschenden Hutten
unter dem Fenster seines Gemaches auf der Ufenau: ein Gedicht
von einer ansehnlichen Reihe ziemlich langzeiliger Strophen, das
dünne Geschehnis reichlich mit Rankenwerk überwuchernd und
möglicherweise angeregt durch ein Bild des schweizerischen
Historienmalers Bossardt, der diese Szene malte.

Dagegen erhielt sich ein vom 31. Januar 1866 datiertes,
ohne jede Korrektur ins Reine geschriebenes, in allen Teilen
ausgeglichenes und darum wohl schon früher verfaßtes Gedicht:
„Sterben im Frühlicht". Es ist kein Huttengedicht, vielmehr
drückt es eine rein persönliche Stimmung des Dichters aus;
aber es wurde später nicht nur zu einem Bestand der Dichtung,
es enthielt auch eine der Grundstimmungen des Werkes, den
Wunsch eines mutigen Sterbens im Morgenlicht; und vielleicht
erwuchs es, nur daß der Dichter sich selbst an die Stelle des
Helden setzte, aus jener Huttenballade, um in der Folgezeit, nach
dieser Wandlung und Klärung im innersten und eigensten Ge=
fühl des Poeten, sich wieder mit den Äußerungen und letzten
Worten des tapferen Ritters zu vereinen:

Kommt mir die Stunde zu sterben,
Sei es die nächtliche nicht.
Möge die Fackel entfärben
Sich im erstarkenden Licht,

Wie auf dem dämmernden Pfade
Nebelgebilde verwehn
Und über dunkelm Gestade
Goldene Höhen entstehn.

Nur nicht von Schatten umgeben,
Leis und gespenstisch geraubt,
Mitten im tönenden Leben
Sinke das lauschende Haupt.

Nur nicht im Stillen verstöhnen,
Bange von Seufzern umschwebt,
Nein, unter schwellenden Tönen,
Wie sie der Morgen erhebt.

Wolken verschwinden ins glühe
Steigen des wallenden Rots,
Und mit den Schauern der Frühe
Nahe der Schauer des Tods.

In der verzehrenden Wonne
Sterbe der irdische Teil!
Aus der erwachenden Sonne,
Schieße der tödliche Pfeil!

Hier herrscht mehr die Formenfreude, die Situationsmalerei einer noch fast spielerischen Phantasie als der Ton bezwingender Empfindung; und das mag Conrad Ferdinand Meyer davon abgehalten haben, das Gedicht unter die „Romanzen und Bilder" aufzunehmen, abgesehen davon, daß das Motiv an und für sich wohl weder sehr poetisch noch von solchem Glanze ist, um ein kräftiges, selbständiges Feuer zu werfen, während es an der Perlenschnur des Hutten wirkungsvoll angereiht werden durfte.

Als die nahende Jahresmitte das Kriegsgewölk immer drohender zusammenballte, die Erwartungen wie der Welt, so auch der Mariafelder Runde immer gespannter und die Blicke stetig erwartungsvoller wurden, holte der Dichter seine alte Ballade wieder hervor. Was er daraus machte, zeigt ein vom 7. Juni 1870 datiertes Blatt, „Der edle Gast", nach den vielen Breiten, Flicken und Änderungen zu schließen, eine erste Niederschrift.

Kennst du deinen reichen Hort?
Kennst du, See, den edeln Gast,
Dem auf deinem Eiland dort
Du ein Haus geöffnet hast?

Schreitend auf der Ufenau
Blickt er aus, soweit du ruhst:
Sieh, das ist der Hutten! Schau,
Was du ihm jetzt Liebes tust!

Der des Geistes Speere warf,
Lagert an dem grünen Rain:
Sieh das Antlitz hell und scharf!
Präg' es deinem Spiegel ein!

Walle kühlend ans Gestad
Zu dem kleinen Inselhaus!
Breit' ihm ein erquicklich Bad
Vor den müden Füßen aus!

Der im Kampf mit Trug und Wahn
Ward versehrt von Drachenblut —
Gleite sorglich, stiller Kahn,
Mit dem Wunden durch die Flut!

Bleibet hell, ihr Bergeshöhn,
Wie die Wahrheit scharf und kühn!
Hilf ihm scheiden sanft und schön,
Wunderbares Alpenglühn!

Bleibet, Nächte, sternenklar,
Wenn er auf dem Lager wacht!
In die Hölle, finstre Schar,
Die er zum Gespenst gemacht!

Klaren Himmels Lieblichkeit,
Herbstlich reine, blaue Luft,
Gebet ihr ein warm Geleit
Ihm bis an den Rand der Gruft!

Traube, o beeile nicht
Deine Reife goldenrot!
Eh die Kelter dich zerbricht,
Wisse, liegt der Dichter tot.

Ausgegossen ist sein Geist,
Wenn die Kelter dich errafft!
Doch in Deutschlands Adern kreist
Er wie edeln Weines Saft.

Im Lauf der folgenden Woche wandte der Dichter seinen Stoff um und um. Er vertauschte die lebhaften, aber wegen ihrer regelmäßigen Wiederkehr ermüdenden Anrufe mit der ruhigeren Erzählung, streckte den trochäischen Vers zum Fünffüßler und wählte die umschlingende Reimstellung. Nicht weniger als drei, nur in Nebensachen voneinander abweichende Niederschriften tragen die Bezeichnung: 15. Juni, wovon die letzte lautet:

Der tote Hutten

Auf der seeumkühlten Ufenau,
Mit dem Tode ringend, tief erblaßt,
Stöhnt der edle, der verfemte Gast,
Blicklos starrend in der Fluten Blau.

Niedrig überwölbt ihn das Gemach,
Doch es ist durchweht von freier Luft,
In der Berge Hauch, der Wiesen Duft
Atmet Hutten aus sein letztes Ach.

Neben ihm die tapfre Feder ruht,
Die er führte wie ein tödlich Erz,
Lüftchen treiben mit der Waffe Scherz,
Die getaucht ist in der Lüge Blut.

Langsam schleppt den Drachenleib sie fort
Aus den deutschen Gaun, bedeckt mit Schmach,
Und mit Siegesjubel jagt ihr nach
Des Verstummten hier unsterblich Wort.

Keine Glockenschläge dumpf und schwer
Schallen hier von Domeswarten aus,
Herden weiden vor dem Inselhaus,
Wandern läutend um den Toten her.

Lustig schwärmt ein leichter Mückentanz,
Freut der goldnen Herbstesklarheit sich,
Und drei weiße Segel feierlich
Ziehn den See hinauf im Abendglanz.

Ewige Gebirge schauen groß
In der stillen Kammer Dämmerlicht,
Stehen vor dem kühnen Angesicht,
Wie die Wahrheit scharf und schleierlos.

In des Fensters rundem Bogen reift
Einer Edeltraube Purpurblut
Und erlabt sich an der Sonnenglut,
Bis der Winzer jubelnd sie ergreift.

> Fehlt in deinem Totentanze dir,
> Holbein, noch der Dichter kühnbeschwingt,
> Den der grause Sensenmann bezwingt,
> Zeichne du den toten Hutten hier!
>
> Nur die Traube, die vergiß mir nicht,
> Auf der Leiter steig' hinan der Tod,
> Hier ist keine grause Sense not —
> Gib ihm du ein Winzermesser licht!
>
> Setz' die Jahrzahl, daß ein jeder weiß,
> Wer die Traube sei, vom Tod errafft,
> Deren Geist mit Weinesfeuerkraft
> In des deutschen Volkes Adern kreist.

Nun war ja wohl das Ganze und meist auch das Einzelne besser geworden. Aber es steckte zu viel in dem Gedicht, und die verschiedenen Bestandteile taten sich gegenseitig Abbruch. Die Erkenntnis dieses Übels bedeutet den Anfang der „Dichtung" Hutten; denn durch diese Erkenntnis kam Meyer dazu, wenn er sich nicht im Stoff beschränken wollte, an die Stelle der Ballade den Zyklus zu setzen. Und vielleicht gleichzeitig ließ er von der vierzeiligen Strophe und wählte an ihrer Stelle den knappen, nachdrücklichen jambischen Zweizeiler. Als erstes Stück der langen Reihe dichtete er:

Hutten auf der Ufenau

> Mein junger Ferge, rudre mich hinaus!
> Auf Wiedersehn, du stilles Inselhaus!
>
> Wie klar die Luft, der See wie ruhig heut!
> Herüber klingt ein wandernd Herdgeläut'.
>
> Es mahnt mich an das Herdgeläut' — wie lang —
> Das um die Burg der Väter einst erklang.
>
> Mein Ferge, laß den Nachen sachter gehn!
> Mir deucht im See ein Angesicht zu sehn:
>
> Ihr keck verstürmten Jugendlocken hier,
> Du guter Junge, sag, was träumst du dir?
>
> Nicht wahr: Der Frauen Huld? Der Fürsten Gunst?
> Den Lorbeer ausgesuchter Rednerkunst?
>
> Ei was, ein zweites Antlitz schaut empor,
> Durchfurcht und streng — kommt auch bekannt mir vor!

Das ist der Hutten, elend und allein
Und möchte doch um nichts ein andrer sein!

Er sprach die Wahrheit, das verfemte Wort,
Er sprach es schlicht, drum lebt es ewig fort.

Die Welt verachtet den verlornen Mann —
Ich aber weiß, daß ich den Sieg gewann!

Auf der Rückseite des Blattes findet sich ein, jedenfalls an Wille gerichteter, Briefentwurf, datiert vom 18. Juni 1870: „Ihre lieben Zeilen scheinen mir das Rechte zu treffen. Ich werde mit meinem Stoffe kämpfen wie Jakob mit dem Engel, dem er zusagte: ich lasse dich nicht u. s. w. Gestern habe ich die Lokalität (Insel Ufenau) besichtigt, die mir ausnehmend gefiel.

Treu ergeben.“

In dem Augenblick, wo sich der Dichter für den Zyklus entschied, verfügte er schon über einen Grundstock von Motiven, die sich auch alle gleich in der ersten Auflage finden: das allerälteste erhaltene Gedicht vom Januar 1866 erscheint wieder als „Scheiden im Licht“ (LIII der ersten Auflage); die Spiegelung der beiden Gesichter im See, am 18. Juni 1870 entstanden, steht in der ersten Auflage unter XXXVI; und die Ballade selbst, in ihre Bestandteile zerlegt, ergibt vier Stücke: „Reise“ (XL); „Die Traube“ (LII); „Die Herdenglocken“, identisch mit „Die erste Nacht“ (II); „Die Feder“ (IV „Feder und Schwert“).

Einmal soweit, konnte er den Rahmen immer stärker füllen, wie er es in seinem Bericht über die Entstehung auseinandersetzt: „Ich getraute mir, Huttens verwegenes Leben in den Rahmen seiner letzten Tage zusammenzuziehen, diese füllend mit klaren Erinnerungen und Ereignissen, geisterhaft und symbolisch, wie sie sich um einen Sterbenden begeben, mit einer ganzen Skala von Stimmungen: Hoffnung und Schwermut, Liebe und Ironie, heiliger Zorn und Todesgewißheit — kein Zug dieser tapferen Gestalt sollte fehlen, jeder Gegensatz dieser leidenschaftlichen Seele hervortreten.

So belebte sich mir die Ufenau. Ignatius Loyola wird, nach Jerusalem pilgernd und unterwegs den nahen Heilsort Einsiedeln aufsuchend, nach der kleinen Insel verschlagen und von Hutten beherbergt. Der abenteuerliche Paracelsus kommt

von seinem Wohnsitz am nahen Etzel herüber, um dem Kranken als
Arzt den Puls zu fühlen. Der in Zürich hausende Herzog Ulrich,
Hans Huttens Mörder, erscheint und wird dem Sterbenden zum
letzten Ärgernis. Mit diesen Gestalten des sechzehnten Jahrhunderts
schreiten auf der Insel Ufenau die Geister der Gegenwart."

In jenen Tagen erschloß sich bis zum Frühjahr eine Blüte
nach der anderen, und jede Woche trug der Dichter seinen
Strauß nach Mariafeld. Einmal, im Anfang, übermannte ihn
die Ungeduld, so daß er vor dem Besuch jenen Erstling vom
18. Juni, etwas zurechtgestutzt, dem Freunde mit der Bitte zusandte: „Lassen Sie mich nicht zu lange auf Ihr Urteil warten!"

So entstand die schönste Dichtung, die der deutsch-französische
Krieg hervorrief, auf Schweizer Boden, von einem Schweizer
geschrieben.

„Es war eine glückliche Zeit," erklärte Conrad Ferdinand
Meyer zwanzig Jahre später. Der große Krieg weckte sein
unmerklich gereiftes deutsches Stammesgefühl, er tat das französische Wesen ab und, innerlich genötigt, dieser Sinnesänderung
Ausdruck zu geben, dichtete er den Hutten. Jetzt lebte und
webte er in dem großen Geschichtlichen, wonach sich seine Seele
sehnte, und der Hauch der mächtigen Weltbegebenheit, die in
ihrer Art auch eine entscheidende, umwälzende Begebenheit für
ihn war, begann seine Kräfte zu entbinden.

Die Wärme für die deutsche Sache zeitigte noch einige andere
Gedichte. Wille hatte ihm erzählt, daß die Schmiede in Thüringen
das Tagewerk mit drei Spruchschlägen anheben. Das verarbeitete
er zum „Deutschen Schmied", der, im Gewande einer leicht
sangbaren Weise, zum beliebten Lied und später vom Dichter
dem Huttenzyklus einverleibt wurde:

> Am Amboß steht der alte Schmied,
> Er schwingt den Hammer und singt sein Lied.
>
> Er steht umlodert von Feuersglut,
> Die Funken spritzen wie rotes Blut.
>
> Hell klingt der Amboß, kurz der Spruch:
> „Drei Schläge tu' ich mit Segen und Fluch.
>
> Der erste schmiedet den Teufel fest,
> Daß er den Welschen nicht siegen läßt.

> Den Erbfeind trifft der zweite Schlag,
> Daß er sich nimmer rühren mag.
>
> Der dritte Schlag ertöne rein!
> Er soll für die deutsche Krone sein!"
>
> Am Amboß steht der alte Schmied,
> Er schwingt den Hammer und singt sein Lied.

Damals entstand das „Trinklied", dessen eine Strophe sich später zu dem Gedicht „Schutzgeister" auswuchs:

> Sprengt Wein dem lorbeerreichen Dichterpaar,
> Das unsres Harrens Trost und Leuchte war!
> Die ihr, das Haupt von ew'gem Glanz berührt,
> Der deutschen Musen hellen Reigen führt,
> Ihr Brüdersterne, nun das Reich entstand,
> Wacht schützend über euerm Vaterland!

Ein anderes Gedicht aus jener Zeit schildert, wie in der Wetternacht das Kind eines deutschen Wehrmannes sich vom Bettchen erhebt, um das an der Wand hangende Bild des Vaters, den es sich von den nächtlichen Unbilden und Gefahren in Feindesland bedroht denkt, mit der angeschmiegten Wange zu wärmen.

Die letzte Gestaltung der einzelnen Teile bis zum Abschluß der Huttendichtung erheischten noch manchen arbeitsvollen Tag, wobei Willes Meinung und Rat nicht fehlten. Den Dank dafür, daß er unermüdlich die Flamme geschürt und mit jenem Eifer zur Stelle war, den dichterisch angelegte, aber selber unschöpferische Naturen gegenüber dem Werden fremder Schöpfungen entfalten, in die sie sich wie in eigene hineinleben, trug der Dichter in aller Form durch eine Widmung ab, die ursprünglich folgende Fassung besaß:

> Wer weiß es? Wer ergründet's, welch ein Hort
> Zu heben ist aus einem Freundeswort?
>
> Dem frischen Tau des Morgens, wer ermißt,
> Was ihm das Heil der Ernte schuldig ist?
>
> Wenn ich im eignen Namen sprechen will,
> Werd' ich befangen leicht und schweige still.
>
> Am besten drum, ich sag' es kurz und schlicht:
> Ihr labtet mich — mein Dank ist dies Gedicht.

Die Abgeschlossenheit seines Wesens, sowie die Abneigung, im eigenen Namen zu sprechen, ließ ihn schließlich etwas Kürzeres und Zurückhaltenderes wählen:

An Franz Wille und Frau Eliza Wille zu Mariafeld

> Dies Lied, es kennt den Weg, den Blatt um Blatt,
> Es insgeheim zu euch genommen hat.
>
> Und nun es offen tritt aus Tageslicht,
> Vergißt es seine alten Pfade nicht.

Zu der Zeit, da der Hutten zu wachsen und allerlei Gutes zu verheißen begann, brach der Dichter nach Bünden auf, um einige Sommerwochen in Pontresina zu verleben; übers Jahr dann (1871), als er das Büchlein in den Händen des Druckers geborgen hatte, zog er wieder dem geliebten Hochland zu, nach St. Wolfgang unweit Davos. Dort hatte er im Vorjahr während der Hin- oder Rückreise über den Flüela ein einsames, behagliches Wirtshaus am Wege erspäht, das ihm als ein stilles Poetenstandquartier just recht erschien.

Der Seehof wurde abgeschlossen und Tschugg zur Verabfolgung von Speise und Trank im Erdgeschoß versorgt, wogegen Pudi mitdurfte, ganz närrisch vor Freuden, als er gewahrte, daß ihm erlaubt war, das Schiff zu betreten und mitzufahren; Sepli gab den Abziehenden noch eine Strecke das Geleit, bis es in der Wiese sitzen blieb. In Landquart übernachteten die Geschwister; dann ging's den Prättigau hinauf. Sie saßen hoch oben auf der Imperiale, Pudi zwischen sich, der immer lebhafter und vergnüglicher schnupperte, als ihm die frische Bergluft um die Nase strich.

Der Inhaber des St. Wolfganger Wirtshauses, namens Taverna, Wirt, Bäcker und Schreiner in einer Person, nahm die beiden gerne auf, obgleich er sonst niemand für längere Zeit zu beherbergen pflegte, und versah sie trefflich mit allem Nötigen, namentlich mit seinen frischen Wecken und mit seinem duftigen Brot. Das schönste aber waren die Wasserstürze, die von den gegenüberstehenden Felsen ohne Unterlaß herniederrauschten und ihre sonoren Melodien so tief und gewaltig durch die offenen Fenster sangen, daß der Dichter nirgends eine

herrlichere Nachtmusik zu hören bekam. Er spazierte oft nach
Davos oder unternahm ausgedehntere Ausflüge in die Umgegend,
so ins Sertigtal, stieg aber mit Vorliebe nach dem nahen, von
Lichtungen durchbrochenen Wald hinauf, wo die Eichhörnchen
die Stämme hinauf und hinab schossen und die Spechte häm-
merten, und verweilte oft ganze Tage droben, indem er sich,
im Grase liegend, in ein Buch vertiefte. „Hier kann man,"
sagte er, „nichts anderes lesen als Homer und Shakespeare."
Wenn sich dann die dichterische Lust regte, vertauschte Betsy die
Handarbeit mit dem Notizbüchlein, um die entstehenden Lieder
von des Bruders Lippen aufzufangen und festzuhalten. Dort
entstand „Das Seelchen", dort „Die Vision" und „Das Götter-
mahl":

> Wo die Tannen finstre Schatten werfen
> Über Hänge goldbesonnt,
> Unverwundet von der Firne Schärfen
> Blaut der reine Horizont;
>
> Wo das Spiel den rastlos weh'nden Winden
> Kein Gebälk und keine Mauer wehrt,
> Wo, wie einer dunklen Sorge Schwinden,
> Jede Wolke sich verzehrt;
>
> Wo das braune Rind, wie Juno schauend,
> Weidet und mit heller Glocke tönt,
> Wo das Zicklein, lüstern wiederkauend,
> Den bemosten Felsen krönt,
>
> Schlürf' ich kühle Luft und wilde Würzen,
> Mit den sel'gen Göttern kost' ich da —
> Die mich nicht aus ihren Himmeln stürzen —
> Nektar und Ambrosia.

Es war eine klang- und liederreiche Zeit. Ältere Motive
formte der Dichter um, neueren verlieh er die erste flüchtige
Gestalt. Er hatte damals verschiedene Gedichte in der Arbeit:
„Die Karyatide", „Das weiße Spitzchen", „Die Bank des
Alten", „In Harmesnächten" u. s. w. Die Schwester schrieb
alles in das kleine rote Notizbüchlein; es war ein preußischer
Schreibkalender für Damen auf das Jahr 1871, ein Geschenk
der Gräfin Plater. Sie hielt auch etliche, meist rasch hin-
geworfene Stimmungsbildchen fest, die er später von der Samm-

lung ausschloß, die aber ahnen lassen, wie es ihm damals zuweilen ums Herz war:

Wetterzeichen

Abendglühn gelobt
Eines hellen Morgens Schein —
Wenn es morgen stürmt und tobt,
Werd' ich schön betrogen sein.

Wundern soll's mich nicht,
Wenn die Himmelsröte log,
Seit auf liebem Angesicht
Ein Erröten mich betrog.

Am Wassersturz

Seh' ich dieser Wasser wilde Kraft
Donnernd stürzen, daß die Felsen zittern,
Wird es mir, als müßte Leidenschaft
Einmal noch mich in den Grund erschüttern.

Und ich möchte, der Gefahr bewußt,
Ihr die Arme breiten ohne Bangen
Und den vollen Sturz mit Todeslust
Auf der unbewehrten Brust empfangen.

Abendwolke

Wolken wallen
Im Abendklar;
Ein Gruß euch allen
Aus der Geisterschar!
Wer seid ihr, Mächte?
Du Heldenreigen,
Wie nennst du dich?
Sie ziehn und schweigen —
Doch eine Rechte
Segnet mich.

Im Nebel

Der Nebel deckt mein Alpenhaus,
Er nimmt mich in die Mitten,
Er hält mich hier, von Lust und Schmerz
Der Menschheit abgeschnitten.

Wie des Homeros Götter bin
Ich unsichtbar dem Volke
Und schreite wie ein Himmelssohn
In einer weißen Wolke.

Ich misse mit Gelassenheit
Die Schlimmen wie die Frommen;
Es ist ein einzig Menschenkind,
Das, mein' ich, sollte kommen.

Und wenn ich mein betörtes Herz
Auf diesem Wunsch ertappe,
So rück' ich mit verdroßnem Sinn
An meiner Nebelkappe.

Kurze Freude

Mild leuchtet auf ein Stern am Tannenwald,
Doch steigt er nicht — er geht und scheidet bald.
So hast du, klare, mir das Herz geweckt,
Die jetzt mir schon ein dunkler Berg verdeckt.

Tagesneige

In den klaren Dämmerungen
Hält der Tag die Nacht umschlungen.

Über still erloschner Firne
Neigen Stirne sie an Stirne.

Sterne glühn ihr im Geschmeide
Schon, sie drängt ihn: Scheide, scheide!

Sanft will er sich ihr entziehen,
Doch sie flüstert: willst du fliehen?

Und er sieht sie im Entrinnen
Einsam dunkeln, schweigend sinnen.

La familiarité engendre le mépris

Zuerst entfloh vor mir das Tier im Wald,
Doch wir gewöhnten uns zusammen bald.

Es fand es aus, daß ich von mildem Sinn,
Und daß ich, weit entfernt, kein Jäger bin.

Der Specht hat über mir das Holz gehackt,
Das Eichhorn Nüsse neben mir geknackt.

Das ging so fort. Doch gestern hat der Specht
Mit Rinde mich zu werfen sich erfrecht.

Und heute hat das Eichhorn mit Bedacht
Vom Zweig ein Zeichen mir ins Buch gemacht.

Gewiß, es wird das Waldgetier geschwind
Allzu vertraulich mit dem Menschenkind.

Droben im Wald bei St. Wolfgang zeichnete er der Schwester auch die ersten Umrisse des „Amulet", dessen Ausarbeitung
er nun ins Auge faßte.

Einmal wurde die sanfte Stille der Bergnacht durch einen
„Hengert" unterbrochen, der dem Dichter den Schlummer raubte
und ein dankbares Motiv schenkte; selbst der am Schluß des Gedichtes geschilderte leidenschaftliche Abschied beruht auf Wahrheit,
auf einer Szene, die er in der ersten Frühe zufällig belauschte:

> Lechzend öffnet' ich das Fenster,
> Einzuschlürfen Morgenlüfte,
> Abzukühlen die zertanzte
> Fieberschwüle Stirn im Winde ...
> Wagen rollten in die Ferne,
> Trugen fort die letzten Gäste.
> Unterm Vordach ein Geflüster —
> Ein aus tiefster Brust geseufztes,
> Ein aus tiefster Brust erwidert
> Leidenschaftliches Addio ...

Etwas anderes störte ihn wochenlang. In der Stille der
nächtlichen Kammer und im Frieden der grünen Waldeinsam-
keit flüsterte die Sorge um das Los seines Hutten. Die erste
Sammlung, die zwanzig Balladen, hatte durchschnittlich wenig
Eindruck gemacht, noch weniger die zweite, die Romanzen und
Bilder, obgleich er ihnen vor jenen mehr Kürze, Vollendung
und Reichtum nachrühmen durfte; Hutten besaß das in höherem
Maße, dazu einen Stoff von entschieden aktueller Bedeutung,
den individuellen Herzschlag, eine tiefgeprägte, eigenartige
Sprache ... wie wird es ihm ergehen? „Jetzt wandern", sagte
er, auf den farbigen Umschlag des Büchleins anspielend, „meine
Kindlein in ihren gelben Röcklein durchs Land und bitten um
Einlaß."

Gespannt erbrach er die mit der Post anlangenden Briefschaften. Sie meldeten nichts. Es duldete ihn nicht länger in
den Bergen, und er eilte der Tiefe zu. Da fand er in Zürich
ein Urteil von Johannes Scherr in der Zürcherischen Freitagszeitung, von geringem Umfang, aber sympathisch und warm.
Er verkehrte kaum mit Scherr; der derb, oft allzuderb geartete
Geist konnte ihm nicht zusagen. Allein jenes erste Urteil behielt

er stets in dankbarer Erinnerung. Vielleicht dachte er daran, als er in einer späteren Huttenauflage das Stück „Gloriola" einsetzte:

> Manch Kränzlein hab' ich später noch erjagt,
> Wie dieses erste hat mir keins behagt;
> Denn Süß'res gibt es auf der Erde nicht
> Als ersten Ruhmes zartes Morgenlicht.

Scherrs Anzeige (Zürcherische Freitagszeitung vom 6. Oktober 1871) lautet folgendermaßen: „Ein Züricher Dichter. Bis dat, qui cito dat, und darum eile ich, die Aufmerksamkeit empfänglicher Menschen, soweit ich es vermag, auf die soeben in Leipzig (Verlag von H. Häffel) erschienene Dichtung ‚Huttens letzte Tage' von Conrad Ferdinand Meyer zu lenken, mit dem lebhaften Wunsche, daß recht viele einen so wohltuenden Eindruck, einen so reinen Genuß empfangen möchten, wie ich selber davon empfangen habe. Der Dichter hat als solcher schon früher durch seine ‚Balladen' und ‚Romanzen' sich erwiesen. Seine vorliegende Leistung stellt ihn aber ohne Frage zu den berufensten Poeten seines schweizerischen Heimatlandes. Was er uns in diesem zierlich gedruckten Büchlein bietet, ist ein glücklicher Griff ins Volle der Poesie, ist ein Gedicht voll Ursprünglichkeit der Anschauung, durch Feinheit der Empfindung, Gedankenreichtum und Formschönheit seines Gegenstandes würdig. Ich will weder Fröhlich, noch sonst einem Poeten, welche früher die persönliche und kulturgeschichtliche Stellung Huttens in und zur Reformationszeit der Phantasie und dem Gefühle nahezubringen unternahmen, unrecht tun; allein ich stehe auch nicht an, zu sagen, daß dies keinem so gelungen ist, wie es Conrad Ferdinand Meyer in erfreulichster Weise gelang. Meines Erachtens deshalb, weil er es als rechter Dichter verstanden hat, im historischen Spiegel seiner Zeit den M e n s c h e n Hutten bis in seine innersten Seelenfalten zu zeigen. Unter allen Gestalten der Reformation sind es die beiden Ulriche, Ulrich Zwingli und Ulrich Hutten, welche das rein menschliche Interesse am stärksten erregen, am bleibendsten festhalten, und d i e s e m Interesse ist Meyer meisterlich dichterisch gerecht geworden. Die Form, welche er gewählt, ist die monologische oder, wenn man

will, die eines Tagebuches. Die Gefahr der Monotonie lag hier
nahe, aber sie ist aufs glücklichste vermieden, so daß man von
der ersten Zeile bis zur letzten die Gedanken- und Bilderreihe,
welche vor uns aufgerollt wird, mit nie ermüdender und inniger
Teilnahme betrachtet und genießt. Um den Gehalt der Dichtung und die edle Simplizität ihrer Diktion an einem konkreten
Beispiel aufzuzeigen, will ich wenige Strophen ausheben, welche
die ‚Traube‘ überschrieben sind. (Wegen der kühnen Dativ-
form ‚Gesell‘ statt ‚Gesellen‘ mit dem Verfasser rechten wollen,
hieße kritikastern.) Hutten spricht:

> Freund Holbein, fehlt im Totentanze dir
> Der Dichter noch, so komm und mal’ mich hier,
> In meinem Sessel schlummernd ausgestreckt,
> Das Angesicht mit stillem Blaß bedeckt …“

Diesem ersten freudigen Zuruf folgte aus der Heimat und
aus Deutschland wachsender Beifall und dann volle Zustimmung.
Die „Neue Zürcher Zeitung“ sang das Lob der Dichtung, die
„Basler Nachrichten“ brachten eine ganze Abhandlung darüber,
die fünf Feuilletons füllte. Calmberg rührte sich in der „Rhei-
nischen Zeitung“, Wille ließ sich, nach seiner Art, warm und
fest in der „Nationalzeitung“ vernehmen. Der allezeit getreue
und teilnehmende Bulliemin schrieb ein Referat in die „Bibliothèque universelle“, durch behagliche Inhaltsangabe den Mangel
an Tiefe und eindringender Erkenntnis vergütend: nun war
ihm die Freude vergönnt, daß Meyers „Oeuvre nouvelle lui
a fait prendre rang parmi les poetes les plus distingués de
l’Allemagne contemporaine“. Die gleiche Genugtuung empfanden die Stuttgarter Freunde. Marie Pfizer schrieb, das
Gedicht habe ihr in der Seele wohlgetan und manche Träne
entlockt, was ihr, wie Uhland, nie anders geschehe, als durch
„das Schöne, auch wenn es nicht rührender Natur ist“. Ihr
Mann stimmte bei. Sie fanden beide, was die Schöpfung
vor fast allen Produkten neuester Poesie auszeichne und able,
sei die Wahrheit in der Sache und die Wahrhaftigkeit des Dichters.

Unter den übrigen zahlreich nachrückenden Urteilen stach
namentlich dasjenige von Paul Wislicenus hervor, das er 1873
in seiner Zeitschrift „Die Literatur“ veröffentlichte. Er sagte,

die Anregung, Hutten ein Denkmal zu setzen, komme zu spät; denn diese Aufgabe sei durch Meyers Dichtung schon gelöst. Sie bedeute eine Bereicherung der deutschen Literatur.

Verona und Venedig

Als die Geschwister aus den Bergen heimkehrten, war die treffliche Magd Marie Guhl, die sie bei der Abreise im Spital hatten versorgen müssen, noch nicht so weit hergestellt, um allen häuslichen Obliegenheiten hinlänglich nachzukommen, so daß man im Seehof einem unlustigen Winter entgegensah.

In der Absicht, dieser Unliebsamkeit auszuweichen und zugleich der Genesenden Ruhe zu gönnen, und erwägend, daß neue bedeutende Eindrücke für den Dichter, der die lange literarische Erfolglosigkeit doch verspürte, heilsam und erfrischend sein würden, schlug Betsy einen mehrmonatlichen Aufenthalt in Italien vor. Sie hatte ihn schon in Wolfgang bedacht, wenn sie in dem mitgenommenen Reisehandbuch, das auch den Norden Italiens umfaßte, die verschiedenen Städte musterte. Sie wies auf Venedig, das man, nach Goethes Ausspruch, allein nach Rom sehen kann.

Der Bruder willigte ein. Der erste Teil der anfangs November 1871 angetretenen Reise ging bis München. Der Gedanke an diese Stadt war ihm um so angenehmer, als er im Frühling des nämlichen Jahres zum zweitenmal dort gewesen und unter anderen auch Lingg besucht hatte; jetzt begrüßten die Geschwister ihn wieder, wie auch den Archäologen Benndorf, von Mariafeld her freundlichen Angedenkens.

In Innsbruck besichtigten sie die herrlichen Denkmäler der Hofkirche und wandten sich dann direkt nach Verona, auf dringendes Anraten Rüschelers, welcher die in dieser Stadt verbrachten Dienstjahre als die schönsten seines Lebens bezeichnete und nun, da er einen kurzen Urlaub in Zürich verlebt hatte, dem Freunde mit allerlei nützlichen Winken beigesprungen war. Meyer ging den großartigen Bauwerken der Stadt nach und durchstreifte die Umgebung, besuchte auch, gleichfalls von Rüscheler und

Onkel Wilhelm mit militärischen und kriegsgeschichtlichen Be=
lehrungen ausgerüstet, die umliegenden Schlachtfelder, an denen
jene Landschaft eben keinen Mangel leidet, und kehrte über den
Gardasee in die Mauern Veronas zurück. In Peschiera stattete
er der ehemaligen Offizierslocanda einen Besuch ab, in welcher
Müscheler als Hauptmann verkehrt hatte, von den Eingeborenen,
wie er lachend erzählte, una eccellente persona betitelt, während
sein Leutnant nur una buona creatura vorstellte. Natürlich
pilgerten sie auch nach dem nahen Santa Lucia, dessen Kirch=
hof Müscheler einst mit seinen Kaiserjägern gegen den Feind
ruhmvoll verteidigt hatte.

Eines Abends sprach den Dichter eine Bettlerin an. Er
wies sie ab, da er zauderte, in der ziemlich dunklen und ihm
fremden Straße den Beutel zu ziehen, rief sie dann aber beim
nächsten Laternenpfahl zurück, um ihr eine Gabe zu verabreichen.
Mit ausgestreckter Hand an ihn herangetreten, schlug sie plötz=
lich das Tuch über den Kopf und suchte, so schnell sie ihre Füße
trugen, mit dem Rufe: „Misericordia!" das Weite. Wenige
Tage später erhielt er die Aufklärung dieses sonderbaren Vor=
falls, sowie der vielen Grüße, die ihm, dem Fremden, zu seinem
Erstaunen geboten wurden. Eine helle, wohlgeratene Photo=
graphie Müschelers aus dessen Veronesertagen vermochte ihn,
die Abneigung gegen das Photographieren zu überwinden, und
brachte ihn zum Entschluß, jenem Photographen zu sitzen, der,
vor mehr als einem Jahrzehnt, seinen Freund aufgenommen
hatte. Das geschah, und dabei erfuhr er, daß er dem Polizei=
präfekten der Stadt zum Verwechseln ähnlich sehe, welcher
Umstand die alte Straßenbettlerin in Schrecken gejagt hatte.

Eine andere Szene, wozu er auf italienischem Boden noch
manches Gegenstück zu sehen bekam, prägte sich ihm gleichfalls
ein. Zu einem reisenden, jovialen und ersichtlich wohlbemittelten
Ehepaar, das in der Restaurationshalle des Gasthofs, in welchem
die Geschwister wohnten, seine Mahlzeit einnahm, trat während
des Essens ein altes Weib mit einem merkwürdigen altertüm=
lichen Dolch, um dessenwillen es von dem danach begierigen
Herrn offenbar herbestellt worden war. Da mutete es nun den
Dichter überraschend und befremdlich an, wie virtuos, ja mit

welcher unzweideutigen Freude der Käufer, nach der Art seiner Landsleute, das Markten und Feilschen betrieb, wie er dem ergrauten Wesen den Dolch abzuschwatzen suchte, was für Gründe er vorbrachte, um ihn billig zu erhandeln, und wie er zum Beispiel sagte: „Alles kostet mich viel! Seht da, meine Frau, die kommt mich teuer zu stehen!"

Wunderlich berührte es ihn auch, als eines Morgens unter den Geräuschen, die ihn zu wecken pflegten, die schallende und gedehnte Stimme des Zeitungsverkäufers an sein Ohr schlug: „L'Allianza! con una nuova poesia del gran poeta Aleardo Alea-a-ardi!" Übrigens hörte Betsy später in Florenz die ausgezeichneten Vorträge dieses Dichters, durch dessen Haltung und Wesen sie sich lebhaft an ihren Bruder erinnert fühlte. Manchen interessanten Zug aus dem Veroneser Leben vernahmen Conrad und Betsy auch durch die Sprachlehrerin, mit der sie so ziemlich jeden Tag konversierten, um in das fremde Idiom einzudringen, zu welchem Zwecke sie voll löblichen Eifers schon in Innsbruck ein italienisches Wörterbuch erstanden hatten.

Während der Himmel in unveränderter Klarheit strahlte, so daß Ende November noch alles grün stand und die Herden im Freien weideten, wuchs die Kälte, und zuweilen pfiff ein eisiger Hauch vom schneebedeckten Monte Baldo her. Die gegen rauhe Witterung weniger als die Nordländer empfindlichen Eingeborenen dünkte es nur un po freschetto; allein der Dichter fand, es wäre in aller Form freddo. Darum setzte er seinen Stab weiter nach Venedig, seinem eigentlichen und, wie man ihm sagte, wärmeren Reiseziel.

Als die Geschwister der Stadt ansichtig wurden, leuchtete sie wie ein schimmernder Goldschmuck aus dem hellen Meer empor. Gleich nach der Ankunft steuerten sie, Betsy noch in ihrem Reisepelz, dem Markusplatze zu, wo die venezianischen Gassenschlingel die Tauben herbeilockten, um den Fremdlingen die mit Sämereien gefüllten Tüten zu verkaufen.

Der Sumpfgeruch einer Lagune, die man eben reinigte, vertrieb sie aus dem Gasthof, den sie zuerst bezogen hatten, worauf sie, durch den schweizerischen Konsul beraten, in einer Pension an der Riva degli Schiavoni Unterstand nahmen. Fast täglich durchstreifte der Dichter die Stadt, womöglich zu Fuß, allerorten den historisch merkwürdigen Gebäuden, sowie den Bildern nachgehend. Dadurch setzte er sich in den Besitz jener Lokalkenntnis, die er im zweiten Buche des Jenatsch verwertete. Er sah die Weihnachtsfestlichkeiten in der Markuskirche und unter seinen Fenstern auf der belebten Riva degli Schiaboni den Karneval mit seiner gedämpfen Musik und den artigen Leuten, von denen man selbst im dichtesten Gewühl niemals gestoßen wurde.

Auf seinen Fahrten und Gängen beriet ihn in Kunstsachen Jakob Burckhardts Cicerone. Er hatte das Buch erst nach seiner ersten italienischen Reise, also nach 1858, kennen gelernt; die geniale Unmittelbarkeit und männliche Wahrhaftigkeit des Burckhardtschen Urteils hatten ihm dann die eigenen Kunst= eindrücke in ganz neue Beleuchtung gerückt. Er hatte das Werk studiert, wie auch die anderen, die „Kultur der Renaissance", die „Geschichte der Renaissance" und „Die Zeit Konstantins des Großen". So lebte er sich nun mit Burckhardt in Italien tiefer ein. Auch späterhin kehrte er öfter wieder zu ihm zurück. Wie sehr er sich ihm verpflichtet fühlte, geht aus einem im Dezember 1891 nach Basel an Hans Trog gerichteten Schreiben hervor, wo es heißt: „Wenn Sie eine Gelegenheit mit Ihrem Jakob Burckhardt zusammenführt, bitte, empfehlen Sie mich ihm; ich bin ihm, ohne persönliche Bekanntschaft, großen Dank schuldig."

Eine eingehende Vergleichung Jakob Burckhardts mit Con= rad Ferdinand Meyer müßte sehr lehrreich sein, wenn zugleich das Gemeinsame auf die gemeinsamen Quellen zurückgeleitet würde. Beide bezeichnen die entschiedene Abwendung von der Romantik und was damit zusammenhängt. Beide führt das Bedürfnis nach der großen Kunst zu den Alten und zur Renais= sance. Der Gelehrte hat den Geist der Renaissance eigentlich entdeckt und erweckt; der Dichter hat ihm unvergängliche Gestalt gegeben. So sehr im einzelnen ihre Neigungen auseinander= gingen, es bleibt doch wohl sehr sprechend, daß Burckhardt, dem Rembrandt innerlich unsympathisch war, für Rubens schwärmte, wie Conrad Ferdinand Meyer in späteren Jahren auch. Übrigens gehören sie selbst wieder in eine größere Reihe: wie sie haben sich auch Gottfried Keller, Arnold Böcklin, Anselm Feuerbach und Hans v. Marées von der Romantik abgekehrt, und darin eben lag ein Teil ihres Schicksals. Keller steigert die Zauber und Herrlichkeiten der Romantiker, verbindet sie aber in hohem Maße und immer mehr mit Realismus; Böcklin und Feuerbach empfingen vom Altertum und der Renaissance die maßgebenden Eindrücke, nachdem sie frühzeitig sich aus dem romantischen Zauberhain losgemacht; und Marées strebte der monumentalen Kunst nach, den Großen des Quattrocento und des Cinquecento folgend, nachdem er die koloristischen Zauber Rembrandts abgeschüttelt.

᛭ Es war ein stiller, traumhaft schöner Winter in Venedig, der Meyer so magisch berührte, daß er äußerte, er glaube, nimmermehr aus dem Zauber der Lagunenstadt herauszukommen:

Venedig, einen Winter lebt' ich dort —
Paläste, Brücken, der Lagune Duft!
Doch hier, im harten Licht der Gegenwart,
Verdämmert mählich mir die Märchenwelt.

Als sich der Frühling, der nach venezianischer Annahme schon Mitte Januar eintritt, in der Tat bald nach Neujahr fühlbar zu machen begann, regte sich die schöpferische Kraft im Dichter, wie immer im Lenz, mit aller Macht, und die sanften Lüfte, der strahlende, weiche Himmel, die stillen Wasser mit den ragenden Palästen daran brachten ihm die günstigste Stimmung. Er fand die Motive zu den Gedichten „Venedig" und „Die Narbe". Eine rasch entschwindende Szene auf dem Canal grande zeichnete er später, fast nach zwanzig Jahren, als er die Abendschatten seines Lebens über sich fühlte, in dem ergreifenden Gedichte:

Auf dem Canal grande betten
Tief sich ein die Abendschatten,
Hundert dunkle Gondeln gleiten
Als ein flüsterndes Geheimnis.

Aber zwischen zwei Palästen
Glüht herein die Abendsonne,
Flammend wirft sie einen grellen,
Breiten Streifen auf die Gondeln.

In dem purpurroten Lichte
Laute Stimmen, hell Gelächter,
Überredende Gebärden
Und das freule Spiel der Augen.

Eine kurze, kleine Strecke
Treibt das Leben leidenschaftlich
Und erlischt im Schatten drüben
Als ein unverständlich Murmeln.

Aus der märchenhaft träumerischen Stimmung wuchs die
Lust, die vor bald einem Jahrzehnt und noch vor der Huttenballade entworfene Romanze „Engelberg“ zu einer Dichtung
auszuweiten, und zwar im Metrum des Kinkelschen „Otto der
Schütz“, der vielleicht überhaupt den Gedanken an die Dichtung
erweckte. Diese Romanze, deren Reinschrift das Datum trägt:
2. August 1862, zählt neunzehn Strophen. Die vier ersten
erwähnen die Sage, daß vom sogenannten Engelberg, der das
Tal gegen Nordosten absperrt und ihm den Namen gab, die
Engel nachts zuweilen leisen Gesang erheben. Ohne Übergang schließt die Erzählung an, die auf den Anfang zurückgreift:

Helle Herdenglocken leiten
In den Talgrund still und grün,
Und der Berg wirft seine breiten
Dunkeln Schatten über ihn.

Und der Berg ist in den Sagen
Und Legenden wohlbekannt
Und in längst vergangnen Tagen
Schon der Engelberg genannt.

Und es heißt, die Engel hüten
Auf dem Berg das nächt'ge Tal
Und verbreiten ihren Frieden
Bis zum ersten Sonnenstrahl.

Und im Sternenlichte singen
Sie, so heißt es, oft im Chor,
Doch so leise, daß sie dringen
Selten an ein menschlich Ohr.

Heut erschallt im Dorfe rauschend
Tanzmusik, und in der Eil'
Putzen sich die Mädchen lauschend:
Dunkles Haar und heller Pfeil.

Auf des Berges erster Stufe
Treten aus dem kleinen Haus
Mutter, Töchter bei dem Rufe
Schallender Musik heraus.

Will denn bei mir bleiben keine?
Spricht betrübt Großmütterlein;
Da befiehlt die Mutter: Eine
Muß des Hauses Wächter sein.

Alle sehn mit finstrer Braue
Auf die arme Alte hin,
Auf die unbequeme, graue,
Leid'ge Freudenstörerin.

Eine nur hat sich besonnen,
Spricht nach einem innern Streit:
Geht! Es hat der Tanz begonnen,
Und zu Hause bleib' ich heut.

Geht! Ich will Großmutter warten!
Und die andern eilen fort,
Und sie führt sie in den Garten
Langsam und mit sanftem Wort.

Und da sitzen beide stille
Zu des heißen Tages Schluß
In der schönen Abendkühle
An des Engelberges Fuß.

Aus dem Dorfe hergetragen
Wird vom Wind der Geigenton,
Und sie hört es ohne Klagen,
Und ihr Herz ist stille schon.

An des Engelberges Ritzen
Klimmt das Licht empor und klimmt,
Und nun steigt es in die Spitzen,
Kann nicht weiter und verglimmt.

Und da steht der hohe, kühne,
Dunkelschwarze Berg allein,
Und das Tal, das dunkelgrüne,
Wartet auf den Sternenschein.

Und beim ersten Sternenglimmen
Über der Gebirge Schnee
Läßt ein Chor von reinen Stimmen
Sich vernehmen in der Höh':

Selig, wer vermag zu lauschen,
Was der Engel Stimme spricht,
Wenn die Leidenschaft mit Rauschen
Sich an seinem Herzen bricht.

Wilde Freuden, dumpfe Schmerzen
Übertönen unsern Klang,
Nur die reinen, stillen Herzen
Hören unsern Lobgesang.

Wer kann von der Lust sich trennen,
Hat den ersten Schritt getan
Und er lernt die Freude kennen,
Welche nicht betrüben kann.

Wilde Freuden, dumpfe Schmerzen
Übertönen unsern Klang,
Nur die reinen, stillen Herzen
Hören unsern Lobgesang.

Hier liegen drei Bestandteile nebeneinander. Zwei davon sind gegeben: 1. der nächtliche Engelsang, also die Sage, und 2. das Lichtspiel am Berghaupt, also das Landschaftliche. Der dritte ist erfunden: die Erzählung. Als die Romanze zur größeren Dichtung auswuchs, vertiefte und bereicherte der Dichter die beiden ersten, während er den dritten, schon zur Zeit der Balladenpublikation verworfenen durch eine grundverschiedene Handlung ersetzte.

Auf diese Handlung brachte ihn eine der herrlichsten Schöpfungen der venezianischen Kunst, Tizians wunderbare Himmelfahrt der Maria, ein Bild, das auf Meyer so mächtig wirkte, daß ohne dessen wiederholte Betrachtung „Engelberg" gar nicht geschrieben wurde, sondern ein endgültig beseitigter Jugendentwurf blieb:

Vielleicht vergaß ich einen Tizian.
Ein Frevel! Jenen doch vergaß ich nicht,
Wo über einem Sturm von Armen sich
Die Jungfrau feurig in den Himmel hebt.

Die Glut und Kraft der zur Seligkeit Emporfahrenden, von nazarenischer Magerkeit wie von irgendwelcher Sentimentalität durchaus entfernt, setzte, diesen Eindruck empfing er, eine ganz fertige und geschlossene Persönlichkeit voraus, eine edle,

einer großen Entwicklung fähige Seele. Eine solche Heldin gedachte er zu wählen, mit ihren Schicksalen seine Dichtung zu
füllen, durch das Erdenleid ihre Reise für die himmlischen Ge-
filde zu bedingen.

Für die Vision der singenden Engel und die Zartheit der
idyllischen Stimmung machten sich die Werke eines anderen
venezianischen Meisters fühlbar: die lieblichen Engel Gian-
bellins.

Der Geist der italienischen Renaissancekunst ist in der Dichtung vertreten durch den welschen Gast, der seine, des Romanen,
Auffassung von Kunst und Leben derjenigen des schlichten germanischen Bergkindes entgegensetzt: wenn der südliche Meister
den Engelberger Bildschnitzer zu einer Fahrt ins Welschland
anspornt,¹ wo sich allein seine Kunst zu Schönheit und Fülle
zu entfalten vermöge, so weist er auf eine Wahrheit und ein
Los hin, das Conrad Ferdinand Meyer an seiner eigenen
Kunst und an Engelberg mehr als an einem anderen seiner
Werke erfuhr. Denn die ungeahnte Entwicklung der Romanze
zur vollendeten Dichtung ging durch die Herrlichkeit der
italienischen Renaissance.

Ein ferneres Element des Werkleins bildet das Geschichtliche, vorab die Gestalt Rudolfs von Habsburg. Und schließlich
mögen die Erinnerungen an jene Enkelin von David Heß, das
„Schwänlein", sowie den kindlich frommen Maler Deschwanden,
die 1857 beide zugleich mit dem Dichter in dem lieblichen Engel-
bergertale verweilten, als gute Geister über der Arbeit geschwebt
und zuweilen etwas mitgeholfen haben.

Unter allen erzählenden Schöpfungen Meyers blieb einzig
der Dichtung „Engelberg" die Anerkennung versagt. Die Kritik
glaubte diesen Umstand aus einer gewissen verblaßten Romantik,
die hier, wunderlich verspätet, zu Tage trete, erklären zu müssen.
Sie irrte. Nicht nur hatten sich schon die „Balladen" von aller
Romantik frei gehalten, die bei der Entstehung von „Engelberg" wirksamen und entscheidenden Kräfte beweisen das Un-
richtige einer solchen Annahme. Der Grund des geringen Er-
folgs liegt einfach in der verfehlten Stoffwahl.

„Hutten" und „Engelberg" sind Idyllen und aus einer

Ballade oder, wenn man will, Romanze erwachsen. Aber
während Hutten ein reiches, sehr substantielles, historisches, der
Individualisierung überall fähiges Material bot, ließ sich an das
anmutige Motiv der singenden Engel wohl allerlei Schönes
und Feines anreihen, jedoch nur sehr weniges organisch daraus
entwickeln; vorab blieb hier das, was einer Schuld, ihren Ur-
sachen und Folgen auch nur ähnlich sah, von vornherein ausgeschlossen. Darum mußte die beim Huttengedicht so glücklich
verlaufene Erweiterung bei Engelberg mißlingen. Angenehm
in einer lieblichen und zugleich großartigen Landschaft verlebte
Tage, im Rückblick verklärt, und die Schönheit eines seiner Natur
nach rein lyrischen Motives berückten den Dichter zu einem
epischen Werk, wobei er denn die alte, für ihn neue Erfahrung
machen mußte, daß schließlich in einen Stoff keine Kunst und
keine Gaben etwas hineinbringen, was von Haus aus nicht
schon in ihm steckt, daß es Motive gibt, die da Samen tragen
hundertfältig, wogegen andere, was oft die geriebenste Erfahrung und die geschärfteste Vorsicht übersah, taub und unfrucht-
bar sind: ein Lehrgeld, das fast jeder Dichter früher oder später
bezahlt und mancher schon erlegte, den glückliche Funde und
Erfolge auf mehr als einem Feld der Poesie vor falscher Wahl
zu sichern schienen.

Da Conrad Ferdinand Meyer diese Arbeit leicht fiel wie
kaum eine zweite seines Lebens und da die Verse ungehemmt
dahinflossen, so währte es keine zwei Monate, bis die zwölf
Gesänge beisammen waren. Sie entstanden indessen nicht in
der durch den Inhalt geforderten Reihenfolge, sondern weil der
Dichter, einmal zu einem gewissen Punkt gelangt, offenbar die
Wirkung des Schlusses erproben wollte, in dieser Ordnung:
I—V, XII, VI, VII, X, IX, XI, VIII.

Die Überarbeitung kostete mehr Zeit und Mühe als der
Entwurf, namentlich plagte er sich redlich mit dem ersten Gesang, aus verschiedenen Gründen: er schildert mehr, als er erzählt. Es handelte sich hier gegenüber dem mehr lyrischen Hutten
um die Gewinnung des epischen Vortrags und Stils in ge-
bundener Rede, in einem weniger behaglichen Versmaß, dessen
Knappheit der Breite, ja auch nur dem Bedürfnis individueller

Darstellung stets Hemmnisse in den Weg legt. Und schließlich galt auch hier der Satz, daß aller Anfang schwer ist.

Über die allmähliche Entfaltung und Vollendung der Dichtung gewähren die vorhandenen, von der Schwester aufgehobenen Blätter einen deutlichen Aufschluß, wie denn hier Erdreich, Same, Keim, Wurzel und Wachstum offener liegen als bei irgend einem anderen Werke Meyers.

Nachdem er den ersten Gesang vollendet hatte, nähte Betsy, als sie etwas Umfangreicheres im Werden sah, ein Heft aus großen Bogen zusammen und schrieb die erste, nicht mehr erhaltene Niederschrift (A) sorgfältig ab (A¹).

Auf den rechten, für Änderungen freigelassenen Blatthälften dieser Abschrift arbeitete der Bruder den ersten Gesang gründlich um und trug dann alle folgenden Gesänge in das Heft und, da dieses nicht reichte, in ein zweites von gleichem Format ein (B).

Jetzt fertigte Betsy neue Hefte an und kopierte das ganze, durch die oft schon während der ersten Niederschrift nötig gewordenen Zusätze und Nachträge ziemlich struppige Manuskript vollständig. Die Kopie pflügte der Dichter gehörig durch, hauptsächlich den zweiten Teil des ersten Gesanges (C).

Nach der Rückkehr aus Italien fertigte die Schwester eine neue Abschrift des Ganzen an, die er mit Feder und Blei wieder tüchtig überging. Davon haben sich die fünf ersten Gesänge und Bruchstücke der folgenden erhalten (D).

Hierauf schrieb sie den ersten Gesang — mehr findet sich wenigstens nicht — von neuem ab, woran der Dichter abermals die bessernde Hand legte (E).

Dann übertrug er den ersten Gesang selber in ein neues Heft und gab ihm die Form, die sich mit der gedruckten fast völlig deckt (F).

Schließlich wurde das Druckmanuskript angefertigt (G).

Nebenher ging immer noch die Umschmelzung einzelner Partien auf besonderen Blättern, wie Meyer auch an den Korrekturbogen noch dies und das geändert hat.

Die erste und zweite Fassung des Anfangs sehen folgendermaßen aus:

A¹.

Am Himmel bleicht die Sternenfeier,
Im Tale wob ein Nebelschleier,
Daraus sich dunkel hob und rein*)
Das Engelberger Felsgestein,
Und auf dem Gipfel wild gezackt
Weißt mit der himmlischen Kapelle,
Cäcilia, die morgenhelle,
Die milde Meisterin im Takt.
Sie sprach: Ihr fragt, zu wessen Frommen
Ihr hierher mich begleitet habt?
Erfahrt, sein Stündlein ist gekommen
Dem greisen Engelberger Abt,
Der mich vor allen Heil'gen ehrt
Und den ich selbst Musik gelehrt.
Wer tapfer gleich zum Kampf erglüht,
Dem ist Sankt Georg wohlgewogen;
Mich hat von jeher angezogen
Ein still harmonisches Gemüt.
So nahm ich ihn in meine Hut,
Er hat den Altar mir gebaut,
Da steht mein Bild in Rosenglut
Und lächelt still wie eine Braut.
Da lag vor des Altares Stufen
Er hingesunken manchen Tag,
Bis ich, von Herzen angerufen,
Ein Lied ihm spielt mit Orgelschlag.
Dort liegt sein Kloster, das der frühe
Tauschwere Morgenduft umschwimmt.
Hört ihr die Glocken seiner Kühe?
Wie sind sie alle rein gestimmt.
Auf jedem Instrumente Meister,
Ist er ein Sänger lobesan,
Doch sind der Violine Geister
Am willigsten ihm untertan.
Mit Hunger nicht und Geißelstreich
Hat er sein Klostervolk erzogen;
Er schuf's mit seinem Geigenbogen
Zum heiligsten im Teutschen Reich.
Und gibt es einen Zänker dort,

*) Daneben:
Darüber dunkel einsam stand
Des Engelberges Felsenwand.

B.

Einsam im Morgenscheine stand
Des Engelberges schroffe Wand,
Ein dunkelzackig Felsgestein,
Auf Himmelsgründen blaß und rein.
Steil senkte manche Schlucht und Rinne
Sich um des Gipfels öde Zinne.
Genüber thronte silberbleich
Der Titlis in der Lüfte Reich.
Ein Wölklein schwimmt am Firmament,
Als hätt' es, eine weiße Locke,
Von seinem Haupt sich losgetrennt.
Und größer wird die lichte Flocke,
Sie dehnte sich zum Wolkenkahn
Und flog im Morgenwind heran.
Die dienstbereiten Lüfte schwellen
Die leichten Segel ihr, die hellen,
Und wenn ihr einer von den scharfen
Berghauchen rasch vorüberstrich,
So schauert es wie Geisterharfen,
Wie süße Saiten regt' es sich.
Es ist die Barke oder Wolke
Gefüllt mit festlich frohem Volke.
Inmitten steht mit wehndem Schleier
Die hohe Königin der Feier:
Cäcilia war's mit sel'gem Schall,
Des Paradieses Nachtigall*),
Von hellen Knaben dicht umringt.
Und blonde Kinder weißbeschwingt
Schaun aus dem Kahne hier und dort
Mit frohen Augen über Bord.
Und wo der Berg die Zinne trägt,
Hat leis das Boot nun angelegt,
Und es betrat der Erde Schwelle
Auf diesem Gipfel wildgezackt ·
Mit ihrer himmlischen Kapelle
Die milde Meisterin im Takt,
Die heilige Cäcilia,
Sie war's, die heut die Erde sah.

*) „Cäcilia — Nachtigall" ist dazwischen geschrieben.

Er fällt ihm spielend in das Wort,
Und senkt ein finstrer Mönch das
                      schwere,
Unmut'ge Haupt in Geistesleere,
So stärkt und unterweist er ihn
Mit lebensfrischen Melodien.
Doch nun ist ihm das Blut versiegt,
Ich sehe, daß er sterbend liegt.
Noch will er nach der Geige greifen,
Doch ist der Bogen ihm zu schwer,
Und mit der weißen Hand, der steifen,
Pflückt auf der Decke Blumen er.
Stimmt an und laßt uns übertönen
Des Erdenleibes letztes Stöhnen,
Den Sterbeseufzer dumpf und bang
Mit einem rauschenden Gesang.
Sie winkt. Ein heller Chor erschallt,*)
Geführt von ihrem mächt'gen Alt.
Und sieh, da kam er schon gezogen
In überirdischem Gewand.
Und Geige gaben gleich und Bogen
Sie dem Verklärten in die Hand.
Er spielte neue Lieder leis,
Umgaukelt von dem hellen Kreis.
Aufschwebten über Erd' und Sünde
Sie mit ihm in die Himmelsgründe.

Er hat die Sünde stets geflohn
Als einen falschen grellen Ton.

winkte. Helle Stimmen riefen
Getragen von dem Ernst der Tiefen.
Der Kinderjubel himmlisch klar
Mit Herzenstiefen wunderbar!
Willkommen, Erdenkind, willkommen.
Du hast den
Die himmlischen Gewande wallten,
Begeistert fluteten die Falten
Und schwebten hin mit ihm nach oben,
Er ward im freud'gen Sturm gehoben,
Verstärkte Jubelchöre schallten,
Die seligen Gewande wallten,
Er hob den sel'gen Blick nach oben
Und spielte neue Lieder leis.

Meyer hatte auch, wovon er in der endgültigen Fassung wieder Abstand nahm, die einzelnen Gesänge mit Überschriften versehen: 1. Die heilige Cäcilia. 2. Das Tal. 3. Im Kloster. 4. Jutta. 5. Am Ende der Welt. 6. Die Engstlenalp. 7. Am Titlis. 8. Hilarius. 9. Rudolf von Habsburg. 10. Der Pisaner. 11. Der Wildbach. 12. Der Engelberg.

Wie die beiden ersten Fassungen zeigen, enthielt der erste Gesang ursprünglich nur die Erscheinung der heiligen Cäcilia und ihrer Begleitschaft, sowie den Empfang des abgeschiedenen Engelberger Abtes. Der zweite erzählte, wie das aus dem Kranze der aufschwebenden Genossen zurückgebliebene Engelchen ein gut

---

*) Von Meyer korrigiert:
      Helle Stimmen riefen,
Sie trug ihn mit dem vollen Alt.

Stück talwärts wandert, bis es auf einen Alpler stößt, der in ihm sein Patchen zu erkennen glaubt, dessen Eltern in der Fremde gestorben sind und das er nun, da er daheim schon eine Stube voll Kinder hat, und zwar wilde Buben, ins Kloster trägt.

Das war entschieden eine heikle, weil völlig unglaubwürdige Erfindung, die dringend Abhilfe verlangte. Diese wurde folgendermaßen geschaffen: an die Stelle des Alplers tritt der Klosterbruder Hilarius und wird so gleich anfangs eingeführt; nach dem ersten Entwurf erschien er erst in einer späteren Partie der Handlung. Ferner war auch das eine glückliche Änderung, daß der Engelreigen nicht mehr als wirkliches Geschehnis dargestellt, sondern dem Hilarius als eine erfundene Vision in den Mund gelegt wurde, als Vorwand erfunden, um das Würmchen im Kloster anzubringen. Als eine weitere Forderung der Glaubwürdigkeit ergab sich überdies, daß die Kleine nun auch nicht mehr talabwärts pilgern durfte, sondern oben auf der Bergzinne gefunden sein mußte. Um aber das hübsche Motiv von Engelchens Wanderung ins Tal nicht einzubüßen, griff der Dichter, nachdem er in der Fassung E, soweit aus dem nicht vollständigen Material ersichtlich, die erwähnten Änderungen vorgenommen, auf dasselbe zurück, indem er die Sache insofern umkehrte, als nun Angela aus dem Kloster entläuft und im Hemdchen bergwärts irrt.

Gab ihm die Frage zu denken, wie er die Heldin in die Welt führen sollte, so konnte er auch über die andere nicht leicht schlüssig werden, auf welche Weise sie aus der Welt herauskommen möchte. Eine frühere Fassung (C), ausführlicher als die schließlich gedruckte, zeigt einen näheren Anschluß an das Bild Tizians und den durch dieses erzeugten Grundgedanken in stärkerer Deutlichkeit:

> Hoch steht sie auf des Berges Throne,
> Und neben ihr mit einem Male
> Ragt auf die schwarze Zackenkrone
> In schimmerndes Gewölk gehüllt,
> Mit überirb'schem Glanz gefüllt;
> Gestalten, die sich zu ihr neigen,
> Ziehn sie in ihren sel'gen Reigen.

Da hört sie schon den Engelgruß,
Den unvergess'nen, wohlbekannten,
Entgegentritt mit leichtem Fuß
Sie ihren himmlischen Verwandten.

Und nah und aus der Ferne scholl
Gesang und rauschte wonnevoll:
„Willkommen, Himmelskind, willkommen!
Du hast den steilen Berg erklommen!
Nicht schwebst du mehr in weichen Flügen,
Ein Kindeslächeln durch das Licht!
Du schaust mit festgeprägten Zügen
In deines Schöpfers Angesicht.
Dein Erdentag ist dir zerronnen,
Doch hast du durch die Glut der Schmerzen
Auf ewig nun Gestalt gewonnen!
Du kommst zurück mit einem Herzen!"

François Wille, der in der zweiten Februarhälfte mit seiner
Frau nach Venedig kam, um von hier nach Rom zu reisen,
begrüßte die neue Schöpfung seines Freundes mit Freuden,
wie denn Engelberg einer seiner Lieblinge blieb. Man unternahm verschiedene gemeinsame Ausflüge, so einen durch die
schöne Witterung und die aufblühende Vegetation besonders
genußreichen nach Burano. Als Wille abgereist war, setzte
Meyer noch mehrere kleine Abstecher ins Werk, nach Mantua,
wo ihm das Haus der Gonzaga und der zerfallende Palast del
T großen Eindruck machte, nach Padua, dessen Architekturen
und Straßen, die er erst im Jenatsch, dann in der Hochzeit
des Mönchs gezeichnet hat, sich dem Dichter nicht minder
einprägten, als Giottos gewaltige Fresken in Santa Maria
dell' Arena. Ferrara ließ er zu seinem späteren Bedauern
ohne einen Besuch, da ein solcher, wie man ihm sagte,
kaum lohne.

Anfangs März trat er mit Betsy den Heimweg an. In
Bologna atmete er wieder Erdgeruch und setzte mit Behagen
den Fuß auf festen Boden, den ein im Vergleich mit den Vene-
tianern kräftiger und gesunder Menschenschlag beschritt. In
den mächtigen Hallen von San Petronio weilte er einige Augenblicke unter der Kanzel eines predigenden höheren Geistlichen,

der, zur Erlösung der im Fegfeuer schmachtenden Seelen, dermaßen auf den Säckel der zuhörenden Verwandten drückte, daß zwei hinter den Reisenden stehende jüngere Priester mit einem Blick auf die wenigen anwesenden Fremden sich mißbilligend äußerten und, unter der Stimme natürlich, es als ein starkes Stück bezeichneten, vor Gebildeten, wie der Redner einige vor sich habe, derlei zu wagen.

Unter der Arbeiterschaft der Stadt herrschte lebhafte Bewegung und Trauer über Mazzinis Tod, der eben von den Bulletinverkäufern in den Straßen ausgerufen wurde.

Von Bologna fuhren die Geschwister direkt über Turin und Genf nach Lausanne und, nachdem sie Vulliemin begrüßt, unverweilt dem Seehofe zu.

<hr>

Meilen

Bald nach der Heimreise aus Venedig verließ der Dichter Küßnacht, um sich weiter oben am See anzusiedeln. Da der Besitzer des Seehofes kränkelte und sein Anwesen aus diesem Grunde zu veräußern trachtete, wurde die Wohnung unsicher und das Behagen der Insassen geschmälert. Den Ausschlag jedoch für den Wechsel gab die köstliche, im neuen Heim vorhandene, bis jetzt nirgends so verlockend gebotene Gelegenheit, im Freien leben und arbeiten zu können.

Ein Schiffsmann führte die Bücher und die Habe der Ausziehenden auf zwei großen Kähnen den See hinauf, nicht ohne in der Abfahrt des zweiten durch ihren Kater Tschugg verzögert zu werden, der aus dem Hühnerkäfig, worin die Magd ihn eingesperrt, zu guter Letzt entwich und sich nur durch andauerndes zärtliches Rufen endlich zum Hervorkriechen aus der Scheuer, wohin er sich geflüchtet hatte, bewegen ließ.

Das neue Heim stand und steht noch im Dorfe Meilen, auch Kirch-Meilen oder Meilen-Hofstätten geheißen, und trägt gleichfalls den Namen Seehof. Anno 1767 von einer Züricher Patrizierin erbaut, stieß das Gebäude ursprünglich ziemlich hart ans Gestade, erhielt jedoch durch die Gründerin auf einem beträchtlich in den See hinaus gehenden Rost von Eichenpfählen einen ansehnlichen Garten vorgelegt, den sie am Ufer, wo die Züricher Besucher landeten und ausstiegen, und oberhalb des Hauses, gegen die Landstraße hin, mit je einem prächtigen Eisenportal abschloß. Die Statuen, womit sie den Garten bevölkert, hatten die nachfolgenden Besitzer, meistens Bauern, in die Flut geworfen, und die Taxuswände waren vom Hausherrn des Dichters mit einem breiten, bis ans Ufer hinunter geführten Rebengang vertauscht worden, wie er auch die beiden baufälligen Ecktürmchen der Seemauer, die den Garten vom Wasser trennte, durch zwei Kastanien zu ersetzen für gut befunden hatte.

Kleiner, aber höher als der Küßnachter Seehof, trägt der Meilener über dem hoch gelegenen Erdgeschoß zwei Stockwerke, darüber eine Reihe von Mansarden, den Estrich und ein an den Längsseiten von je einem Dacherker belebtes Satteldach. Die stilvollen schmiedeeisernen Treppengeländer führten bis zu den Mansarden hinauf, deren Flurdecke mit Stukkatur geziert war. Im zweiten Stock, den die Geschwister bewohnten, prangten noch genug Wahrzeichen und Überbleibsel altherrschaftlicher Einrichtung: eine die Etage abschließende Gittertüre, schöne Öfen mit zierlich gemalten Kacheln, die doppelten Nußbaumtüren zwischen den gegen den See hinaus gehenden Zimmern, kleine, helle, mythologische Deckenmalereien und in einem Mittelzimmer drei gemalte Mohrenköpfe, das Wappen der Erbauerin Anna Werdmüller, geborene Ori († 1800), die auch den prunkvollsten Privatbau des alten Zürich erbaut hatte, den Rechberg. Das Herrlichste und unverwüstlich war freilich die reiche Aussicht, sowohl aus der großen Mansarde, worin der Dichter schlief, wie aus den übrigen Zimmern, auf den See, die Ufenau, das jenseitige Gestade, auf die gegenüberliegende Albiskette, die Vorberge und Schneehäupter, so bestrickend, daß sie der Dichter selbst nach Venedig bewunderte. Dazu kamen die zauberischen Schauspiele, welche die Morgen- und Abendröten aufführten, desgleichen die den Bergen zufahrenden Unwetter mit ihren Schatten und grellen Farben und den strahlenden Regenbogen.

In diesem Hause verlebte Conrad Ferdinand Meyer einige

angenehme und durch die Steigerung seiner Dichterkraft und
den daraus langsam aufsprießenden Ruhm glückliche Jahre;
und einen guten Teil davon verlebte er im Garten. Um die
neunte Stunde, denn er erhob niemals den Anspruch auf den
Ruf eines Frühaufstehers, stieg er nach dem Morgenimbiß und
nachdem er langgewohntem Gebrauche gemäß ein Kapitel aus
der Bibel vorgelesen, mit der Schwester zu den Kastanienbäumen hinunter und verweilte dort, indem er tagsüber nur
weniges genoß und die Hauptmahlzeit bis abends sieben Uhr
hinausschob, in den späten Nachmittag hinein ununterbrochen
an der Arbeit. Dicht an der Seebläue, unter der „schwarz-
schattenden Kastanie", stand ein Tisch mit drei Bänken; dort
saß er unter seinem „windgeregten Sommerzelt" oder schritt
auf und nieder, und Betsy schrieb, was er diktierte. Natürlich
war Pudi auch zur Hand. Die Vögel pickten ihm die Brosamen
vor den Pfoten weg, unbesorgt herbeifliegend, da er ein scharfes
Auge auf alle Katzen hielt und selbst den harmlosen Tschugg
nicht bei der Gesellschaft duldete, der vielmehr in bescheidener
Entfernung, von der Krone eines Bäumchens überschattet, auf
der Seemauer lagerte und nur zuweilen von seiner Warte
herabschlich, um die Schiffe am Strande nach Fischen abzu-
suchen.

Bei zusagender Witterung unterbrach Meyer die Arbeit durch
ein Bad, indem er aus dem von Geißblatt und Jungfernreben
übersponnenen Gartenhäuschen in die Flut tauchte; doch das
stundenlange Schwimmen gab er auf: denn jetzt, wo sich mit
dem dichterischen Vermögen das Selbstvertrauen und die
Schaffenslust mehrten, reute ihn die Zeit.

Zuerst brachte er unter den Kastanien „Engelberg" zu Ende
und sandte es, nachdem er am 15. Mai (1872) das stimmungs-
volle Einleitungsgedicht geschrieben, in den ersten Tagen des
folgenden Monats dem Verleger nach Leipzig. Die damals
von ihm aufgezeichneten Namen der Empfänger von Frei-
exemplaren umschreiben, mit wenigen Ausnahmen, seinen persönlichen und literarischen Verkehr: Professor R. Rahn, von
Jubalta auf Ortenstein, dessen Bekanntschaft er 1867 in Bünden
gemacht, Wesendonck, Wille, Frau von Doß, Geibel, Kinkel,

Georg von Wyß und sein Bruder Friedrich von Wyß, Conrad
Meyer, Vullientin, Ernest Naville, Gräfin Plater, Gustav Pfizer,
Haupt, sein ehemaliger Deutschlehrer am Gymnasium, F. Dahn,
Benndorf und Calmberg.

Wieder zog es ihn im Sommer den Bergen zu, nach St. Wolfgang bei Davos. Er versenkte sich von neuem in den „Jenatsch“,
worüber er am 18. September 1872 aus der Höhe an Calmberg
schrieb: „Den ‚Jenatsch‘ betrachte ich als gesichert, da ich dem
Stoff die dramatische Seite und den Charakteren ihre Tiefe
glaube abgewonnen zu haben.“ Zur nämlichen Zeit meldete
er dem Verleger Hässel, er gedenke aus dem Gegenstand, sobald
die Erzählung fertig sei, einen dramatischen Entwurf zu gestalten. Aber vorläufig kam weder das eine noch das andere
zu stande, vielmehr trat nach des Dichters Heimkehr aus den
Bergen das kleinere und weniger spröde „Amulet“ wieder in
den Vordergrund, das schon vor der venetianischen Reise zugleich mit „Engelberg“ auf der Wage gelegen, bis dann die
maßgebenden Kunsteindrücke der Lagunenstadt für die „Dichtung“ und gegen die Novelle entschieden.

Im Winter 1872 auf 1873 diktierte er der Schwester das
„Amulet“. Seine Anfänge reichen in die erste Hälfte der sechziger
Jahre zurück, aufgebaut auf persönlichen Stimmungen und Er-
innerungen. Er beabsichtigte damals, die Erlebnisse eines jungen
Deutschschweizers darzustellen, der, etwas weltfremd und ver-
träumt, in die schärfere Luft des welschen Wesens, in ein festeres,
anfangs gefürchtetes, dann wohltätig empfundenes nationales
Element hinein gelangt. Der Held wandert im Glanz eines
Frühlingsmorgens zwischen den Mauern der Rebberge den
Neuenburger See entlang, um dem ein Landgut bewohnenden
Freunde seines unlängst verstorbenen Vaters seinen Empfehlungsbrief zu überbringen. Von einem ergrauten Diener empfangen, gewärtigt er das weitere auf der Gartenterrasse mit
ihren steinernen Bänken. Bald erscheint der Hausherr, völlig
anders, als ihn der Jüngling sich vorgestellt, nicht scharf und
grämlich, sondern ein alter, vornehmer Calvinist, mild und fein,
hindurchgegangen durch mancherlei Leid und Verfolgung. Conrad Ferdinand Meyer kannte solche Waadtländer Herren, die

man sich wohl — denn er verlegte die Begebenheit in die Zeit
der Gegenreformation — um drei Jahrhunderte zurück und mit
dem langen Degen an der Seite denken konnte. Er zeichnete
die anziehende Gestalt des Mannes, sowie die Züge der Landschaft mit Liebe. Aber er rückte nicht über die wenigen An-
fangsblätter hinaus und wollte lange nicht mehr daran, indem
er äußerte, das Ganze sei nicht genügend motiviert und durch-
dacht, so daß er ins Gestrüpp gerate.

Als er nach Jahren den Stoff wieder vornahm, drängte
er das Persönliche gänzlich zurück, setzte aber dafür einen anderen Zug seiner Jugend ein: die unbedachte Hitze, womit der
junge Schadau gegen den Krämersohn aus Biel seine Überzeugung verficht, war in jungen Jahren seine eigene und hatte
ihm manche Stunde vergällt. Sodann zeichnete er oder vielmehr er verwertete drei Personen, die, so oder so, seine Wege
gekreuzt. Der Fechtmeister ist kein anderer als jener Geselle
mit der dunklen Vergangenheit, der ihn während der ersten
Stadelhoferzeit in der Klingenführung unterwies. Sicherlich
lieh ihm zum Boccard etliche Züge der ritterliche Freund Rüscheler, der, nachdem er ein begeisterter Katholik geworden, für
seinen Freund in besten Treuen nichts Besseres als das Nämliche wußte, ihm auch einigemal anlag, sich an die Jungfrau
Maria zu wenden. Zum Bildnis des liebenswürdigen Onkels
Renat verwandte er einige sprechende Linien des charakteristischen
Kopfes von Major Hans Ziegler, einer sympathischen und originellen Figur des alten Zürich, dem Dichter lange bekannt und
befreundet. Er war mit seinem Bruder, dem nachmaligen
Obersten und Regierungsrat Ziegler, Meyers späterem Schwie-
gervater, in jungen Jahren holländischer Offizier gewesen, hatte
sich dann nach der Rückkehr in die Heimat bald von allen öffentlichen Stellen zurückgezogen und verkehrte, menschenfreundlich,
aber etwas weltabgewandt, vorzugsweise mit den Stillen im
Lande. Er war ein verborgener Wohltäter vieler Armen, wobei
er schenkte und austeilte, ohne lange zu rechnen. „Ich verwahre
mein Geld," scherzte er einst zu Frau Betsy Meyer-Ulrich, „in
einem Winkel meiner Kommode in einem alten Strumpf, und
sonderbar, wenn ich hineinlange, finde ich immer noch etwas

drin." Im unteren Stock des Zieglerschen Familienhauses
„Zum Pelikan" hausend, betrieb er, ein tüchtiger Kolorist und
geradezu ein Meister durchsichtiger, zartgestimmter Luftpartien,
die Landschaftsmalerei, oft wochenlang besucht von seinem
Freunde Aurèle Robert, dem Bruder des genialen, unseligen
Leopold. Übrigens hatte schon sein Vater, der General, der,
eine hohe militärische Erscheinung, bis in sein zweiundneun=
zigstes Jahr kerzengerade einherschritt, malerisches Talent be=
sessen und gepflegt. Und noch etwas anderes machte den Major,
der mit zunehmendem Alter stetig feiner und anziehender wurde,
interessant und beliebt: die leutselige und originelle Schalk=
haftigkeit, womit er einen wohlgefüllten Schatz drolliger Ge=
schichtchen und merkwürdiger Erinnerungen auszuteilen und
witzige Bemerkungen oft ganz unerwartet an den Mann zu
bringen wußte.

In den Rahmen persönlicher Stimmungen und Erlebnisse
legte der Dichter das dankbare Motiv, daß nämlich der an das
Amulet Glaubende, der Katholik, untergeht, während infolge
der gleichen Verkettung der Umstände der Ungläubige, der
Protestant, durch dasselbe gerettet wird. Dieses Motiv hat er
nebst einer Reihe von Einzelheiten aus Prosper Mérimées
Chronique du temps de Charles IX. entlehnt.

Die ursprüngliche Absicht, das Motiv, soweit überhaupt im
Anfang von einem klaren und bestimmten Motive die Rede
sein konnte, auf bedeutendem historischem Boden und als Aus=
schnitt aus einer gewaltigen Weltbegebenheit zu behandeln, er=
fuhr eine entschiedene Kräftigung, nachdem Meyer an seinem
„Hutten" die Fruchtbarkeit mächtiger geschichtlicher Momente
erprobt und die Kunst gelernt hatte, persönliche Motive mit
historischen Figuren zu lösen.

Schon in der zweiten Hälfte der sechziger Jahre hatte er,
die Feder in der Hand, sorgfältige Geschichtsstudien zum „Amulet"
gemacht. Einige von ihm beschriebene Blätter verzeichnen die
hauptsächlichsten Daten aus den vier französischen Religions=
kriegen unter Karl IX., über das Geschlecht und die Besitzungen
der Guisen, über den Verlauf der französischen und nieder=
ländischen Geschichte von 1574—1790. Drei Seiten enthalten

eine genaue Skizze der Vorgänge vom 22. und 23. August 1572, der Tage vor der schrecklichen Bartholomäusnacht. Aus Häusser kopierte er das Porträt der Katharina von Medici und schilderte in einem kleinen Manuskript von zwölf Seiten das Blutbad von Vassy mit so viel stilistischen Änderungen, daß er vielleicht an eine Veröffentlichung des Aufsätzchens oder an eine direkte Aufnahme in seine Novelle dachte, da ja, wenn es sich lediglich um die Aneignung des Stofflichen handelte, diese Bemühungen um die Form kaum einen Sinn hatten. Eine andere, wie die Handschrift beweist, nach 1870 entstandene und ebenfalls mit formalen Korrekturen versehene Skizze trägt den Titel: „Die Begegnung der Guisen mit dem Herzog Christoph von Württemberg auf dem Schloß von Saverne". Der Anfang berichtet von dem in der Pantheonsbibliothek aufbewahrten Gebetbuch mit der handschriftlichen, aus dem sechzehnten Jahrhundert stammenden Zeile: mourir ou parvenir. Meyer verwendete den Wahlspruch in einem selbständigen Gedicht, wie ihm denn die Studien über die französischen, deutschen und schweizerischen Religionskämpfe mehrere lyrisch-epische Motive verschafften. Ferner schildert das Manuskriptchen, ehe es die Zusammenkunft der Guisen mit dem Herzog erzählt, die in der nämlichen Bibliothek befindlichen Bildnisse des Herzogs Franz von Guise und seines Bruders, des Kardinals.

Vielleicht stellt übrigens diese Skizze gar keine Vorarbeit zum „Amulet" dar. Da Meyer immer an mehreren Plänen zugleich herumzubilden pflegte, so liegt die Annahme nahe, er habe, schon längere Zeit mit dem Herzog Christoph beschäftigt, die erwähnte Begegnung als Studienbruchstück zu einer Erzählung aufgezeichnet, deren Held kein anderer sein sollte als der vortreffliche württembergische Herrscher.

Zunächst erlebte der Dichter am „Amulet" wenig Freude, wie ihm auch die früheren Schöpfungen noch manche Enttäuschung eintrugen.

Bevor die erste Auflage des „Hutten" vergriffen und ihre Kosten gedeckt waren, hatte der Verleger im August 1872 eine zweite und mit ihr gleichzeitig „Engelberg" erscheinen lassen, beide ohne sonderlichen Erfolg: denn zehn Monate später, im

Juni 1873, waren von „Engelberg" ungefähr 360 und von der zweiten Huttenauflage noch keine 150 Exemplare verkauft. Aus Basel zum Beispiel, so klagt Häſſel, war trotz einer in den „Basler Nachrichten" erſchienenen umfänglichen und günſtigen Beſprechung vom Buchhändler bis zum Hochſommer 1872 überhaupt auch nicht ein einziges Exemplar „Hutten" verlangt worden. Begreiflich, daß Meyer, zeitweiſe von Kleinmut übermannt, ſein Schweizertum als eine Art literariſchen Hemmniſſes zu beargwöhnen begann, woran er natürlich unrecht tat, wie ihm Häſſel zu bedenken gab.

Als der letztere bald nach Jahresanfang 1873 durch Betſy von dem geringen Umfang des „Amulet" erfuhr, ſchlug er vor, es zuerſt in einer Zeitſchrift zu veröffentlichen, um es dann mit einer zweiten kleineren Erzählung, die noch zu ſchreiben wäre, in einem Bändchen zuſammenzuſtellen; für ſich allein ſei es zu dünnleibig, mache keinen Eindruck, und vor allem: es verkaufe ſich nicht. Da er im Frühling, nachdem er die fertige Handſchrift erhalten, auf ſeiner geſchäftlich völlig richtigen Anſicht beharrte und Meyer ihm beipflichtete, so ließ er das „Amulet" durch einen Freund der Zeitſchrift „Das Daheim" anbieten, worauf er am 20. Mai 1873 folgende Antwort empfing: „Geehrter Herr! Ich habe mit großem perſönlichem Intereſſe Herrn Meyers Novelle geleſen, aber finde ſie doch nicht für uns geeignet, da ſie — durch mehrere Nummern getrennt — allen Reiz verlieren würde und ihr hiſtoriſcher Hintergrund ein so allbekannter iſt (auch von uns in einem kleinen Eſſay unlängſt behandelt), daß ſich in einem Blatte nicht viel Intereſſe dafür erwarten läßt. Mit aufrichtigem Bedauern erlaube ich mir ſie daher zurückzuſenden. Hochachtungsvoll R. König."

Jetzt trat der Verleger in den Riß und druckte das Büchlein, das in der Schweiz ſofort eine beträchtliche Schar, in Deutſchland anfänglich ſehr wenige Gönner fand.

Sobald es unter der Preſſe lag, wanderten die Geſchwiſter wieder der Höhe zu, diesmal nach Chiamut. Es war dem Dichter wohl geworden, als er 1869, herabſteigend aus den brauenden Nebeln und Wolken des öden Gotthards, wo er eine Sommerfriſche geſucht, am Fuße des Oberalppaſſes in das

tannenduftige Tal gelangte, so daß er nun 1873 und 1874 lange
Sommerwochen dort verweilte, ganz allein mit der Schwester:

Hoch an der Windung des Passes bewohn' ich ein niedriges Berghaus.

Das kleine Wirtshaus an der Straße gehörte dem Wirt zu
Sedrun, dem alten Lukas Cavelg, dessen Name im „Hengert"
auftaucht, und wurde verwaltet vom Kellner Modest Curtins,
der Kellermeister, Koch und Aufwärter in einer Person und
jedes ganz vorzüglich war. Ursprünglich päpstlicher Palast=
schweizer, der bei feierlichen Aufzügen behelmt, in Pumphosen
und die Hellebarde in der Hand einherschritt, sah er sich ge=
zwungen, den allzu schweren Helm gesundheitshalber niederzu=
legen, worauf er als Haushofmeister eines italienischen Konvikts
vornehmer Konvertiten amtete, bis ihm das Klima dermaßen
zusetzte, daß er die Stelle eines Majordomus bei hochgeborenen
Leuten mit der in einem kleinen Bergwirtshause der Heimat
vertauschte, auch hier immer höflich und würdig, selbst wenn
er auf der Straße den Besen führte. Es machte dem Dichter
einen wunderlichen Eindruck, im kleinen Hause abseits der Welt,
wenn auch nicht abseits einer Heerstraße, in dem dienenden
Geiste einen fast feinen, weltgewandten, tüchtigen und dabei
äußerst bescheidenen Mann zu entdecken, der eine französische
katholische Zeitung hielt, die er dem Herrn, sobald er ihn
einen Blick hineinwerfen gesehen, jeden Tag neben den
Teller legte.

Eines Tages geleitete sie Curtins nach dem Tomasee
hinauf, über Weiden und Geröllhalden empor, bis plötzlich,
wie in einem Krater, der See vor ihnen lag, ganz stahl=
grau von den widergespiegelten Felswänden, durch deren
eine jener Abfluß sich durchbricht, den man als Quelle des
Vorderrheins betrachtet:

> Fernab von Herdgeläut und Matten
> Lag er in eine Schlucht versenkt,
> Bedeckt von schweren Riesenschatten,
> Aus Eis und ew'gem Schnee getränkt.

Sie schleuderten Steine zur Tiefe und weckten mit Rufen das
Echo:

> Ein Sturz! Ein Schlag! Und aus den Tiefen
> Und aus den Wänden brach es los:
> Heerwagen rollten! Stimmen riefen
> Befehle durch ein Schlachtgetos!

Meyer machte etliche Ausflüge, beschränkte sich aber meistens auf kleinere Spaziergänge. Gern wanderte er zum Kapellchen von Santa Brida hinunter, noch lieber auf den Oberalppaß, wo er, wie in St. Wolfgang, sich auf den Rasen bettete. Fast täglich arbeitete er am „Jenatsch", der, als er 1874 zum zweiten Besuch nach Chiamutt aufbrach, vollendet war und während der zweiten Jahreshälfte in der von Wislicenus gegründeten „Litteratur" erschien. Verzögerte der Dichter das Bekanntwerden seines Namens einigermaßen dadurch, daß er sein umfangreichstes und bedeutendstes Werk in einer wenig gelesenen Zeitschrift vergrub, so erlangte er den Vorteil, es vor der Buchausgabe noch einmal gründlich durchgehen zu können. Just in Chiamutt legte er die sorgfältigste Feile daran, in dem kleinen Berghause durch niemand gestört, wenn er träumte und schrieb. Es war sogar so ruhig hier oben, daß ihn, den leidenschaftlichen Freund der Stille, die Einsamkeit zum ersten Male seines Lebens übermannte: als er einst nach dem Abendbrot aus dem Fenster lauschte und kein Menschentritt, kein Menschenlaut zu hören war, kein Hauch sich rührte, kein Wasser rauschte und nicht die kleinste Herdenglocke klang, da wurde es ihm zu viel, und ein Schauder überrieselte ihn.

Drunten in Meilen spannen sich die arbeitsfrohen und ungestörten Tage weiter, bei heller Witterung im Garten, bei unguter in den behaglichen, lichten Zimmern. Der Verkehr mit dem nicht mehr als zwanzig Minuten entfernten Mariafeld wurde noch lebhafter, so daß Meyer jeden Mittwoch regelmäßig nach dem Mittagessen hinging und erst spät heimkehrte. Er las dem Freunde Wille das „Amulet" und den „Jenatsch" vor, über welchen der Hörer in Flammen geriet. Jeden Sommer besuchte Meyer in Begleitung seiner Schwester seinen Freund, den Kunsthistoriker Professor R. Rahn, auf seinem Landgut oberhalb des Klosters Fahr in der Nähe von Zürich. Er hat dem liebenswürdigen, originellen und gelehrten Mann, der sich während der letzten vier Jahrzehnte des vergangenen Jahrhunderts um die Erforschung altschweizerischer Kunst unvergleichliche Verdienste erwarb, seit dem Jahre 1870 bis zuletzt alles vorgelesen, was er vollendete, und holte sich bei ihm manchen guten Rat kulturhistorischer oder kunsthistorischer Art.

Natürlich stellten sich im Seehof bei ihm auch die Freunde aus der Stadt und vom See ein. Als er eines Tages eben mit Betsy im Garten an der Arbeit saß, überraschte ihn die Gräfin Plater. Sie kam in einem Schifflein über den See gefahren, stieg unter einem der Kastanienbäume aus und umhalste in ihrer bühnenhaften Begeisterung den ahnungslosen Dichter, der so steif dastand wie eine Gartensäule. Dann rauschte sie nach dem gemütlichen Mittagessen mit Gesang wieder durch die Flut davon.

Nach vollbrachter Tagesarbeit und nach dem Abendessen ergingen sich die Geschwister gewöhnlich noch im Garten, den Rebengang auf und nieder oder unten der Seemauer entlang. Gern besahen sie in der friedlichen Stille den Sternenschimmer und das Mondblicht auf den Wellen, die seltsam gespiegelten und von der Flut hin und her geworfenen Lichter des vorbeifahrenden Dampfschiffes:

> Und dämmern See und Ufer ein
> Und rauscht vorbei das Abendboot,
> So zuckt aus roter Schiffslatern'
> Ein Blitz und wandert auf dem Schwung
> Der Flut, gebrochnen Lettern gleich,
> Bis unter deinem Laub erlischt
> Die rätselhafte Flammenschrift,
> Schwarzschattende Kastanie!

Drittes Buch

Genug ist nicht genug! Gepriesen werde
Der Herbst! Kein Ast, der seiner Frucht entbehrte!

Der eigene Herd

Wiewohl Conrad Ferdinand Meyers dichterische Tätigkeit immer reichere Frucht trug und er jetzt ein behagliches und im ganzen zufriedenes Leben genoß, so erwog die Schwester dennoch während mancher bekümmerten Stunde, daß er nun beinahe ein halbes Jahrhundert alt geworden war, was seine ergrauenden Haare anderen mehr, als er selber dachte, kund taten. Es entging ihr keineswegs, wie seine Beweglichkeit und insonderheit seine geistige Spannkraft in etwas nachzulassen, wie er trotz seiner vielen Pläne und seiner gesteigerten Kunst an Arbeitsmut und Frische einzubüßen begann, so daß seine Flüge sich verlangsamten. Argwöhnend, er möchte allmählich wieder dem trüben Wesen der früheren Zeiten anheimfallen, suchte sie das Heilmittel und den Jungbrunn gegen die drohende Mißwende in einer glücklichen Heirat. Wie leicht konnte der entscheidende Augenblick zum Entschluß verträumt und versäumt werden! Es wich ein Alp von ihr, als er ihr oben in Chiamutt, auf irgend einer grünen Bergmatte ins Gras gestreckt, die Eröffnung machte, sein Herz habe in der Stille schon längst eine Wahl getroffen und er sei zur Werbung entschlossen.

Der Major Hans Ziegler bildete nach dem Tode seiner Eltern den Mittelpunkt eines ansehnlichen Trüppleins von Neffen und Nichten, die er nicht nur im Hause seiner liebenswürdigen Schwester, der Frau von Orelli, sondern auch in der eigenen Wohnung im Pelikan fast täglich sah und allwöchentlich um sich versammelte. Besonders hatte sich die jüngere Tochter seines Bruders, Luise Ziegler, an ihn geschlossen. Sie besaß Farbensinn und Talent für Landschaftsmalerei, das er mit Eifer ausbildete, so daß, wer etwa in den Salon des alten Herrn kam, in der Ecke hinter einer Staffelei das anmutige Gesicht und die blonden Locken der jugendlichen Malerin erblickte.

Dort lernte sie, noch vor 1870, Conrad Ferdinand kennen, der sich in früheren Jahren gar nicht und später sehr selten in der Züricher Gesellschaft bewegte; und wenn er etwa daran dachte, im Boden des Vaterlands wieder fester einzuwurzeln und seinen eigenen Herd zu gründen, so schwebte sie ihm vor, so daß er eines Tages oder vielmehr in einer Nacht eine Ent= deckung machte:

> Heut ward mir bis zum jungen Tag
> Der Schlummer abgebrochen,
> Im Herzen ging es Schlag auf Schlag
> Mit Hämmern und mit Pochen,
>
> Als trieb sich eine Bubenschar
> Wild um in beiden Kammern,
> Gewährt hat, bis es Morgen war,
> Das Klopfen und das Hammern.
>
> Nun weist es sich bei Tagesschein,
> Was drin geschafft die Rangen,
> Sie haben mir im Herzensschrein
> Dein Bildnis aufgehangen!

Ein paarmal traf er sie bei ihrem Schwager Burckhard, der als Pfarrer von Küßnacht, früher von Herrliberg, zu den Nachbarn von Mariafeld und zu den Mitgliedern der Wille= schen Gesellschaft gehörte. Da seine Neigung wuchs, unternahm Betsy schon zu jener Zeit eine Morgenfahrt ins Herrliberger Pfarrhaus, um den Stand der Dinge zu erforschen, erhielt jedoch keinen ermutigenden Bescheid: die Frau Pfarrer glaubte und versicherte in besten Treuen, die jetzt mehr als dreißig= jährige Schwester würde sich schwerlich zu einer Heirat ent= schließen. Als die bekümmerte Botschafterin auf dem Heim= weg aus dem Dampfschiff stieg, betrat eben Luise dasselbe; sie hatte bei den Geschwistern einen Besuch gemacht, den Dichter aber allein getroffen, der in keine geringe Befangenheit geriet, da er erwog, daß nun zur nämlichen Stunde Betsy ihre Mission ausrichte.

So blieb die Angelegenheit Jahr und Tag beim alten.

Weil aber Luise Ziegler, welche sich die an jenem Sommer-
morgen bei den Geschwistern wahrgenommene Verlegenheit nicht
hatte erklären können und von der wunderlichen Kreuzung der
Dinge nichts erfuhr, fortwährend von gleicher Freundlichkeit
blieb, wo sie dem Dichter unter die Augen kam, beim Onkel
Hans oder auf der Straße, so hat Meyer etwa ein Halbjahr
nach der Rückkehr aus Chiamutt 1875 eine gemeinsame Freundin, bei den Eltern im Pelikan eine zarte Anfrage zu wagen,
worauf er erfuhr, daß die verschlossen geglaubten Türen sich
allmählich von innen leise geöffnet hatten; nur möchte er, hieß
es, sich fürs nächste noch gedulden, da die Tochter für einige
Wochen zu verreisen vorhabe.

Damals erhielt Betsy ein Briefchen des Inhalts, Mathilde
Escher sei erkrankt, und wenige Tage darauf folgte die völlig
unerwartete Botschaft von ihrem Heimgang (29. Mai 1875).
Als die Geschwister traurig zu der Entschlafenen traten, stand
Luise Ziegler, die ihre Reise zufällig verschoben hatte, bei der
Leiche; trotz ihres Schmerzes berührte es die beiden eigen und
wie ein Wink des Schicksals, daß sie sich unvermutet an der
Bahre der gemeinsamen Freundin trafen. „Sie hat mich im
Leben so oft verheiraten wollen, und es ist ihr nicht gelungen,"
sagte Conrad Ferdinand später, „aber sie hat es im Tode getan."

Wenige Wochen darauf folgte Luise Ziegler mit der Schwester
des Freundes Nüscheler einer Einladung der Geschwister nach
Meilen. Nachdem man den Kaffee unter den Kastanien schnell
eingenommen, bestieg man das Boot und fuhr nach der Au,
der grünen Halbinsel jenseits des Sees, auf die Meyer von seinem
Fenster täglich hinüberblickte und die immer ein liebes Ziel
seiner Fahrten gewesen war. Unten auf einem Fußpfad, der in
halber Höhe um das Eiland herumführt, wandte sich das Paar
zur Linken, während die Freundin und die Schwester die Höhe
erstiegen, um bei den Wirtsleuten einen Kaffee zu bestellen.

Aber im Hause war alles voll Unruhe und freudigen Lärms,
denn die Schüler des Polytechnikums feierten ein Fest und
waren gerade daran, für eine dramatische Vorstellung den
Speisesaal zu einer Bühne herzurichten. Als die beiden nach
langer Mühe und durch zufällig angetroffene Bekannte mehr-

sach aufgehalten, das gewünschte Getränk in einer grünen Laube
hatten auftischen lassen und nun endlich daran denken konnten,
nach den Entschwundenen Umschau zu halten, traten ihnen diese
in einem Schattenweg entgegen, und der Dichter stellte Luise
Ziegler als seine Braut vor.

Im Mondschein der herrlichen Nacht ruderte der alte Schiffsmann, der sie hinübergeführt, die kleine Gesellschaft wieder
zurück. Betsy stieg in Meilen, Fräulein Rüscheler in Küßnacht
aus, während die Verlobten mit dem Dampfschiff der Stadt
zueilten, um sich den Eltern vorzustellen. Wie sie im Begriffe
standen, das Verdeck zu verlassen, trat der Vater der Braut,
Oberst Ziegler, aus dem Schatten der Kabine ans Mondlicht
hervor; von einem Besuche heimkehrend, den er oben am See
seiner jüngsten Tochter abgestattet, hatte er in Meilen die beiden
wohl einsteigen sehen, seinen stillen Posten jedoch nicht verlassen,
weil er die zwei nicht stören wollte.

„Hier sehen Sie zwei Glückliche,“ sagte der Dichter, „die
Sie nicht trennen können.“

„Ich denke auch gar nicht daran,“ erwiderte der alte Herr
freundlich.

Am 16. Juli schrieb der Dichter nach Mariafeld: „Sobald
ich einen ruhigen und freien Augenblick habe, werde ich zu
Ihnen kommen und Ihnen mein Schicksal erzählen. Für einmal nur die Mitteilung, daß meine Liebe zu Fräulein Ziegler
eine tiefgewurzelte, geteilte und glückselige ist.“

Von nun an verfügte sich der Bräutigam fast allabendlich
in den Pelikan und verweilte dort, bis ihn das Spätboot ent-
führte; und wenn ihn die Geliebte die Treppe hinuntergeleitete,
setzte sie jeweilen die Lampe auf den untersten Stiegentritt,
den Schatz zum Abschied zu küssen, wie er erzählt:

> Als ich dann im neuen Jahr erwachte,
> Keine Ampel! Doch ich fand sie wieder —
> Und erkannte gleich sie an der zarten
> Form und an den schlankgeschweiften Henkeln —
> In des Liebchens Hand, das mir die Treppe
> Nächtlich hellt' mit stillen Ampelstrahlen.
> Scheidend auf die letzte Stufe setzt' sie
> Das Geschenk der Muse sacht und küßt' mich.

Neben diesem Gedichte entsprang jener Liebeszeit das an=
dere: „Die zwei Segel", d. h. der schon früher konzipierte Ge=
danke erhielt eine neue Form. Überdies drängte sich ein ganzer
Reigen ans Licht, der aber in der Gedichtsammlung keine Auf=
nahme fand; sollten es doch auch nicht Kunstwerke sein, sondern
Stimmungen des Augenblicks, ausschließlich für die Geliebte
aufs Papier geworfen.

Am 5. Oktober führte der Dichter die Braut heim. Nach=
dem die Hochzeitsgäste sich zur sogenannten Morgensuppe im
Pelikan versammelt, fuhr man zur Trauung nach der Kilch=
berger Kirche, welche Luisen wegen ihrer malerischen Lage von
jeher lieb war, und dann ging's zum Essen ins Nidelbad ober=
halb Rüschlikon. Der anfänglich graue Herbsttag hatte sich in
vollster Pracht entfaltet, See, Talgelände und Berge strahlten,
und die hellen Firnen leuchteten in reinster Abendglut. Mehrere
der jugendlichen Teilnehmer stellten einige Szenen aus „Engel=
berg" dar, Feuerwerk flammte und knallte, alles war munter
und hellauf. Es war eine richtige Hochzeit im alten Züricher
Stil.

Die Neuvermählten begaben sich nach Luzern und dann
nach Lausanne, wo Meyer seine Frau aus dem ihm von seinen
Lausanner Aufenthalten her wohlbekannten Hotel Gibbon zu
Bulliemin sowie ins Museum zu den Gemälden Gleyres führte,
deren eines ihm Anlaß gegeben hatte zu seinem „Joch am
Leman". Nach einem Tag in Montreux=Clarens ging's dem
Süden zu, denn sein Sinn stand nach dem mittäglichen Frank=
reich und der Riviera. Sie verweilten einen Tag in Lyon,
weil Frau Luise noch keine französische Stadt gesehen. In
Nimes besuchten sie den schönsten antiken Tempel, der Meyer
je zu Gesicht gekommen, die Maison carrée; in Tarrascon be=
stieg er die Burg des Königs Réné, den er später besang, und
blickte von der Altane mit ihrer brusthohen Mauer in die un=
ermeßliche Ferne, nicht ohne beim Heruntersteigen für die
Schwester einige gelbe Blümchen aus den Mauerritzen zu reißen.
Über Marseille reisten sie nach Cannes, von wo sie während
eines mehr als zweiwöchentlichen Aufenthaltes eine Reihe von
Ausflügen unternahmen, nach den Inseln St. Marguerite und

Honorat, nach Nizza und Monaco: dabei erblickten sie das Meer, das ihnen mit seiner Unbegrenztheit und dem geräumigen, weiten Himmel darüber immer lieber wurde und das dem Wanderer allenthalben folgt und entgegenkommt, in den verschiedensten Farben und Beleuchtungen.

Am 3. November fuhren sie wieder nach Nizza, um sich Abends 5 Uhr nach Bastia auf Korsika einzuschiffen, was nicht in ihrem ursprünglichen Plan gelegen hatte. Die Fahrt mitten durch Korsika dünkte den Dichter, so meldete er an Betsy, wohl der schönste Teil der Reise. „Eine Diligence führte uns von Bastia nach Corte (Mittag bis 8 Uhr Abends). In Corte blieben wir bis 4 Uhr Morgens und setzten uns dann in die kleinere Diligence, die Berlina, die (neben der größeren und 8 Stunden späteren) den Dienst zwischen Bastia und Ajaccio versieht, wo wir um Mittag anlangten. So war es möglich, einen großen Teil der Insel im Tageslicht, einen anderen im Mondenschein, einen dritten in Abend- und Morgendämmerung zu sehen. Zuerst folgten wir dem Meerufer, das die Malaria entvölkert, dann kam die Einöde mit den Gehöften, deren kahle Mauern mit Schießscharten versehen sind, dann ein grünes Bergtal mit einem Fluß und schönen steinernen Brücken im Abendlicht, dann weite Felsenwildnisse in schwachem Mondenlicht, flackernde Feldfeuer, dann Corte mit dunkeln himmelhohen Häusern und, in der Hauptstraße, ein Boulevard von mächtigen Bäumen, die das vierte oder fünfte Stockwerk der Gebäude erreichten; im Morgengrauen ein mächtiger Wald von Kastanienbäumen mit einem rauschenden Bergstrom, dann im ersten Licht eine weithin sich schlängelnde Bergstraße, Schneegipfel, ein Bergdorf von zerfallenen Steinhütten, aber mit prächtigen Blumen, geziert mit einer recht hübschen Diana mit ihrem Reh. Neue Berggipfel, schöne weite Wendungen der Straße, hinauf, hinab, wieder hinauf, endlich, mit einem herrlichen Rückblick auf eine große, amphitheatralische Berglandschaft, hinunter zu Myrten, Ölbaum, Maulbeerbaum und Meer. Dabei immer etwas Lustiges zu sehen, eine Wirtshausszene, ein neben seinen Pferden tanzender Postillon, die Kostüme der Frauen."

Dann fährt er fort: „Hier, in Ajaccio, sind wir ganz gut

Das Klima ist wunderbar mild, die Landschaft, trotz der Ge=
birgsnähe, weich und anmutig, die Meerlinie nicht allzunah,
da ein langgestreckter Meerbusen vor dem Auge liegt, der sich
rechts gegen das Meer öffnet, aber alles, Himmel und Erde,
groß und weit. Die Korsen machen einen angenehmen Ein=
druck, etwas kurz angebunden, aber schlicht und einfach. Ajaccio
ist fast kleinstädtisch. Altertümer, einige Meerkastelle ausgenom=
men, seltsamerweise gar keine. Dafür das pittoreskeste Volks=
leben, auch eine eigentümliche Tierwelt. Langhaarige, gehörnte
Schafe, die berühmten korsischen Hunde, die kleinen korsischen
Pferde. Berittene und Bewaffnete auf allen Wegen. Bettel=
buben à la Murillo, barfüßige und besonders viele mit e i n e m
Schuh, was eine soziale Mittelstufe zu sein scheint."

Mitte November, so war abgeredet, wollten die beiden
wieder daheim sein; während ihrer Abwesenheit, so lautete die
weitere Vereinbarung, richtete ihnen Betsy die Wohnung voll=
ends ein, den Wangensbach, ein stattliches, altes Landhaus am
Bächlein gleichen Namens, bergaufwärts über dem Dorfe Küß=
nacht. Allein sie konnten sich von Korsika nicht trennen, worauf
sich nun auch Betsy, nachdem sie die Pflichten des Einräumens
getreulich erfüllt, zu einer Italienfahrt wanderfertig machte und
nach Florenz zu ihrer Freundin reiste, der Malerin Anna Fries,
unter deren Leitung sie wieder mit Pinsel und Stift zu han=
tieren begann.

Der Dichter und seine Gattin wurden nicht müde, von
Ajaccio aus den Inselstrand nach allen Richtungen zu bewan=
dern; und manches Bild prägte sich ihm unvergeßlich ein. Am
21. November erlebte er den ersten kalten Tag, „das heißt
eine Alpensommerfrische mit frischem Schnee auf dem Hoch=
gebirge und mit nordischer Beleuchtung". Das unruhige Meer
verhinderte die Rückfahrt nach dem Festland. Nun aber erwachte
in ihm eine Leidenschaft für italienische Seelandschaften und
das Wandern in der leichten, sonnigen Frische, so daß er sich
erst recht nicht zur Heimfahrt entschloß. Wie tief er den Zauber
des Meeres und der Insel empfand, sagt uns sein „Abschied
von Korsika", wie hold sein Glück war, verkündet seine „Weih=
nacht in Ajaccio" und sein „Liebesjahr":

> Hat sich die Kelter gedreht? Tanzt dort mit dem Laub eine Flocke?
> Zuckte der Blitz im August? Blühten die Kirschen im Mai?
> Blüten und Ähren und Trauben erblickt' ich in schwellendem Kranz nur
> Um das geliebteste Haupt und ich erblicke sie noch.

Das Gedicht „Abschied von Korsika" sandte er noch von Ajaccio an die „Deutsche Dichterhalle", wo es bald erschien (Nr. 3 des Jahrgangs 1876). Daneben erwog er in einem Brief an Betsy die Buchausgabe des Jenatsch, hoffte auch auf die Herbstmesse den „Heiligen" zugleich mit einer „Korsischen Novelle" publizieren zu können.

Am 25. Januar stachen sie endlich in See, blieben nach einer schlechten Fahrt zwei Tage in Marseille, eine Woche in Avignon, einen Tag in Valence und einen in Lyon, langten am 6. Februar in Lausanne und am 8. in ihrer Wohnung im Wangensbach an, die Betsy sorglich hergerichtet hatte. Auch sonst war die Schwester nicht vergessen. „Ich schreibe Dir", meldet er am 11. Februar, „in meinem neuen Studierzimmer, Luise ist in der Stadt, um die ‚Haussteuern' in Empfang nehmen zu helfen — und wer liegt zu meinen Füßen? Dein Liebling, Pudpud, der heute (schon zum drittenmal in der Woche und zwar im Galopp) den Wangensbacher Hügel herankugelte. Als er zum erstenmal mit Marie, die Luise redlich an die Hand geht, mich besuchte und dann natürlich gleich hinter mir nach Dir suchte, konnte ich mich der Tränen nicht enthalten — und gerade jetzt, da ich ihn frage: Wo ist die Fräulein? wird er so perplex, daß ich bereue, ihn bekümmert zu haben."

Trotz einer Grippe, die ihm das rauhe Klima der noch vom Schnee bedeckten Heimat zugezogen, fühlte sich Meyer glücklich: „Erst jetzt komme ich mir eigentlich gründlich verheiratet vor und — ich muß sagen — ich hätte nicht g l ü c k l i c h e r wählen können. Dazu bin ich aufgelegt zur Arbeit: ich habe eine korsische Novelle und eine in der Papstburg spielende im Kopf."

Die ersten zwei Monate im Wangensbach waren voller Unruhe, weil Freunde und Verwandtschaft Besuche der Heimgekehrten erwarteten und die abgestatteten erwiderten. Am 16. Februar bestand des Dichters und seiner Frau Tagewerk in mehr als vierzig Besuchen. Tags darauf schrieb er an Wille, er hoffe aus einem Sturm und Wirbelwind von Geschäften und geselligen Pflichten bald wieder atemholend aufzutauchen. Aber noch fünf Wochen später klagte er, es sei ein wahres Verhängnis: Geschäfte und viele Besuche verhinderten ihn an einem Ausflug nach Mariafeld.

Im März begab sich Betsy von Florenz nach Rom, wo sie mit dem Maler Preller und dessen Familie tagtäglich verkehrte und eine Reihe von Ausflügen in die Campagna unternahm. Nachdem sie in der nämlichen zuvorkommenden und anregenden Gesellschaft über den Brenner gereist war, besuchte sie in München Hermann Lingg. Dann zog sie wieder in den nunmehr vereinsamten Seehof ein.

Sie weilte häufig im Wangensbach, um dem Bruder als literarischer Beirat und Sekretär behilflich zu sein. Ihr Dienst war diesmal ziemlich streng, weil die durch den bevorstehenden Druck erforderte Fertigstellung des Jenatsch keinen Aufschub mehr duldete. Umsonst blickte das Willesche Ehepaar nach ihr und dem Dichter aus; dieser schrieb: „Da ich den Jenatsch jetzt fertig machen muß, in den letzten Stunden, kann ich nicht abkommen und auch meiner Schwester, trotz ihren leisen und lauten Klagen, keinen Urlaub nach Mariafeld geben. Sobald ich fertig bin, werde ich mit um so besserem Gewissen den alten lieben Weg einschlagen." (10. August 1876.)

Anläßlich der Verlobung ihrer Tochter hatten Oberst Ziegler und seine Frau den Wunsch geäußert, Betsy möchte auch nach seiner Verheiratung beim Bruder bleiben, dem sie zwei Jahrzehnte hindurch hausgehalten. Doch sie wählte das Alleinsein, indem sie es für richtiger erachtete, nur gelegentlich am Herde des Bruders zu rasten, als sich unter seinem Dache anzusiedeln. Da sie wußte, daß er mit dem Gedanken umging, den Wangensbach oder sonst ein Landhaus am See zu kaufen, so reiste sie, damit dieser Kauf in ihrer Abwesenheit und ganz ohne Rücksicht auf sie stattfinden möchte, im Herbst 1876 wieder nach Florenz, um bei Anna Fries, mit der sie diesmal auch zusammenwohnte, ihre Malstudien weiter zu treiben.

Über die bald darauf erfolgte Erwerbung und Besitznahme

eines Hauses berichteten die Briefe des Bruders, der fleißig schrieb, wenn auch nicht so häufig, wie zwanzig Jahre früher, als er in der Fremde lebte. Er erzählte von seinen literarischen Angelegenheiten, die sich fortwährend reicher und bewegter gestalteten.

Neben den neuen poetischen Arbeiten standen Schicksal und Erfolg des Jenatsch im Vordergrund. Ein am 1. September 1876 erschienenes Zirkular des Verlegers hatte das Buch angekündigt, dessen Überarbeitung Verlöbnis, Heirat und Hochzeitsreise verzögert hatten. Ende Oktober brachte die Zeitschrift „Im neuen Reich" die erste, ziemlich verständnislose Kritik. Gleichzeitig klagte Hässel, das Buch finde gar keinen Anklang, und wiederholte die Klage eine Woche später; im November veröffentlichte Wille in der „Grenzpost" eine Besprechung, die Meyer „ganz vorzüglich erschien und ihm die größte Freude machte"; in der zweiten Hälfte des Dezember konnte Hässel schon vom Abgang einer kleinen Partie melden, und allmählich brach sich das Werk Bahn, wenn freilich langsam genug, was, wie Hässel urteilte, die große Knappheit des Stils verschuldete, „die namentlich die Frauen abschrecke".

Wohl wissend, wie sehr die Schwester nach Nachrichten auch über sein literarisches Ergehen verlangte, hielt sie Meyer über diese und manche andere Dinge auf dem laufenden, so daß seine Briefe aus jenen Tagen ein anschauliches Bild seines Dichtens und Tuns zeichnen.

„Liebste Schwester," läßt er sich den 17. Dezember vernehmen, „Deine l. Zeilen sind mir ein rechter Trost gewesen, und wenn dieselben auch noch einen Zug der Ermüdung haben, wird sich dieselbe gewiß in dem lieben Florenz und bei Frl. Fries, deren von dem Deinigen so verschiedenes Wesen Dir entschieden wohltut, bald verlieren.... Hier drängen sich die Tage dem letzten des Jahres zu — viel Besuch ... viele Einladungen auf die Weihnachtswoche, z. B. zu Orelli im Talhof. Am 1. Januar haben wir hier die ganze Familie....

„Die ‚Alpenpost‘, der ich einen Jenatsch zusandte, hat redlich in das Horn gestoßen. Die ‚Triester Zeitung‘ hat im Feuilleton eine lange Exposition gebracht, wie von einem Realschüler verfaßt, so lang, daß ich selbst dieselbe nicht zu Ende las. Weit flotter ist die beiliegende in der ‚Neuen freien Presse‘, und sie könnte wohl von Laube sein. Der Trait am Ende sagt entweder gar nichts oder etwas Unbilliges. Weil nicht die gewöhnliche Romanarbeit vorliegt mit dem obligaten jungen Liebespaar, meint der Rezensent, ich hätte lauter Stoffliches gebracht, während fast alles Fasson ist. Allerdings ist der Stoff ein ausgezeichneter, zum beneiden, aber wie oft wurde er schon behandelt, ohne daß es gelang, ihm die bleibende Form zu geben. Es klingt durch, wie anderswo: O was hätte ich aus d i e s e m Stoffe machen wollen! Täuschung!

„Der Artikel in der ‚Allgemeinen Augsburger Zeitung‘ ist offenbar von Benndorf, es ist ganz der Gedankengang seines Briefes. Ich habe Kinkel, der zum Glück seine Einsendung an die ‚Allgemeine‘ noch nicht effektuiert hatte, gebeten, mich anderswo zu besprechen, obgleich es jetzt schon fast genug ist. — Die Korrektur in dem:

> Als ich jüngst vom Pfad verirrt war,

das an der Spitze von Nr. 23 der ‚Dichterhalle‘ steht, ist gut.

„Es vergeht kein Tag und keine Nacht, daß ich nicht am Komtur drehe und wende. Nur e i n Band.

„Liebste Schwester, ich sehne mich nach einem langen Brief.

Dein C.“

Schon die Beurteilungen des „Amulet“ hatten fast ausnahmslos an dem Fehler gelitten, das stoffliche Moment auf Kosten der poetischen Kunstarbeit zu überschätzen, indem sie eine Fülle von Wirkungen und Schönheiten, die lediglich dem Dichter gehören, dem Stoffe zuschrieben. Diesen von Meyer unangenehm empfundenen Mangel an Einsicht zeigten auch die ersten Kritiken des Jenatsch und zwar in dem Maße mehr, als das historische Material im Vergleich zu demjenigen des „Amulet“ reicher und vor allem entlegener war. Ein Rezensent tadelte sogar, daß sich der Verfasser nicht enger an die Geschichte angelehnt habe. Da verfuhr Betty Paoli, die das „Amulet“ in der „Wiener Abendpost“ (31. März 1874) sehr warm und einsichtig besprochen hatte, viel gewissenhafter, indem sie vom

Verleger, bevor sie den „Jenatsch“ im nämlichen Blatte be=
handelte (13. Juni 1877), das historische Werk erbat, aus dem
sie sich über die geschichtlichen Verhältnisse unterrichten könne.

Übrigens hatte Meyer in der richtigen Voraussicht, daß es
dem Roman von seiten der Kritiker nicht besser ergehen würde
als der kleinen Novelle, ein kurzes Vorwort entworfen, dessen
Druck dann freilich unterblieb; es sollte seinen Rezensenten über
das Verhältnis von Geschichte und poetischer Willkür einiger=
maßen die Augen öffnen und einen Fingerzeig geben: „Was
ich dir, geneigter Leser, auf diesen Blättern erzähle, nimm es
nicht für historische Wahrheit im strengen Sinne des Wortes!
Ich habe es gewagt, das Verwickelte zu vereinfachen, ja bis=
weilen, in unwichtigen Fällen, von den Aufzeichnungen der
Chronisten abzuweichen, um für mein Bild feste Umrisse und
einheitliche Beleuchtung zu gewinnen.“

Dreifach ist des Dichters Kunstarbeit am Jenatschstoff: erstens
hat er die wirre und zerfließende Masse der Tatsachen mit großen
und übersichtlichen Linien umrissen; sodann schuf er die Figur
der Lucretia Planta und erfand ihre Liebe zum Jugendgenossen;
und drittens machte er aus dem Schurken — denn dafür hielt
er den historischen Jenatsch — eine Persönlichkeit.

Er schrieb der Schwester wieder auf Weihnachten (1876),
seine und der Frau Gabe mit freundlichen Zeilen begleitend:

„Wir schicken Dir zu Deinen florentinischen Weihnachten
ein kleines Geschenk. Ein deutsches Buch ist immer noch das
beste, was man in den schönen Süden schicken kann. Möge Dich
Gott behüten! Gute Weihnachten!

„Ich lege Dir die Zeilen von Gottfried Keller bei, vielleicht
kannst Du mit dem Autograph eine kleine Freude machen …
Hässel brennt eigentlich für den Jenatsch. Im heutigen Brief
gibt er sich Karriere gegen den Verfasser der Kritik in der ‚Neuen
freien Presse‘; doch ich lege Dir das Blatt am kürzesten bei,
ich will mir die Geheimkritik doch ausbitten, aber nicht mehr
in diesem Jahr.

„Es ist, wie die Welt einmal beschaffen, unmöglich, etwas
zu leisten, ohne sich, wie der Kritiker der ‚Allgemeinen‘ (D. Bud=
däus, der Schwager von Laube) sich ausdrückt: ‚Gegner‘ zu

machen. Darum, mein l. Bundesgenosse, vorwärts, fest vorwärts!"

Auch zu Neujahr 1877 sandte er einen Brief:

„In einem wahren Jahresendesturm, dazu mit einer aus-
heilenden, durch Franzbranntwein mit Mühe gebrochenen Hals-
entzündung schreibe ich Dir, als Antwort auf Deinen lieben
Brief, diese Zeilen, ohne Überlegung, wie ich beginne und
schließe.

„Deine lieben Geschenke, besonders Carducci, von dem ich
mir viel Genuß verspreche, und auch die interessanten Photographien machen mir große Freude. Keine Rede, daß die
Florentinerskizze verschenkt werde, sie ist zu niedlich).

„Meißner lobte den Jenatsch sehr und wird denselben in
den ‚Blättern für die Literatur des Auslandes‘ (ein gutes Organ)
besprechen. Scherr schrieb mir, er habe einen Literaturbrief
in die ‚Neuen Monatshefte‘ geschickt, worin er über Jenatsch
sich äußere.

„Mit dem lieben Oheim geht es nicht besonders. Ohne
diesen ungewöhnlich warmen Winter wäre er kaum noch unter
den Lebenden. Sonntags war ich mit Luise im Fraumünster.
Dienstag Weihnachtsbäumchen hier mit den Pfarrhauskindern
und Joli mit Marie.

„Nichts hübscher als wie Joli, offenbar mit Erinnerungen
an frühere Jahre, die Lichter betrachtete. Auch heute ist er hier,
und neues Erstaunen — er sieht in der Küche lebende Krebse.

„Wille schickten wir kandierte Lausanner Orangen. Ich hatte
nämlich die Idee, deren kommen zu lassen durch den lieben
alten Bulliemin, der, da ihm Lesen und Schreiben vom Arzt
auf ein Minimum reduziert ist, keinen article de fond, aber
ein bulletin d'attention liefern wird.

„Mein Komtur beschäftigt mich viel. Alles, was Du darüber
sagst, ist mir aus dem Herzen geschrieben, und ich wüßte nichts
beizufügen. Im neuen Jahre werde ich daran gehen.

„Und nun setze ich unter diese flüchtigen Zeilen die Versicherung meiner unendlichen Liebe, die mir oft gewaltsam das
Herz preßt und es mir immer bis zu Rande füllt. Meine Wünsche‘

Dein C."

Ein Kärtchen vom Januar 1877 erwähnt zum ersten Mal das Haus in Kilchberg:

„Schreibe mir eine Zeile, ich lebe hier seit Neujahr in einem wahren Sturm von Geschäften. Literarische Briefe in Masse. Ich habe den Komtur vollständig entworfen: ich glaube ihn, schon wegen der nobeln Menschen, dem Jenatsch überlegen. Die Unterhandlungen wegen des Häuserkaufs wieder aufgenommen. Das Ottsche Gut in Kilchberg im Vordergrund."

Am 18. Januar 1877 konnte er die Frage wegen eines eigenen Heims als eine entschiedene bezeichnen:

„Meine liebste Schwester, ... Du kannst Dir denken, daß ich, jeden Augenblick der Entscheidung gewärtig, Dich nicht mit den unnötig aufregenden Wendungen der Unterhandlung belästigen und Dich, die Fleißige, in Deiner Arbeit präokkupieren wollte. Nun ist es entschieden. Gestern ist das Ottsche Gut unser Eigentum geworden. Letzter Zweikampf mit dem reichen Basler Bachofen. ... Das Haus ist weit sonniger gelegen, als das Platersche und sehr warm. Wir saßen drüben in diesen Tagen oft in den ungeheizten obern Zimmern, ohne zu frieren. Dazu gehören zwei Jucharten Reben, welche die herrliche Aussicht sichern, die große Wiese zwischen uns und Plater, mit den vielen Schattenplätzen, und drei Jucharten Acker, zehn Minuten entfernt. Alles wird verpachtet. Ich freue mich zum voraus auf unsere Schriftstellerei auf eigenem Grund und Boden. Später wird (ins Ohr gesagt) wahrscheinlich ein bißchen gebaut, und Du beziehst das alte Haus. Ich habe, das traust Du mir zu, Dich stets vor Augen gehabt. Gehandelt m u ß t e werden; ich hoffe das relativ Rechte getroffen zu haben. Kaufpreis 100 000 Frcs. Herr Oberst hat sich bis zur Schlaflosigkeit Mühe gegeben.

„Ich werde überschwemmt mit Zuschriften. Ich teile Dir zwei Stücke mit, die Du mir aufhebst. Der Komtur ist definitiv entworfen, ich hoffe, mit glücklichen Linien. Lebe wohl, wohl, Liebe, Liebe, und laß mich bald Deine Stimme hören. Dein C."

3. Februar 1877.

„Liebste Schwester, vorgestern wurde ich zum Landschreiber

nach Thalweil gerufen, um das Kaufprotokoll zu unterzeichnen, und so bin ich denn Eigentümer des weiland Ottschen Gutes in Kilchberg. Der Hauptwert desselben ist freilich die unverbaubare einzige Aussicht und der schöne, eine Juchart große Baumgarten, der an den Park des Grafen grenzt; aber auch das Haus läßt sich, wenn auch leicht gebaut, sehr wohnlich einrichten und wird mir bei jedem neuen Besuche heimlicher. Nach den Erfahrungen des letzten Jahres freue ich mich besonders, daß diese Stätte für niemand betretbar ist als für die Meinigen im engern und weitern Sinne. ...

„Alle Bauprojekte drüben sind natürlich vertagt, da schon das Unerläßliche ziemlich hoch zu stehen kommen wird, doch hast Du wenigstens schon jetzt einen Ort, wo Du, als Gast und mehr als Gast, jeden Augenblick Dein Zimmerchen beziehen und verlassen kannst, und einen Garten, wo Du Herrin bist. Daß Du in den spätern Jahren dort eine Wohnung erhältst, ist bei mir und Luisen eine ausgemachte Sache. ...

„Daß Du so tüchtig ins Zeug gehst mit der Ölmalerei, habe ich Dir zugetraut. Ich freue mich unter anderem, daß auf diese Weise ein gutes Bild von mir zu stande kommen wird.

„Auf literarischem Felde ist viel zu berichten. Der Komtur wird etwas werden; doch ist kaum oder nicht daran zu denken, ihn vor Ostern 1878 zu vollenden. Eine sehr starke Fabel hatte ich für die erste Hälfte erfunden, sah aber gleich, daß ich die zweite nicht mit Geschichte und Genre füllen darf, und so habe ich nicht geruht, bis ich, wenn auch erst im groben, eine einheitliche Fabel, die bis zum letzten Kapitel vorhält, fand, ich meine: eine leidenschaftliche, private Handlung. Ich hoffe, Dir bald eine schriftliche Skizze mitteilen zu können.

„Dieses Jahr nehme ich mir vor, zwei Novellen zu schreiben, zuerst natürlich den ‚Heiligen‘, der mir viel Mühe macht; der Rahmen, so oder so, stört, scheint mir, entschieden die Wirkung. Die feine, tiefe Natur des Thomas Becket verzerrt sich im Hohlspiegel eines anderen Kopfes, wer immer die Geschichte erzähle. Es ist am Ende doch besser, selbst als Erzähler aufzutreten. Desto klarer ist mir dagegen: ‚Der Schuß von der Kanzel‘, den ich durchaus komponiert habe und — in den freien Zeiten

dieses natürlich sehr verzettelten Frühjahrs — niederschreibe.
Die frivole Geschichte bekommt einige tiefere Töne. Ich habe
sie einem neu zu gründenden Züricher Almanach (Rahn, Meyer
von Knonau u. s. w.) zugesagt. Von manchem anderem im
nächsten Briefe, den ich Dir in den nächsten Tagen schreibe.
Hier zwischen den Zeilen meine Liebe.   Dein C.

„Wir werden nächstens wieder für eine Stunde nach Meilen
gehen. Ich habe Deinen Brief wieder gelesen. Verlaß Dich
darauf, daß Du, sobald als möglich, bleibend zu uns kommst.“

Küßnacht, 21. Februar 1877.

„Du hast recht, daß dem ‚O schreibe nicht‘ der freie Zug
mangelt. Das wird sich geben lassen. Jetzt liegt bei Eckstein
noch eine Humoreske, die Du nicht kennst; nimm sie nicht ernster,
als sie gemeint ist. Ich habe in diesen Tagen, trotz der Zerstreuung, manches gedichtet, und auch die drei neuen Sachen:
Komtur, Thomas Becket und Der Schuß von der Kanzel, beleben
und füllen sich täglich mehr.

„Von literarischen Neuigkeiten ist manches zu melden. Dahn
‚wirfst mir den Kranz zu‘. Ist das nicht artig? Und Scherr,
Du hast recht, behandelt mich wie ein noli me tangere. ...
Hier ist der Jenatsch entschieden populär, der Mädchenlehrer
Zehnder hat gestern in einer Vorlesung großes Wesen daraus
gemacht, und auch der l. R. Zimmermann hat ihn im Pelikan
herzlich gerühmt. Gottfried Keller, dem ich einige Worte über
die jetzt in der Rundschau zu Ende gebrachten Züricher Novellen
schrieb, antwortete umgehend auf das allerkordialste. Die
‚Deutsche Jugend‘, illustriert von Oskar Pletsch, will das Fingerhütchen illustrieren. ...

„Obwohl der Kauf in Kilchberg hauptsächlich durch die
moralische Unmöglichkeit, den Sommer hier zu verleben; zu
stande kam, ist er doch gewiß ein glücklicher. Sobald Du zurück
bist, mußt Du mit dem 100 Ritter-Pudeli, das heute auf Besuch
kommt, unser neues Heim einweihen. Denke Dir, wie ungestört
wir in der Strohhütte hausen und schreiben werden. Ich gebe
Dir das eine meiner zwei Zimmer. Der Gedanke, daß Du,
wenn der Seehof verkauft wird, in unsere Nähe kommst, leuchtet

Dir vielleicht besser ein, wenn Du einmal Dich in Kilchberg gewöhnt hast und die Stadtnähe, die schönen Spaziergänge goutierst. Der Bau ist durchaus nicht aufgegeben. Du mußt ins Freie, liebste Schwester, arbeite ja nicht zuviel!

„Luise grüßt Dich von Herzen. Sie hat Dich sehr lieb. Empfiehl mich an Fräulein Fries!

„Das ist ein im Sturme geschriebener Brief, aber, ich denke, nicht inhaltsleer."

(Ohne Datum.) „Liebste Betsy, eine Zeile. Die Besitznahme des Ottschen Gutes ist geschehen. Wir werden es wohl schon mit dem 1. April beziehen. Die Besprechung des Jenatsch von Scherr im Febr.-Monatsheft, ich will es Dir zuschicken, ist denn doch (vu l'homme) sehr sympathisch. Denke Dir, der gute Vulliemin hat einen article de fond für die Bibliothèque universelle von anderthalb Druckbogen vollendet. Erscheint im Märzheft."

(Küßnacht, 13. März 1877.) „Liebste Schwester, Deine letzten Zeilen haben mich durch ihren heitern Ton und die guten Nachrichten erfreut. Was Du an Können und Gesehenhaben heimbringst, wollen wir dann schon zusammen verwerten; auch ich habe manches vor mich gebracht und freue mich auf die Strohhütte, wo uns niemand wird stören dürfen. Sonst sind die letzten Tage sehr zerstreut und zerrissen gewesen durch den beginnenden Zug, die Verdrießlichkeiten und Mißverständnisse, die vom Bauen und Einrichten auf diese Entfernung unzertrennlich sind. Nächsten Donnerstag wird Herr Ott geräumt haben. ... Der Nachbarin Gräfin geht es schlecht, sie leidet an der Gicht und ihrem Wellner, der sie, die auf die Erscheinung der zweiten Auflage brennt, monatelang ohne Zeile läßt. Ich bin mit Calmberg ... mehreremal in der antiquarischen Gesellschaft gewesen, wo ich Menschen gesehen und mich gut amüsiert habe.

„Den Tod des lieben Onkels hast Du vernommen. Ich habe ihn, vor etwa vierzehn Tagen, noch einmal, fast gewaltsam, gesehen, indem ich gegen die Vorstellungen der Tante und Nannys zu ihm eindrang. Er war sehr lieb, fast stimmlos, mit langen aufgesträubten Haaren. Das Begräbnis fiel mit einem Essen der Böcke auf dem Schmeggen zusammen und war recht bescheiden, sowie die paar Nekrologe in den Zeitungen. Ich war geladen und wohnte natürlich bei, trotz der schlechten Witterung (Schneewirbel).

„Der Artikel von Bulliemin enthält sich jeden Urteils und gibt, nach einer nicht allzuscharfsinnigen Analyse des Inhalts, eine vortreffliche Übersetzung der Volksscenen in Thusis.

„Rahn hat sein Haus mit einer Mahlzeit eingeweiht, wozu wir, mit Frl. Müscheler, geladen waren.

„C. Müscheler ist hier, für zwei bis drei Wochen, und war vorgestern bei uns zum Abendessen. Der Alte, gemütlicher als in Bregenz, noch recht lebhaft. Gott behüte Dich!

Dein C.

„Luise hat gegenwärtig natürlich sehr viel zu tun, läßt es sich aber nicht nehmen, Dir zu schreiben.

„Wille, der bei uns war, ist sehr gut gestimmt und grüßt, wie die Doktorin. Ebenso Frau Stadler.

„Habe ich Dir gesagt, daß ich bei dem Stadtrat um die Bewilligung, den Vornamen „Conrad Ferdinand“ bürgerlich führen zu dürfen, eingekommen bin und dieselbe erhalten habe?“

(Karfreitag 1877.) „Deine letzten Zeilen, liebste Schwester, haben mich wieder sehr gefreut. Deine Stunden vergehen in schöner Tätigkeit. Beneidenswerte! Hier hetzen sich die Tage, da ... drei Viertel unserer Habe schon drüben sind, wir daher nicht selten Notwendiges entbehren und auch sonst der Mißverständnisse, des Zankens und Zahlens kein Ende ist. Drüben werden wir zwei quasi hübsche Zimmer haben, das eine nußbaumen und das andere eichen gemalt, beide mit demselben Parkett (nußbaumene Kreuze, eichene Füllung), das aber, trotz der sorgsam ausgewählten Muster, etwas zu scheckig ausgefallen ist. Auch an andern Unzuträglichkeiten mangelt es nicht. So muß z. B. der Hofraum zwischen Haus und Scheune ohne anders mit einem Gatter gegen die Landstraße geschlossen werden.

„Einen hübschen Augenblick hatte ich doch neulich, als ich, auf einer hintern Bank des Baumgartens gegen die Kirche

hin, in großer Stille saß: die Luft war frisch und es überkam mich
ein Geist des Friedens und der Liebe, als säßest Du neben mir.

„Auch den Grafen habe ich besucht. (Die Gräfin lag zu
Bette.) Er war sehr freundlich, übrigens jeder Zoll ein König,
denn — Du mußt wissen — er ist jetzt durch geheime Zuschriften
aus allen Teilen Polens zum Vertreter dieser Nation den
Mächten gegenüber ernannt und dergestalt die Verkörperung
der polnischen Politik und Ideen.

„Gottfried Keller behandelt als letzte Züricher Novelle den
Landvogt und seine fünf Körbe — ganz vorzüglich.

„Ich werde vor Monatsfrist zu nichts kommen und dann
meine kleine Novelle: ‚Der Schuß von der Kanzel‘ schreiben.
Deine Vergleichung mit A. Aleardi brachte mich zum Lächeln.
Sie ist vielleicht richtiger, als mir lieb ist. Gestern war ich
mit Luise in der Probe des Karfreitagskonzertes: ein ganz
modernes Christus-Oratorium, ganz seltsam modern.

„Rüscheler ist hier, ich sah ihn zweimal, er ist sehr herzlich.
„Ich wünsche Dir gute Ostern. Dein treuer

C."

(Kilchberg, 22. April 1877.) „Liebste Schwester, Du wirst
mich entschuldigen, wenn ich Dir — in dem Wirrwarr dieser
Tage — nur mit der flüchtigsten Feder berichte, was mir gerade in dieselbe kommt. Ich habe — wörtlich — keine un-
gestörte Minute... Hier jagt sich Verdruß mit Verdruß. Die
Arbeiter sind lässig. Herr Ott hat alles verlottern lassen; dazu
die Gartenarbeiten. Wir sind auf die zwei Zimmer des untern
Stockwerks beschränkt und schlafen wieder auf dem Boden.
Heute ist nun gar der Teufel los. Ein kleiner allerliebster Pudel,
der gestern zum Versuch ins Haus kam, da wir natürlich einen
Hund haben müssen, hat Jolis Eifersucht — dieser kam heute
zu Besuch — in einem Grade erregt, daß das Hundegebell
und die gegenseitigen Angriffe permanent sind.

„Gestern war der liebe Rahn hier, der in Bamberg, Nürnberg 2c. drei Wochen zugebracht hat...

„Der greise Ettmüller ist vor Altersschwäche gestorben und
wurde mit kleinstem Geleit zu Grabe gebracht.

„Die Gartenlaube hat den Jenatsch besprochen. Luise hält

sich sehr wacker, war aber gestern gallenkrank wegen der Bau-
verdrüsse.　　　　　　　　　　　　　　　　　　　Dein C."

(Kilchberg, 24. Mai 1877.) „Liebste Betsy, Deine eben an-
gelangten Zeilen haben mich aufs tiefste bewegt, nicht durch die
Möglichkeiten, welche sie eröffnen, sondern durch die Gewalt so
vieler gemeinsam verlebter Jahre — ein Glück, daß wir noch leben
und uns lieben können. Sobald Du vor unserem Wiedersehen
nichts entscheidest — ich nehme an, daß Du lange Tage bei uns
hier in Kilchberg zubringst — habe ich nichts zu erinnern, wenn
nicht etwa, so hingeworfen, daß Du bei einer Entscheidung für
Zürich eines oder zwei Zimmer Deines Gemaches uns überlassen
könntest. Bei einer größeren Trennung empfände ich eine große
unerträgliche Lücke und Leere, nicht zu reden von der geistigen
bedeutenden Einbuße. In Meilen darfst Du nicht bleiben....

„Meine Tage sind eine Jagd, eine Hetze, doch das wird
besser werden. Mit Joli wird Dir gehorcht werden.

„Ich freue mich unbeschreiblich auf unser Wiedersehen.

　　　　　　　　　　　　　　　　　　　　　　　Dein C."

(Kilchberg, 29. August 1877). „Liebste Betsy, ich muß mich
zuerst entschuldigen, daß ich gestern bei Dir in Meilen Nach-
forschung nach dem Schuß von der Kanzel angestellt habe, der
sich dann in der zweiten Schublade der Kommode fand. Deine
Abschrift hat mich, bei klaren Augen, durchaus befriedigt, ich
werde nur einige Kleinigkeiten ändern, sonst ist die Handschrift
durchaus druckfähig. Für die Hässel-Ausgabe läßt sich dann
noch etwas tun. Der letzte August, d. h. übermorgen, ist der
letzte Ablieferungstermin....

„Auf morgen hat mir Julius Rodenberg seinen Besuch an-
gesagt, und ich wünschte wohl, es ließe sich eine bleibende Verbindung mit ihm anknüpfen. Morgen haben wir auch unsere
große Familiengesellschaft.

„Ich freue mich auf den Komtur und glaube, eine starke
Fabel erfunden zu haben, an welche sich dann die historischen
Arabesken von selbst anschließen werden.

„Und Du? Heißes Wetter für Stuttgart und Korntal.
Doch Du bist hoffentlich schon zurück.

　　　　　　　　　　　　　　　　　　　　　　Dein C. F. M."

Das Bild des Dichters

Conrad Ferdinand Meyer saß ungefähr seit anderthalb Monaten auf seinem Kilchberger Landgut, als ich, noch Student, ihm meinen ersten Besuch abstattete, wenige Tage, nachdem ich Gottfried Kellers Bekanntschaft gemacht. Aber während ich über den Dichter der Leute von Seldwyla langeher allerlei Geschichten und Mythen erfahren und sogar einige wohlgemeinte Verhaltungsmaßregeln erhalten hatte, wußte mir zufällig aus dem Kreise meiner Bekannten von dem Verfasser des „Hutten" niemand etwas zu sagen, als daß man ihn eigentlich kaum kenne und seine Sachen erst zu lesen anfange.

Ich traf einen wohlgewachsenen Mann von fast soldatisch aufrechter Haltung, dessen Leibeslänge beinahe sechs Schweizer Fuß betrug, wie denn ein vier Jahre früher ausgestellter Paß seinen Wuchs auf fünf Fuß, neun Zoll und zwei Linien angibt. Er war ziemlich stark, auch am Hals, in welchen das Kinn etwas rasch überging, und es fiel mir nicht leicht, ihn mir bis gegen sein vierzigstes Lebensjahr so überschlank zu denken, daß ihm der Photograph empfahl, sich im Überzieher aufnehmen zu lassen, um den Eindruck der ausgesprochenen Magerkeit einigermaßen zu verwischen. Doch deuteten auf die angeborene Grazilität immer noch die länglichen Finger, die sich, wenn er sie streckte, etwas zurückbogen.

Auffallend war der große, zur Schulterbreite und Statur übrigens nicht unproportionierte Kopf, dessen Mächtigkeit mir erst später völlig deutlich wurde, als ich den Dichter einmal im Züricher Theater sah, wo mir neben dem seinigen die Schädel aller übrigen anwesenden Männer gleichsam verkümmert erschienen.

Aus dem gewellten, beinahe kurzen und ums fünfzigste Jahr ergrauten, später silberweißen Haar senkte sich die schöne Linie der breiten und ziemlich hohen Stirne zu den dünnen Brauen hinab. Die Nase war fein gebogen, fein und zierlich der Mund, dessen schmale Oberlippe ein Schnurrbärtchen deckte. Die gewölbten, kurzsichtigen und, wie meistens bei den Deutschschweizern, etwas kleinen Augen, deren äußere Winkel um ein

Geringes höher standen, als die inneren, schienen von schwer bestimmbarer Farbe, waren aber blaugrau mit gelbbraunen Flecken; allein sie funkelten meistens in so ungewöhnlichem Glanze unter den Brillengläsern hervor, daß man ihnen eine tiefe, feurige Bläue zutraute, und halfen jenes heitere Lächeln hervorzaubern, jenen unbeschreiblichen Schimmer, der auf seinem Antlitz lag und ihm etwas eigentümlich Serenes verlieh, wie ich es an keinem zweiten Menschen wahrnahm, „ein großes stilles Leuchten". Es war ein Erbteil vom Vater.

Wie er damals, im Frühling 1877, aussah, zeigt die ungefähr anderthalb Jahre früher in Ajaccio aufgenommene Photographie, welcher freilich ein etwas starrer Zug anhaftet, weil der stark Kurzsichtige ohne die gewohnte, ja unentbehrliche Brille blickt. Sobald er seine Gläser aufbehielt, traf es ihm die Photographie meistens sehr zu Dank, viel mehr als Stift und Pinsel. Eine Bleistift- oder Kreidezeichnung Karl Stauffers ist gründlich verfehlt, während seiner Radierung allerdings das eigentümlich Strahlende des Ausdrucks und die leuchtenden Augen vorzüglich gelangen, obgleich er die Nase etwas verzeichnete. Infolge des tiefen Standpunktes und der totalen Frontaufnahme war es allerdings kaum möglich, ihre Form herauszubringen. Das nach dem Tode des Dichters lediglich nach Photographien gemalte Bild Lenbachs, der ihn niemals von Angesicht gesehen hatte, und W. Füßlis Zeichnung reichen nicht an diese Radierung heran.

Seit jenem Maitag bis zu Conrad Ferdinand Meyers 1892 erfolgter Umnachtung erlitt unser persönlicher Verkehr nur durch meine mehrjährigen Studien auf deutschen Hochschulen und später infolge seiner Erkrankung 1888 eine Unterbrechung, wogegen der schriftliche sich ungehindert weiterspann. Fast regelmäßig, wenn ich nach Kilchberg hinaufging, geschah es nach Vereinbarung zum Mittagessen und für einen Nachmittag, entsprechend der wohleingeteilten Zeit und Tagesordnung, woran der Dichter immer unverbrüchlicher festhielt.

Hatte er nämlich sein kräftiges Frühstück eingenommen, so machte er sich hinter die Arbeit, und es durfte ihn niemand stören außer die Frau, wie er denn selber zuweilen die Türe ins Wohnzimmer öffnete, um ihr leuchtenden Blickes anzuvertrauen, er sei auf diesen oder jenen Einfall, auf eine neue glückliche Fassung gestoßen. Gegen zwei Uhr setzte er sich zum Mittagessen, dem er in der Regel gehörig zusprach. Denn er war ein tüchtiger Esser; aber ein Feinschmecker, wie da und dort, vermutlich durch seine Eßlust und Leibesfülle herausgefordert, das Gerede behauptete, war er keineswegs. Denn seine Zunge war weit weniger fein organisiert, als z. B. sein sehr scharfes Ohr. Auch in Beziehung auf das, was er rauchte, war er nicht raffiniert. Übrigens verzichtete er den Nerven zuliebe in den letzten Jahren auf die Zigarre, gewiß nicht ohne Überwindung, da er sie liebte. Er bemerkte, das Rauchen bringe ihm wohl zuweilen Stimmung, doch schädige es leicht das strenge Durchdenken des Stoffes. Wein und Bier ertrug er ohne irgend eine sichtbare Erregung oder Beeinträchtigung der Arbeitskraft.

Auf die Beschaffenheit des täglichen Handwerkszeuges legte er geringen Wert. Zwar litt er keine schlechte Feder, aber er schrieb mit der nächsten besten Tinte, und bezüglich des Papiers ging seine Vorliebe höchstens auf das Einfache und Solide. Er ließ keinen Seitenrand frei, auch oben und unten nützte er den Raum völlig aus. Weil das Korrigieren zu seinem Lebenselement gehörte, so strich und änderte er in einemfort, so daß er nicht häufig hübsche Blätter hatte. Er hielt nicht viel auf Autographen, sofern ihn ihr Inhalt nicht persönlich nahe berührte; er verschenkte z. B. mehrfach ungebeten Briefe von Gottfried Keller. Überhaupt fehlte ihm die Sammlerfreude. Er hing nicht an seltenen Büchern und Drucken, wie er mir z. B. die sehr rar gewordenen, im Jahre 1854 erschienenen „Neuern Gedichte" Gottfried Kellers ohne weiteres verehrte, als er sie beim Räumen seiner Bibliothek aufstöberte. Ich erlebte es ein einziges Mal, daß er auf eine Bücherrarität zu reden kam, als er mir ein militärwissenschaftliches Werk zeigte, das einst dem Georg Jenatsch gehört hatte und seinen eigenhändigen Namenszug trug. Es erscheint im „Schuß von der Kanzel".

Die angestrengten, energisch ausgenutzten Vormittagsstunden pflegten ihn zu ermüden, so daß er, sofern nichts Dringendes vorlag, nach dem Mittagessen von der Produktion

abließ, um den Rest des Tages der Bewegung im Freien,
Freunden und Besuchen, dem Briefwechsel und der Lektüre
zu widmen.

In früheren Jahren, die wesentlich im Zeichen lyrischer und
balladenhafter Pläne standen, arbeitete er lediglich nach Laune
und Stimmung und liebte es, wenn ihn eine Eingebung ergriff,
halblaut vor sich hinsingend, stundenlang im Zimmer auf und
nieder zu schreiten, bis er, ans Ziel gelangt, zur Schwester trat
und sagte: „Ich glaube, ich habe ein Fischlein im Netz! Komm,
wir wollen es beschauen!" Dann wurde der Fang mit Blei
oder Feder festgehalten, von vier Augen sorgfältig gemustert.

Dazumal erwachte seine schöpferische Lust zugleich mit den
ersten Lenzhauchen und hielt ihn während des Frühlings in
einemfort irgendwie in Atem und Feuer. Aber mit der steigenden Wärme übermochte ihn körperliche und geistige Erschlaffung
und trieb ihn in die frischere Luft der Bergweiden, Felshäupter
und Firnen empor. Da er sich in solchen Zuständen der Ermüdung oft schwer zu Spaziergängen entschloß, weil es ihm
schon zu viel wurde, sich zu stiefeln und das bequeme Hauskleid
mit einem anderen zu vertauschen, hatte Betsy nach einer Landwohnung hingedrängt, die mehr Raum und Anlaß zur Bewegung böte als die Stadt.

Später, als er den mutmaßlichen Vorrat seiner Jahre zu-
sammengeschmolzen, Können und Gesundheit gesteigert sah,
wartete er keine Stimmung mehr ab und wollte, ohne gerade
ihr Heil oder Unheil zu leugnen, nichts mehr von guten und
schlimmen Stunden wissen, sondern schaffte gewöhnlich Tag für
Tag, oft bis zur völligen Neige seiner Kraft. Immerhin betonte er mehrfach, auch noch in vorgerückten Jahren, der Winter
sei seine gute Zeit und es lasse sich in der Kälte so gut denken.

Seine Schöpfungen waren nicht die raschen Kinder glücklicher, behaglicher Stunden. Es blieb ihm in der Regel versagt,
ihnen von Anfang an auch nur annähernd die bleibende Gestalt
zu geben. Wie Beethovens Entwürfe zu seinen herrlichsten
Sachen mitunter so gewöhnlich und fast trivial aussehen, daß
sie ihm ausschließlich darum etwas bedeuten mochten, weil er,
und er allein, fühlte oder wußte, was sich daraus erzielen ließ,

so waren auch Conrad Ferdinand Meyers erste Gedanken nach
seinem eigenen Ausspruch oft „herzlich unbedeutend". Dieses
Wort gilt nicht allein für die Zeiten der auffallend verlangsamten
Entwicklung, es besteht auch zu Recht für die Schöpfungen der
Meisterjahre, z. B. für Angela Borgia.

Er besaß in seltenstem Maße die sozusagen ethische Energie
und Selbstüberwindung, einen Bau, den er mühsam errichtet,
bis auf den letzten Stein niederzureißen und von neuem auf-
zuführen und dieses Verfahren ganz oder teilweise zu wiederholen, je nach Bedürfnis. Wie manches Mal hörte ich ihn sagen:
„Ich halte es mit meinen Stoffen, wie Jakob mit dem Engel:
ich ringe mit dir und lasse dich nicht, du segnest mich denn!"
Als ich gelegentlich über die spröde und widerhaarige Natur
eines poetischen Vorwurfs schalt, den ich bearbeitet und, wie
ich hierauf gewahrte, völlig umgestalten mußte, tröstete er mich
mit der Klage: „O, wenn Sie wüßten, wie ich mit meinen
Stoffen kämpfe!" Er äußerte über die Richterin, er vermöge
nicht mehr zu sagen, wie viele Metamorphosen sie durchgemacht
habe; und die Figuren in der Angela Borgia bekannte er mir
bis zum äußersten gedreht und gewendet zu haben.

Aus jeder Umschmelzung aber gingen die Arbeiten, soweit
die Zeugnisse ein Urteil gestatten, adeliger und zugleich wahrer
hervor; mit der Tiefe, mit der Fülle und Originalität wuchs
die Einfachheit, und die großen Umrißlinien verstärkten sich: die
Länge ersetzte er durch Kürze, den gewöhnlichen Ausdruck durch
den gewählten, den Begriff durch das Bild, den Bericht durch
die Szene. Oft schwankte er zwischen einem halben Dutzend
bezeichnender Eigenschaftswörter, von denen er eines nach
dem andern wieder strich, ehe er zur endgültigen Wahl gelangte.
Immer bleibt die untadelige, wenn auch langsame Sicherheit
des vollendeten Kunstgefühls bewundernswert, die von allem
und jedem schließlich das Beste und Treffendste aussonderte.

Eines dünkt mich noch ganz besonders merkwürdig. Durch
energische Vergegenwärtigung eines Vorganges, durch langes,
wiederholtes Hinblicken darauf gelang es ihm, eine Szene
plastisch, völlig bildmäßig zu sehen und die entscheidenden
Linien, Züge und Farben gleichsam abzulesen. Er bekannte,

die Fähigkeit des Plastisch- und Farbigsehens von Hause aus
gar nicht oder nur in geringem Grade besessen, vielmehr dieselbe sich allmählich erworben zu haben. Doch wird das Erwachen oder die Steigerung dieser Gabe wohl mit seiner eigentümlichen Entwicklung zusammenhängen.

Die Zeugnisse und Wandlungsurkunden seines Schaffens
zählen wohl unter die aufschlußreichsten Dokumente des
poetischen Arbeitens überhaupt. Meyer selbst betrachtete solche
Untersuchungen und Erörterungen als eitel Afterweisheit, da
sie die Kunst so wenig förderten als den einzelnen Poeten, weil
jeder mit sich und nach seinem Bedürfnis ins reine kommen
müsse. Wie er mit seinen Manuskripten in den Ofen fuhr, sobald sie gedruckt waren, so würde er auch, hätte er sie zur Hand
gehabt, die zufällig erhaltenen, vom letzten Druck abweichenden
Fassungen ohne weiteres zum Feuer verdammt haben.

Dagegen erwog er gerne mit Leuten vom Metier oder sonst
Einsichtigen die poetische Technik, in welche er tiefer einzudringen sich täglich bemühte. Diejenige der Novelle hat er in
ihren verschiedenen Stadien in der „Hochzeit des Mönchs" so
meisterlich auseinandergelegt, daß man eine gleichwertige Darstellung eines verwandten Vorwurfs nicht leicht wiederfinden
wird. Im einzelnen äußerte er sich mir gegenüber ein und das
andere Mal über die leitenden Forderungen seiner Erzähler-
kunst ungefähr folgendermaßen: „Zu einem schönen Motiv muß
man Sorge tragen wie zu seiner Seele und kann in der Wahl
eines solchen nicht vorsichtig genug sein. Bei der Ausarbeitung
suche ich alles so einzurichten, daß die einzelnen Teile ausnahmslos auf einen und denselben Punkt, d. h. den Mittelpunkt hin-
schauen. Die Personen schildere ich möglichst nur so, wie sie
den Mithandelnden erscheinen. Dann halte ich vor allem
darauf, die Charaktere zu mischen, weil das Leben und die
Natur sie mischt. Ich übergehe die Arbeit immer von neuem,
um die charakteristischen Züge, Schicht auf Schicht, tiefer zu
legen und zu verstärken; unseren zeitgenössischen Schriftstellern
fehlt es meistens an diesen Schichten; sie zeichnen einfach falsche
Konturen und bemalen sie dann mit grellen Farben, um auf
solch billigem Wege eine Wirkung zu erzielen. Die Geschichte

benutze ich natürlich nach Möglichkeit, verfahre aber ganz souverän mit ihr, indem ich nicht ruhe, bevor ich das Materielle der Historie der Willkür der Poesie unterworfen habe."

Es war ihm ein Trost, einen gesicherten Vorrat aparter Stoffe zu besitzen und dadurch vor der Verlegenheit bewahrt zu sein, nach dem Abschluß einer Arbeit einen Vorwurf für die neue erst suchen zu müssen. Immerhin kam die Sehnsucht nach großen Stoffen bei ihm niemals zur Ruhe. „Auch ich sehne mich nach größern Stoffen, und darüber vergeht das Leben", schrieb der Sechzigjährige (an Rahn, 20. Juli 1885).

Sein Verfahren mit dem geschichtlich überlieferten Stoffe erläuterte er einem thurgauischen Geistlichen, der ihn auf Schloß Steinegg besuchte, folgendermaßen: „Wenn ich eine Novelle schreiben will, besteht die erste Arbeit darin, den Stoff, der behandelt werden soll und der sich in allzugroßer Fülle aufdrängt, ziemlich genau abzugrenzen. Den so eingeengten Stoff möchte ich am liebsten mit einem Ackerfeld vergleichen. Dieses muß gepflügt werden, und das ist sodann die Hauptarbeit, das Erdreich dergestalt zu durchwühlen und zu pflügen, daß die Bedingungen einer möglichst hohen Ertragsfähigkeit erfüllt sind und daß kein allfällig vergrabener Schatz, auch nicht das kleinste Kleinod entgeht. Bei dieser Art von Tätigkeit kommen mir die historischen Personen mit der Art ihres Denkens, mit den Anschauungen ihrer Zeit, mit ihrem Fühlen, ihren Schwächen, ihren Leidenschaften menschlich näher. Die kleinen Züge, die wir oft zufällig finden, haben manchmal den größten Wert; sie machen uns vielfach darauf aufmerksam, daß gewisse Handlungen geschichtlicher Personen, die uns zu ihrem sonstigen Charakter nicht zu passen scheinen, aus anderen Motiven als den durch die Zeitgeschichte ihnen zugeschriebenen hätten herfließen können, und die bloße Möglichkeit genügt dem Dichter — denn dazu hat er ein Recht — beispielsweise seinem Helden solche andere, aus seiner ganzen geistigen Individualität begreifliche Beweggründe unterzuschieben und ihn dadurch zu individualisieren. Allmählich gewinnen die Gestalten meiner Forschung vor meinem geistigen Auge schärfere Formen, endlich leuchtende Farben und warmes pulsierendes Leben. Ich

habe das Gefühl, so und nicht anders konnten sie handeln; und
alsdann scheint mir die eigentliche Komposition der Novelle
nicht schwierig."

An Felix Bovet schrieb er am 14. Januar 1888: „... Je
me sers de la forme de la nouvelle historique, purement et
simplement pour y loger mes expériences et mes sentiments
personnels, la préférant au Zeitroman parcequ'elle me masque
mieux, et qu'elle distance davantage le lecteur. Ainsi, sous
une forme très objective et éminemment artistique, je suis —
au dedans — tout individuel et subjectif. Dans tous les per-
sonnages du Pescara, même dans ce vilain Morone, il y a du
C. F. Meyer."

Und an Louise v. François: „Am liebsten vertiefe ich mich
in vergangene Zeiten, deren Irrtümer (und damit den dem
Menschen inhärierenden allgemeinen Irrtum) ich leise ironisiere
und die mir erlauben, das Ewig-Menschliche künstlerischer zu
behandeln, als die brutale Aktualität zeitgenössischer Stoffe mir
nicht gestatten würde."

Der geschichtlichen Tatsache vergönnte er übrigens, wenn es
ihm nicht paßte, nicht das geringste Recht an das poetische Belieben, machte auch bei weitem nicht die genauen Studien und
Sammlungen, wie so mancher seiner Leser und Kritiker voraussetzte, der die lebensvolle Plastik des Dichters als eine Frucht
historischer Nachforschungen betrachtete. Für die Hohenstaufen
z. B. blieb er bei seinem Raumer, ohne sich um irgend eine neuere
Publikation viel zu kümmern. Selbst für Vorgänge aus der
Schweizergeschichte beriet er selten die neuesten Ergebnisse. Zu
der „Richterin" las er nichts anderes als eine Arbeit über Karl
den Großen. Es hat im großen und ganzen seine Richtigkeit
mit der Behauptung in der autobiographischen Skizze: „Ich
habe damals unendlich viel gelesen, mich leidenschaftlich, aber
ohne Ziel und Methode in historische Studien vertieft, manche
Chronik durchstöbert und mich mit dem Geiste der verschiedenen
Jahrhunderte aus den Quellen bekannt gemacht. Auch davon
ist mir etwas geblieben: der historische Boden und die mäßig
angewendete Lokalfarbe, die ich später allen meinen Dichtungen
habe geben können, ohne ein Buch nachzuschlagen." Carl Spit-

telers Frage nach seinen Studien beantwortete er dahin, er habe
niemals Stoffe gesucht noch sogenannte „Vorstudien" gemacht.
Er lächelte, wenn ihm Historiker unter der Voraussetzung, was
wunders für ein Interesse er daran nehmen würde, ihre Bücher
zusandten. War er mit einer Sache in den Hauptlinien fertig,
so konsultierte er Rahn oder einen anderen Zürcher Gelehrten,
namentlich die Brüder von Wyß, um sicher zu gehen und wenigstens nicht allzusehr gegen das kulturhistorisch Mögliche und
Feststehende zu verstoßen. Natürlich verschaffte er sich den Rat
gleich von Anfang, sobald ihm der für die erdachte Handlung
gewählte Schauplatz aus eigener Anschauung nicht bekannt war:
so erbat er sich z. B. von Rahn die Zeichnung eines jener nord-
italischen Schlösser des sechzehnten Jahrhunderts nebst ihren
Anlagen, wie Pratello in der „Angela Borgia" eines ist.

Die Hervorbringung ausschließlich historischer Novellen erweckte und erweckt allgemein den Eindruck, daß er der Geschichte und geschichtlichen Studien außerordentlich viel verdanke.
In Wahrheit jedoch war er ein hervorragender Erfinder,
der seinen Fabeln nur deswegen das Gewand vergangener
Jahrhunderte überwarf, weil seine große stilisierte Kunst die
Gegenwart nicht verträgt. Wiederholt hob er hervor, Phantasie tue in jeder Art von Poesie das Beste, und nach dem
Maß der Phantasie wertete er einen Dichter zuallererst. Des
herrlichen Jenatschstoffes zeigte er sich durch große Erfindung würdig. Die Liebe des Helden zu Lukrezia Planta ist
durchaus ersonnen, wie auch, neben vielen anderen, jene
Szene — kein historischer Roman der deutschen Literatur besitzt
etwas Ebenbürtiges — wo Jenatsch mit der Leiche seiner Frau
aus dem Berbenner Pfarrhause emporsteigt. Meyer hat mit
Recht betont, an diesem Werke sei alles Fasson. Vom Heiligen,
noch mehr von der Hochzeit des Mönchs, läßt sich dasselbe
sagen. Es wirft auch ein bezeichnendes Licht auf die vermeint-
liche Fruchtbarkeit seiner historischen Lektüre, daß die ein-
dringende, jahrzehntelange Vertiefung in die französische
Literatur, namentlich in die der Memoiren, ihm nichts ein-
brachte als die kahle Notiz bei Saint-Simon, aus der unter
Tausenden nur ihm etwas zu machen verliehen war, weil er sie

ergreifend zu beleben und mit glänzendem Rahmen zu um-
spannen wußte.

Seine reiche und ursprüngliche Erfindungskraft dokumentieren
vor allem die Gedichte. Es gibt sehr wenig lyrische Sammlungen,
die eine solche Menge ganz neuer und eigener Motive enthalten.

Der psychologische Grundgedanke, die Fabel, waren ihm
stets das Wichtigste und Maßgebendste. Nach ihren Bedürfnissen
richtete er sich, indem er, sofern der Stoff es gestattete, den
Boden wählte und wechselte. Die „Hochzeit des Mönchs" sollte
zuerst in der Papstburg, dann unter Friedrich Barbarossa in
Nürnberg spielen; die Handlung der „Richterin" verlegte er ursprünglich auf eines der Schlösser von Bellenz, dann nach
Korsika, hierauf nach Sizilien, bis er sich am Ende für die Gegend
der Via mala entschied. Und jedesmal war — wenigstens in
der „Richterin" — mit dem Ortswechsel auch einer der Jahrhunderte verbunden.

Über die Genauigkeit, womit er sich vom Kleinsten Rechenschaft gab, gelangte man völlig ins klare, wenn man dadurch,
daß man eines seiner Werke an irgend einem Punkte antastete,
seine Abwehr hervorrief. Da konnte man gewahren, daß er
sich so ziemlich alles und jedes, was man vorbrachte, vorher
selbst zurecht gerückt hatte, und noch etliches obendrein. Alles
klar durchdenken! lautete sein erster Grundsatz. Darum liebte
er es, seine Sachen, auch bevor sie fertig waren, zu erzählen
und vorzulesen, weil durchschnittlich doch vier Augen mehr
sehen als zwei und weil Mitteilung und Besprechung die eigene
Klarheit fördert.

Seit ihm die Schwester fehlte, lastete zuweilen die künstlerische Vereinsamung auf ihm. „Vae soli", schrieb er mir einmal, als er mir ein frisch entstandenes Gedicht zur Meinungsäußerung zusandte. Räten und Vorschlägen erwies er sich zu-
gänglich, bewahrte aber seine Selbständigkeit und überholte kraft
der ihm angeborenen Sicherheit am Ende alles, was man ihm
zu sagen wußte.

Obgleich ihm aus der poetischen Arbeit eine ununterbrochene
Folge von Mühen und Beschwerden erwuchs, so war sie doch
sein höchstes Glück, ja, im Grunde neben der Freude an An-

erkennung und Ruhm seine einzige Leidenschaft. „Meine gegen=
wärtige Arbeit", schrieb er mir im Februar 1882, „beschäftigt
mich gründlich und gibt mir zu denken, so daß mir ganz erträg=
lich zu Mute ist. Hier, in labore, ist ein Jungquell, der, nicht
zu viel noch zu wenig gebraucht, Wunder wirkt." Als wir nach
Jahren einen von seiner Gesundheit unlängst überstandenen
Ansturm besprachen, tat er die Äußerung: „Sie sehen, wie gut
ich es hier habe. Es würde mich äußerst hart ankommen, von
Frau und Kind weg zu müssen, noch härter aber, Sie glauben
es mir, von der Arbeit."

Das fortwährende Umbilden und Umformen besaß für ihn,
obwohl es eine mühsame Sache war, wohl darum einen ge=
heimnisvollen Reiz, weil er, der selbst die merkwürdigsten Meta=
morphosen durchgemacht, darin ein Abbild seiner eigenen
inneren Wandlungen erblickte, von denen er Neues und immer
Größeres und seinem Genius immer Entsprechenderes erhoffte:
„Das Getane ist für mich verblaßt, es ist nicht mehr ich. Nur
das Werdende bin ich selber," schrieb er einst an Wille. Ab=
gesehen davon, daß er bei seiner ganzen Anlage und einseitig
künstlerischen Begabung kaum daran denken durfte, im ge=
lehrten oder öffentlichen Leben irgend eine auch nur einiger=
maßen ansehnliche Stellung auszufüllen, die Kunst war ihm
überdies die hohe, die reine Göttin, deren Dienst ihn beseligte:
„Die Kunst hebt uns wie nichts anderes über die Trivialitäten
dieses Daseins hinweg," hörte ich ihn mehrfach bekennen. „Ehe
sich Macchiavell zum Schreiben niedersetzte, zog er sein Feier=
kleid an. Ein verwandtes Gefühl überkommt mich, wenn ich
mich an die Arbeit begebe. Mir ist, ich betrete die Schwelle
eines Tempels." Das sind seine eigenen Worte. Er durfte
wahrlich von sich behaupten, er hüte die Flamme im Busen

... mit heil'ger Scheue,
Daß sie brenne rein und ungekränkt.

Es entspricht diesem Ernst, daß sich in seinen Schöpfungen
nirgends etwas Tändelndes zeigt. Es war auch bezeichnend,
daß er selbst bei heiterster Laune, in der angeregtesten Stunde
niemals auch nur eine Zeile improvisierte oder aus dem Steg=
reif zum besten gab. —

Genau und behutsam wie gegenüber den eigenen verfuhr er in der Beurteilung fremder Sachen. Er besah sie gründlich, sofern sie ihm überhaupt erst die Mühe einer eigentlichen Betrachtung zu lohnen schienen. Fast drei Jahrzehnte lang, bis gegen sein fünfzigstes Jahr, hatte er sich einer beinahe unbeschränkten Lektüre ergeben; zur Zeit seiner Meisterschaft dagegen las er verhältnismäßig wenig und meistens, wie er sagte, nur Gutes, dieses wenige Gute dafür sorgfältig, und gönnte sich das Vergnügen, sich an gewissen Lieblingen immer wieder zu ergötzen, so beispielsweise an Benvenuto Cellini, den er wohl ein halbes hundert Mal gelesen hat.

Brachte ich, seinem Wunsche entsprechend, gelegentlich ein Stück aus dem Vorrate meiner ungedruckten Gedichte mit, so verlangte er es erst zu hören und begann hierauf, nachdem er das Blatt an sich gezogen, Zeile um Zeile zu mustern. Ich entsinne mich, wie er — es war wohl im Frühling 1884 — beinahe an jeden Satz eines meiner Gedichte seine Ausführungen knüpfte und seine künstlerischen Grundsätze entwickelte, um schließlich das Ganze mit einer so frappanten und feinen Präzisierung des Motivs zu krönen, daß mich die Gewißheit überkam, hier in einer Viertelstunde tiefere Einblicke in lyrische Probleme getan zu haben als vorher während Jahren zu den Füßen von namhaften Literarhistorikern.

Sein Verkehr bestätigte mir immer deutlicher den Unterschied zwischen dem gewinnbringenden Urteil eines schöpferischen Geistes und dem so oft unfruchtbaren eines bloßen Kritikers oder Fachgelehrten. Seine Aussagen waren stets konzis, klar, sachlich, vom feinsten und untrüglichsten Kunstgefühl eingegeben, nur zu meinem stillen Leidwesen etwas kurz, da er alles, was nach Definition und Auseinandersetzung roch, unter die ihm mißliebige Rubrik Abhandlung steckte und darum auch nichts davon wissen wollte.

Über die Literarhistoriker hatte er seine ganz bestimmten Ansichten, die er allerdings in Erwägung unseres einigermaßen alexandrinischen Zeitalters klüglich bei sich behielt und selten oder nie zu Markte trug. „Poesie und Literarhistoriker,“ sagte er zu mir, „haben absolut nichts miteinander zu thun.“ Als

ihn die deutschen und schweizerischen Philologen und Schul=
männer zu ihrer in Zürich stattfindenden Jahresversammlung
einluden, erfreute ihn zwar die Aufmerksamkeit; aber er lehnte
verbindlich dankend ab und äußerte sich nachher mir gegenüber:
„Es war recht freundlich von den Herren, mich aufzufordern.
Aber was hat ein Poet unter den Gelehrten zu suchen?"

Seiner Gepflogenheit gemäß befragte er mich eines Tages
nach meinen schriftstellerischen Plänen. Ich teilte ihm unter
anderem den Gedanken an eine literarhistorische Untersuchung
über Heinrich von Kleist mit. Darauf sagte er: „Hören Sie —
aber nicht wahr, Sie nehmen es mir nicht übel? — wissen Sie
wirklich nichts Besseres zu tun? Überdenken Sie doch lieber
in Ihrer freien Zeit ein Gedichtmotiv!" Auch hätte er mich
damals statt im Amt eines Gymnasiallehrers gern im öffent=
lichen Leben oder noch lieber im Soldatenrock gesehen, weil er
argwöhnte, meine gelehrten Velleitäten möchten den dichteri=
schen Arbeiten zum Bösen ausschlagen.

Textkritische Untersuchungen und Ausgaben würdigte er
keines Blickes, literargeschichtliche Studien und dergleichen be=
trachtete er im allgemeinen sehr von der Seite, während er
Briefe und Memoiren liebte und Biographien suchte; freilich
widerte ihn der Mangel an Form und Geist, der sie häufig
verunstaltet, gründlich an. Zudem behauptete er, der Literar=
historiker knuspere gewöhnlich nur an der Rinde herum, ohne
zum Kern der Persönlichkeit durchzudringen. Sollte er zu=
frieden sein, so forderte er viel aufs Mal und zumeist Dinge,
die sich in keinem Seminar anzüchten, durch Beflissenheit nicht
erraffen lassen: Komposition und Stil des Künstlers, sichere
Ästhetik, Blick und gerechten Sinn des Menschenkenners, Herzens=
takt und Pietät, das Wissen natürlich obendrein. Schienen ihm
die erwünschten Qualitäten ganz oder teilweise vorhanden,
dann war er, sofern er dem Stoffe Gefallen abgewonnen, ein
dankbarer und genauer Leser.

Wie meinen poetischen, so brachte er auch meinen abhandeln=
den Arbeiten warmes Interesse entgegen. Ich bekenne gerne,
daß er, nachdem er seine Erinnerungen an Gottfried Keller
geschrieben, mich im Vorhaben der meinigen ermunterte und

daß er sich Jahre vorher dafür verwandt hatte, mir das Familien-
archiv für mein Lebensbild des ihm sympathischen Dichters
Johann Gaudenz von Salis-Seewis zu erschließen, wie er
denn das Buch auch öffentlich rezensierte.

Beschäftigte oder reizte ihn eine poetische Neuheit oder ein
Werk, das er sonst noch nicht kannte, so ließ er nicht locker, ehe
er ihr Wesen und ihre Merkmale bestimmt hatte; denn er fühlte
durchaus das Bedürfnis, sich den Grund dieser Wirkung ganz
genau zu vergegenwärtigen. Als wir eines Tages in seinem
großen Garten spazierten und ich ihm auf sein Verlangen den
Plan einer projektierten poetischen Arbeit ganz ausführlich mitteilte, blieb er stehen, sobald ich geendigt, stieß den Stock auf
den Boden und rührte sich nicht mehr von der Stelle, bevor
er das Motiv in einem einzigen Satze klar und bündig formuliert hatte. Über eine dramatische Kleinigkeit, die ich mit einer
Anzahl anderer publizierte und die ihm schon im Manuskript
einen starken und nachhaltigen Eindruck hervorgerufen, äußerte
er sich brieflich und mündlich zu wiederholtenmalen, bis er
endlich das im innersten Kern Charakteristische festgelegt zu
haben glaubte.

Absicht, Gegenstand und Form seiner eigenen Schöpfungen
verstand er unvergleichlich zu präzisieren. Die (2. Mai 1880)
an Hermann Lingg gerichteten Erläuterungen zum Heiligen sind
ein Meisterstück psychologischer und technischer Analyse, dem ich
kaum etwas an die Seite zu stellen wüßte. Aber er rang sich
solche Aufschlüsse nicht leicht ab, obgleich er sie, als die Frucht
eindringender Gedankenarbeit, aus dem Handgelenk niederschrieb: er enthüllte den kunstvollen Mechanismus des Heiligen,
um Lingg für eine allfällige Rezension zu orientieren und tun-
lichst vor Entgleisungen zu bewahren, und deckte dem Freunde
Friedrich von Wyß, der sich aus religiösen Bedenken nicht in
das kleine Werk zu finden vermochte, das feine Spiel des
„Plautus im Nonnenkloster" auf.

Selbst in Lagen, wo andere sich dem Gefühl überlassen,
beherrschte ihn dieser sozusagen analytische Drang, so daß er
über der Bahre Gottfried Kellers, dessen Tod ihm naheging,
zur Feder griff, nicht um seinem Schmerze Worte zu leihen,

sondern um die Bedeutung des Mannes zu umschreiben: „Im Begriff, in meine Sommerfrische zu verreisen, erhalte ich die Nachricht von dem Tode Kellers. Gestatten Sie, daß ich mein Beileid der Redaktion der Neuen Zürcher Zeitung bezeuge, in welcher der Verewigte treue Freunde und Verehrer besitzt. Es ist Keller zu gönnen, daß ihn ein sanfter Tod hinwegnahm, jetzt, da sein Wirken geschlossen war; uns aber wird er ganz nahe und gegenwärtig bleiben, da sich ja sein ganzes Wesen in jeder Zeile seiner Schriften ausdrückt. Das Außerordentliche Kellers liegt wohl darin, daß er die spezifische Vaterlandsliebe des Schweizers und seine gottlob noch immer aufrechten ethischen Eigenschaften der Geradheit und Pflichttreue mit einer ungewöhnlich starken Phantasie und ihren Launen und Verwegenheiten vereinigt, eine seltene Mischung, die sich nicht so bald wiederholen wird. Doch ist es natürlich, in dieser Stunde der Landestrauer voraus seine tiefe Anhänglichkeit an die Heimat zu preisen, mit der er ganz und gar verwachsen war. Er hat die Heimat sehr geliebt, die es ihm mit gleicher Liebe vergilt.“

Alles zusammengerechnet, Meyers Ruhe und Sachlichkeit, seine Einsicht, den eminenten Kunstsinn, die sichere Anwendung ästhetischer Grundsätze, die Einblicke in die Technik, eine ausgebreitete Kenntnis der schönen Literatur alter und neuer Zeit, so mußte man wohl hinter dem Dichter einen vorzüglichen Kritiker erwarten. Darin täuschte man sich. Im Gespräch freilich behaupteten sich diese Vorzüge, aber sie verblaßten und verflüchtigten sich teilweise, sobald er an einen Dritten schrieb oder vor der Öffentlichkeit redete. Das ist eine Tatsache, die er selbst gesprächsweise oder schriftlich in die Klage zusammenfaßte, er sei nicht zum Rezensenten geboren.

Die anscheinend überraschende Erscheinung läßt sich bei ihm auf ganz bestimmte Gründe zurückführen. Gleich den meisten in den Vollbesitz ihrer Kraft gelangten Dichtern von Bedeutung widerstrebte es ihm, sein Urteil als ein im einzelnen motiviertes und in der Ausdehnung den Rahmen einer Meinungsäußerung überschreitendes abzugeben, weil er das nicht als seines Amtes erachtete, im Grunde auch zu sehr von sich und seinen Werken erfüllt war, um sich in andere zu versenken, wenn sie nicht irgendwie sein starkes Interesse erregten. Er hat höchstens ein Dutzend Rezensionen geschrieben, wovon kaum die Hälfte über dichterische Werke. Ferner hemmte ihn, daß er, der so lange nicht zum Wort gekommen war, zur Zeit seiner Meisterschaft bewußt oder unbewußt immer wieder mit seiner Person in den Vordergrund geriet, in den er doch, wenn er rezensierte, einen anderen stellen sollte und wollte. Die Hauptsache aber ist: es fehlte ihm an der momentanen, impulsiven Wärme, die selbst eine durch das Übermaß von Lob oder Tadel verunstaltete Kritik noch anziehend machen kann. Sobald er die Feder eintauchte, erkältete sich sein Gefühl und Wort vollends. Es geschah, daß er nach Tagen, Wochen auf ein schriftliches Urteil im Gespräch zurückgriff und das Bekenntnis ablegte: „Ich wollte eigentlich viel mehr loben, viel wärmer sein!" Und einmal fügte er wehmütig hinzu: „Die Fülle der großen, ewigen Dinge um uns herum ist ja derart, daß alles, was wir tun und unternehmen, daneben verschwindet."

Es lag nahe, daß ihm in solchen Stimmungen das Tun und Treiben der meisten Zunftgenossen oft gründlich entleidete. „Ich gestehe Ihnen, liebster Freund," schrieb er einst an Wille, „daß ich zeitweilig starke ethische Anwandlungen habe und mich das ‚Literatentum' bis ziemlich hoch hinauf anekelt. Bleibt die große Kunst, aber die ist schwer." (19. April 1889.)

Leidenschaftslosigkeit war ein Grundzug seines Wesens. Ich sah ihn niemals zornig und vermochte mir ihn auch nur schwer so zu denken. Daß er mit der Waffe oder mit geballten Fäusten einem Widersacher hätte gegenübertreten können, mit flammenden Augen und eifernden Worten, eine solche Vorstellung ist mir unmöglich, und sicher geschah es auch niemals, so wenig als er sich vielleicht zu einem leidenschaftlichen Schritt hinreißen ließ. Alles, was fein, zart und tief ist, lebte in seiner Seele; aber die Kraft lebte nicht darin.

Brach die Leidenschaft in seiner unmittelbaren Nähe aus, so versteinerte sie ihn leicht oder berührte ihn im ersten Augenblick als etwas Fremdes, Unfaßliches, zuweilen als etwas geheimnisvoll Anziehendes. Wußte er, daß ihn die Flamme selbst nicht versehrte, so ergötzte es ihn wohl, sie hart vor sich aufschießen zu sehen: er brachte mich des öfteren zum Aufbrennen, indem er anscheinend überzeugt irgend einen zweifelhaften Gesellen lobte oder verteidigte, von dem er mit Sicherheit voraussetzte oder wußte, daß er mir und anderen gründlich zuwider war. Dann weidete er sich an meinem roten Kopfe und an meinen gesalzenen Worten.

Er liebte eben, wie es bei kühlen, leidenschaftslosen Menschenkennern von Geist wohl geschieht, gelegentlich Paradoxen vorzubringen und zuweilen mit den Menschen ein wenig zu spielen, freilich in harmloser und freundlicher Weise. Diese Lust am Spiel haftet nicht umsonst an mehr als einer seiner Figuren: Thomas Becket spielt mit seinem König, Gustav Adolf mit Guste Leubelfing, Pescara mit Morone, in gewissem Sinn auch der Kardinal Ippolito mit Lucrezia Borgia, deren Briefschaften er auffängt und mit stillem Behagen durchkreuzt.

In jungen Jahren freilich fuhr er oft rasch auf. Aber er ertrug diese Wallungen weder an sich noch an anderen und schlug dann ins Wehmütige um. Sein Zorn war wesentlich ein Phantasiezorn: er wurde zwar bleich, behielt aber in solchen Augenblicken eine merkwürdige Objektivität.

Er war fast ohne Temperament, aber, was man so oft verwechselt, keineswegs ohne Gefühl. Die dem Romanen häufig eigentümliche Gefühlskälte, die daraus entspringende Grausamkeit, der Mangel an Gewissen zogen ihn als ein seiner Natur fremdes Problem ebensosehr an, als sie ihn im Grunde abstießen; es gehörte zu seinen Lieblingsgedanken, dieses kalte, berechnende, welsche Wesen dem warmen, treuherzigen, germanischen gegenüberzustellen, wie der Kenner seiner Werke genugsam weiß.

Die edle Frucht seiner Leidenschaftslosigkeit und zugleich seines durchdringenden Geistes war seltene Gerechtigkeit, die Freunden und Feinden das Ihrige zu erteilen strebte und die, wenn sie auch zuweilen mein rascheres Geblüt und mein um drei Jahrzehnte jüngeres Alter etwas kühl und fast blutleer anmutete, mich erwägen ließ, daß ich ihn selten über einen Gegner schelten, kaum je über einen solchen reden hörte, woraus ich zu schließen geneigt bin, er habe sich vielleicht niemals an einem Feinde gerächt.

Er besaß einen unbestrittenen Zug ethischer Größe, der nicht immer leicht zu erkennen war, weil er sich eher darin offenbarte, was er unterließ, als in dem, was er tat. Auf dem Grunde seiner Eigenschaften, seiner ganzen Natur und Anlage ruhte ein hoher sittlicher Ernst. Es ist bezeichnend, daß ihm, der doch so durch und durch Künstler war, das Komische im Grunde widerstrebte: als Wille den „Schuß von der Kanzel" rühmte, lehnte der Dichter das Lob ab: „Ohne die Nötigung des gegebenen Wortes wäre die Posse ungeschrieben geblieben. Mir individuell hinterläßt das Komische immer einen bitteren Geschmack, während mich das Tragische erhebt und beseligt." (4. Dezember 1879.) Und früher hatte er von dieser Humoreske gesagt, er schreibe tolles Zeug, das ihm eigentlich gar nicht zu Gesichte stehe. (9. August 1877.)

Dieser hohe Ernst machte ihn auch zum überzeugten Protestanten, zum dezidierten Feind des Katholizismus, da er den ungeheuren Widerspruch, wie er bei der katholischen Hierarchie zwischen Tat und Lehre so oft zu Tage trete und wie er ihm durch ausgedehnte Geschichtsstudien immer näher gerückt werde, nicht zu verwinden im stande war. Wie der Vater mit Herzensanteil die Lose der um ihres Glaubens willen aus der Heimat vertriebenen Locarner schilderte, so zeichnete der Sohn nicht minder liebevoll den Hutten, den Admiral Coligny, den Herzog Rohan, Gustav Adolf und machte in mehreren Dichtungen gegen die Auswüchse des katholischen Regiments und namentlich gegen die Jesuiten Front.

Sehr wahrscheinlich wäre unter seinen Reformations- und Glaubenshelden der Komtur Schmid, neben welchem er auch Zwingli darstellen wollte, die schönste Gestalt geworden. Er freute sich auf den Stoff, weil seine Menschen nobler seien als im Jenatsch. Darum auch entschloß er sich, nachdem er Angela Borgia vollendet, anstatt des zuerst ins Auge gefaßten Friedrich II. den Toggenburger Dynasten zu wählen, da er mehr ethisches Gewicht besitze. Über der Arbeit am Pescara sagte er mir: „Ich fühle immer mehr, was für eine ungeheure Macht das Ethische ist; es soll in meinem neuen Buche mit Posaunen und Tubenstößen verkündet werden, nicht

wie im Heiligen, wo ich bereue, die Sache ins Hellbunkel ge=
rückt zu haben."

Drei seiner Werke behandeln das Gewissen. Gertrudes
Worthalten ist der ethische Kern des „Plautus im Nonnen=
kloster", wo die Worte stehen: „Was ist das Gewissen? Ist es
ein allgemeines? Keineswegs." Die Richterin wird durch ihr
arbeitendes Gewissen zu Grunde gerichtet; „Angela Borgia"
bezeichnet der Dichter selbst als l'histoire de la conscience. „Der
Gewissensfall" oder „Die Gewissensehe" sollte die moderne
Novelle heißen, die er nicht vollendete.

Seine Gerechtigkeit war übrigens zugleich die „höchste Ge=
rechtigkeit einer vollkommenen Menschenkenntnis", wie er sie
Pescara beilegt; und was er seinem väterlichen Freunde
Bulliemin nachrühmte, dieser habe seine Menschenkenntnis un=
schuldig erworben, das galt von ihm selber. Sie war, darf man
hinzufügen, eine ungewöhnliche, nicht nur insoweit sie sich in
den poetischen Schöpfungen zeigt, sondern auch im Leben.
Leidenschaftslos, klug, die Menschen aus innerstem Bedürfnis er=
forschend, hatte er schon tiefe und vielseitige Blicke in das mensch=
liche Herz getan, als es hinter dem anscheinend weltfremden
Einsiedler kaum noch jemand vermutete, lange bevor er sich
in seinen Werken darüber auswies. Ohne überall gleich etwas
Ungutes zu argwöhnen oder zu wittern und dadurch sich und
anderen das Leben zu vergällen, trug er doch, wenigstens in
späteren Jahren, jedem, bis er ihn genauer kannte, wozu er in
der Regel wenig Gelegenheit vonnöten hatte, ein leises, wenn
auch verdecktes Mißtrauen entgegen, was man erst merkte,
wenn er sich in gemütlicher Stunde über Dritte vertraulich
oder wenigstens andeutend ausließ.

Mißtrauen oder auch nur Behutsamkeit im Verkehr fühlen
zu lassen, verboten ihm die Höflichkeit und wohl ebensosehr das
angeborene Wohlwollen, nicht zu reden davon, daß sie ihm
jede Schroffheit untersagten. Es fiel ihm nicht leicht, eine Bitte
abzuschlagen, die er mit gutem Gewissen gewähren konnte.
Vielmehr entsprach es seiner Güte, Freundliches zu sagen und
zu erweisen, wie es namentlich in der privaten Beurteilung
poetischer Produktionen zu Tage trat, womit er häufig genug

behelligt wurde. Er suchte und verstand es, eine bittere Pille liebenswürdig zu verzuckern, ein herbes Tränklein artig einzuschenken; und man mochte mitunter lächeln, wenn man die erfreuten Autoren seine Auslassungen weiterreichen oder gar an die Öffentlichkeit befördern sah. Denn oft umgingen entweder seine freundlichen Wendungen ein Urteil, oder er wählte die denkbar mildeste Form, ohne Redensarten zu machen und ohne der Wahrheit zu nahe zu treten. Konnte er indessen über namhafte lebende Schriftsteller ein Urteil, das vermutlich publiziert oder herumgeboten wurde, nicht vermeiden, dann ließ er es beim Lobe bewenden und behielt seine Wenn und Aber für sich.

Bezeichnend und sympathisch sind die Worte, mit denen er einer Dame ihr Manuskript zurückschickte: „Ich rate Ihnen, wie ich mir selbst in ähnlicher Lage unbarmherzig raten würde und vielleicht in jüngeren Tagen selbst in Tat und Wahrheit geraten habe, sich Ihres kräftigen Verstandes und Ihrer Kenntnisse zu bedienen, um irgendwie (selbst mit der bescheidensten Arbeit, das hat gar nichts Demütigendes) über die Gegenwart hinwegzukommen. Für einen klugen Kopf, ein festes Herz und ein geschmeidiges Betragen — selbst bei mangelnder Gesundheit — gibt es unendliche Resourcen."

Es lag ihm ferne, talentlose Anfänger und Dilettanten aus übel angebrachter Liebenswürdigkeit aufzumuntern, wie er sich auch dagegen sträubte, für solche Leute Schritte zu tun, um sie in Blätter zu bringen oder mit Verlegern zu versorgen. „Ach," seufzte er einst, „wenn die guten Menschen nur nicht immer dächten, man könnte sie über die Mauer in das Paradies der Poesie und des Erfolges herüber lüpfen. Ist etwas an seinen Sachen, so kommt ja früher oder später jeder ganz von selbst hinein."

Hier entschied außer dem Respekt vor der Kunst und der Künstlerabneigung gegen den Dilettantismus sein Glaube an die, trotz der vielen ungesühnten Vergehen und Gesetzwidrigkeiten, allen Dingen immanente Gerechtigkeit, die schließlich jedem das Seine werden lasse. „Seinem gerechten Endurteil entgeht keiner," tröstete und mahnte er Hermann Lingg. Er war erfüllt von ausgesprochenem Widerwillen gegen alles Klagen und Grollen über mangelnde Erfolge und schwere Schicksale. Er selbst hat, sogar in seinen langen Jahren der Hemmung und des Unbeachtetseins, eigentlich niemals geklagt. —

Wer mit dem Dichter auch nur ein einziges Mal, doch immerhin während Stunden verkehrte, dem fiel vielleicht eine unmerkliche Änderung seiner Stimmung und seines Benehmens auf, ohne daß er wußte, wie es geschah, gleich wie sich über einem rüstigen Wanderer oder emsigen Arbeiter unvermutet und unversehens der strahlende Himmel bewölkt oder der bewölkte sich unvermerkt entschleiert. Wiederholte sich die persönliche Berührung, so bedünkte den Besucher des bestimmtesten, der Stand der seelischen Atmosphäre und Gestirne habe beim Dichter gegenüber dem früheren einen wirklichen Wechsel erlitten, und einigermaßen verspürte er das jedesmal, bis er sich, wenn auch nicht ohne Befremdung und vielleicht Unbehagen, daran gewöhnte und sich kurz und gut damit abfand.

Diese Erfahrung veranlaßte mehr als einen, Conrad Ferdinand Meyer der Launenhaftigkeit zu zeihen. Der Vorwurf hätte vor der Erwägung verstummen sollen, daß seine Feinheit, Höflichkeit und gute Erziehung, die sein ganzes Wesen und Gehaben durchdrang und färbte, ihm ein solch übermäßiges Nachgeben gegen sich selbst verwehrte. Vielmehr forderte hier gebieterisch eine Macht ihre Rechte, die sein Leben und Schicksal entscheidend bestimmte. Dies ist die angeborene Schwäche oder, wenn man will, seine reizbaren, widerstandslosen Nerven, eine Schwäche, die er, nachdem er Gegenstand der Neugier, vielfachen Interesses und warmer Bewunderung geworden, mit allen möglichen Mitteln zu überwinden oder doch zu verdecken suchte, beides ohne völligen Erfolg, so sehr er hier als Lebenskünstler verfuhr; er unterlag momentanen Ermüdungen.

Vom Vater, dem leidenschaftslosen, vor jedem Sturm, vor jeder Unruhe scheu zurückweichenden, durch die Arbeit vorzeitig erschöpften Manne, von der überzarten Mutter, die schon in ganz jungen Jahren der frühverstorbene Bruder in die Gruft nachzuziehen drohte, die stetig mit erschöpften Nerven zu kämpfen hatte und ihnen schließlich zum Opfer fiel, von diesen Eltern erbte der Sohn die empfindliche Seele neben Vorzügen des

Geistes und des Herzens; aber das nötige Gegengewicht erbte
er nicht: die Kraft. Vermutlich mehr, als die Umgebung ahnte,
schon in Knabenjahren von plötzlich hereinbrechenden Verstim-
mungen und Ängsten heimgesucht, erlag er diesen im sieben-
undzwanzigsten Jahre und fühlte, als er sich wieder erhoben,
langehin eine gewisse Gebrochenheit, gegen die er, nachdem er
für einige Zeit von der religiösen Erziehung und Gesinnung sich
etwas entfernt, Stütze und Stab im Glauben der Väter suchte
und gewann. Er war und blieb ein gläubiger Christ, der all-
morgendlich den Seinigen ein Kapitel aus der Bibel vorlas.

Im Januar 1888 schrieb er an Felix Bovet: … „Malgré
tous mes efforts d'échapper au Christianisme, au moins à ses
dernières conséquences, je m'y sens ramené par un plus fort
que moi, chaque année d'avantage et même quelque fois avec
une extrême violence, et au mépris de toute science critique
et philosophique.“

Übrigens lag die Quelle dieser Gefühle bei ihm tief und
drang nicht leicht ans Licht; darum fiel es ihm z. B. schwer zu
trösten, wenn er einem wahren heftigen Schmerz gegenüber-
stand, weil er an die Kraft der üblichen Formen nicht glaubte.
Und in seinen Werken tritt sie nur an ganz wenigen Stellen
hervor, z. B. in dem wunderbaren „In Harmesnächten“.

Die Kinder schwächlicher oder doch neurasthenischer Eltern,
wie der Regierungsrat Ferdinand Meyer und Frau Betsy waren,
zumal die Kinder aus alten Familien, leiden häufig unter einer
Belastung von verhängnisvollem Gepräge: endlose, quälerische
Selbstbetrachtung, tausendfältige Reflexion, Mangel an Energie
und Lebenskraft, Unentschiedenheit, Scheu vor dem Leben und
der Tat, oft Unfähigkeit zur Arbeit.

So war Meyers Anlage im Grunde, und daraus erklärt
sich seine ungewöhnlich späte, in ihrer Art fast einzige Entwicklung. Er selber schilderte die Empfindung jener Zeit der Hemmung und des Gebundenseins:

> Ich war von einem schweren Bann gebunden.
> Ich lebte nicht. Ich lag im Traum erstarrt.

Er behauptete in seinen autobiographischen Skizzen, der deutsch-
französische Krieg habe, indem er das unmerklich gereifte

Stammesgefühl des Dichters weckte, endlich die Fesseln seiner Seele gelöst. Die große Weltbegebenheit mag unbestritten mitgewirkt haben, aber die eigentliche Ursache der Erlösung kann lediglich auf einer physischen Veränderung beruhen, auf einer physischen Erstarkung. Meyer war eine viel zu wenig impulsive Natur, um durch jene Ereignisse, die ihn ja nicht unmittelbar berührten, so tief und nachhaltig ergriffen zu werden. Gesprächsweise betonte er mehrfach, das auffallende, von der Kritik mit den Jahren immer häufiger erörterte Wachstum seines poetischen Vermögens sei lediglich die Folge der gesteigerten Körperkraft und Gesundheit gewesen. In der Tat fiel der, wie er meinte, für ihn so bedeutsame Krieg mit jenem Abschnitt seines Lebens zusammen, wo der Mensch ausgewachsen ist, wo die Entwicklung aufhört und allmählich die Rückbildung des gesamten Organismus beginnt, in die Zeit, wo der Mensch auf der Höhe seiner Kraft steht.

Wie sich das nun immer verhalten mag, der gewaltige Zuschuß an Schöpfergaben in seinen späteren Jahren behält etwas Phänomenales, Rätselhaftes, das einer einwandfreien Erklärung nicht minder zu spotten scheint, als es dazu verlockt.

Sehr bezeichnend für Meyers späte Entwicklung war der Umstand, daß er erst gegen das vierzigste Lebensjahr hin einen richtigen Schnurrbart bekam. „Denke dir," erzählte er lächelnd der Schwester eines Morgens, „mir träumte, ich saß in einer Kutsche, hatte eine Frau und einen Schnurrbart."

Auf höchst merkwürdige, einzige Art prägt seine Handschrift die verlangsamte, schrittweise Entfaltung seines Wesens und Geistes aus. Als Zwanzigjähriger schrieb er steil, spitzig und ziemlich unschön; sieben Jahre später ist die Schrift weich, hübsch und eigen, meist liegend, in einzelnen Stücken jedoch eher aufrecht. Im dreißigsten Lebensjahre (1855) schreibt er klein, rasch, kritzlig, ein wenig ähnlich wie ein Dezennium vorher. Schon zwei Jahre später sind die Buchstaben wieder schön, ganz aufrecht und jeder einzelne für sich stehend, durchaus ohne Verbindung mit dem vorangehenden oder nachfolgenden. Bald darauf beginnen sie sich zu verbinden, neigen sich und verlieren einigermaßen ihre Besonderheiten, bis dann die Schrift um

das vierzigste Lebensjahr des Dichters (1865) eine seltene
Schönheit der einzelnen Buchstaben, namentlich der Majuskeln,
erreicht, sowohl der französischen wie der deutschen. Im Jahr
1870 beginnt er plötzlich sich der deutschen Schrift ausschließlich
in einer ganz neuen Form zu bedienen und führt eine zwar
charakteristische, aber fast häßliche Hand. Die französische, die,
allerdings auch in einer neuen Gestalt, gelegentlich daneben
auftaucht, behauptet dann ungefähr von 1875 weg ausschließ=
lich den Platz.

Einzelne dieser Schriften weichen dermaßen voneinander ab,
daß selbst ein geübter Graphologe zu der Annahme geführt
werden müßte, sie seien von verschiedenen Schreibern her=
gestellt. Überdies erscheint jede vollständig in sich geschlossen
und einheitlich, als hätte der Dichter niemals eine andere Hand
geführt.

Diese unerhörten Metamorphosen und Varianten gehen, so
wenig glaublich es dem ersten Blick erscheinen mag, auf zwei
Grundformen zurück, nämlich auf eine einfache und natürliche,
wie sie sich in den Knabenbriefen zeigt und mit derjenigen der
Schwester eine entschiedene Ähnlichkeit bietet, und auf eine mehr
stilisierte und gekünstelte, wie sie später auftaucht; ganz aus=
geglichen sind die beiden Typen erst in dem Augenblick, wo der
Dichter in den Vollbesitz seiner schöpferischen Kräfte gelangt.

Da sich von 1875 bis 1892 noch kleinere, aber bestimmte
Änderungen bemerkbar machten, ohne die Gesamthaltung zu
beeinflussen, so vermag der Kenner das Entstehungsjahr von
beinahe jedem Manuskript Conrad Ferdinand Meyers anzu=
geben, das er seit 1875 schrieb; für die früheren Zeiten ist diese
Bestimmung noch leichter. Die Schrift aus der späteren Periode
der Meisterschaft (seit 1880) ist übrigens auffallend schön; wer
sie einmal gesehen hat, erkennt sie auf den ersten Blick aus
tausenden.

Hätte sich Meyer nicht mit seinem poetischen Talente ab=
finden müssen, sondern ähnlich dem Vater als Jurist oder
Philologe die von tausend anderen beschrittene Bahn wandeln
können, so verlief vielleicht sein Lebensgang ruhig und ohne
besondere Erschütterungen, gleich demjenigen so vieler, denen

die Parze auch das Angebinde der Nervosität in die Wiege
legte, wie ihm. Aber nicht nur das Talent gab ihm zu tun,
sondern auch die Verhältnisse, unter denen es gedeihen
sollte. Eine deutsch-schweizerische Stadt war vor einem
halben Jahrhundert noch viel weniger als heute der Ort, wo
sich eine derart einseitig künstlerische Natur wie Meyer leicht
zurechtfinden und entwickeln konnte. Zürich besitzt wohl seit
mehr als einem Jahrhundert fortdauernd einen größeren Pro-
zentsatz von Männern, die sich aus Neigung wissenschaftlich und
literarisch betätigen, als irgend eine zweite Stadt der Welt,
und besaß von jeher eine auffallend starke Zahl Gebildeter;
allein es fehlte die gebildete, geschlossene, an der neuen Literatur
und Kunst teilnehmende Gesellschaft einer Großstadt oder geistig
aristokratischer Kreise, wie sie das letzte Viertel des achtzehnten
Jahrhunderts aufwies. Und da die geistigen Bestrebungen der
Züricher, was beispielsweise Gottfried Keller manchmal be-
klagte, durchschnittlich einen Stich ins Gelehrte haben, so vermochte sich ein Poet nicht leicht anzulehnen oder Boden zu
fassen, ehe ihm Namen und Anerkennung von außen erwachsen
waren.

Die nervöse Zartheit und Schwäche Meyers bedingte das
Wesen seiner Dichtung. Unbefriedigt und abgestoßen von der
rauhen, verletzenden Gegenwart, strebte seine sehnsüchtige und
gestaltende Phantasie in die Vergangenheit. „Lange, lange,"
bemerkte er mir einmal, „war mir alles, was Wirklichkeit heißt,
so zuwider als möglich." Weil ihm seine Zeit und ihre Verhältnisse unzulänglich erschienen, stellte er in die schrankenlosen
Weiten früherer Tage bedeutende, in ihrer Entfaltung un-
gehinderte Gestalten; und daß er sie lieber in der Nähe des
Throns als unter dem Dache niederer Hütten suchte, liegt in
der Natur der Sache. Die Abneigung gegen alles Kleine, Gemeine, Niedrige und Dürftige war ihm angeboren. „Ich muß
mit der großen Historie fahren," erklärte er Gottfried Keller.
Die Renaissance mit ihrer ungehemmten Entwicklung der Persönlichkeit war der richtige Jagdgrund seiner Muse: da beginnt
und blüht der moderne Mensch, unbeengt und unbedrängt von
all den Schranken unserer Tage. Und nicht nur die durch eine

freie Entfaltung ermöglichte Größe mußte ihn anziehen, sondern
auch das von der höchsten Kunst verschönte Leben und Dasein
dieser Menschen. Als er die herrlichen Bilder der Renaissancemaler erblickte, sah er sein Kunstideal verkörpert: „Es fiel mir
wie Schuppen von den Augen," sagte er zu mir.

Mit seiner im Grunde zarten Natur hängt auch die besondere
Art des Tragischen in seinen Schöpfungen zusammen. Es ist
fast nie die Hybris, die seine Helden vernichtet, sondern daß
sie der gegebenen Situation nicht gewachsen sind. Man denke
an die Richterin, die das begangene Unrecht nicht zu tragen
vermag, an Pescara, der als ein heimlich Sterbender vor eine
große Aufgabe gestellt wird, an den Mönch, der sich m Stande
der Entsagung zurechtfand, aber im Strudel der weltlichen
Dinge untergeht. Nicht umsonst bezeichnet Meyer es als das
Wesen seiner Kunst, daß sie die menschlichen Irrtümer leise
ironisiere.

In der Geschichte seines eigenen Landes zogen ihn neben
der Reformation besonders das vierzehnte und fünfzehnte Jahrhundert an: „Treu und gewaltig ist die Heldenzeit!" singt er in
seinem Sempacher Lied. Es war indessen lediglich das Große,
das poetisch-ethisch Bedeutsame, dessen Reiz er spürte, nicht das
Patriotische. Nach seinem eigenen Geständnis ging ihm das
spezifisch Schweizerische eines Gottfried Keller und anderer ab.
Die Kleinheit der kantonalen und eidgenössischen Verhältnisse
ließen den auf die Heroen der Weltgeschichte oder wenigstens
einer großen Zeit gerichteten Geist gleichgültig, abgesehen davon, daß seiner zarten und aristokratischen Natur die wachsende
Demokratie eben nicht behagen konnte. Die Träume von einer
spezifisch schweizerischen Literatur erklärte er für baren Unsinn
(23. Februar 1867 an Hässel). Immerhin liebte er sein Vaterland. Seine landschaftlichen Reize hatten es ihm völlig angetan,
und in manchen dumpfen Jahren blieb das Hochland fast seine
einzige Zuflucht. Darum preist er die Firnen in dem schönen
Gedicht, worin er von der Heimat und seiner Liebe zu ihr
spricht.

Wie Meyers Erzählungen, so besitzt auch seine Lyrik wenig
Gegenwart, sondern wesentlich nur verklärende Rückblicke. Es

fehlt ihr die Jugend, nicht bloß deshalb, weil der Dichter erst als ein Alternder das Geheimnis des eigenen Tons erlauschte; sondern weil es ihm versagt war, in der gegenwärtigen Situation aufzugehen. Das Erlebnis, das er im Augenblick des Geschehens nicht preiszugeben vermag, taucht, vielleicht erst nach Jahrzehnten, ans Licht empor, vom Schimmer der Vergangenheit vergoldet, nachdem es sich im Laufe der Tage und Jahre im Empfinden und Anschauen des Dichters verschönt und vertieft hat.

Sein weiches und zartes Wesen fühlte sich vom Dasein so häufig verletzt und erschüttert, daß er vermutlich erlegen wäre, sofern ihm das Schicksal auch noch die drückende Sorge ums tägliche Brot aufgebürdet hätte. Auf steter Hut und Wache stehend, suchte er allem Störenden auszuweichen; aber die angeborene Schwäche war zu groß, als daß er allen Stößen Widerstand leisten, alle Blößen und Wunden hätte decken können.

Dieses oft unbewußte Bemühen, die Schwäche zu verbergen und stärker zu erscheinen, als er wirklich war, und, nachdem sich seine Gesundheit allmählich gefestigt, die in guten Stunden sich einschmeichelnde Vorstellung von einer größeren Widerstandskraft, als er sie wirklich besaß, verliehen ihm etwas Ungleiches, ja, zuweilen etwas auffällig Widersprechendes und Gespanntes und rückten ihn vor der Welt leicht in ein falsches Licht: die Folgen und Äußerungen der Nervenschwäche machten mitunter den Eindruck mangelnder Selbstbeherrschung und mangelnder Männlichkeit, ein Eindruck, der sich um so eher einstellte, als man geneigt war, die Kraft und Entschiedenheit seiner Helden auf den stattlich und fast energisch aussehenden Verfasser zu übertragen. Und da er bei flüchtiger Bekanntschaft dem Beschauer wohl als das völlige Gegenteil seines innersten Seins vorkommen mochte, so wüßte ich im großen und ganzen kaum jemand zu nennen, der schwieriger zu durchschauen und zu ergründen war, als Conrad Ferdinand Meyer, wie ihn denn auch meines Erachtens nur äußerst wenige Menschen wirklich gekannt haben.

Es traf Verschiedenes zusammen, die Schwierigkeit des Erkennens zu erhöhen.

Er verbrachte beinahe das ganze erste Halbjahrhundert

seines Lebens ziemlich einsam und einsiedlerisch und betrat
z. B. ohne dringende Not kein Wirtshaus. Als ihn dann der
Ruhm und die Menschen zu suchen begannen, verharrte er abseits der Heerstraße in seinem Landhause, zumeist innerhalb
seiner vier Pfähle und nicht häufig in Gesellschaft, außer etwa
in spezifisch stadtzürcherischer und während seiner Sommerfrischen und Bergaufenthalte in der zufälligen einer Gasthof-
tafel. Auch daß er so viel und lebhaft sprach und das Steuer
der Unterhaltung immer wieder ergriff, erschwerte ein richtiges
Urteil, wie das so oft geschieht. Namentlich verdeckte diese
nervöse, beredte Lebhaftigkeit die Tatsache, daß er im Grund
eine langsame und eher kühle Natur war.

Er empfand das mit den Jahren ersichtlich gesteigerte Bedürfnis, Menschen zu sehen, gleich als ob er früher darin zu
wenig getan hätte. Er wollte sie kennen lernen, nahm gern
Besuche an und unterhielt sich gerne; allein mitteilen wollte
er sich nicht oder doch nur in sehr beschränktem Maße. Namentlich vermied er es, den über seiner Vergangenheit ruhenden
Schleier zu lüften, denn sie drückte ihn: wünschte er doch, vor
sich selber „ein fernes, dunkles Gestern zu vergessen". Es
schmerzte ihn, auf die „verscherzte Jugend" und auf jene Zeit
zurückzublicken, wo er, wenigstens in den Augen seines Be-
kanntenkreises, wenig oder nichts war und galt. Er war ein
anderer geworden, er mochte nicht an die verschollenen, an die
verlorenen Tage erinnert werden.

Höflich, freundlich, wohlwollend, dazu ein gewandter,
liebenswürdiger Causeur, ganz ohne die bei Schweizern nicht
seltene Trockenheit, erkundigte er sich nach den Interessen und
Angelegenheiten seines Gegenüber. Doch war er eigentlich nicht
zutraulich und nicht vertrauend, und man vermißte in etwas
die Wärme, die seine leidenschaftslose Art nun einmal nicht
besaß. Es geschah, daß er zu dessen nicht geringer Überraschung
einem literarischen Verehrer, den er zum ersten Male sah und
von dem er vorher nichts wußte, kurzerhand ein Stück der
Arbeit vorlas, an welcher er gerade schrieb; trotzdem beschlich
den anderen das Gefühl, er sei dem Dichter kaum näher
getreten.

Gegen seine durch die Nervosität zuweilen gesteigerte Gesprächigkeit lagen die Vorsicht des Menschenkenners und die Erfahrungen eines reflektierenden Naturells beständig zu Felde, welchem Widerstreit allerlei Ungleichheiten, Schwankungen und wunderliche Widersprüche zur Genüge entsprangen. Ich habe viele Male erfahren, wie er im Anfang meines Besuches und unseres Gespräches einigermaßen an sich hielt, da er sich eine gewisse Reserve zur Aufgabe gemacht hatte, und wie dann die leichte Rinde schmolz. Umgekehrt reichte der bloße Gedanke, ein Wort zu viel gesagt zu haben, schon hin, seine Stimmung zu berühren. Gerade weil er bis zur Unvorsichtigkeit offen sein konnte, obgleich es ihm nicht häufig passierte, so suchte er hintanzuhalten, pflegte auch sehr oft ein Urteil, eine Behauptung mit der Wendung einzuschränken: „das heißt" u. s. w. Alle seine Vorsicht trat ins Licht, sobald er sich schriftlich äußerte. Er brachte kaum etwas zu Papier, was er zurückzunehmen wünschen mußte, wie seine Briefe deutlich genug bezeugen, in denen übrigens sehr vieles nur zwischen den Zeilen steht.

Dem Neidhart, dem Unartigen, dem Übelwollenden wich er aus und trat schweigend zurück, indem er auf jede direkte Abwehr verzichtete, wie er auch niemals Fehden ins Werk setzte. Das war für sein zartes Wesen ein Gebot der Selbsterhaltung. Allerdings leitete ihn zugleich die innere Vornehmheit, sowie die Überzeugung, Zeit und himmlische Gerechtigkeit würden dem Verdienste schon zum Rechte verhelfen und das Gute schließlich doch obenauf kommen lassen.

Aus dieser geringen Härte und Festigkeit erwuchs auch die Tatsache, daß er Vorsätze und Absichten häufig wechselte und zuweilen heute nicht mehr da stand, wohin er sich gestern entschlossen und mit guten Gründen gewappnet gestellt hatte; und daß er oft das nicht ausführte, was er als unabänderliches Vorhaben bezeichnet hatte.

Fehlte ihm die aggressive Initiative, so besaß er dafür einen zähen passiven Widerstand, der alles ablehnte, was ihm widerstrebte, alles abschob und ausschied, was ihm zuwider war. Wo seiner leicht übernommenen und aus dem Gleichgewichte gebrachten Empfindung der erste Augenblick das Richtige und

Zweckdienliche versagte, da gewann er es, wie in Kunstdingen, so auch in denen des Lebens, durch sorgsame und wiederholte Überlegung. Denn er war gleich den meisten Langsamen sehr gründlich. Um übrigens vom Augenblick nicht überrascht zu werden, erwog er die Dinge, die ein anderer ruhig an sich herankommen läßt, schon aus weiter Ferne; monatelang vor Gottfried Kellers siebzigstem Geburtstag teilte er mir ungefragt mit, was er ihm zu dem festlichen Anlaß zu schreiben gedenke: „Ganz einfach, nur wenige Zeilen."

Im Bestreben, vor der Welt stark und unberührt zu erscheinen, vergriff er sich zuweilen insofern, als er die Gefühle für diejenigen, mit denen er gerne verkehrte, schwächer hinstellte, als sie wirklich waren. Dennoch konnte er sich, wie ich selbst erfuhr, für andere warm und eifrig verwenden, wenn er nur dabei gegen keine Tatsachen und Personen Stellung nehmen mußte; Umwege und Seitenpfade ging er zu solchen Zwecken nicht und überhaupt nicht.

Mehr als sein berechtigter Egoismus der Selbsterhaltung ahnen ließ, nahm er Anteil an denen, die ihm nahestanden; und Leid und Unheil der ganzen Menschheit peinigte ihn nicht selten aufs schrecklichste. „Ich habe," klagte er mir einst, „unsagbar dunkle Stunden, wo mir die Verderbtheit, die maßlose Ungerechtigkeit der Menschen und ihr Weh vor Augen tritt." Nicht immer vermochte er in solchen umwölkten Momenten sich an den Trost zu klammern, den er, zugleich mit der Klage, im Gedicht ausspricht:

> Seit die Engel so geraten,
> O wie viele blut'ge Taten
> Hat der Streit auf wildem Pferde,
> Der geharnischte, vollbracht!
> In wie mancher heil'gen Nacht
> Sang der Chor der Geister zagend,
> Dringlich flehend, leis verklagend:
> „Friede, Friede... auf der Erde!"
>
> Doch es ist ein ew'ger Glaube,
> Daß der Schwache nicht zum Raube
> Jeder frechen Mordgebärde
> Werde fallen allezeit:

> Etwas wie Gerechtigkeit
> Webt und wirkt in Mord und Grauen,
> Und ein Reich will sich erbauen,
> Das den Frieden sucht der Erde.

Auch den Tieren gehörte sein Mitgefühl, und nicht nur den zu Hausgenossen gewordenen. Oft, wenn er mit Betsy spazieren ging, hielt er sie plötzlich zurück: „Du zertrittst ja die kleinen armen Tierchen!" Denn da er eine Brille trug, so sah er schärfer, als die unbewaffneten Augen der ebenfalls kurzsichtigen Schwester.

Es war begreiflich, daß er, seiner Weichheit gemäß, als Mensch und Künstler respektvoll behandelt zu werden wünschte. Geschah dies nicht, widerfuhr ihm vielmehr von Rezensenten oder anderswoher ungenügende Wertschätzung oder gar Kränkung, so erwähnte er gewöhnlich die Sache mit keiner Silbe, um das Peinliche nicht aufzufrischen und neuzubeleben. Allein er tadelte es nachdrücklich, sobald sich jemand z. B. über Gottfried Keller ungut oder, nach seiner Meinung, mit unzureichender Ehrerbietung äußerte. Selbst das ungünstige Urteil, sofern es berechtigt war, wollte er mit Haltung und Anstand, ja mit schonender Zurückhaltung vorgebracht wissen.

Dazu paßt es, daß die Scheu vor allem Unangenehmen bei ihm in Wort und Schrift auch die bescheidenste Selbstironie ausschloß.

Lob, Anerkennung, Ehre freuten ihn außerordentlich. Nicht umsonst läßt er seinen Hutten das zarte Morgenlicht des ersten Ruhmes als das Süßeste auf Erden bezeichnen. Man hat ihm vorgeworfen, daß er es liebte, sich in seinen Erfolgen zu spiegeln und den Ruhm ein wenig vor sich herzutragen, ohne daß man dabei wohl erwog, daß er fast drei Jahrzehnte in banger und ungewisser Dunkelheit geseufzt hatte, bevor es ihm glückte, aus Licht zu gelangen, so daß er der Wahrheit gemäß sagen durfte: „Ich habe mir die Hände blutig geklettert, ehe ich oben war."

Sein Selbstbewußtsein erwuchs aus den späteren großen Erfolgen und ließ zugleich ermessen, wie schwer das lange Zurückgedrängtsein auf ihm gelastet hatte; es hatte etwas Einfaches, Naives. Er sonnte sich ohne Ruhmredigkeit im Erfolg. Es ist charakteristisch, daß er nicht häufig von seinen Schöpfungen zu sprechen anfing und z. B. niemals ein Tagebuch geführt hat. Dabei bringt man billigerweise noch in Anschlag, wie unablässig, mit welcher Strenge gegen sich selbst er gearbeitet hat und daß er nie Schritte tat, sich durch etwas anderes, als eben durch seine untadeligen poetischen Taten Geltung zu verschaffen. „O sieh doch nur unseren Joli!" scherzte er einst vor Betsy; „für ein Würstchen tut er alles. So gibt es Dichter, die alles tun für eine günstige Kritik". Und er nannte dabei einen wohlbekannten Namen.

Wie er jede Schroffheit der Form mißbilligte, so brauchte er auch niemals derbe Worte und Wendungen, außer gelegentlich das Wort „verflucht"; gepfefferte Geschichten und schlüpfrige Anekdoten erzählte er nie. Er hatte etwas Reines an sich, dazu etwas Unsinnliches, und die Bezeichnung „reinliche Natur", die er häufig anwendete, war ihm aus der Seele gesprochen. Gegen Verleumdungen und Zuträgereien verhielt er sich ablehnend: „Wie manchen Funken," sagte er, „der mir zugeweht wurde, habe ich ausgetreten."

Dagegen handhabte er den Humor und die feine Ironie meisterlich, doch ohne Schärfe und selten im Angesicht der Beteiligten: denn mehr aus Bedürfnis als aus Klugheit strebte er danach, den Menschen eher Angenehmes als Unangenehmes zu sagen; er wünschte mit seinem Nächsten säuberlich zu fahren und mit jedermann im Frieden zu leben. Auch war er eine an und für sich allzusehr auf das Ernste und Bedeutende gerichtete Natur, als daß er sich auf Scherz und Wortspiele verlegt hätte, weswegen denn seine Lustigkeiten den Reiz des Ungesuchten und Natürlichen an sich trugen, eben weil sie sich von selber einfanden.

Im schriftlichen Verkehr brachte er dergleichen Schmuck spärlich an. Die Tausende von Briefen, die er im Laufe der letzten fünfzehn Jahre schrieb, hätten ihm eine reiche Saat von Humor auch nicht erlaubt, so wenig ihm die rasche Erledigung der Antworten gestattete, mit Muße eine augenblickliche Stimmung auszuspinnen. Er hatte sich diese Promptheit zur Pflicht gemacht, trotzdem er eigentlich ungern schrieb und sich darum, wo es nur ging, kurz faßte.

Dagegen sprach er gern und ausgiebig, sehr oft nervös ausgiebig, im Gegensatz zu so vielen bedeutenden Männern, die
bei persönlicher Bekanntschaft durch schweigsames Wesen und
schwerflüssige Unterhaltung enttäuschen. Er verbreitete sich oft
ausführlich und angelegentlich über Gleichgültiges und Kleinigkeiten; darin klang sein langes Einsiedlerleben nach, während
welchem er, fast ganz auf sich allein gestellt, ohne Amt und
angewiesene Arbeit, wie ein Magus, im Kreise mit seinen
eigenen Gedanken, mit seinen Schemen Zwiesprach gehalten,
Jahrzehnte hindurch reich genug an Zeit, um das Geringfügige
hundertfältig zu wenden und zu überdenken.

Unterhielt er sich freundlich und eingehend mit dem nächsten
besten über das nächste beste, so mochte es wohl den Anschein
gewinnen, als ob eine solche Unterhaltung nach seinem Ge-
schmacke sei. Gewiß erging er sich oft mit anscheinendem Behagen im Kleinen und Nebensächlichen, um seine Stimmung zu
maskieren, um einem substantiellen, anregenden Gespräch auszuweichen, um sich nicht dem Mißverständnis oder den Ungeschicklichkeiten unzureichender Einsicht in jene Dinge auszu-
setzen, die, weil sie in die Tiefe reichten, ihm am Herzen lagen.
Fast ausnahmslos widerstrebten ihm Männer ohne irgend welchen
tieferen Gehalt, ohne ernstere, namentlich geistige Interessen.
Er bemerkte über einen Mann, mit dem er infolge äußerer
Verhältnisse jahrelang verkehrte: „Er war gewiß in seiner Art
tüchtig und brav; aber wenn man ihn irgendwie in die Tiefe
drücken wollte, so kam er sofort wieder an die Oberfläche wie
ein Stück Kork." Praktische, geschäftliche Angelegenheiten beredete er mit innerlichem Widerwillen, weil er weder Blick noch
Fähigkeit dafür besaß. Ein großes Teil Hilflosigkeit wurde er
Zeit seines Lebens nicht los und war froh und zufrieden, wenn
man ihm alles abnahm, was Geschäft hieß oder danach aussah.

Stieg das Gespräch aus den Alltagsniederungen zu lichteren
Höhen empor, so wurde es verschönt und geadelt durch die
Vorzüge des ungewöhnlichen Mannes: liebenswürdige Fein-
heit, Welt- und Menschenkenntnis, künstlerische Einsicht und die
Vornehmheit, womit er den Gegenstand faßte und betrachtete.
Unverlöschlich bleibt mir, wie er in solchen guten Stunden über

einzelne Dichter, ihre Werke, über die Poesie selbst sich äußerte,
mit prägnanter Kürze Unabgeklärtes, das der Jüngere etwa
vorbrachte, ins Reine setzte, durch wenige Worte neue Fernen
öffnend und die richtigen Wege weisend. Keine Zuneigung
milderte, kein Aberwille schärfte, keine Stimmung färbte sein
Urteil.

Die seit der ersten Ausgabe seiner Gedichte (1882) ent=
standenen lyrischen Sachen las er mir fast alle, seine erzählenden
Werke ganz oder bruchstückweise aus der Handschrift vor. Er
las mit etwas gedämpfter, weicher und ein wenig pathetischer
Stimme, leicht singend und ausdrucksvoll, mit einer für einen
Schweizer sehr reinen Aussprache. Oft, wenn ich seinen Ge=
dichtband zur Hand nehme, dünkt mich, den weichen und mir
lieben Klang und Tonfall seines Vortrags zu hören.

Unsere Freundschaft erlitt niemals die geringste Trübung.
Ich hing an ihm, wie der Jünger am verehrten Meister hängt,
und legte meine bewundernde Meinung in einer Reihe von
Rezensionen nieder. Nicht nur dieses Lob und die ehrlich an=
gestrebte Einsicht in das Wesen seiner Schöpfungen gefielen ihm,
sondern auch von Anfang an der ganze Schritt und Tritt. Er
schrieb am 27. September 1881, nachdem ich in der „Deutschen
Rundschau" eine Anzeige der dritten Auflage seines „Hutten"
veröffentlicht: „Der Huttenartikel hat mich gefreut. Er ist vor=
trefflich geschrieben und — das Zuviel des Lobes abgezogen —
trifft er ins Schwarze. Ich kann Ihnen nicht sagen, hoffe, Sie
werden es auch einmal erleben, wie wohltuend es für den
Älteren ist, von dem Jüngeren in einer Weise gewertet zu
werden, wie er es von seinen Altersgenossen unmöglich ver=
langen kann. Mir scheint, in diesem Falle veredelt sich das
sonst so strenge Gesetz der Gegenseitigkeit, des Gegendienstes
gegen den Jüngeren zu echtem, wahrem Wohlwollen."

Das Wohlwollen wandelte sich in Freundschaft. „Wir
wollen fortfahren, uns herzlich lieb zu haben," sagte er eines
Tages mit feuchten Augen, als er mir unter der Haustüre die
Hand zum Abschied drückte. Während ein Altersunterschied von
dreißig Jahren, wie er zwischen uns bestand, engere Beziehungen
naturgemäß zu erschweren pflegt, hat er die unseren erleichtert,

weil er dem Jüngeren jene Rücksicht und Verehrung gegenüber
dem Älteren ermöglichte, die ein Gleichalteriger nicht ebenso
leicht aufbringt. Und da diese Verehrung völlig aus der Wahrheit war, so hielt sie allezeit gleichmäßig vor und erlaubte mir,
durchaus an meiner Persönlichkeit festzuhalten, die sich von der
seinigen in manchem unterschied. Dazu kam, daß er, ein spät
Abgeschlossener, mich sozusagen unter seinen Augen vollends
zum Manne heranwachsen, meine Dichtergaben und kritische
Einsicht reifen und in mir in immer höherem Grade Verständnis und Gefühl für alles das sich entwickeln sah, was ihm Herz
und Geist erfüllte und bewegte. Während meines Auswachsens
hat er mit seiner Rücksicht Unfertiges an mir getragen und
niemals eingegriffen, außer wo er mich etwa vor einer Unbe-
sonnenheit zurückzuhalten trachtete.

Die Stunden, die ich mit ihm verlebte, gehören zu den
schönsten und bedeutendsten meines Lebens, und meine Dankbarkeit wie der Schmerz um seinen Verlust sind unauslöschlich.

Die große Ernte

Es war nach meinem dritten oder vierten Besuch in Kilchberg, als ich Conrad Ferdinand Meyer unvermutet in den
Straßen Zürichs antraf. Auf meine Frage nach seinem Ergehen erklärte er strahlend: „Ich bin mit Gott und der Welt
zufrieden."

Er sah wirklich wie ein Geborgener, wie ein Glücklicher aus.
Er gemahnte mich an einen Seefahrer, der, lange verstürmt
und verschlagen, den ersehnten Hafen endlich erreicht hat. Jetzt
blühte ihm alles zugleich: gesteigerte Dichterkraft, gefestigte Gesundheit, der täglich sich ausbreitende Ruhm, gesegnetes Familien-
leben, völlige Unabhängigkeit nach außen.

Das Kind eines Geschlechtes, welches, im Gegensatz zu so
manchem alten Züricher Hause, niemals literarische Interessen
gezeigt hat, besaß seine Gattin, wie ihr Oheim und Großvater,
Geschmack und Neigung für Malerei, kaum für Literatur.
Aber sie sah sein dichterisches Schaffen mit Freude, und, was

die Hauptsache war, sie schuf ihm ein behagliches Heim, durch seine Liebe beglückt, wie er sie beglückte. Nach Kräften jeden Stein aus seinem Wege räumend und Hemmnisse energisch entfernend, hütete sie sein Behagen und seine Gesundheit sorgfältig und konsequent, indem sie namentlich auf genügende Erholung für ihn Bedacht nahm und ihn womöglich stets vor dem Eintreten der Erschöpfung, welcher er sich im Arbeitseifer leicht aussetzte, abzubrechen veranlaßte. Möglicherweise wäre er ohne ihre sorgliche Pflege der Kunst früher entrissen worden, als es geschah.

Was ihm weh tat, war

> ... „ein leiser Schmerz in sel'ger Brust —
> Schmerz und Klage
> Über ohne dich verdarbte Tage,
> Die mit deinem Kuß du stillen mußt,"

wie er in dem tiefgefühlten Gedicht bekennt, worin die Wehmut der Verspätung den Jubel der endlich befriedigten Sehnsucht durchklingt.

Im Dezember 1879 schenkte sie ihm eine Tochter, die den Namen Camilla erhielt. Da sie nun, die Dienerschaft abgerechnet, selbdritt lebten, so empfanden sie erst recht die beschränkte Zahl der Zimmer und den verhältnismäßig geringen Raum, worin sie hausten, so daß der langehin erwogene Ausbau des Hauses 1881 ernstlich an die Hand genommen und ausgeführt wurde. Sie zogen während des Baues in ein Nebenhaus, wo der Dichter außer seinem Bette keinen Raum und keine Stunde sein Eigentum nannte, wie er der Schwester meldete. Trotzdem arbeitete er unausgesetzt und in Stimmung. Im Frühling 1882 war die neue, rechtwinklig zur alten gestellte Haushälfte unter Dach, kein Zimmer weniger als zwölf Fuß hoch.

Während der warmen Jahreszeit schrieb Meyer mitunter in einem geräumigen Gemach des neuentstandenen Hausteiles, verweilte aber meistens im kleinen alten Arbeitszimmer zu ebener Erde, durch dessen zwei kleine, nach Süden gerichtete Fenster der grüne Teppich des großen Gartens und die Schneehäupter hereinleuchteten. An der Wand, die ihn vom anderen Zimmer schied, befand sich ein mit schwarzem Wachstuch über-

zogenes Sofa, ihm gegenüber ein alter Lehnstuhl und da=
zwischen der Arbeitstisch. Die entgegengesetzte Langwand
füllten die Bücher. Zwischen den beiden Fenstern stand ein
einfacher Sekretär, auf der anderen Schmalseite, neben der
vom Flur her sich öffnenden Eingangstür, der Kachelofen,
einige Randkacheln mit blauen Helmen bemalt. An der Wand
hing das eingerahmte Bildnis des Großvaters Ulrich, eine vor=
treffliche Kreidezeichnung von Deri.

In diesem Zimmer entstand die Mehrzahl der Prosa=
schöpfungen und Gedichte oder wenigstens erhielten sie hier die
endgültige Form. Während der ersten Kilchberger Jahre fuhr
der Dichter fast allwöchentlich über den See zur Schwester nach
Meilen, um ihr zu diktieren, was er im Kopfe gerüstet oder
aufs Papier geworfen hatte. Auf die Dauer indessen erwiesen
sich die Fahrten als untunlich, und da er sich das Diktieren nun
einmal angewöhnt, so übertrug er die Sekretärsdienste einem
Verwandten, Fritz Meyer. Das Manuskript des in der zweiten
Jahreshälfte 1879 vollendeten „Heiligen" war langehin das
letzte, was die Schwester für ihn schrieb. Als sie den Bruder
gewünschtermaßen behaust und beweibt und, so unberührt und
unwandelbar die geschwisterliche Liebe geblieben, durch die See=
breite die äußeren Beziehungen erschwert sah, entschloß sie
sich, einem alten Vorhaben getreu, ihre Kraft den Leidenden
zu widmen, und trat als Helfende in die Zellersche Heilanstalt
zu Männedorf am Zürichsee.

Der Verkehr hinüber und herüber dauerte fort. Betsy
besuchte den Bruder hin und wieder, dem Größten und dem
Kleinsten, was er schuf und plante, Verständnis und Freude
entgegenbringend wie in früheren Zeiten. Freilich war es nun
anders als damals, wo sie bänglich jedes neue Gedicht, jede
neue Zeile erharrte und nicht weniger als er den ersten Erfolg
ersehnte. Nun brach die poetische Kraft ungehindert aus, ebenso
überraschend und geheimnisvoll gesteigert, wie sie einst rätsel=
haft und geheimnisvoll gestockt, und in gesegneter Arbeit flossen
die Tage dahin, einer fast dem anderen gleich. Er hielt Zeit
und Kraft sorgfältig zu Rate, jede gute Stunde wahrnehmend.
Zuweilen, namentlich im Winter, folgte er den Einladungen

der Verwandten und Freunde in der Stadt. Mit Vorliebe besuchte er die großen Konzerte, vorzüglich von den Schöpfungen
J. S. Bachs angezogen, dessen „gewaltige Konstruktionen" er
bewunderte. Jahrzehntelang stellte er sich auch bei der Antiquarischen Gesellschaft, später gelegentlich bei den „Böcken" ein,
einer seit Jahrhunderten bestehenden Vereinigung, deren Mitglied er wurde, als durch den Tod seines Schwiegervaters ein
„Schild" (Sitz) frei wurde. Nach Mariafeld, wo er früher am
meisten und so gerne ein- und ausgegangen, kam er, seit er
in Kilchberg wohnte, so gut wie nicht mehr, fast nur noch,
wenn es galt, eine neue Arbeit aus dem Manuskript vorzulesen.
Schon im August 1877 sprach Wille nicht ohne Bitterkeit von
„verschollenen Zeiten". Der schriftliche Meinungsaustausch
ersetzte den mündlichen einigermaßen. Meyer sandte gewöhnlich die Korrekturbogen der „Deutschen Rundschau" und erbat
die kritischen Bemerkungen seines Freundes, die er für die
Buchform nutzen wollte; oder er legte auch die Reinschrift vor,
wie zum Beispiel diejenige der „Richterin", um sich mit Willes
Kritik „im ganzen und im einzelnen zu korroborieren". Poli-
tisches wurde erörtert, das heißt nur was Deutschland anging,
vor allem Kaiser Friedrichs Krankheit und Bismarcks Sturz.
Auch tauschten sie literarische Neuigkeiten aus oder machten
sich auf solche aufmerksam.

Das Behagen am eigenen Herd, die schönen Spaziergänge
im Garten, sowie die fast niemals ausgesetzte Arbeit ließen ihn
sogar nicht mehr regelmäßig in die geliebten Berge gelangen.
Erst 1878 kam er wieder ins Gebirge. Von der Frau begleitet,
ging er nach Silvaplana, wo er ein bewegtes Ausflugsleben
führte und unter anderem auch die Bekanntschaft Paul Heyses
machte, der ihn von St. Moriz aus besuchte. Übers Jahr, nachdem er den „Heiligen" abgeschlossen, reiste er abermals ins
Engadin. Aber nur zwei Tage, freilich vom frühen Morgen
bis zum Dunkelwerden, durchwanderte er das ihm so liebe Tal.
Am dritten warf, wenige Minuten von Campfer entfernt, bei
einer Wendung der Straße das eingespannte Reitpferd seinen
Herrn, den kutschierenden Obersten Pestalozzi aus Zürich, und
den Dichter über ihn hinweg aus dem an einem Wegstein um-

gestürzten Wagen. Er kam mit einem gebrochenen Arm, zu
dessen Pflege die Schwester herbeieilte, noch glimpflich davon
und schöpfte aus dem Unfall das schöne Gedicht „Fiebernacht":

> Berggeist, ich höre deine Ströme rauschen,
> Gib mir Gehör! Wir wollen Rede tauschen,
> Du von der Firn und aus der Gletscher Kühle,
> Ich aus der engen Krankenkammer Schwüle!
> Du weißt es, Geist, ich liege hier gefangen
> Und lasse den geknickten Flügel hangen,
> Ich ächz' und stöhne, den gelähmten, wunden,
> Gebrochnen Arm dicht an den Leib gebunden.
> Zwei kurzer Wandertage süßes Träumen —
> Und dich verdroß ein Gast in deinen Räumen,
> Von deinem Tisch verstießest du den Zecher,
> Entrissest ihm den eisgewürzten Becher
> Und rolltest ihn hohnlachend durch die Klüfte
> Hinunter in des Fieberlagers Grüfte.

Er ließ ein halbes Jahrzehnt verstreichen, ehe er sich wieder
eine Bergsommerfrische gönnte. 1884 ging er, da, wie er
François Wille schrieb, seine langgehegte Liebe für die Berge
wieder erwacht war, mit Frau und Kind nach Richisau im
Klöntal und übers Jahr nach Splügen, von wo er über Lugano
heimkehrte; 1886 suchte er Walzenhausen auf, hielt es aber nur
eine Woche aus und wandte sich dann, von Hitze und Wind
vertrieben, den geliebten Bergen zu, nach Parpan. Hier hatte
er Tannendunkel, nahe Paßhöhe und See, kurz, sein ganzes,
liebes Bünden. 1887 verbrachte er einige Wochen in Mürren,
1888 auf dem Gottschalkenberg im Kanton Zug, 1889 auf
dem Bernhardin und 1890 auf Rigi-Scheidegg.

Die eigentlichen Mark- und Denksteine indessen all der Kilchberger Jahre sind seine Werke.

In einem Alter, wo die Produktion anderer sich verlangsamt
oder abstirbt, begann er in ziemlich rascher Folge ein Werk nach
dem anderen zu vollenden, wenn auch immer unter strenger
Arbeit. Das Denken und Formen in tausend und abertausend
Stunden vergangener Tage, Wandel und Umbildung in ihm
selbst, die Reise und Vollendung der eigenen Persönlichkeit,
jetzt trug alles endlich seine Früchte. Jetzt fühlte er sich ge=

wachsen, tat das Zaudern ab und gewann ein Herz, seine Stoffe
kurzerhand anzufassen und das einmal Erreichte zur Ausreifung
zurückzulegen oder entschlossen zu Ende zu dichten. Und die
vorgerückten Jahre, die zur Eile mahnten, halfen ihm über
manches Grübeln rascher hinweg.

Doch ließ er sich niemals verleiten, etwas Unfertiges aus
der Werkstatt zu geben, vielleicht einige kleinere Gelegenheitsgedichte abgerechnet, die ihrem ganzen Motiv nach nicht über
eine gewisse Stufe emporgebracht werden konnten, die man
ihm überdies fast abgetrotzt hatte. Was ihn zum Gelegenheits-
dichter machte, das war neben den spezifischen Poetengaben
die Fähigkeit und Neigung, auch den kleinsten Stoff mit bedeutenden Gedanken zu durchsetzen; was ihn hinderte, war das
langsame Ausreifen, die häufige Unmöglichkeit, auf den ersten
Wurf zu Rande zu kommen, sodann der Hang nach großen
oder aber sehr intimen Vorwürfen, der ihm das Behagen
an alltäglichen oder gar mit Gewalt in die Hand gedrückten
Motiven erschwerte. Er wußte es wohl, brachte es aber
nicht überall zu einer Ablehnung. Übrigens schloß er jedes
ausgesprochen schweizerische Gelegenheitsgedicht unbarmherzig
von der Sammlung seiner Lyrika aus, selbst das herrliche
Sempacherlied.

1877 veröffentlichte er im „Zürcher Taschenbuch" den
„Schuß von der Kanzel". Er hat in der reizenden Erzählung, die ihn zum ersten Male und am stärksten als Humoristen
zeigte, den alternden Werdmüller, dessen junge Jahre sein
„Jürg Jenatsch" zeichnet, zum Helden gemacht. Das Motiv
selbst, wie der Titel es ausdrückt, daß nämlich ein Pfarrer von
der Kanzel einen Schuß abfeuert, ist nicht von Meyer erfunden,
auch nicht etwa aus irgendwelcher am Zürichsee heimischen Mär
weitergebildet, sondern, wie J. V. Widmann berichtet, das Erlebnis eines Pfarrers aus Scheffels Heidelberger Kreis. Wahrscheinlich hat Meyer es von den Verwandten Meyer-Ott erfahren, bei denen die Scheffelschen öfter zu Besuch waren. Allein
gerade an diesem Stoff bewährt er die geniale Erfinderkraft.
Den zufälligen Schuß der Überlieferung verwandelt er in einen
absichtlich und raffiniert herbeigeführten, wodurch der graue

Kobold Werdmüller sein Ziel erreicht, die Heirat seiner Nichte mit einem Kandidaten der Theologie. Die Mischung des Humoristischen mit dem leicht Grotesken ist entzückend; ein holder Reiz umkleidet das kleine Meisterwerk. Es mutet eigen und erquicklich an, den ernsten Tragiker einmal heiter und behaglich lächeln und lachen zu sehen. Der Beifall blieb nicht aus. Vor allem schrieb Gottfried Keller hübsch (Enge, 30. November 1877): „Empfangen Sie meinen schönsten Dank, verehrter Herr Nachbar am See! für den lustigen General und das ausgesuchte Vergnügen, das der streitbare Herr mir gestern zu zweienmalen gewährt hat, da ich ihn am Morgen las und dann nachts vor dem Schlafengehen ihm nochmals die Rosinen abklaubte. Seien Sie Ihrem Verdienste gemäß froh und wohlauf. Einen Separatabzug einer Reimerei, die ich publiziert habe, würde ich Ihnen neulich geschickt haben, wenn nicht auf dem gleichen Stapelplatz das wackere Gedicht Kinkels an Sie abgelagert wäre und ich folglich dachte, das Buch (Bodenstedts Almanach) werde Ihnen ohnedies überreicht werden. Mit herzlichem Gruß Ihr G. Keller." Scherr schrieb: „Seit langem hab' ich nicht mehr so von Herzen gelacht wie gestern abend, als ich Ihren ‚Schuß von der Kanzel‘ knallen hörte." Nicht wenig verwundert war Vulliemin über seinen Freund, den er so oftmals ohne Mut und Lebensfreude gesehen: „Où donc, mon cher Conrad, avez vous pris tant de gaillardises?"

Wieder beschäftigte den Dichter der „Komtur", bis er vom „Heiligen" verdrängt wurde. Diese Gestalt war ihm schon ein Vierteljahrhundert früher aus Thierrys Histoire de la conquête d'Angleterre entgegengetreten. Ihr Charakter hatte sich ihm aus einem einzigen Chronikzuge entwickelt und dann im Gegensatze zu Bekets Charakter derjenige des Königs: „Beket zeigt sein Hofkleid und fragt den König, ob dieses das Kleid eines Heiligen sei?" Der Dichter bildete, wie er sagte, so lange an der Figur des Beket herum, bis sie ihm fast quälend vor den Augen stand. Jetzt nahm er die alten Entwürfe wieder vor. „Am ‚Heiligen‘", meldete er am 30. März 1878 der Schwester, „baue ich mit Leidenschaft. Es ist viel daran zu tun, das alte Manuskript ist sehr inform"; und übers Jahr (21. März 1879):

„Der ‚Heilige‘ wird, wie ich hoffe, sehr schön werden. Es ist mir noch mehreres eingefallen.“

Im Gegensatz zum „Jenatsch“, der an ungünstigem Orte vors Publikum getreten war, erschien der „Heilige“ in der „Deutschen Rundschau“, so daß er den maßgebenden Literaturkreisen Deutschlands gleich von Anbeginn zu Gesicht kam. Er erzielte eine rasche und starke Wirkung, namentlich im Norden Deutschlands. Geibel soll geurteilt haben, er sei stolz, in einer Zeit zu leben, wo so etwas geschrieben worden sei. Der Beifall mochte den Dichter bewegen, Ende Oktober mit der Frau eine vierzehntägige Reise nach Leipzig und Berlin anzutreten. Am längsten verweilte er in Dresden, wo ihn Kraszewsky interessierte: er fand ihn, wie er an Wille schrieb, sehr maßvoll, fein, enttäuscht, überlegen, vorwiegend historisch gebildet und höchst sympathisch. Acht Jahre später wich er aus, als ihm der Pole nahelegte, ihn im Bade Schinznach bei Brugg zu besuchen, sei es, daß sich sein Urteil geändert hatte, sei es aus irgend anderen Gründen. Übrigens erklärte er nach der Rückkehr aus Deutschland, wenn sein Ausflug nicht ein rein improvisierter und sehr rascher gewesen wäre, so hätte er wohl eher deutsche Gesellschaft gesucht.

Am 17. Januar 1880 gab ihm die philosophische Fakultät der Hochschule Zürich die Doktorwürde honoris causa, was ihn sehr freute und völlig überraschte, weil ihn die Aufnahme, die sein jüngstes Werk bei den Zürichern gefunden, eine solche Ehrung nicht hatte gewärtigen lassen. „Es ist“, schrieb er im Spätherbst 1879 an Betsy, „eine starke Opposition gegen den Heiligen. Hier wurde dieselbe, wie man mir erzählt, von einer Dame folgendermaßen formuliert: Meyer hat ein Buch geschrieben, das kein Frauenzimmer in die Hand nehmen darf.“ Wenige Tage, bevor die Universität dem Dichter den Ehrendoktorhut aufsetzte, hatte Jakob Bächtold in der „Neuen Zürcher Zeitung“ den im Januarheft der „Deutschen Rundschau“ zu Ende gedruckten „Heiligen“ mit einem Kranz geziert, zwischen die hellen Blumen des Lobes aber einige Dornen geflochten: das Tragische streife oft zu sehr ans Theatralische und Conrad Ferdinand Meyer habe „ohne Not, ja ohne irgendwelchen zu rechtfertigenden Anlaß dem Stoff äußerlich die Gestalt einer sogenannten „Zürcher Novelle‘ aufgeprägt, verlockt durch Gottfried Kellers meisterhafte und unlang vorher in der ‚Deutschen Rundschau‘ veröffentlichte „Zürcher Novellen‘;“ auch wurde irrtümlich auf den störenden und peinlichen Zug hingewiesen, daß der englische König an einem erst zehnjährigen Kinde frevle. Conrad Ferdinand Meyer schmerzte es, diese Dinge vor seinen nächsten Landsleuten hören zu müssen, unter denen er so lange gerungen und nichts gegolten hatte; und vor allem tat es ihm weh, weil er nur zu genau wußte, was auch anderen nicht verborgen war, daß diese Aussetzungen wörtlich diejenigen Gottfried Kellers waren, der, wie Conrad Ferdinand Meyer erfuhr, je nach Stimmung „lobe oder schimpfe“.

Kinkel, der am 8. Februar 1880 in Kilchberg Besuch machte, fand den „Heiligen“ „vorab höchst kurzweilig“. Die Urteile anderer Freunde, die allerdings zu den ästhetisch Ungebildeten gehörten, waren „geradezu haarsträubend und völlig desorientiert“.

Auch die Äußerungen Scheffels und Laubes, denen beiden der Verleger ein Exemplar der zweiten Auflage hatte zukommen lassen, klangen nicht eben sehr warm. Scheffel schrieb am 7. Mai 1880 aus Radolfzell an Häffel: „Ihren freundlichen Gruß herzlich erwidernd, sage ich besten Dank für die Zusendung von Conrad Ferdinand Meyers Novelle ‚Der Heilige‘, in welcher sich ein schönes Erzählertalent und gediegenes historisches Studium in sehr erfreulicher und ansprechender Weise bekunden.“ Laubes fast gleichzeitig in Leipzig anlangende Zeilen verraten ebenfalls nur zu deutlich, daß ihm der große Wert der neuen Schöpfung nicht aufgegangen war: „Ich danke Ihnen, lieber Freund, für den ‚Heiligen‘. Das ist ein tüchtiges Buch, welches ich unter voller Anerkennung und mit Vergnügen gelesen habe.“

Meyer nahm wahr, daß der Widerstand wächst, je Besseres man leistet. Er fühlte sich die Freude an der zweiten, wenige Wochen nach der ersten nötig gewordenen Auflage einigermaßen vergällt und begann dem Lobe zu mißtrauen. „Ich gestehe Dir,“ schrieb er am 18. Juli 1880 der Schwester, „daß ich den Boden der öffentlichen Meinung für einen so unsicheren und unwahren halte, daß ich mich an diesem Lob, welches mir sicherlich ebensoviel Neid eintragen wird, nicht freuen kann."

Er marschierte vorwärts, seinem Stern vertrauend: „Ich
hoffe, wenn ich Leben und Gesundheit habe, noch sehr vorwärts
zu kommen." Im Frühling 1880 machte er sich, nachdem er
den „Komtur" abermals erwogen, fleißig an eine „Toggenburger
Novelle", die er jetzt nicht mehr wie zuerst „Zusammengebundene
Haare", sondern „Der Dynast" nennen wollte (20. April). Schon
einen Monat später sah er sich genötigt, ihn zurückzulegen, weil
er zu große Proportionen angenommen hatte. Das Schwanken
beunruhigte ihn etwelchermaßen. „Ich muß entschieden ordentlicher werden, sonst komme ich zu nichts bei den besten Jahren."
Doch tröstete er sich, daß immer vier schöne Stoffe gesichert
seien. Er griff von neuem zum „Dynasten", den er (30. April
1880) „so ziemlich komponiert zu haben glaubte". Dann schrieb
er, indem er das große Werk wieder beiseite legte, für das
„Zürcher Taschenbuch" eine Kleinigkeit nach einem Manuskript
von Edmund Dorer: „Kleinstadt und Dorf um die
Mitte des vorigen Jahrhunderts". Es ist ein
Ausschnitt aus der Biographie des bekannten Arztes und Philosophen J. G. Zimmermann aus Brugg (1728—1795), dessen
Bild Goethe in „Dichtung und Wahrheit" mit wenigen genialen
Zügen entworfen hat.

Im Frühling 1881 überlegte er sich einen epopöenartigen
Roman mit imponierender Hauptfigur, der im vierzehnten Jahrhundert spielen sollte, und nahm, da er entschieden „zum Lokaldichter avancierte", einen „Sängergruß" nebst einem Prolog
„Zur Heimfeier" in Aussicht. Der „Sängergruß" kam nicht zu
stande, während er zur Totenfeier und Denkmalsenthüllung
des Musikers Ignaz Heim (1818—1880) wirklich eine Dichtung
stiftete, die 1881 erschien und folgenden schönen Schluß hat
(das Lied spricht, zu den Sängern gewendet):

> Das ist an euch des Liedes Abschiedswort.
> Der Meister lebt in euren Seelen fort!
> Beharrt in meinem Dienst! Ich sänftige
> Der Pulse raschen Schlag. Besingt den Becher,
> Den Kuß, besingt das teure Vaterland —
> Es ist das allerschönste Land der Welt!

Doch Höh'res gibt es noch, das wisset ihr:
Der Menschheit Wanderschritt und Heereszug
Nach ihren fernen, aber guten Zielen!
Daran hat unser edler Freund geglaubt,
Daran in hellen Stunden sich gefreut,
Daran getröstet sich in dunklen Stunden.
Im Lebenskampf vor seinem Blicke schweben
Sah er den Kranz verklärter Menschlichkeit.
Dem ringet nach, wie er! Hinan! Empor!

Damals begann er unablässig und in Stimmung an seiner Gedichtsammlung zu arbeiten, die er um jeden Preis absolvieren und im Herbst veröffentlichen wollte. „Bis heute," schrieb er am 23. April 1881 der Schwester, „blieb ich in Zug und Stimmung und hoffe — wenigstens im großen und ganzen — nichts verdorben zu haben." Aber als er die kleine Novelle „Plautus im Nonnenkloster" daneben skizziert hatte, die er sich als eine unedierte Facetie des Poggio dachte, schritt er auch bald zur Ausführung und entschloß sich dann, die Lyrika noch in einer Winterstimmung zu kontrollieren.

„Plautus im Nonnenkloster" verkörpert in komischer Maske die drei Bedingungen der Reformation: die Verweltlichung des hohen, die Vertierung des niederen Klerus und den ehrlichen Fond in der deutschen Volksseele" (an Fr. v. Wyß 21. November 1881). Diese welthistorischen Kräfte und das verschiedene Verhalten des romanischen und germanischen Geistes zur Reformation sind hier unvergleichlich verdeutlicht und in eine geschlossene und anscheinend völlig absichtslose Handlung umgesetzt, die der Dichter, wie er an Freund Rahn schrieb, von A bis Z erfunden hat.

Kaum war die Novelle unter Dach, so mußte er sich an die Revision des Hutten machen, dessen zweite Auflage erschöpft war. Er „vermännlichte und verwilderte" ihn, wie er mir schrieb, und erteilte der Schwester über die Durcharbeitung und ihre Absicht folgenden Aufschluß: „Heute (24. August 1881) gehen die letzten Korrekturbogen des Hutten ab. Nie habe ich so gearbeitet (die letzte Nummer wenigstens zehnmal) wie in diesen Tagen und natürlich ohne jeden Freundesbeistand. Im großen ganzen halte ich den Wurf für gelungen. Häffel hat das Unglaubliche an Geduld geleistet." ... (31. August) „Häffel drängte so sehr, daß ich nur Zeit fand, einige Stücke Calmberg flüchtig vorzulesen, welcher zustimmte. Das ist meine ganze Garantie. Gearbeitet habe ich freilich mit der äußersten Gewissenhaftigkeit und — ich glaube — mit Stimmung. Doch, wie gesagt, ich bin nicht ganz zuversichtlich, da die Änderung eines beliebten Buches alle — und nicht mit Unrecht — Vorurteile gegen sich hat. Warum ich es nicht unverändert wieder abdrucken ließ? Weil mir wirklich der Abstand meines Hutten von dem realen Hutten unleidlich war. Es kam mir vor wie eine Lüge. Mit Wille wechsle ich oft ein Briefchen, auch habe ich ihm die Korrekturbogen, soviel ich konnte, mitgeteilt." Nach überstandenen Mühen schrieb er dem Freunde, es sei ihm eine w a h r e H e r z e n s s a c h e gewesen, „dem frechen Ritter gerecht geworden zu sein". (13. September 1881.)

Unausgesetzt tätig stellte er 1882 das Manuskript der Gedichtsammlung druckfertig. Sie ist die bedeutendste der deutschen Literatur seit Mörikes Gedichten. Zwar fehlt ihr fühlbar Jugend, Leidenschaft und das Liedermäßige. Aber sie besitzt durchweg einen besonderen, schönen und neuen Ton, eine ganz reine, untadelige innere und äußere Form, vollkommene Deutlichkeit und Plastik, eine reiche Phantasie, die eine Fülle eigener Motive gewinnt und gestaltet, ohne je ins Gesuchte, Seltsame oder Phantastische zu geraten. Vielmehr entspringen diese Vorwürfe ungezwungen Situationen und Stimmungen, die tausend andere auch erleben, z. B. dem Anwohnen am Seegestade und den Bergaufenthalten. Sie sind gehoben und geadelt durch die feine, im besten Sinne vornehme und bedeutende Persönlichkeit, die sich in jeder Zeile ausdrückt. Sie sind ins Erlebte und Empfundene gewendet, wie denn die spezielle Lyrik Meyers in hohem Grade das Schicksalsmäßige atmet.

Kaum waren die Gedichte an Häffel abgegangen, so machte sich der Dichter an eine Novelle, worüber er am 8. März der Schwester schrieb: „Gearbeitet habe ich seither viel und ernsthaft, aber ziemlich langsam, da ich eben alle Ämter: Entwurf, Kritik, Vollendung besorge." Die Frucht der Arbeit war der „P a g e L e u b e l f i n g". Auch das Porträt der M a t h i l d e

Es der war schon fertig, als die Novelle im Sommer an Rodenberg abging.

In ihr vereinigen sich zwei Elemente: die poetische Neigung zu Gustav Adolf und ein durch Goethes Egmont hervorgerufenes psychologisches Problem. Für den Historiker und überzeugten Protestanten C. F. Meyer stand der große Schwedenkönig in einer Reihe mit Hutten, Coligny, Herzog Rohan und schließlich auch mit Jenatsch und seinen Mitstreitern. Wie Schiller mit einem Epos, so gedachte Meyer ihm mit einem Drama beizukommen, wobei er sich als Verschuldung des Helden aussann, daß er in seines Herzens Tiefen die deutsche Krone begehrte, die nur einem Deutschen gebühre (25. September 1881 an L. von François). Allein die „geringen dramatischen Opportunitäten" des Stoffes machten ihn stutzig, so daß er die große Figur schließlich genrehaft zur Lösung eines Motivs verwandte, worauf ihn Goethes Egmont gebracht hatte: er wünschte ein Gegenstück zu schaffen zu Clärchen, eine Jungfrau, die, als Mann verkleidet, dem vergötterten Feldherrn in den Krieg folgt, ohne daß dieser von ihrem Geschlecht und ihrer Liebe eine Ahnung hat, eine Möglichkeit, die bei Gustav Adolfs starker Kurzsichtigkeit denkbar war. So erzählte mir der Dichter in Königsfelden.

Im März 1883 veröffentlichte er im „Magazin für die Literatur des In- und Auslandes" ein Aufsätzchen „Gottfried Kinkel in der Schweiz", das, gleich gerecht und mild gegen den Menschen wie gegen den Dichter, den letzteren mit wenigen Strichen vorzüglich charakterisierte: „Kinkel war ein Geist aus der Familie des Ariost. Seine Freude an einem bald gelassen schlendernden, bald beschleunigten epischen Wanderschritt, der Wechsel von Pathos und flottem Fabulieren, die heitere Sinnlichkeit, die Verwandtschaft mit dem bildenden Künstler, das nicht empfundene Bedürfnis tieferen Charakterisierens, der durchsichtige, weder magere noch überladene, in seiner Art untadelige Vortrag, sogar die betrachtende Einleitung jedes einzelnen Gesanges erinnern — versteht sich mit dem Unterschiede der deutschen und welschen Natur und der Energie der Begabung — an den großen Ferraresen."

Im April spendete er ein Hochzeitskarmen zur Vermählung seines Schwagers, im Mai ein Festgedicht zur Eröffnung der schweizerischen Landesausstellung. Der Sommer reifte die ergreifendste seiner kleinen Erzählungen, „Das Leiden eines Knaben", worin er, mehr als selbst die Schwester ahnte, Stimmungen seiner gequälten Jugend durchblicken ließ. Dann rückte er mit seinem Verwandten, dem er „Die Leiden" und überhaupt seit einem Jahr alles diktiert, das Manuskript zur zweiten Auflage seiner Gedichte zurecht, schrieb für die „Deutsche Rundschau" das Lutherlied und schloß für sie die „Hochzeit des Mönchs" ab.

Auch sie bereitete ihm, wie der „Heilige", anfänglich allerlei Enttäuschungen, deren er sich nicht versah. An Luise von François, mit welcher er seit Ostern 1881 Briefe wechselte, sandte er das einzige Korrekturbogenexemplar. „Es hat auf sie einen wahrhaft abschreckenden Eindruck gemacht ... ich fürchte, liebste Betsy," fügt er schalkhaft hinzu, „du hast mir diese Peinen und Plagen ein bißchen zugebetet, zu meiner Erziehung." (25. November 1883.) Seine Züricher Freunde zogen sich vor dem „Mönche" zum Teil vorsichtig zurück, und Kellers Lob schien ihm von fragwürdiger Echtheit: „Wie weit es Keller mit seinen Elogen ernst ist, weiß ich und vielleicht er selbst nicht recht." (10. Dezember 1883.) Um seine Absicht klarzulegen und einen Einwand der Schwester zu entkräften, schrieb er ihr im nämlichen Briefe: „Eine kleine Erwiderung: meine Fabel verlangt eine explosive Luft, und unter Ezzelin war sie wohl so in Padua. Die ‚Ironie' (Vorweisung des poetischen Werkzeuges ꝛc.) soll allerdings mildern, ist aber zugleich ein untrüglicher Grabmesser der entfalteten Kraft, da sie (die Ironie) alles Schwächliche sofort umbringt. Dann schien mir, ein Dante müsse ‚erfinden', nicht erzählen." Schon vorher hatte er sich Wille gegenüber folgendermaßen geäußert: „Es ist die erste von drei Kaisernovellen, welche ich entworfen habe, und sie hat — wenn ich mich nicht täusche, was auch möglich ist — einen größeren Stil als meine bisherigen Sachen :.. ich habe sie meinem Vetter sozusagen aus dem Stegreif in die Feder diktiert und bin selbst begierig zu betrachten, welch einem Ungeheuer ich das Leben gegeben habe." (13. November 1883.)

In der „Hochzeit des Mönchs" sind drei Aufgaben neben- und zum Teil durcheinander gelöst.

Zunächst das wundervoll durchgeführte tragische Novellen- motiv: „… wenn nämlich ein Mönch nicht aus eigenem Triebe, nicht aus erwachter Weltlust oder Weltkraft, nicht weil er sein Wesen verkannt hätte, sondern einem anderen zuliebe, unter dem Druck eines fremden Willens, wenn auch vielleicht aus heiligen Gründen der Pietät, untreu an sich wird, sich selbst mehr noch als der Kirche gegebene Gelübde bricht und eine Kutte abwirft, die ihm auf dem Leib saß und ihn nicht drückte." Kaum aus den Klostermauern herausgerufen und sofort, um den Stamm zu erhalten, mit der Braut seines ertrunkenen Bruders verlobt, fällt er der Leidenschaft zu einer anderen an- heim und geht, wehrlos gegen Leben und Leidenschaft, an diesem Konflikt zu Grunde.

Die zweite Aufgabe betrifft die Form. C. F. Meyer besaß die ungewöhnliche Neigung und Gabe, den Vortrag dadurch zu komplizieren und zu würzen, daß er nicht selbst erzählt, sondern einen anderen erzählen läßt, also die Neigung zum Rahmen: von seinen elf Erzählungen sind fünf einem anderen in den Mund gelegt. Jedesmal hat er dieses Kunstmittel auf eine höhere Stufe und schließlich zu solcher Virtuosität gebracht, daß ein Darüberhinaus schlechterdings unmöglich und er, nachdem er dieser Technik das Äußerste abgerungen, wenn er sich nicht wiederholen wollte, gezwungen war, diesen Künsten zu entsagen und zum einfachen Vortrag zurückzukehren, wie die „Versuchung des Pescara" und „Angela Borgia", sowie u. a. das Fragment des „Dynasten" bezeugt.

Schadau im „Amulet" zeichnet für sich seine seltsamen Er- lebnisse auf, und der Dichter überträgt die vergilbten Blätter in die Sprache unserer Zeit, was eine gedämpfte altertümliche Färbung ermöglicht und rechtfertigt. Ein eigener Reiz des „Heiligen" liegt in dem Kontrast zwischen der Fähigkeit des Armbrusters, die äußeren Vorgänge scharf zu beobachten, und seinem Unvermögen, die treibenden Seelenkräfte zu begreifen. „Plautus im Nonnenkloster" und „Das Leiden eines Knaben" bringen als Neues einen engeren Kontakt zwischen Erzähler und

Zuhörer, und daß die Erzähler gewisse Absichten verfolgen: während Poggio, der eigentliche Schöpfer und zugleich unkontrollierbare Berichterstatter der Fabel, im Brennpunkte der Geschehnisse und der Teilnahme seiner Zuhörer steht, ist weder der Erzähler Fagon, noch selbst der Sohn des Marschalls die Achse des Interesses, sondern es ist der König, um den sich alles dreht.

Die höchste Stufe der Rahmenkunst betritt Meyer in der „Hochzeit des Mönchs". Er macht keinen Geringeren als Dante zum Erzähler und zeichnet dabei ein Porträt des großen Epikers, wie wir kaum sonst ein gleichartiges besitzen.

Die dritte Aufgabe heißt: die Darlegung der Technik der Novelle. Schadau, Hans der Armbruster, Poggio und Fagon erzählen etwas Geschehenes; Dante erfindet in Gegenwart der Zuhörer, indem er seine Geschichte aus einer lateinischen Grabschrift herausspinnt: hic jacet monachus Astorre cum uxore Antiope. Sepeliebat Azzolinus. Das eine Besondere ist, daß die Geburt des Motivs und alle Grade seiner Durchbildung mit poetischer Willkür zusammengedrängt sind auf einen Winterabend am Herde; das andere, daß Dante die im Kreise gelagerten und sitzenden Zuhörer schlankweg und bis auf die Namen als Modelle benutzt, nicht ohne dabei anerkennend oder ausfallend seine Stellung zu ihnen zu markieren.

Diese dritte von C. F. Meyer gelöste Aufgabe stellt einen der merkwürdigsten und aufschlußreichsten Beiträge zur Poetik dar. Er hat damit eine monumentale Symbolisierung der Aufgaben und des Verfahrens des Epikers und schließlich auch des Dramatikers geschaffen, und es ist zweckentsprechend, daß diese großstilige Formulierung dem größten Epiker des Mittelalters zugeteilt wird.

Noch vor Jahresschluß trat er an die magna peccatrix, die „Richterin", heran, von der es ihm damals deutlich wurde, daß er sie in eine sehr frühe und wilde Zeit setzen müsse, weil „die etwas großen Gestalten eine geräumige Gegend und wilde Sitten" erforderten. (An L. von François.)

Von den, wie er mir selber bezeugte, zahlreichen Metamorphosen, welche die „Richterin" durchlief, ist „Clara" die älteste greifbare und vermutlich die älteste Gestaltung überhaupt. Als ihn zwanzig Jahre nach diesem ersten Versuch die Hochzeitsreise nach Korsika führte, erschien ihm der halbwilde und an Besonderheiten reiche Inselboden als der richtige Untergrund für das Motiv. Denn jene erwähnte, nie ausgeführte „korsische Novelle" enthielt nach der Mitteilung der Schwester die Keime zum „Mönch" und zur „Richterin". Endlich verknüpfte er das Los der großen Frauenfigur mit der ihm stetig sympathischer werdenden des Hohenstaufen Friedrichs II. und zwar in einer Gestaltung, die jedenfalls der letzten unmittelbar voraufgeht: die Großen der Insel Sizilien, das ist der Inhalt, haben sich in eine gegen Friedrich gerichtete Verschwörung eingelassen, wofür sie nun, um sich von der Strafe loszukaufen, auf gewisse, bisher behauptete Rechte verzichten müssen. Nur Stemma, die Herzogin und Richterin von Enna, verweigert einen solchen Verzicht, weil sie an der Verschwörung nicht teilgenommen habe. Der Kaiser und sein Kanzler, Petrus Vinea, suchen auf anderem Wege zum Ziel zu kommen, indem sie auf die an einer Stelle dunkle Vergangenheit der Widerspenstigen zurückgreifen, auf den jähen und unaufgeklärten Tod ihres Gatten. Sie hoffen, eine Schuld der Herzogin aufzudecken und ihren Widerstand zu brechen. Hier endet der Entwurf, den Meyer aufbewahrte, wahrscheinlich wegen der sorgfältigen und ausgeführten Charakteristik des Staufers, die er in der damals bereits geplanten Novelle „Petrus Vinea" zu verwerten gedachte, welche den Konflikt zwischen dem Herrscher und seinem Kanzler zum Gegenstand haben sollte.

Auch jetzt, trotzdem er schon drei Dezennien mit ihm gerungen, vermochte er den ungebärdigen Stoff der „Richterin" nicht zu bändigen, sondern gab ihn vorläufig wieder frei, nachdem er streng daran gearbeitet hatte, wie er im März 1884 der Schwester meldet. Er verfaßte zur Feier des 5. Mai, des Ankunftstages der reformierten Locarner in Zürich (1555), ein Gedicht, in der Einleitung den Vater erwähnend, der die Schicksale der um ihres Glaubens willen aus Locarno vertriebenen Anhänger der neuen Lehre geschildert hat:

Es war ein wolkenloser Maientag,
Die blaue Flut mir kühl zu Füßen lag,
Ein blühnder Lindenbaum beschattet' mich,
In meinem Buch ein Wind die Blätter strich;
Ich legt' es sachte voller grünen Scheins
Auf das Gesims des morschen Mäuerleins.
Es ist mir über alle Drucke lieb
Und glaubenswürdig, weil's der Vater schrieb.
Es handelt von der Locarneser Wesen,
Sie ließen einen üpp'gen Garten liegen
Und haben sich den Wanderstab erlesen,
Mit dem sie Schnee und Alpen überstiegen ...

In den Augusttagen 1884 besuchte ihn Luise von François in Kilchberg, die ihm als merkwürdige, sehr ausgeprägte Persönlichkeit erschien. Damals nahm ihn die fünfte Auflage des „Hutten" in Anspruch, die er sorgfältig überging, alte Lesarten oft wieder zu Ehren ziehend. Er beendigte ihn dann zu Richisau in der Sommerfrische, wie auch die Buchausgabe des „Mönchs", deren Publikation er monatelang verschob, weil die Schöpfung in der Lesewelt eine gewisse Aufregung veranlaßt hatte, eher als Beifall und Sympathie, und weil der Dichter die öffentlichen Stimmen nicht schon wieder zu wecken begehrte. Er war vorübergehend seinen eigenen Namen gründlich satt geworden, nachdem gegen den Jahresschluß 1883 in Neigung und Abneigung wieder so viel über ihn gedruckt worden war.

Noch in Richisau hatte er sich das Ziel gesteckt, am „Dynasten" zu arbeiten, sobald er nach Kilchberg zurückgekehrt sein würde. Aber wieder stand er davon ab, um alle Kraft der „R i c h t e r i n" zuzuwenden, über die er schon am 1. Mai 1884 an Wille geschrieben hatte: „Meine ‚Richterin' ist eine schwere Aufgabe, doch habe ich mich eingebissen und werde mich durchbeißen." Während des Winters 1884/85 saß er unermüdlich über der Arbeit und förderte sie im Frühling und Sommer so weit, daß das Manuskript abgeschlossen war, als er Ende Juli nach dem Splügen aufbrach.

„Die Richterin" ist ein Hohelied des Gewissens. Die Heldin, die magna judicatrix, ist zugleich eine magna peccatrix. Niemand weiß um ihr Verbrechen, niemand kann darum wissen, sie hat keine Entdeckung zu fürchten. Aber das Gewissen arbeitet in ihr und macht sie zunächst zu einer Pedantin des Rechts, so daß sie eine förmliche Rechtfertigung und Reinigung vor allem Volke anstrebt und erreicht. Dann arbeitet es weiter, bis sie sich selbst verrät, Bekenntnis ablegt und Gift nimmt. Mit dem Moment des belasteten Gewissens ist ein sekundäres verknüpft, das der sündigen Geschwisterliebe. Das Bekenntnis der Richterin ermöglicht das Glück ihrer Kinder, indem es offenbart, daß sie nicht Geschwister sind, daß ihre Liebe nicht Geschwisterliebe und ihre Verbindung also erlaubt ist.

Fabel und Figuren sind freie Erfindung, Ton und Gang der Novelle die der hohen Tragödie. Meyers Individualität lebt sich in dieser Schöpfung am stärksten aus. Das Monumentale, die große Kunst, seit dem Amulet schrittweise gesteigert, geht hier bis zur Grenze. Alles ist groß: Menschen, Leidenschaft, Landschaft. Meyer fand keinen Stoff mehr, der ihm dieses tiefe Atemholen, diese Bewegungsfreiheit gestattet hätte, diese Emanzipation vom Stofflichen, die große Linie, die breite Behandlung, die Unterdrückung des Details.

In dieses Jahr 1885 fällt auch die Festkantate, gedichtet zur Einweihung des von Natter geschaffenen Zwinglidenkmals:

> ... Du warfest die Körner und warfest sie weit
> In die dunklen, die schwellenden Furchen der Zeit.
> Du säest noch immer, du säest noch fort,
> Es bleibt und gedeihet das göttliche Wort.
>
> ... Du hobst in des Münsters verdunkeltem Chor
> Die Hände zu hellem Gebeten empor,
> Du gabst für die künft'gen Geschlechter dich dar,
> Du bist unser Hauptmann, wir sind deine Schar.

Wieder trat die rätselhafte Gestalt des letzten Toggenburgers in den Vordergrund. „Jetzt zieh' ich," meldete er Mitte September 1885 dem Freund Wille, „die Grundlinien des Dynasten, zum Teil nach früheren Niederschriften. Sie erinnern sich vielleicht des letzten Toggenburg, welcher der Schweiz den Bürgerkrieg hinterließ. Der geschichtliche Rohstoff ist unermeßlich und schrecklich abstrus. Ich werde stark umbilden, die breite Romanform wählen und vor allem fleißig sein müssen." Aber im

Frühjahr (März 1886) zweifelte er, „daß der Dynast das nächste das Licht Erblickende von mir sein wird. Die senile Leidenschaft der Habsucht zu schildern, komme ich immer noch früh genug. Überdies wird die Dramaversuchung immer stärker. Auch tentieren mich jetzt die größeren ausländischen Stoffe viel mehr — es ist eine Art Reiselust."

Im Winter 1885/86 suchten ihn hartnäckige Halsaffektionen heim, die etwas Nichtendenwollendes hatten, das reizte und entmutigte. Mitte Januar 1886 geheilt, ging er sofort wieder an die Arbeit. Er feilte und änderte an „Engelberg", das in einer zweiten Auflage erschien. Im Sommer steuerte er zur Sempachfeier das herrliche, in Hunderttausenden von Exemplaren verbreitete Festgedicht bei:

<blockquote>

Die Ritter standen eisern Speer an Speer,
Vor ihnen blutete das Hirtenheer,
Da rief ein Frommer: „Schreitet über mich!"
Sprang, stürzte, zwanzig Speere senkten sich,
Von zweier Arme Riesenkraft umfaßt,
Und knickten unter eines Mannes Last.
In wunde Stücke brach die Eisenwand,
Und durch die Lücke drang das Vaterland...

Und wieder, da der Sempachtag sich neut,
Umstehn wir unsern toten Helden heut,
Vom blühnden Tale bis zum ew'gen Eis
Allüberall ertönen Dank und Preis,
Und auf der Sehnsucht Windesflügeln eilt
Heim, heute heim, wer in der Fremde weilt;
In Nord und Süd, an aller Meere Strand
Ist jeder Schweizer heut im Vaterland.

Da liegt, der scheidend Weib und Kind umschlang
Und dann für uns in Todesspeere sprang.
Wir heben ihn aus dem Gefild der Schlacht,
Wir öffnen ihm die Vaterarme sacht,
Wir, seine Söhne, voller Schmerz und Lust,
Wir ziehen ihm die Spitzen aus der Brust,
Wir fühlen, was sein blutend Herz empfand:
Süß ist das Sterben für das Vaterland...

</blockquote>

Im Frühjahr 1886 hatte er einen schon oft erwogenen Stoff vorgenommen: Die Aufhebung des Frauenklosters

Königsfelden. Aber schließlich mußten die Nonnen dem Pes=
cara weichen. Der Dichter teilte dem Freunde in Mariafeld
über das Thema Pescara folgendes mit: „Bis tief ins Frühjahr
hinein hatte ich mit Rheumatismen zu tun, die nun gewichen
sind, aber eine Erkältbarkeit zurückgelassen haben, mit der sich
nicht wird scherzen lassen, wenn ich vor oder mit dem Jahre
meine neueste Novelle beendigen will. Ein bedeutender Stoff,
italienische Spätrenaissance (1525), an dem ich nicht begreife, daß
man so lange vorbeigehen konnte. Hier wieder liegt das Drama
so nahe, daß ich es nicht verschwöre, nicht jedoch, ohne vorher das
Thema in Novellenform durch die Rundschau verbreitet zu haben.“
(12. August 1886.) „Ich bin an meiner Renaissancenovelle und
lege mir manche Entbehrung auf, um mich nicht zu zerstreuen.“
(15. November 1886.) „Ich bin gegenwärtig mitten in meiner
Novelle, wo es hoch hergeht. Kopf und Stimmung sind gut,
aber der Hals, der Hals! von einer unglaublichen Erkältbarkeit.“
(23. November 1886.) „Mein Pescara wächst, doch habe ich
ihn vorsichtshalber erst zur Eröffnung des neuen Jahrgangs der
Rundschau (Oktoberheft) versprochen. Es steckt viel Renaissance
und noch einiges andere darinnen.“ (3. März 1887.) Im April
1887 wünschte er zwei noch ungeschriebene Kapitel mit der
Schwester zu besprechen, am 9. Mai schrieb er an Wille: „Ich
vollende den Pescara, welchen ich voller behandelt habe als
irgend etwas Früheres.“ Am 3. Juli war die Schöpfung fertig,
„nach strenger Arbeit“.

Im Gegensatz zur frei erfundenen „Richterin“ behandelt die
„Versuchung des Pescara“ einen welthistorischen Vorgang. Die
italienischen Patrioten ersehen Pescara, den ersten Feldherrn
Karls V., zum Haupt einer Verschwörung, die Italien von der
Fremdherrschaft befreien soll; wider alles Erwarten weist er
das Ansinnen von sich und liefert diejenigen, die es an ihn
gestellt, seinem Herrn, dem Kaiser, aus. Das ist Tatsache,
ebenso, daß er bald nachher rasch und unvermutet starb, noch
nicht vierzig Jahre alt.

C. F. Meyer bringt dieses dunkle Ende mit der Haltung gegen
die Verschwörer in Verbindung. Er erfindet einen Lanzenstoß,
der in der Schlacht bei Pavia die Lunge des Feldherrn traf,

was außer dem Arzte niemand weiß, selbst nicht die geliebte
Gattin Vittoria Colonna. Er ist unheilbar. Seine Wege in
die Zukunft sind verbaut. Freilich flüstert überall zwischen den
Vorgängen der Gedanke: vielleicht erlag er der Versuchung,
wenn er gesund war. Davor behütet ihn zum voraus die nahe
Sterbestunde. Sie behütet ihn nicht nur, sie läutert und adelt
ihn. Hier vertieft der Dichter den Stoff, indem er einen Ab-
glanz seines Innern hineinlegt. Dadurch erhält der Gegenstand
Würde und Tragik. Meyer hat die großen, wesentlich von ihm
selbst geschaffenen Momente folgendermaßen bezeichnet: „1. Die
männlich-rührende Ergebung des Helden in sein Los. 2. Die
Veredlung seines Charakters (karg, falsch, grausam) durch die
Nähe des Todes. 3. Die Aufregung und leidenschaftliche Bewegung einer ganzen Welt um einen ‚schon nicht mehr Ver-
suchbaren‘. 4. Die Fülle von Zeitgestalten. 5. Die Symbolik.
Das sterbende Italien bewirbt sich unwissentlich um einen sterbenden Helden.“ (5. November 1887 an H. Hässel.)

Die Dichtung atmet den tiefen, doch gefaßten Schmerz eines
heimlich Erlöschenden, um den die mächtigen Weltereignisse sich
vollziehen, in die er einzugreifen bestimmt war, wenn seine
Kraft erhalten blieb. Das macht, nach des Dichters eigenem
Geständnis, das Werk vorwiegend lyrisch. Es hat weder Handlung, dem Titel zum Trotz keine Versuchung und nur eine
Situation: die Täuschung der Versucher und das allmähliche
Hervortreten der Todeswunde. Die Täuschung der Versucher,
der Kern der Geschehnisse, hat freilich im Grunde etwas Widerwärtiges, und es bleibt zum mindesten fraglich, ob die Veredlung des Sterbenden mit seiner kurz vorher betätigten Gesinnung übereinzubringen ist.

C. F. Meyer schrieb einmal an Rahn, daß sein Leben über
dem Suchen nach großen Stoffen verrinne. Fraglos ist der
Pescara ein interessanter, aber kein großer Stoff. Wie weit
der Dichter darüber im klaren war, ist nicht auszumachen. Der
damals dahinsiechende deutsche Kronprinz, dessen Schicksal ihm
zu Herzen ging, sehr wahrscheinlich auch der häufige Gedanke,
mit seinem Lebenswerk nicht fertig zu werden, mögen ihm das
Thema nahegerückt haben, das er, gegen seine Gewohnheit,

offenbar nur kurze Zeit, bevor er an die Bearbeitung ging, mit sich herumgetragen hat.

„Sie können sich denken," schrieb er mir Ende Oktober 1887, „mit welcher Freude ich meine Augen auf das entstehende Neue richte." Er fühlte sich in diesem Winteranfang behaglich, jedes frühe Einnachten und Lichteranzünden dünkte ihn ein Fest. Wenn ihm auch die vielen Briefe von Toren und Törinnen, die ihm der „Pescara" zuzog, den Geschmack an der Literatur vorübergehend etwas verdarben, er freute sich seiner aparten Stoffe, die er noch im Vorrat hatte. Freilich erlebte er innerlich wieder unruhige Stunden. „Die Sache ist," bekennt er Ende November den Mariafelder Freunden, „daß mein Heinrich V. an mir zehrt und arbeitet und mir vorübergehend meine Gutmütigkeit raubte."

Doch nun verfiel seine dichterische Betätigung einem Stillstand, der nur noch ein einziges Mal unterbrochen werden sollte.

<hr>

Dunkle Vorboten

Hatte sich manches glücklich vereinigt, Conrad Ferdinand Meyer das Leben zu erleichtern und seine Gesundheit zu schonen und zu kräftigen, so begannen nun doch die angestrengte und anstrengende Art seines Arbeitens, die Jahre, sowie die von Hause aus nicht eben starke Konstitution ihre Rechte gebieterisch zu fordern.

In der zweitletzten Woche des Jahres 1887 schüttelten ihn rheumatische Fieber tüchtig, am ärgsten am Weihnachtstag, während er Gäste hatte und sich kaum zu halten vermochte. Sie wichen sehr langsam, und namentlich der Hals, von jeher sein empfindlicher Teil, litt unter andauernder Entzündung. Nachdem diese endlich beseitigt war, stellten sich infolge der Eingeschlossenheit und des völligen Mangels an frischer Luft körperliche und nervöse Nachwehen und Mißstände ein, welche die äußerste Schonung verlangten, zumal die Witterung fortgesetzt widrig blieb. Er sah bereits voraus, daß er für lange Zeit eher ein gehendes als schreibendes Leben zu führen haben werde,

absolut frei von allen literarischen Verpflichtungen, Versprechen
und Terminen.

Ein ungemein hartnäckiger chronischer Nasenkatarrh und
andere schlimme Dinge, Beängstigungen nervöser Art, quälten
ihn. Im April 1888 konnte er die Schwester nur für eine Stunde
sehen — „und vor allem", bat er sie, „bete für mich Tag und
Nacht!" Wegen Atemlosigkeit vermochte er monatelang die
Mahlzeiten nur stehend einzunehmen und machte, wie er mir
zur Zeit der Heilung sagte, alle Empfindungen und Gefühle
des Gehängtwerdens durch. Im Mai begab er sich für einige
Tage nach dem Kurort Gottschalkenberg, fand aber keine Linde-
rung. „Wie viel Nervosität," schrieb er mir nach der Rückkehr,
„bei einer sonst so nervösen Natur, wie die meinige, mitspielt,
ist nicht zu bestimmen; aber ich bin in einem elenden Zustande,
wovon ich nicht gern spreche."

Eine im Sommer vorgenommene galvanokaustische Kur erzielte auf die erkrankten Nasenschleimhäute nur geringe Wirkung. „Hoffnung," schrieb er mir, „die mich in dieser Prüfung
oft geäfft hat, habe ich vielleicht behalten, mag sie aber nicht
aussprechen und halte sie gleichsam geheim, aus Furcht, von
der Zukunft dann gerade erst recht Lügen gestraft zu werden."
Da er Alpenluft und Gasthaus nicht ertragen hätte, suchte er
Mitte Juli das seinem Schwager gehörende Gut Steinegg im
Thurgau auf, dessen Waldluft und mäßige Höhe für ihn das
verhältnismäßig Beste waren, zunächst aber kaum Hilfe brachten.
„Das eigentliche Übel, der Nasenkatarrh, ist noch in keiner Weise
oder wenigstens nur unmerklich im Weichen begriffen. Vergiß
meiner nicht vor Gott!" (2. August 1888.) „Was mich ernst
stimmt und mir die Zukunft ungewiß erscheinen läßt, ist das
hartnäckige Beharren der Brustbeklemmungen." (4. September
1888.)

Ende September nach Kilchberg zurückgekehrt, fand er, es
habe mit ihm kaum zu bessern angefangen; noch zog ihm das
Reden schlechte Nächte zu. Am 8. Oktober meldete er auf
meine Anfrage: „Zwar mein Übel bin ich nicht los, höchstens
daran gewöhnter; bringt aber der Winter keine Komplikation
und habe ich den Mut, das mir geratene strenge Regime durch-

zuführen, könnte es vielleicht wieder besser werden und ich sehr
allmählich genesen.“ Zwei Wochen später schrieb er an Wille:
„... aber ich fühle mich doch — wofür ich dankbar bin — lebens=
stärker als seit lange, was ohne physische Besserung doch wohl
nicht möglich wäre. So darf ich hoffen — mit Bescheidenheit.
Mir sollte es recht sein, noch einen Gang du banquet de la vie
mitzumachen. ... Im Frühjahr war ich so danieder, daß ich
— außer der Frau — durchaus niemanden vertragen konnte.“

Mitte November bedünkte ihn, es gehe ihm läßlich und
leidlich. Ich besuchte ihn wieder für ein Stündchen, nachdem
ich ihn beinahe ein Jahr lang nicht mehr hatte sehen dürfen.
Als ich einige Wochen später den Besuch erneute, hatte seine
Besserung sichtliche Fortschritte gemacht. Er berührte die über=
standene ungute Zeit nur kurzhin, indem er bemerkte: „Es war
ein starkes Schütteln an diesem Baum! Ich hatte die Flinte
schon ins Korn geworfen.“

Weil er in vielen bitteren Stunden an der Genesung ver=
zweifelt war, beglückte sie ihn doppelt, da sie endlich erschien:

> ... Da wacht’ ich auf im Morgenlicht
> Und hob die Hände hoch empor:
> Gebt sie, versaget sie mir nicht,
> Ihr Götter, sonst bin ich dahin.
>
> Die Göttlichen erhörten mich,
> Und wieder atm’ ich leichter schon,
> Denn, siehe, die Genesung war’s,
> Die mir erschien im Morgentraum.

Aus den jenen Tagen langsamer Wiedererstarkung ent=
sprungenen Gedichten winkt, mehr oder weniger verhüllt, aller=
orten das nahe gerückte Lebensende. Sie klingen alle in sanfte,
wehmütige Ergebung aus oder steigern den Ton zu gelassenem
Aufraffen und letztem frischem Hoffen. Dahin gehören die
„Wanderfüße“:

> Ich bedacht’ es oft in diesen Tagen,
> Meinem flücht’gen Wandel zu entsagen;
> Doch was fang’ ich an mit meinen Füßen,
> Die begehren ihre Lust zu büßen?...

Dahin gehört das auf dem Bernhardin entworfene „Noch

einmal", dahin das düstere „Auf dem Canal grande II", dahin
„Mein Stern", veranlaßt durch den ungewöhnlichen Glanz,
worin die Gestirne im Winter 1888/89 funkelten; dahin gehört
„Mein Jahr", dahin „Der Lieblingsbaum" und das tiefempfun-
dene „Lenz, wer kann dir widerstehn?"; und schließlich gelang
es der leis wehmütigen Stimmung, das Motiv „Ein Pilgrim",
das schon über drei Jahrzehnte sich der glücklichen Form ge-
sträubt, abschließend zu formulieren.

Es waren wesentlich Fragen lyrischer Technik, die den Dichter
während schlafloser Nächte sowie auf ungezählten einsamen
Spaziergängen in Steinegg und Kilchberg beschäftigten. „Ich
trachte danach," sagte er mir, „meinen neu entstehenden Gedichten einen möglichst süßen und einfachen Ton zu geben."
Das erreichte er auch, wie denn gerade das schwere Schicksal
jenes Jahres seinem ohnehin weichen und tiefen Wesen noch
etwas Vertieftes und Milderes verlieh.

Schon im Januar 1889, ein Vierteljahr nach der Rückkehr
von Steinegg, fühlte er sich wohl genug, eine neue Arbeit ernsthaft zu fundieren. Es war die „Angela Borgia", der jüngste
seiner Stoffe, den er in der Lucrezia Borgia des Gregorovius
gefunden. Doch hätte es gewiß seltsam zugehen müssen, wäre
jetzt nicht wieder, namentlich angesichts der noch nicht völlig
gefestigten Kraft, der Wettbewerb der noch nicht erledigten Vorwürfe um die Dichtergunst eingetreten. Da stand immer noch
der „Dynast", woran er schon zehn Jahre früher so eifrig ge-
formt hatte, daß er mir eine gefüllte Stunde davon erzählte.
Da verlangte der noch ältere „Komtur" Berücksichtigung, und
die Nonnen des aufgehobenen Klosters (Königsfelden) drängten
sich vor. Auch ein früherer Plan, die Laura des Petrarca,
wurde wieder erwogen. „O Schein der Welt! o Welt des
Scheins!" schrieb er den 13. März 1889 an Wille; „ich habe
darüber ein Thema (die Laura des Petrarca), das ich vielleicht
(unberufen!) behandle." Unversehens stellte etwas ganz Neues
alles übrige in den Hintergrund, nämlich eine moderne Novelle.
Ein Kritiker hatte, Meyer schien mit vollem Recht, die Bemerkung gemacht, dieser liebe ausschließlich mit ungebrochenen
Farben zu malen. Nun reizte es ihn, es einmal auch mit ge-

brochenen zu versuchen. Der Inhalt dieser Novelle, die den
Titel „Duno Duni" (oder „Die Gewissensehe" oder „Der Gewissensfall") tragen sollte, war der, daß ein Offizier, weil er
einen Untergebenen ins Unglück gestürzt, zur Sühne dessen
Schwester heiratet, die unter seinem Stande steht. Dabei gedachte er einige Erinnerungen an das Zürich seiner Knabenzeit
und an den Vater zu verwenden. Schließlich schien doch der
tragische Zwiespalt zwischen Friedrich II. und seinem Kanzler
Petrus Vinea die Oberhand zu gewinnen, bis dann die Blen-
dung des Giulio d'Este das Feld behauptete, vielleicht weil
Julius Rodenberg auf eine Anfrage des Dichters ihr den Vorzug
gab, wahrscheinlicher jedoch aus stofflichen Gründen: „Hier hat
mich die Wirklichkeit gefesselt, diese Menschen sind
schon Poesie und die Quellen fließen reich." (An Wille, undatiert.)

Nicht nur die Wahl der Stoffe, auch die der Form brachte
den Dichter ins Gedränge. Heftiger als jemals rang der Erzähler in ihm mit dem Dramatiker, der noch nie zum Wort
gekommen war. Wiederum regte sich der Wunsch, die Kaiser-
gestalten eines Heinrich IV. und V. dramatisch zu verwerten,
und auch das Vineamotiv wurde als Drama zurechtgerückt, wie
neben dem mündlichen Bericht wenige Blätter dartun. Selbst
die Anfänge der „Angela Borgia" erhielten dramatische Form.
Er legte seinen Shakespeare sozusagen Tag und Nacht nicht
mehr aus der Hand, namentlich den Hamlet mit immer neuer
Bewunderung durchgehend, den er doch seit bald einem halben
Jahrhundert kannte und wie genau kannte. „Sehen Sie, wie
wundervoll!" sagte er einmal, als wir im oberen Flur seines
Hauses nach dem Mittagessen auf und ab wandelten. „Sobald
die innere Entwicklung des Helden wieder einen entscheidenden
Schritt vorwärts getan hat, weiß Shakespeare diesen Schritt
aufs herrlichste durch einen äußeren Umstand zu markieren!
Wie charakteristisch und bezeichnend ist zum Beispiel in diesem
Sinn der Vorgang mit der Flöte!"

Damals sah ich auch Lessing auf seinem Schreibtische liegen.
„Er ist ja wohl in seiner Art unübertrefflich," bemerkte er;
„aber er ist ein Sophist, mehr Sophist als Dichter. Nehmen Sie

zum Beispiel Emilia Galotti! Wie dünn und mager ist da alles. Und Marinelli besitzt auch gar keinen Zug mehr von einem Menschen."

Endlich verzichtete er aufs Drama und entschied sich seufzend für die Novelle, weil ihn die bestimmte Erkenntnis leitete, daß er der epischen Technik völlig Herr und Meister sei, der dramatischen dagegen nicht. Zwar den Dichtern, die ums Jahr 1890 die deutsche Bühne beherrschten, glaubte er es im histori= schen Drama ohne weiteres gleich tun zu können, trotz seiner Jahre und ohne früher ausgeführte Versuche. Allein er mußte sich fragen, ob nicht selbst in diesem Falle seine Tragödie an Wir= kung und Kunstwert hinter seinen Novellen zurückbleibe, und vor allem auch, ob er nicht besser fahre, die ihm noch zugemessene und vielleicht sehr gemessene Zeit auf das Sichere und Gewisse zu verwenden. „Ich habe auf den Trümmern meines Lebens nur noch wenig weißes Papier zu verschreiben," sagte er mir damals.

Überhaupt peinigte und hemmte ihn der häufige Gedanke, mit einem angefangenen Werke nicht mehr zu Ende zu kommen, sondern vorher arbeitsunfähig oder abgerufen zu werden. Schon im Jahre 1879 verglich er sich mit einem Reisenden, der von seinem Dutzend Koffern erst zwei oder drei ausgepackt habe; und wiewohl sich darin nun ein Erkleckliches geändert hatte, so erheischten doch die entworfenen und zur Ausführung ins Auge gefaßten Pläne noch eine Reihe von Jahren und jedenfalls mehr, als ihm beschieden schienen. „Ich sollte es schon auf neunzig Jahre bringen, um fertig zu werden," seufzte er ein= mal. Es war in Tat und Wahrheit sein wirkliches und sehr schmerzliches Schicksal, daß er sich während so vieler Jahre zwecklos verzehrt und, nachdem er sich endlich losgewunden, doch noch lange nicht in den Vollbesitz der Geisteskraft gelangt war. Das Gedicht, worin er seine verlorene Jugend beklagt, gehört zu seinen ergreifendsten, gerade weil es seinem tausendfach ge= fühlten Weh Ausdruck verleiht:

Zu wandern ist das Herz verdammt,
Das seinen Jugendtag versäumt,
Sobald die Lenzessonne flammt,
Sobald die Welle wieder schäumt.

> Verscherzte Jugend ist ein Schmerz
> Und einer ew'gen Sehnsucht Hort,
> Nach seinem Lenze sucht das Herz,
> In einem fort, in einem fort!

Und Pescara, dem die tödliche Wunde, um welche die Welt nicht weiß, die Vollbringung der großen Taten versagt, was ist er anderes, als ein Abbild des Dichters, der seine Lebensgrenze immer deutlicher und näher vor sich sah?

Er begann auffallend vor allem zurückzuscheuen, was Augen und Gedanken auf die letzten Dinge lenken mochte. Er hatte mir mehrmals des bestimmtesten autobiographische Aufzeichnungen zugesichert, um mir für die Schilderung seines Lebensganges, die wir vereinbart, eine feste Handhabe zu bieten und Richtung und Schritt annähernd zu bestimmen. Doch nun widerstrebte ihm die Erfüllung der Zusage. „Es hat etwas so Epiloghaftes an sich," sagte er mit schmerzlichem Ausdruck und versprach, die Schwester, die ja von allen Augenblicken seines Lebens Bescheid wisse, anzuweisen, daß sie in die Lücke trete.

Das Jahr seiner Genesung veranlaßte ihn, die Blicke häufig auf das Bild des Todes zu heften. Im Spätherbst 1889 nämlich nahm Gottfried Kellers Befinden eine solche Wendung, daß eine Rettung nicht mehr erhofft werden durfte. Meyer zog Erkundigungen ein, wo er ihrer habhaft werden konnte, besuchte auch den Kranken im folgenden Frühling, vom Bedürfnis getrieben, ihn noch einmal zu sehen. Er schilderte dieses letzte Zusammensein in den kurzen Erinnerungen an Gottfried Keller, die er während seines Sommeraufenthaltes auf Rigi-Scheidegg im August 1890 niederschrieb.

Ganz abgesehen von der Teilnahme am Leiden und Erlöschen eines Lebens, dem man aus mehr als einem Grunde eine längere Dauer hätte wünschen mögen, Meyer fühlte sich rauh genug ans Ende der eigenen Tage gemahnt, da er den nur ein halbes Dutzend Jahre Älteren, von Hause aus viel Kräftigeren und anscheinend zu einem langen Dasein Bestimmten vor sich entkräftet und schließlich aufgelöst sah. Als wir etwa ein Vierteljahr nach der Bestattung Kellers an einem strahlenden Septembertag im Garten zu Kilchberg wandelten und uns dann auf eine Bank setzten, sagte Meyer, nachdem er eine Weile ernst vor sich niedergeblickt und hernach die leuchtenden Augen auf die schimmernden Schneegebirge gerichtet hatte, mit einem wehmütigen Tone: „Wie oft und oft in diesen schönen Tagen muß ich denken: jetzt ist Gottfried Keller fort und sieht das alles nicht mehr! Und was für ein Recht habe ich denn, noch da zu sein?" Dann ging das Gespräch über auf den großen Toten, auf seine Werke und, wie nicht selten, auf das persönliche Verhältnis zwischen den beiden Dichtern.

Dieses Verhältnis hat Meyer in den „Erinnerungen an Gottfried Keller" schonend folgendermaßen präzisiert: „Die ‚Deutsche Dichtung‘ ersucht mich um einige Aufzeichnungen über Keller in der natürlichen Voraussetzung, daß wir uns als Landsleute nahe standen. Das war nun nicht der Fall, doch haben wir uns immerhin gekannt, und es fand zwischen uns ein freundliches Verhältnis statt. Er zeigte sich mir immer — oder fast immer — liebenswürdig und geistreich unterhaltend, womit ich mich gerne zufrieden gab. Meinerseits begegnete ich ihm stets mit Ehrerbietung und hielt diesen Ton fest, wenn er auch gelegentlich darüber spottete und einmal einen ‚in Ehrerbietung‘ unterzeichneten Brief mit ‚in Ehrfurcht‘ erwidert hat. ... Ich sage, daß ich für Keller Ehrerbietung empfand, und zwar durchaus keine konventionelle, sondern eine wahre und tiefe und nicht nur vor seiner unvergleichlichen Begabung, sondern nicht weniger vor seinem Herzen und seinem Charakter, dessen ethisches Gewicht mir schon bei unserem ersten Zusammensein auffiel."

Es lag auf der Hand, einen häufigen, einen freundschaftlichen Verkehr zwischen den beiden vorauszusetzen. Daß er nicht existierte, ist Tatsache, wie auch, daß Kellers Ablehnung Meyer weh tat und daß die Schuld nicht bei diesem zu suchen war. Wer ihn und Keller persönlich kannte — und so genau wie ich hat die beiden zugleich schwerlich jemand gekannt —, dem machten die Verhältnisse alles begreiflich, wenn darum auch nicht erfreulicher. Heimat, Herkunft, Wohnort, Alter, gesellschaftlicher Verkehr und Stellung trennten sie mindestens nicht, das Talent und seine Bedürfnisse wiesen sie unter Hunderttausenden aufeinander an. Aber sie stellten dermaßen verkörperte Gegensätze des höchsten Grades dar, daß ein Menschenkenner eine Fülle von Unterschieden aufzeichnen könnte, wie er sie, unter ähnlichen Voraussetzungen, nicht leicht ein zweites Mal finden dürfte.

Als sie in Berührung traten, war Keller bereits ein völlig Abgeschlossener, und die ihm von Jugend auf anhaftende Art, gegen irgend eine — vorhandene oder bloß eingebildete — ihm mißliebige Kleinigkeit in brüsker Weise Stellung zu nehmen, die Neigung, das Kind mit dem Bade auszuschütten, hatten sich eben nicht gemildert. Der völlig ausgeprägte Gegensatz der Kunstrichtung tat das Seinige. Zwar Keller schätzte den „Hutten“, pries den „Jenatsch“, bezeichnete den „Heiligen“ als ein Muster von Geist, Vertiefung und guter Schreibart und bewunderte Meyers Gedichte, mit denen sich, wie er mir mehrmals und sicherlich aus Überzeugung behauptete, die seinigen nicht messen könnten. Aber er besaß, wenn auch nicht über die Gedichte, neben dem ganz und halb offiziellen Urteil noch ein privates, das wesentlich anders lautete. Mit der Zeit verhärtete er sich immer mehr gegen Meyers Prosaschöpfungen, weil ihm dessen Natur, je prononcierter sie sich entwickelte, desto mehr zuwider wurde. Der Beischlag im „Jenatsch“ und die Verführung der Grace im „Heiligen“ stießen ihn aufs ärgste.

Dazu kam ein anderes. … Nachdem Keller endlich durchgedrungen war, sah er plötzlich durch die Zeitgenossen einen anderen neben sich gestellt, nicht einen mit elementarer Kraft hereinbrechenden Usurpator, sondern einen beinahe Aufgegebenen, aus unscheinbaren Anfängen langsam Emporgewachsenen. Er, der sein Junggesellentum und die sorgenschweren Jahrzehnte niemals völlig verwand, blickte bitter auf die unabhängige Lage und den beglückten Hausstand Meyers, ohne zu wissen, ohne zu fragen, wie viel Herbes diesem Glück voraufgegangen war, ohne zu ahnen, wie sehr es durch eine zarte Gesundheit bedroht war.

In guten Stunden unterdrückte er den Dämon. Ein Verhältnis jedoch kam nicht zu stande. Meyer machte langehin jährlich einen Besuch, in Verehrung und Benehmen stets der nämliche, obgleich er schon 1880, als man ihm sagte, Keller möge ihn entschieden nicht, der Schwester bekennen mußte, daß sei eine alte, aber unangenehme Neuigkeit. Keller hat nie einen dieser Besuche erwidert.

Damals, als Keller hinsiechte und starb, begann der Tod auch unter Meyers Freunden und Verwandten aufzuräumen. Hochbetagt starb Anfang 1890 der ehemalige Forstmeister Karl Anton Ludwig von Orelli, im Sommer der Schwager Alfred Ziegler auf Steinegg, am letzten Jahrestag der Schwager Kirchenrat Burkhard in Küßnacht und kurz nachher Professor Oberst Karl Pestalozzi. Die Arbeit an der „Angela Borgia" half ihm über die Verluste hinweg. Sie gedieh freilich langsam und durch mehrere Zwischenarbeiten gehemmt, denen er sich nicht entziehen konnte oder wollte. So stiftete er im Herbst 1890 dem Züricher Tondichter und Musikdirektor F r i e d r i c h H e g a r einen poetischen Gruß zum Jubiläum, verfaßte im Dezember den Aufsatz über die Entstehung seines Hutten, schrieb im Mai 1891 ein Gedicht zur Fahnenweihe des Sängervereins „Harmonie" und im September zur Eröffnung des neuen Stadttheaters einen Prolog, nachdem er ein Festspiel, das er an dessen Stelle in der ersten Freude über die Beendigung der „Angela Borgia" zugesagt, doch glaubte ablehnen zu müssen, weil es ihm zu viel Zeit geraubt hätte. Das Schönste aber war das Gedicht, womit er den Kilchbergern ihr neues Schulhaus einweihen half:

> Breites Fenster, feste Mauern,
> Sonnenlichtdurchströmte Zimmer,
> Drein des Himmels süßer Schimmer
> Und des Sees Bläue schaut,
> Wo die Meister, die wir ehren,
> Unsre lieben Kinder lehren,
> Haben wir zu langer Dauer
> Unter Gottes Schutz erbaut.
>
> Nach Vermögen und nach Können
> Werdet ihr die Kinder hüten;
> Denn wie solltet ihr nicht gönnen
> Eurem Blute jedes Heil?
> Werde diesen frischen Blüten
> Ein, erfahren in den beiden,
> In den Freuden, in den Leiden
> Menschenwürdig Los zu teil!...

> In der menschlichen Gemeine
> Gibt es Große nicht, noch Kleine;
> Einzig gültig ist das Eine:
> Die getreu erfüllte Pflicht!
> Stille Kränze können schweben
> Über einem schlichten Leben ...
> Nichtig ist des Menschen Streben,
> Triumphiert das Gute nicht!

Der Dichter hatte wiederholt über das zögernde und stockende Vorrücken der Angela geklagt, beunruhigt über die in solchem Maße schon langeher nicht mehr verspürten Hemmnisse. So sorgfältig er es auch verbarg und in guten Stunden sich selber ausredete, seine Kraft war unbestritten erschüttert. Das mühevolle Umbilden und Formen ermattete ihn stärker als früher, zumal er auf Ausprägung und Vertiefung der Charaktere, namentlich der Lucretia, die denkbarste Anstrengung verwandte, wie er mir denn bemerkte, er habe die Figuren gedrillt, bis er nicht mehr gekonnt habe. Auch steckten in dem Stoffe unüberwindliche Schwierigkeiten, die er vielleicht nicht völlig sah, weil sein eminenter künstlerischer Blick sich unter dem Druck der gestörten Gesundheit schon etwas getrübt hatte: so geschah es, daß der Umfang des Werkes über die eigentliche Dehnbarkeit des Motivs hinauswuchs und die Nebenpersonen, vor allem die männerberückende Lucretia, mehr Bedeutung und Raum gewannen, als der strenge Architekt sonst erteilte und erteilt wissen wollte. Wenn er aber die Schwierigkeiten des Stoffes dennoch überblickte, entsprang es vielleicht einer gewissen Abnahme der Kraft und Selbstdisziplin, daß er dem Reize nicht zu entsagen vermochte, das allerdings unvergleichliche Bild der Papsttochter zu zeichnen, obgleich sie nicht die Heldin ist. Möglicherweise war er sich klar geworden, wollte aber angesichts der schwindenden Lebensstunden nicht mehr auf halbem Wege umkehren, sondern schritt mit Aufbietung aller Kraft dem Ziele zu.

Für die erfolgreiche Beharrlichkeit, womit er den Stoff schmeidigte, zeugen einige Blätter des ersten oder doch vermutlich ersten Entwurfs. Sie berichten, was Gregorovius erzählt, der Herzog Alfons habe der Frau des Oberrichters Strozzi nachgestellt und ihn aus diesem Grunde gemeuchelt: die weitreichende

Erfindung der Leidenschaft Strozzis für Lucretia und der dar=
aus erfolgenden Teilnahme an Cesare Borgias Unternehmung
in Spanien lag also nicht im ursprünglichen Plan, woraus sich
auch wohl ergibt, daß Lucretia erst nachträglich sich der Phan=
tasie des Dichters in so starkem Maße bemächtigte, sowie auch,
daß die ursprüngliche Fabel einfacher, mehr auf die Ausbeutung
des eigentlichen Motivs beschränkt war. Dies Motiv ist das
Entstehen der Liebe Angelas zum geblendeten Giulio.

Mehr oder minder verschleiert erhob mitunter öffentliche
und private Kritik gegen C. F. Meyer den Vorwurf, seine
Prämeditation rücke alles bis ins Kleinste dermaßen zurecht,
daß, wenn er die Feder ansetze, der Eingebung der Stunde nichts
mehr übrig bleibe. Dieser Vorwurf verwechselt die besondere
Neigung und Anlage mit der Arbeitsweise. Der Dichter er=
widerte mit Recht, er arbeite gemeinhin sehr instinktiv und lasse
dem Pferde Zügel und Weg. Gerade die nachträglich einge=
schobene Leidenschaft Strozzis für Lucretia beweist, wie stark er
über der Arbeit umbildete. Sie beweist aber wohl auch, daß
der Grundriß der Schöpfung noch nicht feststand, als er sich an
die Ausführung machte. Er hat offenbar den Stoff, wie den
des Pescara, weniger lang überdacht, als es sonst seine Gewohn=
heit war. Die Kontrastierung der beiden Frauen, von denen
die eine zu wenig, die andere zu viel Gewissen besitzt, ist meister=
haft. Allein sie sind bloß, durch ihren Wesenskontrast, in Gegen=
satz gestellt, nicht aber in ein Gegenspiel. Es hat jede ihre Hand=
lung für sich. Es ist nicht e i n e Novelle, es sind zwei.

Der Gegenstand, der sich der Erfindung einer einheitlichen
Handlung so sehr sträubte, kam der Charakterzeichnung ent=
gegen. Das meinte der Dichter, wenn er sagte, diese Menschen
seien schon Poesie. Dazu gesellte sich der Vorteil, daß ihm der
Boden und die Zeit durch die reichen Quellen schon vertraut
waren. Das erleichterte die Arbeit und die Fülle, nach der er
wahrscheinlich nicht bloß aus dem Bedürfnis nach größerer
Plastik strebte, sondern auch um den etwas mageren Stoff
voller zu machen.

Am 27. Mai 1891 meldete Conrad der Schwester, es gehe
mit der Angela nur sachte vorwärts; er strebe daher, um nicht

gestört zu werden, statt nach einem Kurorte nach Steinegg. Den
9. Juni schrieb er: „Angela wächst, sie enthält neun Kapitel,
in dem Niedergeschriebenen sind einige Schwächen, doch nichts
dem Ganzen, das ich zu überschauen vermag, Widerwärtiges.
Ich hoffe bis Ende des Monats fertig zu werden."

Seine Hoffnung erfüllte sich, und er begab sich nach Steinegg,
von der Schwester begleitet, die sich herzlich freute, wie in
früheren Jahren jetzt wieder seinem Wunsche gemäß ihres Amtes
als Schreiberin zu walten. Es gab trotz der genauen Vorbereitungen noch in Hülle und Fülle zu tun, weit mehr, als er
sich gedacht. Jeden Morgen wurde, nach Meyers Ausbruck, ein
Prográmmchen gemacht und darin jeder einzelne Teil eines
Kapitels oder Abschnitts, den er nach der Vorlage ins Reine
diktieren wollte, mit einem Stichwort bezeichnet. Am 12. August
endlich, nach sechs Wochen strenger Arbeit, konnte er mir ver-
künden:

„Teurer Herr, ich will Ihnen doch mit einem Worte melden,
daß Angela Borgia vollendet ist, wo nicht ein Kunstwerk, doch
ein kräftiger Willensakt. In zwei Manuskripten, also (unberufen!) unzerstörbar. Herzlich Ihr M."

Er durfte von einem kräftigen Willensakte reden, er hatte
sich bis zum Äußersten angespannt und fühlte die Strapazen.
Als er eines Abends ermattet über seinen Blättern eingeschlafen
war, fuhr er beim Eintreten der Schwester mit einem Angst-
schrei aus dem Traum empor, der ihn zu den Greueln des
ferraresischen Hofes geführt hatte.

Kaum atmete er auf, nachdem er die drückende Last ab-
geworfen, so belud er sich schon wieder mit neuer Bürde. Noch
im August musterte er die Friedrich II.-Vincafragmente und war
von ihrer Schönheit betroffen. Daneben erwog er den Pseudo-
Isidor, auch ein altes Motiv, zu dem ihm Rankes Weltgeschichte
und die Mitteilungen des Rechtshistorikers Friedrich v. Wyß
das Wesentliche der historischen Unterlage geliefert hatten. Ende
September begann er den Vinca als Novelle, nicht ohne vorher
allen Ernstes die Absicht gehegt zu haben, ihn neben der epischen
Arbeit her als Drama zu schreiben. Dazwischen überlegte er
sich für die „Deutsche Rundschau" einen kleinen Aufsatz über die

im August 1891 in der Schweiz abgehaltenen Festspiele und
über meine Bundesfestspiele insbesondere, deren Entstehung er
drei Vierteljahre vorher angeregt und freudig verfolgt hatte.
Schließlich stellte er den Stanser zurück und entschied sich endgültig für den Dynasten: „Ich denke", meldete er mir am 1. November, „nach Überlegung den Dynasten zu wählen, weil er
am meisten ethischen Gehalt und eine gewisse körperliche Schwere
besitzt. Auch fühle ich mich jetzt — dreimal unberufen — kräftig
genug, die historischen Impedimenta zu bewältigen. Weil es
doch einmal geschehen muß, warum nicht jetzt? Auch freue ich
mich im Grunde darauf." Die Wahl und Entscheidung hatte
etwas Banges und Lugubres an sich; „auch werde ich", schrieb
er an Wille, „bei dem wachsenden Wert meines Lebensrestes
dessen Gebrauch, d. h. die Wahl der Stoffe, streng überlegen
und nur absolut Sicheres wählen." (14. November 1891.)

Während Meyer zu den Gestalten der Este und Borgia kein
näheres Verhältnis gewann, lockte ihn zum Dynasten und zu
Friedrich II. — denn dieser, nicht der Kanzler überwog — eine
sozusagen persönliche Teilnahme. Er vertraute mir, er suche
an beiden Gestalten die Probleme, Stimmungen, Wandlungen
des Alters darzustellen, die er, der Alternde, bei seinen erschütterten Nerven häufig genug erleben mochte.

Zwischen den mächtigen Habsburgern und den aufstrebenden
Schweizern eingekeilt, wußte Graf Friedrich von Toggenburg
seine Lande nicht nur zu erhalten, sondern noch beträchtlich zu
mehren. Über seinem Erbe gerieten die Schweizer in einen
mörderischen Bürgerkrieg, der sie an den Rand des Untergangs
brachte. Schon ein altschweizerischer Chronist behauptete (was
sich übrigens nicht erweisen läßt), der letzte Toggenburger habe
durch sein Testament den ihm innerlich verhaßten Eidgenossen
„die Haare zusammengebunden". Meyer griff diesen Gedanken
auf: der Dynast sieht sein Leben ohne Frucht, da er seinen Sohn
und Erben verloren hat, und in der dämonischen, durch das
Aufblühen anderer Familien gesteigerten Verbitterung des Alters
faßt er den Entschluß, die Städter und Ländler der Schweiz
einander in die Hellebarden und Schwerter zu hetzen.

Die wilde Größe der Zeit, einzelner geschichtlicher Personen und Ereignisse, worunter der Mord von Greifensee und die Schlacht bei Sankt Jakob an der Birs zählen, boten Anlaß zu gewaltigen Szenen und Figuren. Dem Dichter schwebte der Traum vor, aus den jedem Schweizer geläufigen Geschehnissen seiner Heldenzeit ein wahres Volksbuch für sein Vaterland zu schaffen.

Dieser Wunsch und das Bedürfnis nach breiter Entfaltung der historischen Vorgänge stellte sich erst in der Folge ein. Ursprünglich handelte es sich, wie der Dichter im Frühling 1880 Georg v. Wyß meldete, nur um eine ganz kleine — und wegen dieses geringen Umfanges für das Zürcher Taschenbuch bestimmte — Novelle, die lediglich das Sterbebette und das Testament des letzten Toggenburgers, nicht auch die blutigen Folgen desselben darstellen sollte. Auch die genaue psychologische Begründung, wie er sie später beabsichtigte, scheint ihn anfänglich weniger beschäftigt zu haben, als die Frage nach der Beschaffenheit des Testamentes und nach den diesem vorangegangenen mündlichen Äußerungen des Dynasten.

Wie die von Jugend auf geübte und während eines langen, wechselvollen Lebens geschärfte Menschenkenntnis eines durchbringenden, hochbegabten Kopfes mit dem Alter in allseitiges Mißtrauen ausartet, das sich sogar gegen den erprobten Freund und Helfer am Lebenswerk wendet, das gedachte Meyer am Hohenstaufen Friedrich II. zu zeigen, der seinen Kanzler und Freund Vinea aus Argwohn schließlich zu Grunde richtet.

Vorwurf und Plan verhießen ein Werk von großer, edler Schönheit und Haltung; doch beunruhigte den Dichter die Erwägung, daß es sich auch hier wie im „Heiligen" um einen Herrscher und seinen Kanzler handelte, somit, bei allen Unterschieden, um eine gewisse, wenn auch rein äußerliche Selbstwiederholung. Der „Dynast" bot den Vorzug völliger Neuheit; aber er stellte Meyers mit der Zeit immer stärker hervorstechender Art, die Handlung womöglich in wenige große Szenen zusammenzudrängen, gewaltige Schwierigkeiten entgegen, da die in Betracht kommenden Begebenheiten, weil sie auf einer ganzen Anzahl verschiedener Schauplätze verzettelt liegen, ein Zusammenrücken geradezu verunmöglichen.

Neben der schwierigen Bewältigung der historischen Impedimenta ängstigte ihn auch das Gefühl der Entkräftung. Sobald er früher eine Arbeit beendet hatte, brannte er auf eine neue oder warf, noch während die alte auf dem Webstuhl lag, verlangende Blicke nach ihr. Jetzt klang es gedämpft und fast bekümmert: „Im Grunde freue ich mich darauf."

In den wehmütig schmerzlichen Januar- und Februartagen des Jahres 1892 verlangte ihn sehnsüchtig wieder nach dem Komtur, der „etwas Wohltuendes und einen hellen, quasi himmlischen Charakter haben sollte". Aber das Werk kam so wenig zu stande wie der Dynast und Petrus Vinea, und von ihm, das ihn mehr Zeit kostete als die meisten vollendeten, hat sich auch nicht eine einzige Zeile erhalten.

Die anziehende Gestalt des mit Zwingli bei Kappel gefallenen Komturs von Küßnacht war Meyer von Jugend auf bekannt, und der Gedanke einer poetischen Behandlung reichte zweifelsohne weit zurück. Eines Tages steht sie gleichsam ebenbürtig neben dem großen Bündner: bevor C. F. Meyer Ende September 1873 aus Chiamut niederstieg, meldete er Haessel, er hoffe im kommenden Winter Jenatsch und Komtur zu vollenden, obwohl der letztere auf zwei bis drei Bände berechnet war und den doppelten Umfang des Jenatsch haben sollte. Der Grundgedanke war: „Trotz der zahlreichen Unterliegenden ein Triumphzug der Menschheit." Also wohl Stimmung und Haltung wie im früheren Hutten:

Auf stieg der ganze Zug in mächt'gem Drang.

Haessels Klage über den Absatz des Jenatsch veranlaßten den Dichter, den Stoff auf einen einzigen Band zusammenzuziehen. Nachdem er sich des öfteren wieder damit beschäftigt, schob er ihn anfangs 1880 zurück, um ihn nach reichlich fünf Jahren wieder vorzunehmen. Die Schwierigkeit lag fraglos darin, daß die Quellen wohl Ansätze zu einem farbigen und bewegten Zeitbild boten, alles übrige aber, Problem und Handlung, erst noch zu erfinden war. Während C. F. Meyer den 3. Februar 1877 der Schwester meldete, er habe eine Handlung erfunden, die bis zum letzten Kapitel vorhalte, eine leidenschaftliche private

Handlung, muß er im Frühling 1879 Calmberg das Geständnis ablegen, Figuren und Handlung seien noch fluid.

Der kleinste unangenehme Vorfall, die belangloseste widrige Nachricht begann ihn aufzuregen und trüb zu stimmen. Da und dort brachen Spuren von Mißtrauen hervor, so sehr er sie zu verschleiern suchte. Weil er sich angegriffen fühlte, verhielt er sich einigemal gegen Bekannte und Freunde abweisend, ja zurückweisend, was diese an dem sonst so liebenswürdigen Manne um so mehr befremdete, als sie von einer gesundheitlichen Störung nichts ahnten, auch nichts ahnen konnten, da er gesund und frisch aussah und aufrecht wie sonst einherschritt. Persönlich Fremde wunderten sich über eine gewisse nervöse Hast, womit er redete und sich bewegte. Mir, der ich ihn eigentlich immer lebhaft gesehen, fiel das nicht auf, wohl aber ein kleines Vorkommnis, dem ich aber, als es passierte, wenig Bedeutung beimaß. Er sagte im Herbst 1890, nachdem wir uns nach einem Spaziergang in seinem Garten auf eine Bank niedergelassen hatten: „Ich bin jetzt mit meiner Angela im reinen; nur ein einziger Punkt ist noch kontrovers." In dieser Mitteilung eine Aufforderung zur Frage erblickend, erwiderte ich: „Und dieser Punkt ist welcher?" Er sah einen Moment sinnend vor sich hin, und seine Züge nahmen einen geradezu schmerzlichen Ausdruck an, als er entgegnete: „Ich will ihn doch lieber für mich behalten." So empfindlich war er geworden, daß er, während er früher die Ansicht der Freunde über seine Pläne gerne herausforderte, jeder Meinungsäußerung auswich, die seine Zirkel stören oder auch nur sachte berühren konnte.

Ich sah ihn zum letztenmal während seiner gesunden Zeit am Tag nach seinem Geburtstag, am 12. Oktober 1891. Er war in allen Dingen wie sonst, nur erzählte er einige wunderliche, unerklärliche Vorfälle, die er im Verlauf der verflossenen Monate selbst erlebt habe, daß z. B. ein Paar Handschuhe, die mitten auf seinem Bett gelegen, vor seinen Augen plötzlich herunterfielen, daß das wohlbefestigte Gewicht an der Kette einer Wanduhr sich unversehens löste usw. Da das Unerforschliche und Geheimnisvolle von je eine besondere Anziehungskraft auf ihn geübt und er namentlich seit der Krankheit offenbar noch mehr als früher die verhüllten und dunklen Dinge zu bedenken

und dem Mysteriösen nachzuhängen liebte, so schob ich das Gehörte lediglich einer mystischen Anwandlung zu, wie sie alte
Leute gerne heimsucht.

Seit dem 23. September fuhr er fast tagtäglich nach Zürich,
um sich mit Frau und Kind von dem Porträtisten Füßli malen
zu lassen. Dieser fing immer wieder von vorn an und brachte
erst nach vielen Sitzungen ein Bild zu stande. Meyer hatte
früher mit dem Malen Unstern gehabt: wenige Jahre vorher
wurde Karl Stauffer, als er eben den Pinsel angesetzt hatte,
durch ein Telegramm des Staatsanwalts als Zeuge im Gräfe-
prozeß unvermutet nach Berlin gerufen.

Das Hin- und Herfahren zerschnitt dem Dichter den Tag
und strengte ihn an. Doch meldete er mir Mitte November 1891,
daß er nun den Dynasten ganz ernstlich anpacke. Zugleich aber
klagte er über die Augen, die er schonen müsse, mehr als ihm
lieb und er gewohnt sei. Es war eine Entzündung der Augen-
schleimhaut und Nervosität dazu, verursacht, wie er meinte,
durch den überstürzten Druck der Buchform der Angela; der
Leipziger Buchdruckerstreik bürdete ihm eine große Last von
Korrekturen auf, die er in kurzer und ungewohnter Zeit erledigen mußte. Bedenklich war, daß ihn Druckfehler wie ein
wirkliches Unheil betrübten.

Während die Klage über die Augen nicht verstummte, er-
holten sich die Nerven in ein paar gutdurchschlafenen Nächten,
so daß er „trotz m a n c h e r Sorge sein Bündel mit einer gewissen Heiterkeit ins neue Jahr hinüberwarf". Allein das Wohl-
sein hielt nicht vor, vielmehr verschlimmerte sich der Zustand.
Mitte Februar 1892, nachdem mein Besuch durch mehrere Zu-
fälligkeiten monatelang verhindert worden war, mußte er mir
bekennen, daß bei ihm „eine ungewöhnliche Erschöpfung eingetreten sei, die wohl auch die immer noch anhaltende Sehschwäche
mitbrachte". Dann fuhr er fort: „Sie begreifen, daß dieser,
durch einige von außen her unglücklich hinzugekommene andere
Widerwärtigkeiten noch gesteigerte Zustand höchste Ruhe verlangt und daß es töricht wäre, von der Zukunft zu reden, wo
von Arbeit nicht die Rede sein kann. Hoffen freilich darf, ja
soll man immer."

Schon damals befand er sich schlimmer, als er zugab. Er ahnte die traurige Lage, der er entgegenging, ja, er sah sie voraus. In einer dieser verzweifelten Stunden, wo ihm sogar der Gedanke nahe trat, seinem Leben ein Ende zu machen, zerriß er Manuskripte; und als die erschreckte Frau darauf rechnete, den damit gefüllten Papierkorb in Sicherheit zu bringen, ließ er den Inhalt desselben in die Flammen werfen.

„Wenn nur der Frühling kommen wollte," seufzte er Mitte März in einem Briefchen an mich. Als er kam, begab sich die Frau mit dem leidenden Manne an den Vierwaldstätter See, doch ohne jeden Heilerfolg.

Der qualvolle Zustand steigerte sich dermaßen, daß es auf die Dauer unmöglich war, den Kranken trotz der Abgeschlossenheit und der sorgfältigsten, hingebendsten Pflege zu Hause zu behalten.

Am 7. Juli wurde er mit seinem vollen Einverständnis in die Heilanstalt Königsfelden verbracht.

Dämmerung und Ende

Nahe beim aargauischen Städtchen Brugg erhebt sich auf dem Nordrand der zur Aare abfallenden Wiesenterrasse die Heilanstalt Königsfelden. Das mächtige, in den sechziger Jahren des vorigen Jahrhunderts erstellte Gebäude steht auf uraltem Kulturboden: in der Nähe, an der Stelle des Dorfes Windisch, das von ihr den Namen hat, blühte die Römerstadt Vindonissa, und hart an der Grenze des ausgedehnten Anstaltsparkes und Gartens stiegen einst die Sitzreihen ihres Amphitheaters empor; die Wasserleitung, welche heute die Gebäulichkeit versorgt, hat sich aus Römerzeiten her erhalten. Auch spätere Jahrhunderte haben interessante Denkmäler zurückgelassen; südwestlich von der Anstalt erhebt sich die Ruine der Feste Habsburg, und manche Anhöhen der näheren und weiteren Umgebung des schönen Aargaus krönen alte Schlösser und Burgställe.

Der landschaftliche Reiz der Gegend ist nicht gering. Gleich hinter Windisch vereinigen sich Aare und Reuß. Über die niedrigen Berge naher Seitentäler schimmern von Süden her die schneeigen Spitzen der Alpen, und den Nordrand der Aare begleiten die ernsten Hänge des Jura.

Den 11. September 1892 besuchte ich den kranken Dichter in Königsfelden. Es waren gerade elf Monate verstrichen, seit ich ihn gesund und blühend in Kilchberg gesehen hatte. Während des nunmehr neunwöchentlichen Aufenthaltes in der Anstalt hatten sich freilich die Dinge ein wenig zum Besseren gewendet. Aber als ich mit Direktor Weibel, einem auch musikalisch und literarisch gebildeten Arzt, die breiten Treppen emporstieg und die blanken, zum Zimmer des Leidenden führenden Korridore durchschritt und dabei seine Mitteilungen hörte, konnte ich mich eines jammervollen Gefühls nicht erwehren und vermochte einen Augenblick die Tränen nicht zurückzuhalten, da ich Conrad Ferdinand Meyer nun von Angesicht sah. Der einst so stattliche und aufrechte Mann war abgemagert, zusammengefallen und ging gebückt. Das früher kurzgeschorene und dichte Haupthaar war einigermaßen gelichtet und lang, das Gesicht sehr gealtert und von einer trüben Wehmut überschattet. Und vor allem: die ehedem so strahlenden Augen waren glanzlos. Nur die Gebärden und die Art des Sprechens hatten sich nicht geändert.

Er erkannte mich sofort und bot mir die Hand. „Es freut mich, Sie zu sehen," sagte er zu mir, und zum Arzt: „Ja, er ist es; es ist noch ganz seine Stimme, sein Gang, und auch sein Rock ist noch der gleiche."

Doch nun begannen die Wahngeister aus ihm zu reden. Es war schmerzlich zu sehen, wie seine Phantasie, die immer dem Großen und Schönen nachgestrebt, nun irre ging und in stürmischer Hast von einer Vorstellung in die andere stürzte.

Plötzlich erinnerte er sich der Wahrheit gemäß, daß er mir geschrieben hatte, er könne mich gesundheitshalber nicht empfangen, und später, er könne, worum ich ihn gebeten, eines meiner Manuskripte nicht lesen. Das war vor einem halben

Jahr gewesen, allein er glaubte, vor undenklicher Zeit. „In welcher Zeit, in welchem Jahrhundert leben wir eigentlich?" Ich suchte ihm klar zu machen, daß wir das Jahr 1892 zählten und daß die fünfte Auflage seiner Gedichte, die auf dem Tische lag, diese Jahrzahl trug. Ich gab ihm das Buch in die Hand. Er blickte hinein und las einige Strophen halblaut. Dann sagte er: „Ja, es ist wahr. Das habe ich geschrieben. Es ist wahr, ganz wahr. Aber das ist schon sehr lange her. Ein Wirbelsturm ist vorbeigefahren, Jahrhunderte sind vorbeigesaust."

Aus dem Südfenster seines geräumigen und hübsch möblierten Eckzimmers erblickte er über den Kronen der Parkbäume den First samt dem schlanken, von einem goldenen Kronreif umzirkten roten Dachreiter der Klosterkirche Königsfelden, die eben damals unter der kundigen Leitung von Professor Rahn renoviert wurde. Es war seinem Bewußtsein entsunken, daß dieses Gotteshaus auf der Stätte stand, wo Herzog Johann von Schwaben und seine Helfer im Jahre 1308 den König Albrecht ermordeten; auch der Aufhebung des Nonnenklosters, das kaum eines Bogenschusses Weite von seinem Fenster entfernt lag, entsann er sich nicht mehr, obgleich ihm der dichterische Plan der, wie er sich dieselbe ausgedacht, lustigen Begebenheit bis in die letzten Jahre vorgeschwebt. Sogar das Gedicht war ihm völlig verdämmert, worin er Frau Agnes, die Tochter Albrechts, mit ihren Nonnen im Klosterhofe zu Königsfelden geschildert hatte:

Ein Klosterhof, ein Lenzestag,
Ein schwarzer Lindenschatten,
Wo der gekrönte Habsburg lag
Erstochen auf den Matten.

Bis zum Jahresschluß stellte ich mich noch verschiedenemal ein und fand den Dichter immer noch im Kreise seiner quälenden Trugbilder gefangen. Aber der Schlaf war ausgezeichnet und der Appetit gut. Spazierte er nicht mit dem Wärter, so ging er gewöhnlich im Zimmer auf und nieder. Er begehrte nichts zu lesen, höchstens daß er im Zürcher Tagblatt eine Todesanzeige musterte, wenn sie eine ihm bekannte Familie betraf.

Eigentümlich rührend, wehmütig schön dünkte mich unser Zusammensein am 30. Januar 1893, obgleich sich nichts Besonderes ereignete. Er sprach und benahm sich herzlich und liebenswürdig, wenn auch elegisch und ganz ohne Affekt, wovon sich anscheinend jede Spur verloren hatte, während er früher mitunter gegen den Wärter aufbrauste. Als ich mich zum Abschied erhob, sagte er: „Wollen Sie mich schon verlassen? Wir haben so nett zusammen geplaudert."

Mit dem wachsenden Jahre nahm seine geistige Besserung auffallend zu. Namentlich erstarkte sein Gedächtnis, so daß er sich, die letzten Jahre vor seiner Krankheit abgerechnet, in seiner Vergangenheit wieder ordentlich zurechtfand. Doch nun gipfelten seine Klagen wesentlich in dem Argwohn, sein ganzes Leben möchte nur ein Traum gewesen sein.

„Sie waren doch unbestritten", warf ich ein, „in Lausanne und Paris."

„Am Ende war ich gar nicht dort, und alles ist nicht wahr."

„Es liegen aber Briefe da mit Poststempel und Datum."

„Dann wird es doch wohl wahr sein."

Hierauf begann er wieder über seinen zerrütteten Geist zu klagen.

„Erst vor einer Viertelstunde", wandte ich ein, „haben Sie ein ganz richtiges Urteil über Platen gefällt. Also kann es nicht so schlimm mit Ihnen bestellt sein, wie Sie meinen."

„Ach," entgegnete er schmerzlich lächelnd, „das beweist gar nichts. Das ist nur eine Reminiszenz aus meiner gesunden Zeit."

So weit waren also Klarheit und Fähigkeit der Überlegung wiedergekommen; ich sah die Sonne durch die Nebel scheinen und schöpfte eine leise Hoffnung.

Als die Wärme stieg, wünschte er fortwährend auf seinem Zimmer zu bleiben, da ihn die Spaziergänge in der Hitze, wie in seinen gesunden Tagen, ermüdeten. Behaglich und träumend, wenn auch nicht ohne Klage und Wehmut, saß er im Lehnstuhl, die linke Hand in den rechten Rockärmel gesteckt und umgekehrt. Über literarische Dinge äußerte er sich ziemlich klar und sachlich, die eigenen Schöpfungen ausgenommen; diese bezeichnete er als dilettantische Versuche eines träumerischen Menschen, den z. B. Gottfried Keller niemals ernst genommen habe. Das Gespräch drehte sich namentlich an einem Julitage, als ich unmittelbar vom Besuch der in Zürich veranstalteten Gottfried Keller-Ausstellung mich einfand, vielfach um diesen großen Zeitgenossen und Landsmann. Doch wollte Conrad Ferdinand Meyer weder jetzt noch anläßlich eines späteren Besuches glauben, daß Gottfried Keller nicht mehr unter den Lebenden wandle.

Dabei unterbrach unsere Unterhaltung gelegentlich die plötzlich ausgestoßene Klage, er fühle es, sein Leben sei zerstört und er für immer außer stande, seine poetischen Pläne auszuführen. —

Am 27. September 1893 holte ihn seine Frau zur achtzigsten Geburtstagsfeier ihrer Mutter ab, die im sogenannten Zürichhorn bei Zürich stattfand. Von diesem Tage an verbrachte er sein Leben wieder im eigenen Heim, hingebend gepflegt von seiner Gattin. Gelegentlich begaben sich die beiden nach dem geliebten Steinegg; gelegentlich wurden Sommerfrischen aufgesucht, so in Brigels und Klosters. Als 1895 der siebzigste Geburtstag des Dichters in Sicht stand, entzog sich das Paar jeder Störung seiner Ruhe durch eine kleine Reise an den Genfersee. Der Lesezirkel Hottingen, Zürichs größte literarische Gesellschaft, beging die Feier mit einem festlichen Akt.

Ruhe und Abgeschiedenheit erschienen für das Befinden des Dichters unbedingt erforderlich, und so war der Verkehr naturgemäß ein sehr beschränkter. Seine Krankheit, senile Melancholie, war zwar geheilt, aber geheilt nur mit Defekten. Zuweilen schrieb er noch ein Gedicht, nicht aus schöpferischem Verlangen, sondern durch irgend einen festlichen Anlaß der weiteren Familie oder dergleichen bewogen. So erhob er seine Stimme auch zu gunsten der verfolgten Armenier. Diese Verse sind insgesamt belanglos. Die alte Dichterkraft ist dahin, das innere Bedürfnis und der persönliche Zug sind erloschen. Ein wehmütiger Nachglanz des schwindenden seinen Geistes, der über den Stoff nicht mehr völlig Herr wird, schimmert noch aus einem kleinen Gedicht „Mond am Tage“:

> Wie ein leichtes Wölkchen schwebt,
> Steht der Mond am blauen Maientag,
> Und der Morgenwind erhebt
> Sich und flüstert in den Blütenhag.
>
> Mond am Tag, du gleichst den leichten Sorgen
> Die uns mitten in dem Glück begleiten,
> Doch uns nach dem kühlen Morgen
> Einen heißen Tag bereiten.

Eine schöne Ehrung bereitete ihm am 21. November 1897 der Männerchor Zürich, der ihn zwei Jahre vorher zum Ehrenmitglied ernannt hatte. In den strahlenden Nachmittagsstunden dieses Tages trugen ihm die Sänger einige Lieder vor — Mozarts „Schutzgeist alles Schönen", Lachners „Hymne an die Musik", Baumgartners „O mein Heimatland" — und eine Deputation überreichte ihm ein Sonett des Vereinspräsidenten Dr. Rohrer. „Nichts als Freude wird mir davon zurückbleiben," äußerte der Gefeierte nach der Huldigung in einem Briefchen.

Im Spätherbst 1898 erreichte die Besserung im Befinden des Dichters einen solchen Grad, wie Besucher empfanden, daß der Gedanke an eine völlige Genesung nahegerückt schien, obgleich eine Wiederkehr derjenigen Kräfte, die allein eine Aufnahme der wirklichen Produktion ermöglicht hätten, sich nicht mehr einstellen wollte. Jedes Arbeiten an seinen Entwürfen war ausgeschlossen, seine Entschlußfähigkeit vergangen. Seinen Willen in häuslichen und selbst literarischen Angelegenheiten lenkte seine Umgebung.

Aus diesem lichteren Zustand wurde er durch einen plötzlichen und leichten Tod entrückt. Es war am 28. November, einem ungewöhnlich sonnigen und milden Tag. Conrad Ferdinand Meyer spazierte in seiner kleinen Veranda zu ebener Erde in der Mittagssonne und setzte sich dann, nachdem er Hut und Überzieher abgelegt, auf das Ledersofa seines Arbeitszimmers. So fand ihn die Tochter über der Lektüre des neuesten Heftes der „Deutschen Rundschau". Als sie sich in das anstoßende Zimmer begeben hatte, hörte sie durch die offene Verbindungstüre ein eigentümliches Atemgeräusch. Herzugeeilt sahen Frau und Tochter ihn in das Sofa zurückgesunken, eine plötzliche

Röte schoß über sein Gesicht, dann wurde er bleich und tat in den Armen der Frau friedlich den letzten Atemzug. Ohne Bewußtsein, ohne Todeskampf war er hinübergegangen. Es war ein Herzschlag.

Nach dem hellen Tag, an welchem der Dichter von dieser Erde schied, war der Winter mit Gestöber und Regen hereingebrochen; aber am 1. Dezember war das Wetter beruhigt, und Land und See lagen in einem stillen, grauen Flor. Lautlos stand die Trauerversammlung an der Straße längs der Hügelterrasse, um dem Toten die letzte Ehre zu erweisen. Da begannen die Nebel über der Flut, den Rebenhängen und dem Umgelände von Kilchberg zu rücken und zu schweben, und als der Sarg aus dem Hause herausgetragen wurde, brach der erste Sonnenstrahl durch. Dem Zuge voran zogen die Studenten mit umflorten Fahnen, dem mit Lorbeerkränzen behangenen Leichenwagen folgten zwei Gefährte mit Blumen und Kränzen, und dann schritt das Gefolge der Leidtragenden: nach den Verwandten und nächsten Freunden die Vertreter der Regierung und der Stadt Zürich, Lehrer der Universität und des eidgenössischen Polytechnikums und dann das große übrige Geleite, darunter die Sänger. Die Sonne strahlte aus der reinsten Bläue, als der Zug sich die leicht ansteigende Dorfstraße zur Kirche hinaufbewegte. Die Glocken klangen, aber nicht jenes alte traute Glöcklein, dem der Dichter in der Abendstille so oft gelauscht, sondern ein neues Geläute, das seinen starken Ruf schütternd und dröhnend aus den Schallöchern des Kirchturms herauswarf. Das Gotteshaus reichte gerade hin für die Hunderte von Leidtragenden. Nach dem einleitenden Gebet und der Verlesung der Personalien trugen Sänger der „Harmonie" und des „Männerchors Zürich" unter der Leitung des Musikdirektors Angerer das Lied vor „Über allen Wipfeln ist Ruh"; der ergraute Ortsgeistliche zeichnete das Lebensbild und den Charakter des Entschlafenen, namentlich den besorgten Vater und Gatten und den aufrichtigen Christen. Dann klang das Lied „Es ist bestimmt in Gottes Rat", worauf Professor Rahn seinem vieljährigen Freunde ein gerührtes Lebewohl nachrief. Wie ein Triumph über Tod und Gram erscholl dann „O mein Heimatland, o mein Vaterland!"

Draußen war es warm und licht, wie wenn der Frühling wiederkehren wollte. Und zuweilen fiel der Strahl der Sonne auf das Antlitz des toten Dichters: denn der Sarg war nach alter ländlicher Sitte zu Häupten mit einem Schieber versehen, so daß man durch ein darunter befindliches Glasfensterchen in die Züge des Entschlummerten blicken konnte; sie waren unentstellt und friedlich, ja heiter und zeigten etwas von jenem großen Leuchten, das die eben entschleierten Firnen in der Ferne umschimmerte.

Nah dem Chor der Kirche, von diesem nur durch einen schmalen Weg getrennt, liegt das Grab im Angesicht des Schneegebirgs.

Betsy Meyer

Bis zu ihrem fünfundvierzigsten Jahr, bis zu seiner Ehe, hat Betsy Meyer mit dem Bruder und für ihn gelebt. Ich vermag nicht aus eigener Anschauung zu beurteilen, wie sie während dieses Zusammenlebens und bis zu seiner Verbringung nach der Heilanstalt Königsfelden war. Ich kenne wesentlich nur die Züge der zärtlichen Tochter und dann die der verständnisvollen, besorgten Schwester, die Züge, die sich aus ihren Berichten und Briefschaften fassen lassen. Aber aus den letzten zwei Jahrzehnten ihres langen Daseins besitze ich eine deutliche Vorstellung von ihr und kann ihr Bild zeichnen. Das innere wird von dem ihrer frühern Tage sich höchstens durch die gewöhnlichen Alterseigenheiten unterscheiden.

Meine Frau und ich haben, jedes für sich, ihr Porträt entworfen, sie in der Neuen Zürcher Zeitung (28. und 30. April 1912), ich in der Deutschen Rundschau (Juniheft 1912). Ich setze in das meinige diese und jene Retuschen und Striche und ergänze das Milieu der Greisin durch eine Schilderung ihres Begräbnisses (Neue Zürcher Zeitung, 29. April 1912).

Betsy Meyer

Mit Betsy Meyer, der Schwester Conrad Ferdinand Meyers, ist eine so bedeutende Persönlichkeit geschieden, daß ein öffentliches Gedenken auch dann gerechtfertigt wäre, wenn sie nicht in dem Verhältnis verwandtschaftlicher Zugehörigkeit und kameradschaftlicher Arbeitsgenossenschaft zu dem großen Dichter gestanden hätte, das jeder seiner Verehrer kennt. Vermutlich wäre sie, so sehr sie dies in Abrede zu stellen liebte, ohne dieses Doppelverhältnis selbst produktiv hervorgetreten. Die Qualitäten hierzu besaß sie.

Betsy Meyers seltene Fähigkeiten neigten vielleicht mehr als die ihres Bruders nach der Seite des Verstandes, und zwar besaß sie nicht nur ein außergewöhnliches Erfassen und Durchdringen, sondern auch eine Fülle fruchtbarer und weitreichender Ideen, die sich mühelos einstellten, wo es sich um künstlerische Anliegen handelte, die aber manchmal ein etwas fremdartiges Ansehen gewinnen konnten, wenn sie sich den Dingen des praktischen Lebens, den Verhältnissen „dieser Welt" zuwandten. Dazu gebot sie jederzeit über den schlagenden, klaren und eigenartigen, aber ganz unpreziösen Ausdruck ihrer Gedanken und Einsichten. Fast noch mehr brieflich als mündlich. Erstaunte der Zuhörer, dem sie etwa Erinnerungen aus ihrem und des Bruders Lebenskreis berichtete, über das schrankenlose Gedächtnis und die Konzentrationskraft dieser Frau, die nach anscheinend sich völlig verlierenden Episoden der Erzählung immer wieder, sachlich und stilistisch unanfechtbar, in den zuerst eingeschlagenen Weg einzubiegen verstand, so erfreute sich der Leser an der Originalität, der völligen Durchsichtigkeit und künstlerischen Fassung ihrer Briefe, die in ihrer klaren, einfachen und bis ins hohe Alter hinein festen Handschrift immer ein über das Augenblickliche hinausragendes Dokument darstellten, das der Aufbewahrung wert war. So sehr sie dem Bruder innerlich und äußerlich glich, ihre Handschrift war von der seinen völlig verschieden. Es war eine sehr sorgfältige und gleichmäßige Damenhand, vielleicht zur Deutlichkeit seinerzeit geschult durch die Kopistendienste, die sie dem Bruder jahrelang geleistet hatte, eher klein

als groß und weit entfernt von den Dimensionen und der gesuchten Männlichkeit vieler modernen Damenhände. Sie ist
sich durch die etwa sechzig Jahre, aus denen Proben vorliegen,
immer gleich geblieben.

Also eine ganz weibliche Handschrift und in ihren runden
Zügen eher gefühls= als verstandesmäßig.

In der Tat, man würde Betsy Meyer verkennen, wenn man
das Gefühlsmoment in ihrer Natur unterschätzen würde. Allerdings trat es nicht ohne weiteres hervor, bei der Alternden, als
welche sie die Verfasserin dieser Zeilen erst kennen lernte, naturgemäß noch viel weniger als in der Jugend. Eine Entwicklung
des Charakters, an und für sich selbstverständlich, ließ sich doch
aus einigen wenigen ihrer eigenen Außerungen und aus Berichten solcher, die sie jung kannten, feststellen: danach haben
leidenschaftliches Empfinden, innere Kämpfe und schweres
Ringen dieser Seele so wenig gefehlt als der anderer hervorragender Menschen, und was daraus hervorging, war erst spät
völlige Überwindung, aber früh ein gewollter Abschluß nach
außen.

Es war ein in den Verhältnissen beinahe gegebenes Schicksal,
das sich Betsy Meyer als das ihre mit vollem Bewußtsein gewählt hat: sie ist von früher Jugend bis zum letzten Atemzug die
Schwester Conrad Ferdinands gewesen. Mehr und mehr nahm
die Liebe und Fürsorge für ihn ihr ganzes Herz ein und wurde
ihr eigentlicher Lebensinhalt. Sie war das jüngere Geschwister
(geboren 19. März 1831), durch beinahe sechs Jahre vom Bruder
getrennt.

Als das Schwesterchen, wurde den Kindern später erzählt,
durch den Garten getragen wurde, machte der kleine Conrad sich
immer eng hinterher, um einen Zipfel des Tragkleidchens zu
erhaschen und nicht mehr loszulassen. Der kleine Zug ist für
das ganze Verhältnis der Geschwister charakteristisch. Betsy
blieb der treueste Spielkamerad des Bruders und ist ihm überhaupt bis zu seiner Verheiratung am nächsten gestanden. Als
der heranwachsende, von dumpfen Wirrnissen der Entwicklung
bedrängte oder leidenschaftlich ausbrechende Conrad dem Verständnis der Mutter, welcher nach dem frühen Tode des Vaters

die Erziehung allein zugefallen war, ungeahnte und unüber=
wundene Schwierigkeiten bot, da war Betsy der vermittelnde
Teil. Sie kannte — und nur sie allein — die Seele des ringenden,
vereinsamten, übersensiblen Jünglings, der seinen Dichterberuf
noch nicht gefunden hatte und in die Schablone nicht paßte,
welche die Jünglinge seines Alters und seiner Verhältnisse ohne
weiteres ausfüllten; sie war die Genossin seiner nächtlichen
Wanderungen, seiner Träume, seiner Entwürfe. Sie hat sein
Selbstvertrauen gehalten, seine tastenden Versuche gewürdigt,
den Schritt in die Öffentlichkeit ermöglicht, und man kann die
Frage nicht umgehen, ob der Dichter, der mehr als einmal an
der Grenze seiner psychischen Kräfte angelangt war, überhaupt
jene Zeiten überlebt hätte ohne das innige Verständnis und die
Hilfe der Schwester.

Was sie dann dem Gereisten, der seine Wege gefunden hatte,
als Beraterin und Gehilfin geworden ist, das läßt sich hier nur
andeuten. Sie selbst wollte über ihren Anteil an seinem Schaffen
nicht mehr wissen, als daß sie ihm die Wege geebnet und allerlei
mechanische Arbeit abgenommen habe.

Betsy Meyer hatte beinahe zwanzig Jahre, von dem Tode
der Mutter (1856) bis zu seiner Verheiratung (1875) mit dem
Bruder zusammengehaust, unterstützt seit ungefähr 1870 von
einer treuen Dienerin, einer sympathischen und nicht ganz
unliterarischen Persönlichkeit, die für ihre Herrschaft ein seltenes
Verständnis an den Tag legte und, fast erblindet, bis zuletzt
mit Betsy zusammenlebte.

Der Haushalt der Geschwister war ganz nach den Arbeits=
bedürfnissen des Dichters eingerichtet, und es mag der Schwester
von daher die liebe Gewohnheit geblieben sein, sich von der sonst
üblichen Ordnung der Hausgeschäfte und der Mahlzeiten nach
Belieben und persönlichem Bedürfen freizuhalten. Sie führte
in diesen Jahren zum großen Teil seine Korrespondenz, ver=
handelte mit dem Verleger, fertigte die Reinschriften seiner
Manuskripte an, besorgte die Korrekturen mit peinlicher Sorgfalt.
Stockte die Arbeit, so setzte wohl auch ihre größere Energie ein,
um die erlahmende des Dichters zu befeuern und das Begonnene
vor dem Schicksal zu bewahren, aufgegeben zu werden. Aber ihr

Anteil ging weiter und erstreckte sich da und dort auf seine eigentliche dichterische Tätigkeit, ohne daß es möglich wäre, im einzelnen etwas festzustellen. Immerhin hat sich Conrad Ferdinand Meyer hier immer seine Selbständigkeit gewahrt, und es ist nicht unmöglich, daß seine sensible Natur diese Anteilnahme auch wohl einmal als ein Drängen empfand, das ihm widerstrebte.

Keine Frage: Betsy war — sie mußte es in ihren Verhältnissen werden — energischer als der Bruder. Und so sehr sie sich nach ihm zu richten gewohnt war, sie hatte ein starkes Unabhängigkeitsgefühl. Nie habe ich erlebt, daß sie sich durch die Meinung eines anderen beeinflussen ließ, außer wenn sie darin eine Art Fügung zu erblicken vermochte oder wenn diese Meinung den Geist des Bruders besser zu treffen schien als ihre eigene Ansicht, obwohl sie sich für seine beste Kennerin hielt und halten durfte, solange sie bei ihm war.

Einen Unterbruch erfuhr dieses Zusammensein zuerst während seines Aufenthaltes in Lausanne und Neuenburg. Betsy begann in jener Zeit zu Hause und dann in Genf ihre Malstudien, um, wie die Mutter sich ausdrückte, „einmal ihr Brötlein verdienen zu können". Sie setzte diese Studien nach Conrad Ferdinands Verheiratung in Florenz fort, unter Anna Fries, mit der sie, wie mit Johanna Spyri, ein Freundschaftsverhältnis verband. Auch die Ratschläge des ihren Eltern befreundeten Deschwanden und Prellers, den sie in Italien kennen lernte, kamen ihr zeitweilig zugute. Aber so viel Sinn sie für bildende Kunst besaß — und sie begegnete sich auch darin mit dem Bruder, der sich in jungen Jahren den Malerberuf auch einmal überlegt hatte — sie überschritt die Grenzen des Dilettantismus kaum und war sich dessen wohl bewußt. Und dann trat die Trennung von dem Bruder ein, dessen Heirat sie selbst für sein Lebensglück lebhaft gewünscht hatte, die aber einen tiefen Schnitt in ihre bisherige Lebensführung und ihre bisherigen Lebensziele bedeutete. Einer wiederholten Aufforderung des neuvermählten Paares, bei ihnen zu wohnen, gab sie keine Folge. So innig sie mit dem Bruder verbunden blieb, dem sie wochenlang auch nach der Gründung seines eigenen Heims Sekretärdienste leistete und dessen Schaffen nach wie vor ihr wärmstes Interesse gehörte,

und ſo ſehr ſie ſich über ſein junges Eheglück freute, jetzt brauchte
ſie nach ihrer eigenen Ausſage eine Tätigkeit, welche ſie menſch-
lich ganz beanſpruchte. So trat ſie in die Zellerſche Anſtalt in
Männedorf ein, die ſie in einen beſtimmten, von ihr ſelbſt gewählten und umſchriebenen Pflichtenkreis einſpannte.

Es waren zwei Momente, die ſie gerade dorthin führten.
Die poſitive religiöſe Richtung des Leiters und des ganzen
Hauſes war ihr von Jugend auf vertraut und naheliegend, und
daß ſich die Anſtalt ſpeziell mit der Behandlung Geiſteskranker
befaßte, war ihr, welche die heißgeliebte Mutter durch ein Unglück verloren hatte, das ebenſogut der Schwermut als dem Zufall
zugeſchrieben werden konnte, und welche den Bruder von einem
ähnlichen Leiden bedroht geſehen hatte, doppelt ſympathiſch.
Freilich eine blinde Unterwerfung unter die Tendenzen und per-
ſönlichen Meinungen der dort leitenden und ein und aus gehenden
Geiſter bedeutete dieſer Eintritt keineswegs. Wer die oft recht
ergötzliche Kritik mitangehört hat, welche Betſy ſpäter gelegentlich
übte, der konnte darüber nicht im Zweifel ſein. Denn ſie hatte
ſcharfe Augen und täuſchte ſich nicht leicht. Ein angeborener
Sinn für das Lächerliche und vielleicht auch doch wieder eine
gewiſſe kühle Objektivität kam dazu, um ſie vor jedem Perſonen-
kult zu bewahren, der gerade auf dieſem Gebiet ſo leicht eintrit.
Übrigens war Betſy Meyer nichts weniger als fanatiſch oder
auch nur intolerant. Davor bewahrte ſie ihr überlegener Ver-
ſtand und die Einfachheit und Innerlichkeit ihres eigenen Glaubens, deſſen Hauptdogma die werktätige Menſchenliebe war.
Ihre Richtung einem Andersdenkenden aufdrängen zu wollen,
lag ihr durchaus fern, und ein ehrliches Bekenntnis achtete ſie
unter allen Umſtänden.

Ihre perſönliche Stellung in der Zellerſchen Anſtalt war,
ſoweit mir dies aus ihren eigenen Außerungen bekannt iſt, eine
ziemlich freie und bezog ſich vorwiegend auf den Verkehr mit
den Kranken, gar nicht oder wenig auf Haushalt und Verwaltung.
Sie erwarb den neben der Anſtalt ſtehenden „Felſenhof“ zu
Männedorf, deſſen Räume ihr, ſoweit ſie von ihr nicht für die
Zwecke der Anſtalt zur Verfügung geſtellt wurden, ein eigenes
Heim erlaubten. Sie hat da ungefähr fünfzehn Jahre ihres

Lebens verbracht. Eine Änderung wurde dadurch herbeigeführt, daß der „Felsenhof" in den neunziger Jahren für Bauten der linksufrigen Zürichseebahn erworben wurde. So trat sie aus der Zellerschen Anstalt aus.

Betsy beschloß, sich im Aargau anzusiedeln, und mietete zunächst das „Waldhaus" in Wildegg nahe der Station, das ihr die Möglichkeit häufiger Besuche bei dem erkrankten und in Königsfelden bei Brugg weilenden Bruder zu bieten versprach und außerdem den Verkehr mit dem damals in Aarau wohnenden Biographen des Bruders erleichterte, dem sie nach Conrad Ferdinands Wunsch mit schriftlichem Material und ihren Erinnerungen an die Hand gehen sollte und auch ging als die fast einzige Quelle für die Zeit vor seiner Verheiratung. Daneben schuf sie sich in dem hübschen, freigelegenen und geräumigen Haus, das ein reizender Garten umgab, eine weitere Aufgabe.

In den Werken der Wohltätigkeit aufgewachsen, wie sie die Mutter unermüdet übte, und von der mütterlichen Freundin Mathilde Escher erst recht in die Praxis der Armenpflege eingeführt, suchte sie die drei Zweige der Fürsorge, die religiöse, die Armenpflege und die Pflege der psychisch Erkrankten, auch in Wildegg fortzusetzen. Besuche bei Unbemittelten und Kranken, Arbeitsnachmittage und Bibelstunden, die sie meist selbst, zeitweilig auch mit Hilfe geistlicher Kräfte leitete, füllten ihre Zeit zum größeren Teil aus; daneben ging die Ordnung des schriftlichen Nachlasses Conrad Ferdinands und die Abfassung kurzer Notizen aus ihren Erinnerungen; und da das Haus mehr Raum bot, als sie für sich gebrauchte, so nahm sie jeweilen ein bis zwei ruhebedürftige oder leicht erkrankte Frauen auf, denen sie beizuspringen suchte.

Der gesellige Verkehr blieb auf ein äußerst knappes Maß beschränkt und ergab sich nur aus den zwei mächtigsten Interessenkreisen ihres Lebens: dem Andenken an den Bruder und der Wohltätigkeit. Nicht daß sie dabei die starken literarischen und künstlerischen Anregungen ihrer früheren Jahre nicht schmerzlich vermißt hätte: es war ihr ein Fest, über solche Dinge mit Verstehenden zu reden. Aber mancher, den nicht das Interesse für die Künstlerschaft des Bruders, sondern nur eine gewisse Neugier an ihre Türe lockte, fand diese verschlossen. Nur wer über Conrad Ferdinand Meyer etwas Belangreiches sagen zu können versprach oder zu versprechen schien, fand bei ihr eine stets bereite Hilfswilligkeit, bei der sie freilich im allgemeinen den von ihr meisterlich geübten brieflichen dem mündlichen Verkehr vorzog.

Das alles blieb im wesentlichen so, als sie nach einigen Jahren sich ein eigenes Heim schuf, da der Verkauf des Waldhauses drohte, das ihr eine liebe Heimat geworden war. Es selbst zu erwerben, wozu sie wohl Lust gehabt hätte, überstieg ihre Mittel, und so faßte sie den Entschluß, sich ein kleines Chalet bauen zu lassen, in dem sie ihre Tage beschließen wollte. Es fand sich ein hübsch und frei, doch nicht völlig einsam gelegener Bauplatz in dem etwa vierzig Minuten von Wildegg jenseits der Aare liegenden Veltheim. Denn den „grünen" Aargau, wo es ihr so wohl behagte, wollte sie nicht wieder verlassen. Bis der Bau erstellt war, fand sie eine ihr sehr willkommene Unterkunft in dem schönen, ihrer Freundin Frau von Sinner gehörenden Schloß Wildenstein, das nur eine kleine Strecke von ihrem zukünftigen Heim entfernt lag. Ihr Häuschen befriedigte ihre Wünsche in hohem Maß: der von Gebrüder Kuoni in Chur entworfene Bau, auf gemauertem und weiß beworfenem Unterbau ein allerliebstes Holzchalet mit ringsumlaufender Galerie, gewährt gegen Süden und Südosten einen freien Blick auf Felderbreiten, Wiesen und Wald und die über die Aare herübergrüßende Habsburg. Betsy liebte die ländliche Einsamkeit, und der Geruch der frisch ge= pflügten Scholle, Lerchenjubel oder der über reifende Ährenfelder streichende Sommerwind waren ihr ein Labsal. Hier träumte sie in ihren Erinnerungen, an keine Zeit gebunden und nicht an die Außenwelt, von der sie sich gerne fast vergessen fühlte. Denn es war in dem von der Bahn abliegenden Veltheim noch stiller um sie geworden als in Wildegg. Sie war und empfand sich als eine, die mit „dieser Welt" nichts zu tun hatte. „Es ist halt Welt," pflegte Conrad Ferdinand zu sagen, und sie machte von dieser Wendung mit Vorliebe Gebrauch, da sie von ihm kam und ihrem eigenen Wesen so sehr entsprach.

In aller Morgenfrühe erhob sie sich, um einen Gang im Garten zu tun, den sie liebte und kaum je in ihrem Leben ent=

behrt hat, wenn sie nicht in der Fremde war. Er bot ihr in
späteren Jahren, da ihr das schwach gewordene Herz und die
schweren Füße kaum mehr einen richtigen Spaziergang erlaubten,
die einzige Gelegenheit, sich im Freien zu ergehen. Gerne
nahm sie auf diese frühen Gänge, die sich in Wildegg noch in
ein kleines, dem Garten angrenzendes Gehölz verlängerten,
ihren getreuen Bernhardiner Karo mit, den sie vor einigen
Jahren, weil er bissig wurde, zu ihrem Schmerz abgeben mußte.
Dann folgte die allmorgendliche kalte Abwaschung des ganzen
Körpers, an die sie zu jeder Jahreszeit gewöhnt war und nach der
sie sich wieder zu Bett legte bis zu dem spät und unregelmäßig
eingenommenen Frühstück. Unregelmäßig und oft auch erst zu
später Nachmittagsstunde wurde das Mittagsmahl aufgetischt,
da Betsy sich nicht gern stören ließ, wenn sie in ihren Papieren
kramte oder der Korrespondenz oblag. Das Abendessen beschloß
ein Abschnitt aus der Bibel, bei dem sich die ganze kleine Haus-
genossenschaft versammelte, und dann ging man früh zu Bett.

Betsy Meyer war von mittelgroßer, wohlgebauter Figur,
die mit dem Alter etwas unförmlich geriet und auf der ein für
ein weibliches Wesen auffallend großer Kopf saß. Er wies in
den Dimensionen und sonst die größte Ähnlichkeit mit dem des
Bruders auf: die kleine hübsche Nase, den wohlgeformten kleinen
Mund, die hohe Stirne, die vollen, im späteren Alter etwas
hangenden Wangen, die bei ihr immer rosig waren. Das Kinn
trat bei ihr weniger zurück als bei Conrad Ferdinand. Die unregelmäßigen schwachen Brauen endeten, bevor sie die Schläfe
erreichten, die blauen Augen lagen unter den stark überhängenden
oberen Augenlidern fast vergraben und zwinkerten nur dann
und wann lebhaft aus dem ruhigen Gesicht, das beim Sprechen
ziemlich unbeweglich blieb und sich höchstens zu einem kleinen
überlegenen Lächeln verzog. Als eine viel in freier Luft lebende
und wenigstens in den Jahren, da ich sie kannte, durchaus ge-
festete und in sich ruhende Natur, der es an Selbstgefühl durchaus
nicht fehlte, wies Betsy Meyer keine Zeichen der Nervosität
auf. Ein gewisser Fatalismus verbot der im Grunde energisch
Beharrenden häufig jede Initiative, und der Begriff der Hast
existierte wohl kaum für sie, die Zeitlose. Auffallend waren die

schönen kleinen, gepflegten weißen Hände, die man gerne, wenn sie nicht schrieb, mit der damals unmodernen sogenannten Frivolitéarbeit beschäftigt sah, die ein graziöses Spiel der feinen Finger darstellte, wohl so ziemlich die einzige Handarbeit, die ihnen zugemutet wurde.

Betsy Meyer war in ihrer Kleidung einfach und von der Mode unabhängig. Sie trug sich bequem und in dunklen Farben. Im Winter gaben ihr die schwarze Samttaille, im Sommer eine leichte seidene oder etwa eine Spitzenecharpe, die sich zu einem alten Familienschmuckstück passend fügte, etwas würdig Altjüngferliches und Vornehmes, das durch die aufrechte Haltung unterstützt wurde. Die grauen, glattgescheitelten Haare verdeckten die Ohren beinahe ganz und waren hinten in einem Zopf aufgesteckt, der von einer abschließenden schwarzen Samtschleife halb verborgen wurde. Sie war mit ihren Sachen sorglich und ordentlich und wußte die elterliche Einrichtung, die ihrem Heim etwas altertümlich Behagliches gab, stets in ansehnlichem Stand zu erhalten, wie sie denn in jeder Bewegung das wohlerzogene Kind einer guten alten Familie darstellte und darstellen wollte.

Betsy Meyers Auftreten, zugleich bescheiden und selbstbewußt, machte mit gelegentlichen allerliebsten kleinen Geziertheiten der Bewegungen den Eindruck, als ob sie aus einer anderen Zeit stammte: sie gehörte in der Art, wie sie ging, wie sie empfing, wie sie in ihrem Haus herrschte, wie sie lebte, in jene Generation der alten Zürcher Familien, in welcher die Bahnhofstraße noch der Fröschengraben war und man sich gegenseitig noch in den Suppentopf guckte. Aber sie war völlig frei von der Kleinlichkeit und dem engen Horizont, aus dem in jenen Tagen wohl nur eine große Begabung herauszuheben vermochte. Doch war es ergötzlich, den unerschöpflichen Geschichten aus jener Zeit zu lauschen, die sich verschlangen, trennten und wieder fanden und allerlei Originale auftauchen ließen, die sie überlegen und mit alten intimen Zügen meisterlich zu schildern verstand.

Es war eigentlich selbstverständlich, daß Betsy trotz dieser Überlegenheit selbst einen starken Familiensinn und ein starkes Familienbewußtsein besaß. An ihren nächsten Angehörigen, den Eltern, dem Bruder und den Seinen, hing sie mit ganzem Herzen,

und die rühmlichen Eigenschaften der weiteren Familie erfüllten
sie mit stolzem Bewußtsein, obwohl ihre Intelligenz und Men=
schenkenntnis zu groß war, als daß sie etwaige Eigenheiten oder
Defekte nicht gesehen hätte.

So sehr sie den Bruder vergötterte, so sehr er den eigentlichen
Mittelpunkt ihres Daseins bildete, auf den sich alles bezog, und
so sehr es ihre Aufgabe bis zum letzten Augenblick blieb, sein
Andenken als ein Heiligtum zu hüten, so unumwunden gab sie
mündlich Schwächen seiner Anlage zu, kannte sie die Schranken
seines Schaffens. Aber es war nur menschlich, daß sie der Nach=
welt d a s Bild seiner Persönlichkeit zu übermitteln wünschte,
das sie in schwesterlicher Liebe gehegt und besonders in den Jahren
nach seinem Tode ausgebildet hatte. Kein dritter, objektiv
Urteilender konnte diesem Gefühl ganz genügen. So drängte
es sie, die „Erinnerungen" an ihren Bruder zu schreiben. Es
war für sie eine Rettung aus dem still getragenen Jammer des
Verlustes, den sie nur mit religiösem Trost und mit dieser Dar=
stellung seines Wesens zu lindern mußte. Es wäre ungerecht
und herzlos, ihr hierfür nicht dankbar zu sein, auch wenn man
das Apologetische ihres Buches nicht übersieht. Und sie hat ihre
Aufgabe schriftstellerisch glänzend gelöst.

Aus dem Reichtum des Schönen, das sie bietet, verdienen
von diesem Standpunkt aus besonders hervorgehoben zu werden
die stimmungsvollen Landschaftsschilderungen, zu denen ihr, der
Genossin der Reisen und Ferienaufenthalte des noch Unverhei=
rateten, reichlich Anlaß gegeben war. Noch liegt über diesen
Schilderungen die Frische jener Jahre, in denen sie den Bruder
auf seinen Bergwanderungen getreulich begleitete, miterlebend,
wie der Hauch der Firne, das Rauschen der Sturzbäche, das
einsame Weben auf Bergpässen und Alpweiden in seine Dichtung
drang.

Diese Frische der Empfindung und des Gedankens wie die
Fähigkeit des quellklaren, plastischen und eigenen Ausdrucks hat
Betsy Meyer bis zuletzt bewahrt. Vor mir liegt ein Brief der
über Achtzigjährigen vom November ihres letzten Jahres, der all
diese Eigenschaften in erstaunlichem Maße und eine Wärme des
Gefühls zeigt, die auf ihre Jugendjahre zurückweist.

So lebt sie, die bedeutendste Frau, die ich kennen gelernt habe, geistesjung, klar, einzig, in der Erinnerung fort; trotz der Trauer ihres Herzens, die ich kannte, ein heiterer Geist, wie der ihrer Mutter gewesen sein muß, einen Teil des lichten Glückes derer in sich tragend, welche das Leben zu überwinden vermochten: Geist vom Geiste Conrad Ferdinand Meyers.

Lina Frey.

Die Schwester Conrad Ferdinand Meyers
19. März 1831 bis 22. April 1912

Über einundachtzig Jahre alt ist Betsy Meyer zu Veltheim im Kanton Aargau in der ländlichen Abgeschiedenheit gestorben, die sie sich bald nach der Erkrankung des geliebten Bruders gesucht. Sie war eine ganz ungewöhnliche, eine wahrhaft bedeutende Frau von sehr ausgeprägter Eigenart. Dennoch hält es für denjenigen, der sie nicht gekannt hat, nicht leicht, sich ein Bild von ihr zu machen. Sie war nicht nur vom Geblüt ihres Bruders, sie war auch von seinem Geist. Sie besaß seinen ungewöhnlich großen Kopf — ich habe nie bei einem weiblichen Wesen einen so großen gesehen — und eine ausgesprochene Ähnlichkeit der Züge, einen außerordentlichen Kunstverstand, überraschende Tiefe, vollkommene Klarheit des Denkens und Schreibens. Sie war fromm aus Familienüberlieferung und innerem Bedürfnis, doch ohne Fanatismus und Bekehrungsstreben, ohne Mystik und Verträumtheit. Religiöse Forderung mehr noch als innere Wärme veranlaßten sie, in allerlei Werken und Worten der Nächstenliebe und Erbauung einen beträchtlichen Teil ihrer Lebensaufgabe zu erblicken. Sie war von starker Selbständigkeit in allen geistigen und geistlichen Dingen und lehnte unweigerlich ab, was ihrer Natur widerstrebte. Sie herrschte gerne und empfand Widerstand und Widerstreben in hohem Grade. Trotzdem hatte sie für unmännliche, unentschiedene Männer wenig übrig; im Grunde auch nicht für Frauen ohne Rückgrat. Sie besaß wenig Mut und Initiative, weshalb sie gern in entscheidenden Augenblicken des Lebens in irgendeinem belanglosen Geschehnis einen himmlischen Wink witterte, der ihr, wenn irgend möglich, Entschluß oder Schritt ersparte. Sie war artig, höflich, reserviert, doch ihrem innersten Wesen nach kühl und schien wenigstens in späteren Jahren wirklichen Herzensanteils nur noch fähig gegenüber ihrer Familie. Ihr kräftiges, in die Formen der guten Erziehung gekleidetes Selbstbewußtsein entsprang einem deutlich wahrnehmbaren Familienstolz, der ihr, verbunden mit scharfer Menschenkenntnis und Anlage zu gedämpftem Sarkasmus, unmerklich, aber bestimmt gegen jedermann Position zu beziehen gestattete. Sie war sehr selbstgerecht, räumte niemals, wie ihr Bruder über sie schrieb, ein begangenes Unrecht ein und entschuldigte sich höchstens wegen belangloser Kleinigkeiten. Sie empfand und schätzte an anderen lebhafte Wärme so sehr, weil sie selber sozusagen immer Distanz und unverkennbare Objektivität behielt.

Doch wie erstaunte der Hörer, den aus dem Banne der Höflichkeit ein gewisser kühler Hauch anwehte, wenn sie den Hort ihrer Erinnerungen auftat oder in die Tiefen künstlerischer und menschlicher Betrachtung stieg! Ein Scharfblick, dem nichts entging, ein geradezu wunderbares Gedächtnis unterstützten ihre seltene Erzählergabe, wobei sie, den begonnenen Gegenstand scheinbar verlassend, in den ersten Ring gleichsam einen konzentrischen zweiten hineinlegte und in diesen wieder einen, um dann zum Erstaunen des Lauschers genau an der Stelle, wo sie abgeschwenkt war, wieder einzusetzen. Ihr literarisches Urteil war fein, wohlbegründet, sehr bestimmt und gestützt durch ausgedehnte und genaue Kenntnis nicht nur des deutschen, sondern auch des französischen und italienischen Schrifttums. Dem Neuen trat sie, wenn nicht ablehnend, so doch vielfach zweifelnd gegenüber.

Erst wenn sie zur Feder griff, entfalteten sich alle ihre Vorzüge. Sie ist geradezu eine Klassikerin des deutschen Briefes; und die Erinnerungen an ihren Bruder reihen sie unter die ersten deutschen Stilisten, was man auch inhaltlich da und dort einwenden mag. Ich kann es mir nicht anders denken, als daß sie sich auch dichterisch versucht hat, was ja die Tugenden ihrer Prosa, namentlich die seelenvollen Landschaftsschilderungen, von vornherein nahelegen. Doch habe ich nie einen Vers von ihr gesehen, nie von einem auch nur gehört. Selbsterkenntnis und

Kunsterkenntnis sowie die Nähe des scharfäugigen, großen
Bruders mögen sie zurückgehalten haben, wie sie denn auch
trotz zweimaliger entschiedener Anläufe ihre Malversuche aufgesteckt hat.

Sie war lange das einzige Publikum ihres Bruders, dessen
rätselhafte Hemmungen sie bedauerte und zu heben trachtete.
Sie war seine Sekretärin, seine Vertraute, seine Gehilfin.
Zwanzig Jahre hat sie ihm hausgehalten, vom Tode der
Mutter bis zu seiner späten Verheiratung. Dann wirkte sie in
der Zellerschen Gebetsheilanstalt in Männedorf am Zürichsee.
Obgleich sich der Verkehr seeüber nach Kilchberg verlangsamt
und gelockert hatte, der Bruder blieb im Mittelpunkt ihres
geistigen Lebens. Nach seiner Erkrankung ging sie mir, als ich
seine Biographie schrieb, seinem Wunsch und Auftrag gemäß
an die Hand, um dann später selbst noch aus ihren Wünschen
und Jugendeindrücken das Bild ihres geliebten Bruders zu
zeichnen, wie sie es von der Nachwelt gesehen wünschte.

Es ist nicht auszurechnen, wieviel Kräfte ihr durch den
während zweier voller Jahrzehnte beinahe täglichen und
später immer wieder aufgenommenen brüderlichen Umgang
zugediehen; nicht auszudenken, welche Wohltat sie ihm
während der langen Schmerzenszeit im höchsten Grade ver-
langsamter Entfaltung bedeutete. Kein Wunder, wenn er in
die tief empfundenen Worte ausbrach:

> Zu ruhn ist mir versagt, es treibt mich fort,
> Die Stunde rennt — doch hab' ich einen Hort,
> Den keine mir entführt, in deiner Treue!
> Sie ist die alte wie die ewig neue,
> Sie ist die Rast in dieser Flucht und Flut,
> Ein fromm Geleite leisen Flügelschwebens,
> Sie ist der Segen, der beständig ruht
> Auf allen Augenblicken meines Lebens.

Als die erhoffte Genesung des Bruders in der erwarteten
Frist ausblieb, zog Betsy in den Kanton Aargau, in die Nähe der
Heilanstalt, die ihn aufgenommen. Nach seinem Tode konnte
sie sich nicht entschließen, in die Vaterstadt oder auch nur in den
Heimatkanton zurückzukehren. Sie verharrte in der ländlichen

Stille, zuerst in Wildegg, dann in Veltheim in dem freundlichen
Chalet Rischmatt, das sie sich erbaut und nach dessen Fenstern
vom Wülpelsberge hernieder die Ruine Habsburg über die Aare
hinübergrüßt. Sie lebte und webte in den Erinnerungen an den
Bruder und in seinen Werken, und ihre Briefe spiegelten bis
zuletzt meistens den seltenen und feinen Geist. Sie zählte schon
über achtzig und ein halbes Jahr, als sie einer Schweizerin den
Dank aussprach für ein geistvolles Büchlein über die Lyrik Conrad
Ferdinand Meyers. Der Brief markiert noch einmal ihre lebens-
lang festgehaltene Stellung zur Kunst ihres Bruders, zur Dichtung
überhaupt und zu den Literarhistorikern in ihrer selbständigen
und ursprünglichen Weise, in der sie solche Dinge zu betrachten
und zu formulieren vermochte.

Chalet Rischmatt. Veltheim in Aarau.

10. Nov. 1911.

Was soll ich Ihnen, verehrtes Fräulein,
auf Ihre liebe- und schönheitsvolle Sendung*) vom vergangenen
Monat antworten?

Sie machen mir eine große Freude durch Ihr inniges Verstehen der Lyrik Conrad Ferdinands. Am liebsten antwortete
ich nichts weiter darauf, als: Herzensdank! Mit besserer Erkenntnis sie studieren und liebevoller ihre Schätze am Lichte unseres
Tages ausbreiten, als Sie es hier tun, kann man nicht.

Wie kann ich Ihnen mit Worten dafür danken?

Vielleicht nur damit, daß ich Ihnen etwas bekenne.

Ich fragte mich so oft schon, was es sei, das mir aus der
literarhistorischen Darstellung des von mir Miterlebten so eigentümlich kühl entgegenwehe.

Woher mein Gefühl eines sehr verminderten Maßstabs?

Woher die Blässe dieser feingestimmten Farben?

Vor der Schönheit Ihres kleinen Buches ist es mir wieder
einmal aufgegangen:

Du stehst vor dem Zauber eines reinen Spiegels, nicht vor
der Realität des Lebens!

---

*) C. F. Meyer. Von Anna Fierz (Deutsche Lyriker X). Leipzig.
Hesse & Becker.

Nicht vor der Wirklichkeit, sondern vor ihrem „schönen Wider-
schein", vor ihrem Reflex in einer Künstlerseele.

Du fühlst im Abbilde notwendigerweise die Kühle der Reflexion, des „Gedankens Blässe".

O wie anders aber ist das Glück zu l e b e n, als das Glück
zu dichten!

Wunderbar und ausnahmsweise ist beides — Sie sind es,
die es aussprechen — in der Natur und im Lebenskampfe meines
Bruders vereinigt und ineinander übergegangen.

Wenn ich lese, was die junge Zeit über ihn sagt, so ist mir,
ich sehe eine helle Schar lauter Leute, die so gelehrt und scharf-
sinnig sind, wie wir es uns in der Jugend gar nicht vorstellen
konnten, am Ufer eines breiten Stromes im fruchtbaren Tale
stehen, mit den Blicken die Flucht der Gewässer aufwärts ver-
folgend und damit beschäftigt, wissenschaftlich konstruierend, ihre
Herkunft aus den Gletschern des Hochlandes zu erklären und die
Klippen ihres Laufes, die Gewalt ihrer Stürze, das Dunkel ihrer
Schluchten zu messen. — Anders ist es, p e r s ö n l i c h mit
den Wassern durch die Felsenengen in schwachem Fahrzeug zu
Tale zu stürzen! Leidensvoller und stürmischer! Frei zugleich
und ahnungsvoll — unbewußt seines Weges und doch des Zieles
gewiß!

Anders ist es, mein teures Fräulein, aber glauben Sie mir's:
      unendlich schöner! ...

Sie haben recht, mein Bruder gehört zu den Glücklichsten —
und ich auch auf meiner in der Tiefe verborgenen, stillen Bahn.

Mein Dank sei denn, daß ich auch Ihnen aus Herzensgrund
das Schöne, das Gute, das Allerbeste wünsche.

Ihre   Betsy Meyer.

So wenig wie hundert andere Briefe Betsys läßt dieser
ahnen, daß der seltene Geist häufig getrübt war. Dr. Fritz Sieg-
fried in Wildegg, ihr langjähriger und letzter Arzt, schreibt darüber: „Ihre Vermutung, es sei bei unserer lieben verstorbenen
Fräulein Betsy Meyer gegen ihr Lebensende ein krankhafter
Verfolgungs- und Beeinträchtigungswahn vorhanden gewesen,
kann ich als ihr Arzt leider nur bestätigen. In unserem lang-

jährigen ärztlich-freundschaftlichen Verkehr, in dem ich diese große Seele von Herzen verehren und lieben lernte, traf ich bei ihr fort und fort auf Ideen der Benachteiligung und Verfolgung von seiten der verschiedensten Menschen und in allen möglichen Formen, Ideen, deren krankhafter Wahncharakter sich schon daraus klar ergab, daß sie sich auch auf Personen der nächsten Umgebung bezogen, deren harmlose, gütige Gesinnung ich persönlich kannte. Auch schuf ihre, in dieser Richtung hemmungslose, Phantasie oft so phantastische Gebilde, wie sie nur einem teilweise kranken Vorstellungsleben entspringen können.

Ihre Befürchtung, es möchten diese genannten Wahnideen auch in den großen Briefwechsel der Verstorbenen eingedrungen sein und könnten von böswilliger oder unaufgeklärter Seite mißbraucht werden, ist jedenfalls begründet.

Ich habe die krankhafte Verirrung dieses im übrigen so großen und glänzenden Geistes stets schmerzlich empfunden und sie auch unablässig zu mildern und zu bekämpfen gesucht, allerdings ohne Erfolg, wie es in solchen Fällen immer geschieht. Ihre Ursache mag wohl in Altersveränderungen des Gehirns gelegen haben, kann aber auch auf eine primäre Veranlagung zurückgehen."

Die Abkunft Betsys und ein ziemlich weites Zurückreichen einzelner dieser Wahnideen deuten wohl auf ererbte Anlage. So lange der Bruder lebte, sah sie wesentlich ihn verfolgt und beeinträchtigt, nach seinem Tode sich selbst.

Die Bestattung Betsy Meyers

Der etwas bewölkte Morgen des 25. April hatte sich zum strahlenden Tag aufgelichtet, als ich zwischen 9 und 10 Uhr in Wildegg aus der Bahn stieg. Der Weg führte mich über die lange Brücke von der Station ans linke Aareufer hinüber und dann stromabwärts am romantischen Schloß Wildenstein vorbei gegen das Dorf Veltheim. Dort liegt vor dem Eingang zu den meist stattlichen und teilweise noch mit Stroh gedeckten Häusern dicht an der Straße und etwa zwei Meter tiefer auf der wenig

über dem Aarespiegel liegenden Terrasse das gemütliche, auf
weißgemörteltem Unterbau ruhende hellbraune Chalet Rischmatt,
das Betsy Meyer als ihre letzte Wohnstatt und Zuflucht 1899
erbaut hatte. Sie war, seit sie es bezogen, kaum mehr als einmal
nach Zürich gekommen, einmal nach Genf zu den alten Freunden
Mallet und Naville und sonst kaum weiter als nach dem Schloß
Wildegg, wo ihre Freundin Fräulein von Effinger wohnt, die
letzte ihres Geschlechts.

Betsy Meyer (19. März 1831 bis 22. April 1912) ist meines
Wissens während ihres ganzen Lebens niemals ernstlich krank
gewesen. Etwas stark geworden, klagte sie schon lange gelegentlich über ihr Herz, und ihre Füße gestatteten ihr schon seit Jahrzehnten nur bescheidene Spaziergänge. Aber sie erfreute sich
einer erstaunlichen Rüstigkeit und Frische des Geistes und eines
im ganzen wenig gestörten leiblichen Wohlseins. Im verflossenen
Winter begann sie über Müdigkeit zu seufzen und klagte nicht
selten, sie sollte diese oder jene Briefschuld abtragen — denn sie
führte eine ziemlich ausgedehnte Korrespondenz —, allein sie
fühle sich nicht aufgelegt und zu matt dazu. Schwäche nötigte
sie, die letzten zwei Tage meistens im Bett zu verbringen. Am
Montag den 22. April erschien von Wildegg her ihr Arzt, nicht
von ihr selbst gerufen, sondern von ihrer Umgebung. Er war
kaum nach Wildegg zurückgekehrt, so erhielt er die Nachricht,
sie sei sanft entschlummert, von einem Herzschlag hingerafft,
wie ihr Bruder auch.

„Ich gehe heim," äußerte sie kurz vor dem Ende.

Nun lag sie aufgebahrt in dem Zimmerchen rechts vom Eingang des Chalets, zu dem man von der Straße, ein paar Stufen
hinabsteigend, über ein Brücklein gelangt. Sie war von Blumen
umgeben und mit einem weißen Häubchen angetan. Während
man so häufig die Beobachtung macht, daß das Gesicht von
Verstorbenen dermaßen zusammengeht, daß man es mit einer
Hand glaubt bedecken zu können, zeigte sich bei Betsy die ungewöhnliche Größe ihres Kopfes erst recht. Aber das Gesicht,
das im Leben so häufig ein freundliches, kühles Lächeln belebte,
blickte fast drohend und wie wenn es dasjenige einer starren
Kämpferin gewesen wäre.

Der schwarze Sarg wurde geschlossen und auf den Leichenwagen hinausgetragen. Voran schritten ihm ein Dutzend Schul-
mädchen, je zu zweien, Kränze, Sträuße, Palmen in den Händen,
in ihren farbigen Sonntagskleidern wie freundliche Genossinnen
aus dem Zuge der ländlichen Frühlingsgöttin. Hinterher kamen
im Sonntagsgewand die Bauern des Dorfes und der Umgebung
samt wenigen schwarz gekleideten Herren, die von auswärts
hergereist waren, der Verstorbenen die letzte Ehre zu erweisen.
Ihnen folgte der Gewalthaufe der weiblichen Leidtragenden,
alle schwarz gekleidet, verstärkt durch einige Freundinnen aus
Zürich. Mit ihnen ging die Witwe Conrad Ferdinand Meyers.
Die Tochter des Dichters, das geliebte Patenkind der Entschlafenen, war verhindert, die Tante auf dem letzten Gang zu begleiten: die völlig unerwartete Todesbotschaft hat sie an der
fernen Küste Dalmatiens erreicht.

Der Leichenwagen fuhr an die Mauer des kleinen Kirchhofs,
und der blumenbedeckte Sarg wurde in die Tiefe des Grabes
hinuntergelassen, dessen Ränder um und um mit Efeu und Früh-
lingsblumen geschmückt waren, namentlich mit Wiesenschaum-
kraut, aus dessen lichter Farbe einige dunkle Gartenpensées ernst
und wehmütig herausschauten.

Unter den Frauen aus Veltheim und der Umgebung trat
diese und jene an die Gruft heran und trocknete sich die Augen.
Sie hatte in der Heimgegangenen eine Helferin verloren. Frommen Zuspruch, teilnehmende Tröstung, werktätige Hilfe hatte
sich Betsy Meyer ihr Lebenlang angelegen sein lassen. Darin
bestand häufig ihr Tagewerk neben dem Briefwechsel über ihren
Bruder, nach dessen Werken und Lebensumständen Verehrer
aus nah und fern sich erkundigten.

Das Leichengeleite füllte die Kirche. Von der Empore
hernieder klang würdig und ergreifend ein geistliches Lied eines
Männerchors. Der junge Ortsgeistliche widmete einem Kinde,
das zur gleichen Stunde bestattet wurde, ein tröstliches Wort
und zeichnete dann Lebensgang und Wesen der Entschlafenen,
warm, bündig und taktvoll, so daß sich mancher Kanzel- und
Weltredner daran ein Muster hätte nehmen können. In den
hellen Raum leuchtete die neue Glasscheibe an der Stirnseite

der Kirche: der Heiland, der mit Petrus und Johannes durchs Kornfeld wandelt.

Als man wieder auf den Kirchhof und ins Freie hinaustrat, lachte der Himmel, wanderten die schimmernden Wolken, blühten die Bäume und schmetterten die Finken. Wir warfen noch einen Blick auf das Grab, dann schlugen wir selbdritt den Weg ein über das Feld gegen die Station Schinznach. Es ist ein anmutiges, friedvolles Gelände, das Betsy Meyer aus ihren Fenstern täglich vor Augen hatte: der Höhenzug, den das Schloß Wildegg krönt, der Wülpelsberg mit der Habsburg und im Grunde die ziehende Aare. Unterwegs anhaltend, gönnten wir uns einen Blick auf die liebliche Gegend, die sich hinter uns auftat: links Wildegg, rechts Wildenstein und in der Mitte dahinter die Feste Lenzburg.

Es rauschte in den Bäumen und übers Feld wie ein letzter Gruß der Verstorbenen, mit der ich so oft zusammen gewesen.

Der Fährmann holte uns über, und wir bestiegen den Zug.

———

Anmerkungen

Aus der Literatur über C. F. Meyer mache ich namhaft:

Betsy Meyer. C. F. Meyer in der Erinnerung seiner Schwester. Berlin 1903.

A. Langmesser. C. F. Meyer. Sein Leben, seine Werke, sein Nachlaß. Berlin 1905.

Hans Trog. C. F. Meyer. Sechs Vorträge. Basel 1897.

Fritz Kögel. Gespräch mit C. F. Meyer. Rheinlande 1900.

Heinrich Moser. Wandlungen der Gedichte C. F. Meyers. Leipzig 1900.

Heinrich Kraeger. C. F. Meyer. Quellen und Wandlungen seiner Gedichte. Berlin 1901.

Erwin Kalischer. C. F. Meyer in seinem Verhältnis zur Renaissance. Berlin 1907.

L. v. François und C. F. Meyer. Ein Briefwechsel. Herausgegeben von Anton Bettelheim. Berlin 1905.

Briefe Conrad Ferdinand Meyers. Nebst seinen Rezensionen und Aufsätzen. Herausgegeben von Adolf Frey. Zwei Bände. Leipzig 1908.

(Ich habe in diesem Anhang die Rezensionen und Aufsätze C. F. Meyers nach dem ersten Erscheinungsort zitiert.)

Paul Wüst. G. Keller und C. F. Meyer in ihrem persönlichen und literarischen Verhältnis. Leipzig 1911.

Walter Köhler. C. F. Meyer als religiöser Charakter. Jena 1911.

Anna Fierz. C. F. Meyer (Deutsche Lyriker X). Leipzig (1911).

Eduard Korrodi. C. F. Meyer-Studien. Leipzig 1912.

Robert d'Harcourt. C. F. Meyer. Sa vie, son oeuvre. Paris 1913.

Derselbe. C. F. Meyer. La crise de 1852—1856. Lettres de C. F. Meyer et de son entourage. Paris 1913.

Adolf Frey. C. F. Meyers unvollendete Prosadichtungen. I. Erläuterungen und Fragmente. II. Die faksimilierten Handschriften. Leipzig 1916.

Franz Ferdinand Baumgarten. Das Werk C. F. Meyers. Renaissance-Empfinden und Stilkunst. München 1917.

August Langmesser. C. F. Meyer und J. Rodenberg. Ein Briefwechsel. Berlin 1918.

Walther Brecht. C. F. Meyer und das Kunstwerk seiner Gedichtsammlung. Wien 1918.

Adolf Frey, Schweizer Dichter. Leipzig 1914. S. 113 bis 135. II. Aufl. 1919.

*   *   *

S. 3. Über die Familie Meyer vgl. Aufzeichnungen über die Vorfahren von Wilhelm Meyer-Ott, mitgeteilt in den „Erinnerungen an Wilhelm Meyer" von F. Meyer-Burkhard (Zürcher Taschenbuch auf das Jahr 1879, S. 86 ff.). Dazu vgl.: Neujahrsblatt der Feuerwerkergesellschaft 1879 (darin S. 6 und 7 „Eine Zürcherische Familiengeschichte").

Schweiz. Archiv f. Heraldik 1904. Heft 3. Genealogische Notizen usw. (von Schultheß-Hünerwadel) S. 8—9.

Schweiz. Geschlechterbuch. Band IV, Jahrg. 1913, S. 361 ff.

S. 3. Das Hirschwappen ist das Gemeindewappen von Eglisau.

S. 3. Hinterjürmacher ist wohl nach der plausibelsten Erklärung = Flickschneider, d. h. einer, der das Hintere nach vorn kehrt, also das Kleid wendet.

S. 4. „Keiner des Regiments" u. s. w. vgl. „Einige Mitteilungen über die Erwerbung des Bürgerrechtes und über die Regimentsfähigkeit im alten Zürich". Von W. Tobler-Meyer (Zürcher Taschenbuch auf das Jahr 1881). Unter den

älteren und zum Teil auch unter den jüngeren Geschlechtern
bildete sich in Zürich, ungefähr wie im alten Rom, eine Art von
Nobilität, d. h. Regimentsfähigkeit, die nirgends verbrieft war,
aber faktisch bestand und gewöhnlich von dem Augenblick an eintrat, wo ein Mitglied eines Geschlechtes zum erstenmal eine der
höheren Zunftstellen erhielt. Die Familie Meyer gelangte 1774
offenbar durch Hans Heinrich Meyer zur Regimentsfähigkeit,
und gerade die Heirat mit einem Glied des einflußreichen Geschlechts der Landolt mag ihr dazu verholfen haben.

S. 4. Folgender Stammbaum zeigt die, übrigens weitläufige,
Verwandtschaft der Regula Landolt mit Salomon Landolt:

Regula Landolt, geb. 30. März 1732,	Salomon Landolt, geb. den 10. Dez.
heiratet 1751 Heinrich Meyer.	1741, † 26. Nov. 1818.
Hans Kaspar Landolt, 8. Mai 1701	Johannes Landolt, 12. Juli 1716
bis 10. Nov. 1761.	bis 1770.
Heinrich Landolt, 14. August 1679	Joh. Heinr. Landolt, 3. Sept. 1684
bis 19. Mai 1759.	bis 1724.
Matthias Landolt, 2. März 1651 bis	Matthias Landolt, 14. März 1647 bis
21. Dez. 1729.	22. März 1694.
Kaspar Landolt, 30. April 1629 bis	Hans Heinr. Landolt, 6. Mai 1621
5. Januar 1706.	bis 5. Sept. 1693.

Matthias Landolt,
1591 bis 12. Mai 1671.

Frau Regula Meyer und der Landvogt von Greifensee
besaßen also den gleichen Ur-Ur-Urgroßvater.

S. 4. Johann Jakob Meyer. Vgl. 1. Hans Jakob
Lavater: „Erinnerungen aus dem Leben des sel. Herrn Oberst
J. J. Meyer". Zürich 1820. 2. Wilhelm Meyer: Die Be-
schießung der Stadt Zürich durch die helvetischen Truppen im
September 1802 (Zürcher Taschenbuch 1858). 3. Heinrich
Escher „Erinnerungen seit mehr als 60 Jahren. Zürich
1866. I S. 48 ff. 169, 190, 199 ff. 208, 210. 4. G. Strickler
„Oberamtmann Meyer in Grüningen". Neue Zürcher Zeitung
19. Januar 1919.

S. 5. J. J. Meyer: Rede an die dritte Kolonne der Zürcher
Truppen bei ihrem Marsche nach Genf. Gehalten vor dem
Weinhause bei Murten am 6. Oktober 1792. (Erschien auch
französisch: Discours adressé etc. H. J. Lavater sagt darüber
in seinen Erinnerungen S. 17: „Ohne sein Zutun gedruckt,
teils in vollständigen, teils ängstlich zensurierten Auflagen.")

S. 6. **Friedrich Meyer-Schultheß.** Vgl. Neujahrsblatt der Künstlergesellschaft in Zürich für 1873. Der neuen Reihenfolge XXXIII (von seinem Bruder Wilhelm Meyer-Ott).

S. 8. **Wilhelm Meyer-Ott.** Vgl.: 1. Erinnerungen an Wilhelm Meyer von F. Meyer-Burkhard (Zürcher Taschenbuch) 1879). 2. Gerold Meyer von Knonau: „Die kriegsgeschichtlichen Studien Wilhelm Meyers". Zürich 1886. (Mehrfach wird F. Egerton Ellesmere als Verfasser angegeben von: Military events in Italy in the years 1848 and 1849. Allein es ist dies nur eine Übersetzung von Wilhelm Meyers: „Die kriegerischen Ereignisse in Italien im Jahr 1849".) 3. Allgemeine deutsche Biographie XXI unter Ferdinand Meyer.

S. 8. **Meisenbank,** so genannt vom Zunfthaus zur Meise.

S. 10. **Ferdinand Meyer.** Vgl. 1. „Zur Erinnerung an den Herrn Regierungsrat Ferdinand Meyer, Doktor der Philosophie, Mitglied des Kirchenrates und Präsident des Erziehungsrates" (8 Seiten). 2. Zwölftes Neujahrsblatt zum Besten des Waisenhauses 1849: Ferdinand Meyer (von J. J. Hottinger). 3. Georg v. Wyß in der A. D. Biogr., Band XXI (fußt ausschließlich auf Hottinger, der sein Material wesentlich von Wilhelm Meyer erhielt, dem Bruder Ferdinands). 4. J. K. Bluntschlis Denkwürdigkeiten, Bd. I, S. 38, 82, 83, 111, 113, 116, 119, 122, 124, 138, 141, 155—156, 206, 222, 244. 5. Wilhelm Meyer: „Die Knabengesellschaft in Zürich in den Jahren 1809—1813". (Zürcher Taschenbuch 1858.) 6. J. Th. Scherr: Meine Beobachtungen, Bestrebungen usw., 1840, I, S. 60, 62, 73, 85, 89. IV, S. 21 ff. 7. H. Escher, Erinnerungen II, S. 194. 8. Wilhelm Oechsli: Briefwechsel J. K. Bluntschlis mit Savigny, Niebuhr, L. Ranke, J. Grimm und Ferd. Meyer. 1915. S. 151—243. 9. Vgl. W. Wettstein: „Die Regeneration des Kantons Zürich". 10. S. Zurlinden: „Hundert Jahre. Bilder aus der Geschichte der Stadt Zürich in der Zeit von 1814 bis 1914". Band I. 11. Walter Zimmermann: „Geschichte des Kantons Zürich vom 6. September 1839 bis 3. April 1845". 1916.

Die literarische Tätigkeit F. Meyers zeichnen folgende Titel und Daten: 1. Mai 1819: Vortrag vor der vaterländischen historischen Gesellschaft „Über den auswärtigen Kriegsdienst der Schweizer“. 2. Ebendaselbst: „Einige Ideen über Recht und Politik“ (nach Hottinger für F. Meyers spätere Haltung wichtig, übrigens wie der vorhergenannte Vortrag ungedruckt). 3. 1829 und 1830 schrieb er die kantonalen Bettagsmandate. 4. „Über das Finanzwesen des Kantons Zürich“ (Archiv für schweiz. Geschichte und Landeskunde, Bd. II, S. 1—144). 5. „Der Brand von Bern 1405“ (Neujahrsblatt der Zürcher Hilfsgesellschaft 1830). 6. Johann Gottfried Ebel (Neujahrsblatt Stadtbibliothek in Zürich 1833). 7. Johann Beccaria (Neujahrsblatt der Stadtbibliothek in Zürich 1835). 8. Die große Pest der Jahre 1563—1565 (Neujahrsblatt der Zürcher Hilfsgesellschaft 1839). 9. Geschichte der evangelischen Gemeinde in Locarno, ihrer Auswanderung und ihrer Schicksale. Zürich 1836. 10. Im Nachlaß fanden sich: „Osterbetrachtung eines Laien“ (1836) und „Weihnachtsbetrachtung“ (1838). 11. „Mißlungener Versuch, das Hochstift Chur zu säkularisieren, in den Jahren 1556—1561“. (Schweiz. Museum für hist. Wissenschaften. Bd. II, S. 198—242 und 275—298 und Bd. III, S. 50—72. 1838 und 1839).

F. Meyer schrieb in den „Schweizerischen Beobachter“ und in die „Schweizerische Monatschronik“, beide redigiert von seinem Freunde Rüscheler. Auch korrespondierte er in die „Augsburger Allgemeine Zeitung“.

S. 10. Heinrich Ulrich († 5. Sept. 1817).

S. 10. Heinrich Rüscheler (1797—1831). Vgl. Neujahrsblatt des Zürcher Waisenhauses 1851 (v. J. U. Fäsi). Verschiedenes bei J. Th. Scherr a. a. O. Einiges auch in dem oben zitierten Aufsatz W. Meyers über die Zürcher Knabengesellschaft.

S. 11. Das politische Institut hörte mit der Gründung der Universität auf.

S. 12. Kantonsschulen heißen die kantonalen Gymnasien der Schweiz.

S. 14. Der Brief, womit L. v. Ranke das Locarneserbuch verdankte, lautet folgendermaßen:

„Mein hochverehrter Herr!

Wenn es ein Vergnügen gibt, das uns die mancherlei Widerwärtigkeiten, die ein Schriftsteller zu bestehen hat, vergüten kann, so ist es das: sich in der Ferne von gebildeten gleichgesinnten Geistern anerkannt und geschätzt zu wissen. Ein solches Vergnügen haben Sie mir bereitet. Ich habe mich innig daran erfreut, obwohl ich ungebührlich lang geschwiegen. Auch Ihre Schrift selbst, die mit so großem Fleiß, so vieler Liebe und Umsicht verfaßt ist, hat mir außerordentliche Befriedigung gewährt: wie mir denn gleich Ihre Vorrede über ein mir schon längst bekannt gewordenes und rätselhaft gebliebenes Buch erwünschten Aufschluß verschaffte. Nehmen Sie also meinen besten, herzlichsten Dank! Darf ich Sie zugleich ersuchen, mich in die Erinnerung des Herrn Professor Bluntschli und des Herrn Dr. Vögelin zurückzurufen und ihnen meine besten Grüße zu bringen? Immer kommen aus Ihrer Vaterstadt trefflich vorgebildete und wohlgesinnte junge Männer zu uns, welche die Wissenschaft um ihrer selbst willen lieben. Bei so viel bedeutenden Kräften sollte, dächte ich, auch Ihre Republik, Ihr Staat, sich auf eine seiner Vergangenheit und seinem innern Bedürfnis angemessene Weise entwickeln müssen! — Empfangen Sie noch die Versicherung meiner ausgezeichneten Hochachtung

Ihr ergebenster

L. Ranke.“

Zur Charakteristik F. Meyers diente mir auch eine Reihe mündlicher Mitteilungen seiner Tochter. Der Sohn zeichnete ihn mit ein paar Linien in der autobiographischen Skizze in Anton Reitler, C. F. Meyer, 2. Auflage 1885, S. 11 ff.

S. 16. Johann Conrad Ulrich (1761—1828). Während so mancher mittelmäßige oder unbedeutende Zürcher in irgend einem der ungezählten Neujahrsblätter seiner Vaterstadt ein biographisches Denkmal erhielt, fand dieser interessante Mann, vielleicht zufällig, vielleicht unter der Nachwirkung politischer Verstimmung keinen Biographen aus der Zahl der Mitbürger, die ihn persönlich kannten; und als eine neue Generation nachrückte, war das Interesse erloschen. Doch beabsichtigte offenbar, wie aus einer von ihm angelegten Mate-

rialiensammlung hervorgeht, sein Schwiegersohn J. Meyer,
das Leben und namentlich die politische Tätigkeit Ulrichs zu schildern, wurde aber durch seinen frühen Tod daran gehindert.
Natürlich wäre ihm dabei die mündliche Überlieferung durch
seine Schwiegermutter, wie so viele andere, zu Hilfe gekommen.
— Möglicher= oder sogar wahrscheinlicherweise verhinderte gerade die Absicht des gelehrten Schwiegersohnes irgend einen
weniger Berufenen, mit einem Lebensbilde Ulrichs hervor-
zutreten. Daß der Plan zu einem solchen bestand, ergibt sich
aus dem 1828 in der Schweizer gemeinnützigen Gesellschaft
von Staatsrat Usteri gehaltenen Nachruf, wo es heißt: „Über
dasjenige zu sprechen, was er nun weiter für das Gedeihen viel
anderer gemeinnütziger Anstalten, als Leiter und Vorstand
mehrerer gewirkt hat, soll ich billig dem damit ungleich ver-
trautern Organe der Hilfsgesellschaft überlassen, durch welches
uns das vollständige, treue und ehrenvolle Gemälde dieser
Wirksamkeit verheißen ist."

Jetzt hält es nicht leicht, ein ganz treues Bild des Menschen
— und nur darauf kommt es an — zustande zu bringen. Seine
wenigen parteipolitischen Schriften, Erlasse und Amtsreden,
zum Teil auf der Zürcher Stadtbibliothek, gleichen den Produkten hundert anderer jener Zeit. Auch seine Briefe und hinter-
lassenen Reden, Aufsätze u. s. w. reichen nicht völlig hin. Zum
Glück halfen die mündlichen Mitteilungen Betsy Meyers aus,
die auf den Erzählungen der Mutter und Großmutter beruhen.

Das gedruckte Material, wovon einige Stücke von äußerster
Seltenheit sind, bietet nicht viel. 1. Über Herrn Ulrich, Taubstummenlehrer, im Neuen Schweizerischen Museum, 1794
Heft XI, S. 801—808 (davon auch ein Neudruck ohne Ort und
Jahr). 2. Notice succincte, relative à l'établissement d'une
école pour l'instruction des sourds-muets à Zurich (ohne Ort
und Datum). 3. Anzeige einer in Zürich zu errichtenden Privat=
schule zum Unterricht taubstummer Personen (nur vier Blätter,
keine Übersetzung von 2; enthält eine „Anzeige" von Doktor und
Kanonikus Rahn, Zürich 28. März 1785). 4. Schweizerische
Monatschronik 1828, Nr. 2; S. 25—29 ein Nekrolog (in Nr. 1
ein Gedicht von J. J. Hegner: „Klage an Ulrichs Urne, des

Präsidenten der Blinden- und Taubstummenanstalt in Zürich").
5. Eröffnungsrede des Präsidenten der Schweizer gemeinnützigen Gesellschaft Herrn Staatsrat Usteri in „Neue Verhandlungen der Schweizer gemeinnützigen Gesellschaft." Acht-
zehnter Bericht 1828, S. 58 ff. (Zürich 1829). 6. Karamsin:
„Briefe eines russischen Reisenden"; Schluß des ersten Bandes,
Genf, 26. Januar 1790: ... „Vorgestern war ich bei diesem
Ulrich zu Besuch. Er unterhielt sich in meiner Gegenwart mit
seiner Schülerin und zwar ebenso ungezwungen wie mit jedem
anderen Sie liebt ihren Lehrer außerordentlich und ist
zärtlicher gegen ihn als gegen Vater und Mutter. In ihrem
Tagebuch bemerkte ich unter anderem folgendes: ,Frau N. N.
hatte mich eingeladen — aber ich ging nicht zu ihr — sie hatte
meinen Lehrer nicht eingeladen.'" (Die Übersetzung aus dem
Russischen verdanke ich der Güte des † Dr. F. Waldmann in
Schaffhausen, der mir auch das im Lavaterarchiv des Antistes
Finsler in Zürich liegende Konzept des Briefes mitteilte, womit Lavater seinen Schützling bei Abbé de l'Epée einführte):

Ami de l'Humanité!

Permettez à un Inconnu, qui vous estime, de vous pré-
senter un garçon Mr. Ulrich, respectable par ses sentiments
et sa conduite, plein du désir de devenir votre Ecolier. Croyant
à votre Humanité — je n'ajoute pas un mot de plus. Agréez
d'accepter un Exemplaire du I Tom des Essais physiognomiques
et ne rejetez pas ce signe de mon Respect pour vos Talents et
votre mérite.

Zurich, 16 Oct. 1782.

J. Gaspard Lavater.

Einzelne Züge bieten: 7. W. Meyer: „Beschießung der Stadt
Zürich". 8. Derselbe: „Die Schlacht bei Zürich". 9. 96. Neujahrsblatt der Hilfsgesellschaft in Zürich: „Die Blindenbildung
und die Taubstummenbildung im allgemeinen und insbesondere
im Kanton Zürich" (von Gotthilf Kull). Daraus ergibt sich,
daß die Genfer Schülerin der Familie Picot angehörte und sich
später mit einem Herrn de Traz verheiratete. 10. Über Ulrichs
Stellung und Bedeutung als Taubstummenlehrer vgl. Walther,
Geschichte des Taubstummenbildungswesens. Vgl. ferner:

11. Zürcher Bürgeretat von 1827.   12. Zürcher Wappenbuch).
13. Einen kleinen Aufsatz Ulrichs: „Über die Zulässigkeit ehe-
licher Verbindungen bei taubstummen Personen", in „Isis", eine
Monatsschrift, III. Band.   Z ü r i ch 1806.

Ulrichs politische Tätigkeit während der Helvetik beleuchtet
einigermaßen P a u l R ü t s ch e, Der Kanton Zürich und seine
Verwaltung zur Zeit der Helvetik.   Diss. 1900.   Vgl. P r o -
c l a m a t i o n.   Freiheit.   Gleichheit.   Der Regierungsstatt-
halter Ulrich des Kantons Zürich an alle seine Kantonsmit-
bürger.   Zürich den 25. Februar 1800.   Verlegt von Joh.
Heinrich Waser an der Marktgasse.   (8 Seiten Kleinoktav.)

S. 16.   S t a n d e s ü b e r r e u t e r = reitende Boten im
Dienst der Regierung.   Es gab in Zürich vier vom Großen Rat
erwählte „Standesüberreuter" oder „geschworene Reuter",
deren Pflicht war, den Bürgermeistern und übrigen Regenten
„auf den Dienst zu warten, wo sie etwa hinreiten müßten".

S. 21.   B e t s y M e y e r = U l r i ch.   1. Mündliche Mitteilungen der Tochter.   2. Ihr Tagebuch und ihre Briefe an Sohn
und Tochter.   3. C. F. Meyer in der „Poetischen Nationalliteratur der deutschen Schweiz" von J. J. Honegger, Bd. IV,
S. 106, ferner in Anton Reitler „C. F. Meyer", 2. Auflage 1885,
S. 11.   4. Bluntschlis Denkwürdigkeiten Bd. I, S. 111, 155
bis 156.   5. Ricasolis Urteil in Lettere documenti del barone
Bettino Ricasoli, Bd. II, S. 443.   6. Bertha von Orelli: Briefe
von Betsy Meyer=Ulrich und David Heß.   (Schweiz. Frauen-
kalender 1915, S. 74 ff.)

S. 21.   C o n r a d Z e l l e r, der Maler.   Vgl. Neujahrsblatt der Künstlergesellschaft in Zürich 1857.   Johann Conrad
Zeller lebte 2. Mai 1807 bis 1. März 1856.

S. 26.   C o n r a d M e y e r, 3. September 1824 bis 31. März
1903.   Vgl. „Die poetische Nationalliteratur der deutschen
Schweiz" von R. Weber Bd. III, S. 320 ff.   Dora Rudolf:
„Konrad Meyer und sein Freundeskreis.   Ein Zürcher Literatur-
bild aus dem 19. Jahrhundert".   1909.

S. 35.   Die beiden Reisen mit dem Vater schildert dieser
teilweise in Briefen an seine Frau.

S. 37.   Daß er in „Leiden eines Knaben" Eindrücke und

Stimmungen seiner Jugend niederlegte, versicherte C. F. Meyer seiner Schwester ganz ausdrücklich.

S. 38. David Heß. Vgl. 1. J. Bächtolds Einleitung zu Joh. Kaspar Schweizer. 2. Adolf Frey in J. G. von Salis-Seewis. 3. Ernst Eschmann, David Heß. Sein Leben und seine Werke. 1911.

S. 40. Deschwanden. Vgl. Dr. P. Albert Kuhn: M. P. v. Deschwanden 1882: S. 265: „Johannes auf Patmos mit dem Engel. Für Frau Meyer-Ulrich." Eigentlich war es Antonin Mallet, der das Bild für eine zu wohltätigen Zwecken bestimmte Verlosung bestellte.

S. 42. C. F. Meyer beherrschte Latein und Griechisch gründlich infolge seiner, noch lange Jahre nach der Schule betriebenen Lektüre.

Sein Mitschüler, Pfarrer Theodor Menzi (geb. 1826 zu Obstalden am Kerenzerberg, gest. 24. Januar 1905), seit der viertuntersten Klasse Meyers Klassengenosse, machte mich darauf aufmerksam, daß es am Zürcher Gymnasium im Griechischen und Lateinischen damals viel zu lernen gab, da vier gute Lehrer die Fächer vertraten: Sauppe, Fäsi, Baiter, C. v. Orelli. Der letztere namentlich war anregend und geistreich. Nach Menzis Mitteilung herrschte der Usus der Kollokation, der Meyer durchschnittlich den zweiten oder dritten Platz zuwies. Das Wunder der ganzen Schule, von dem man Großes erwartete, war der eine Klasse höher stehende spätere Landammann Heer von Glarus, über dessen Aufsätze die Lehrer staunten.

Menzi war es, der mir von der S. 39 erwähnten Lebhaftigkeit Meyers erzählte und sich an die Schulverse erinnerte.

S. 43. „Der Leman" verrät Einflüsse Viktor Hugos und Freiligraths, dessen erste Gedichte schon 1838 erschienen waren.

S. 45. Der Briefbericht stammt von Margarita Horner (1802—1874) und ist gerichtet an ihren Bruder Dr. Jacques Horner, den späteren Stadtbibliothekar. Die Familie Meyer verkehrte freundschaftlich mit der Hornerschen. (Mitteilung von Herrn Dr. Friedrich Horner-Zürich, in dessen Besitz sich der Brief befindet.)

Die Nachricht ist deswegen wichtig, weil sie zeigt, daß sich

neurotische Störungen bei Meyer schon früher zeigten, als man
bis jetzt angenommen. Sie bestätigt eine Auslassung der
Mutter, die Ende 1853 klagt, daß sich der Geist ihres Sohnes
schon acht Jahre lang zwecklos verzehre (S. 65).

S. 45. Bluntschlis Bemühungen und Ratschläge für Meyers
Rechtsstudium erwähnt dieser in der Selbstbiographie bei
Reitler, wo über diese ganze Zeit ein kurzes Wort fällt.

S. 45. Hans Jakob Schweizer vgl. A d o l f F r e y, Der Tiermaler Rudolf Koller. S. 8 ff.

S. 46. Außer wenigen Gedichten hat sich aus dieser Periode
anscheinend keine Zeile Meyers erhalten. Wenn sich etwas erhielt, so gibt es kaum Aufschluß.

S. 46. Der erwähnte Brief von Marie Pfizer hat sich nicht mehr
gefunden. Übrigens sollen die Briefe der Frau Betsy Meyer,
sowie die ihrer Kinder an das Ehepaar Pfizer nicht mehr existieren.

S. 48. Getäfer und Schnitzereien aus dem Prunksaal des
Lochmannschen Hauses befinden sich jetzt im schweizerischen
Landesmuseum in Zürich.

S. 48. Über das Haus zum St. Urban und den ganzen
Gebäudekomplex vgl. R. H a r d m e y e r = J e n n y, Wohn-
stätten zweier zürcherischer Dichter (in „Zürcher Wochenchronik"
1901, Nr. 31, S. 248). Im April 1902 wurde am Haus zum
St. Urban die Inschrift angebracht: „In diesem Stammhaus
seiner Familie wohnte C. F. Meyer zu Beginn seiner Dichter-
laufbahn 1857—1861." Der Dichter zog mit Betsy erst nach
dem Tode der Mutter in den St. Urban.

S. 50. Marie Burckhardt, die Enkelin von David Heß,
heiratete später den Philosophen Steffensen in Basel.

S. 53. Conrad Nüscheler. C. F. Meyer nennt ihn „mon
meilleur ami, mon ami d'enfance et de mes pires années" in
einem Briefe an Bovet, der die Stelle wegen des Zusammen-
hangs strich. Der Brief ist vom 6. September 1891. Vgl. K a r l
E m i l H o f f m a n n, Conrad Nüscheler von Neuegg und seine Beziehungen zu C. F. Meyer. („Die Schweiz", Jahrgang XXXIII,
April 1919, S. 191—198. Mit einem interessanten Brief
C. F. Meyers aus dem Jahr 1854.)

S. 57. Benutzt wurde für dieses Kapitel außer den mündlichen Mitteilungen von Betsy Meyer einiges briefliche Material aus den Jahren 1853 und 1854, das allerdings im ganzen wenig Aufschluß bot.

S. 58. Abgesehen von der einen Briefstelle war so gut wie gar nichts zu gewinnen aus dem Buche von Charles Vulliemin über Louis Vulliemin. Die Briefe de Marvals, Direktor Borrels und seiner Schwester Cecile Borrel, die vom Sommer 1852 bis Frühjahr 1853 über Conrad Ferdinand Meyers Befinden Auskunft gaben, sind jetzt gedruckt von Robert d'Harcourt: „C. F. Meyer, La crise de 1852—56". Diejenigen Cecile Borrels an C. F. Meyer scheinen verschwunden, die der Frau Betsy Meyer und ihrer Tochter zum kleineren Teil vernichtet.

L. Vulliemin (1797—1879). Vgl. 1. L. Vulliemin: Souvenirs racontés à ses petits enfants. Première et seconde partie etc. Imprimés pour la famille et des amis (ce livre n'est pas en vente). Lausanne imprimerie Georges Bridel 1871. C. F. Meyer ist nicht erwähnt.

2. Charles Vulliemin: Louis Vulliemin d'après sa correspondance et ses écrits. Essay biogr. Lausanne, G. Bridel. 1892. Darin S. 59 über Ferd. Meyer, S. 196 Brief von Frau Betsy Meyer, S. 196 Brief C. F. Meyers. Vgl. ferner S. 195, 265, 272, 318, 322, 398, 427.

3. Conrad Ferdinand Meyer: L. Vulliemin (Neue Zürcher Zeitung vom 16. und 18. März 1878).

4. Charles Vulliemin: C. F. Meyer et Louis Vulliemin. (Bibliothèque universelle November und Dezember 1899.)

S. 59. Vulliemins „Chillon" erschien 1851, „Bridel" 1855, „Aimé Steinlen" 1863.

S. 80. Lady Russel. Bis jetzt weiß ich nur von drei Exemplaren, die sich erhielten.

S. 83. Georg von Wyß. Allgem. Schweizer-Zeitung 24. und 27. Dezember 1893 von H. B.

S. 91. Die treue Beraterin ist Mathilde Escher.

S. 92. Platen = teilweise Übersetzung der „Geschichten des Königreichs Neapel".

S. 95. Frl. P. ist Pauline Escher. Die Neigung zu ihr scheint Meyers Wunsch nach einer Stellung verstärkt und die

Pariser Pläne mit gereist, ihr abweisendes Verhalten seine Heimkehr beschleunigt zu haben.

S. 97. Frau Escher = Mutter von Mathilde Escher. Felsenhof = die Wohnung Mathilde Eschers.

S. 103. Lakanal, 1762—1845, französischer Politiker.

S. 108. Vetter Henry ist der Oberrichter Heinrich Meyer-Finsler, Sohn des ältesten Onkels von C. F. Meyer, des 1825 verstorbenen Staatsanwalts Heinrich Meyer.

S. 111. Mathilde Escher. Vgl. C. F. Meyer im Zürcher Taschenbuch 1883 S. 1—18. Ich habe, wie angegeben, diese Arbeit benutzt, dazu aber eine Reihe einzelner Züge beigefügt, die mir von Betsy Meyer mitgeteilt wurden und die namentlich das persönliche Verhältnis des Dichters zu Mathilde Escher ins Licht setzen. Außer den angeführten Stellen bieten seine Briefe nichts Erwähnenswertes über seine mütterliche Freundin.

S. 117. Das Schwänlein, die Enkelin von David Heß, war Marie Burckhardt.

S. 121. E. Förster, Handbuch für Reisende in Italien. 5. Auflage 1853.

S. 126. Über Ricasoli vgl. C. F. Meyer: „Mein Erstling ‚Huttens letzte Tage‘" (Deutsche Dichtung IX. Bd., 7. Heft. 1. Januar 1891, S. 172—174). Die an einen Freund gerichtete Briefstelle steht in „Lettere e documenti del barone Ricasoli" (Bd. II, S. 443.) Er blieb übrigens bis an seinen Tod mit Betsy Meyer in Korrespondenz. Im Jahre 1890 erzählte mir Conrad Ferdinand Meyer ausführlich über den Baron und zwar in der Absicht, mir für die Biographie Material zu liefern; so eingehend hörte ich ihn nicht wieder über einen Verstorbenen aus dem Kreise seiner Bekannten reden.

Der Empfehlungsbrief Navilles lautet:

Mon cher et respectable ami!

Monsieur et Mademoiselle Meyer de Zurich sont de très bons amis de notre famille, amis aussi du baron Ricasoli. Je n'ai pas besoin de vous en dire d'avantage, pour être certain du bon accueil, que vous leur ferez, s'ils ont le plaisir de vous voir.

Tout à vous

Genève, 19 Mars 1858.   Ernest Naville.

S. 135. Der Mars von Florenz. Über die nicht mehr vorhandene Marsstatue äußerte sich Conrad Ferdinand Meyer bei der ersten Veröffentlichung des Gedichtes („Alpenrosen", illustrierte Zeitschrift 1867) in einer Anmerkung folgendermaßen: „An diese Bildsäule des Mars glaubten die Florentiner die Geschicke ihrer Stadt geknüpft. Sie stand am Eingang des Ponte Vecchio, und an derselben Stelle fiel Buondelmonte, dessen Ermordung den langen und berühmten Parteikampf der Guelfen und Ghibellinen eröffnete."

S. 135. Hans Trog, C. F. Meyer: Sechs Vorträge. Basel 1897, teilt S. 88—89 die Übersetzung der von Macchiavelli im zweiten Buche der Istorie fiorentine erzählten Begebenheit mit. Er weist S. 92 und 95 mit Recht darauf hin, daß diese Erzählung auch das Motiv für die „Hochzeit des Mönchs" bildet.

S. 145. Fräulein Marie Jäger, später Pfizers Frau, schreibt an Frau Betsy Meyer (Reutlingen, den 11. Januar 1830) über Uhlands spätere Frau, die schon einem anderen ihr Jawort gegeben hatte, als sie von Uhlands Liebe erfuhr: „Einst war Gesellschaft bei ihren Eltern, sie stand am Fenster, in Gedanken versunken (es war lange vor der Entscheidung ihres Schicksals) und kritzelte einen Namen in das Glas. Ein loses Mitglied der Gesellschaft, das es bemerkte, machte die übrigen darauf aufmerksam; alle bestürmten nun die Arme, zu zeigen, was sie in das Fenster gekritzelt hatte. Vergebens sträubte sie sich und verdeckte die verhängnisvolle Scheibe; ihr Bruder kam, sie auf den Armen wegzutragen. In dieser Not konnte nur ein schneller Einfall sie befreien; ehe die anderen sich dessen versahen, klirrte es — die zarte Hand hatte die Scheibe in tausend Stücke geschlagen. Allein auf den Scherben fand man noch die Silbe ... land! ..." Das von Meyer ins Auge gefaßte Lokal scheint ein Rebhäuschen in Dübendorf zu sein, wo er (wohl 1859) zugleich mit Clelia Weidmann bei der Frau eines seiner Vettern war.

S. 152. Ulrich Hegner, „Beiträge zur näheren Kenntnis und wahren Darstellung J. K. Lavaters aus Briefen seiner Freunde an ihn und nach persönlichem Umgang". 1836.

S. 152. Heinrich Hirzel. „Briefe von Goethe an Lavater". Aus den Jahren 1774—1783. 1833.

Über das Verhältnis der beiden, Hegner und Hirzel, zu der Veröffentlichung der Goethebriefe vgl. Hedwig Waser: „Joh. Kaspar Lavater nach Ulrich Hegners handschriftlichen Aufzeichnungen". Zürich 1894 (S. 85 ff.).

J. F. Astié (1822 bis 20. Mai 1894): Esprit d'Alexandre Vinet. Genève 1861 (2 vol. 8.).

S. 170. Major = Hans Ziegler.

S. 177. Vulliemins Rezension: Bibliothèque universelle. Jahrgang LXIX, 21. Bd., S. 369—387.

S. 179. Vischers Brief. So erinnert sich Betsy Meyer. Er scheint sich nicht erhalten zu haben. Die übrigen Briefe F. Th. Vischers an C. F. Meyer hat R. Vischer im Februarheft 1906 der „Süddeutschen Monatshefte" veröffentlicht. (Der erste, vom April 1860, rührt von Th. Meyer-Merian aus Basel her).

S. 179. Morgenblatt für gebildete Leser, Nr. 42 (15. Oktober 1865). Ebenso Nr. 28 mit dem Druckfehler: von L. M.

S. 183 ff. Die Hinweise auf die dichterische Verwertung dieser oder jener Situation, dieses oder jenes Vorfalles stammten von der Schwester des Dichters her.

S. 191. Dr. E. Haffter in Bern macht mich darauf aufmerksam, daß es (wie übrigens heute noch) in Rhätien seit der Reformation nur eine freie Kirche im freien Staat gab, daß die Synode einen Pfarrer nur suspendieren oder wegen unwürdigen Wandels aus ihrem Verbande ausschließen, nicht aber versetzen konnte. Die Zuozer Synode hat im Juli 1619 Jenatsch für ein halbes Jahr in seinen geistlichen Verrichtungen suspendiert.

S. 194. Ein Werk, das fast gleichzeitig mit der ersten Publikation des „Jenatsch" ans Licht trat, hat Meyer nicht benutzt oder wahrscheinlich nicht benutzen können, auch später nicht mehr zu Rate gezogen: C. v. Moor, Geschichte von Currhätien und der Republik „gemeiner" drei Bünde, 1870—1874, (derjenige Band, der die Wirren des siebzehnten Jahrhunderts behandelt, erschien erst 1874).

Ob C. F. Meyer die Memoiren des Herzogs Rohan gelesen

hat, würde vielleicht eine Vergleichung derselben mit dem Roman ergeben. Sicher benutzte er Joh. Jak. Hottinger, Lebensabriß des Bürgermeisters Johann Heinrich Waser. Neujahrsblatt usw., 1855; und Georg v. Wyß, Herzog Heinrich von Rohan. Neujahrsblatt usw. 1869.

Er hat hauptsächlich geschöpft aus B. Reber, Georg Jenatsch, Graubündtens Pfarrer und Held während des Dreißigjährigen Krieges. (Beiträge der historischen Gesellschaft in Basel [S. 177—300] 1860).

Ich weiß nicht, ob er kannte: Campagne du duc de Rohan dans la Valteline 1635. Amsterdam 1788.

Das historische Material über Jenatsch findet sich jetzt bequem vereinigt in Dr. Ernst Haffter, I. „Georg Jenatsch. Ein Beitrag zur Geschichte der Bündner Wirren". Davos 1894 II. „Georg Jenatsch, Urkundenbuch, enthaltend Exkurse und Beilagen". Chur 1895.

S. 202. Die Goetheanekdote berichtet C. F. Meyer in seiner Arbeit über Mathilde Escher.

S. 205. Eliza Wille, geb. Sloman. Vgl. „Fünfzehn Briefe von Richard Wagner. Nebst Erinnerungen und Erläuterungen". Berlin 1894 (zuerst von ihr selbst in der „Deutschen Rundschau", dann nach ihrem Tod von ihrem Gatten in Buchform herausgegeben).

Über Eliza Wille vgl.: 1. Feuilleton der „Neuen Zürcher Zeitung" vom 8. Januar 1894. 2. J. V. Widmann „Frau Eliza Wille, geb. Sloman" in der „Nation", Heft 21, vom 23. Februar 1895. 3. Adolf Frey in der Allgemeinen Deutschen Biographie.

Auf einem abgerissenen, von Betsy Meyer geschriebenen, nach dem Stil und nach den zahlreichen Korrekturen zu schließen, von dem Dichter diktierten Blatte steht folgende Skizze, die offenbar für die Öffentlichkeit bestimmt war, meines Wissens aber nie erschien: „Eliza Wille, geboren in Itzehoe in Holstein den 9. März 1809, die Tochter eines Engländers, des im Jahre 1867 verstorbenen Reeders R. M. Sloman, und einer deutschen Mutter, erwuchs zu Hamburg in den glücklichsten, ihren seltenen Anlagen und dem feurigen Streben volle Entwicklung ge währenden Verhältnissen. Sie vermählte sich mit Dr. François Wille, einem durch lebensvolle Kühnheit und geniale Unmittelbarkeit des Seins ausgezeichneten Mann, der, während der politischen Gärungszeit von 1833—1850 als geistvoller Journalist ehrenvoll bekannt, in Hamburg und Holstein politischen Einfluß ausübte. An der Seite dieses bedeutenden, durch allseitiges Wissen ausgezeichneten Mannes, der in innerer Freiheit auf der Höhe der Zeit und ihrer Bestrebungen steht, gewann die Verfasserin des „Olaf" die großartig freie Auffassung, welche dieses Werk über andere von Frauen geschriebene Romane heraushebt."

S. 206. Das Leben in Mariafeld ist nach Berichten Betsy Meyers, zum Teil auch nach Mitteilungen von François Wille geschildert. Jakob Moleschott in seinem Buche: „Für meine Freunde. Lebenserinnerungen" (1894) erwähnt Mariafeld und die Familie Wille nicht, obgleich er eine Zeitlang dort verkehrte. Dagegen beschreibt Friedrich Pecht in seinem Buche: „Aus meiner Zeit. Lebenserinnerungen" (1894) im zweiten Bande S. 318 ff. einen Besuch in Mariafeld und das Haus selbst im Jahre 1878: „Von dieser Kultur des vorigen Jahrhunderts ist nun besonders das ein paar hundert Fuß überm See unter herrlichen Nuß-, Linden- und Ahornbäumen ganz versteckt in einem sich weit den Berg hinaufziehenden Weingut liegende Mariafeld ein wahres Muster, da das Willesche Ehepaar den guten Geschmack hatte, es ganz so zu lassen, wie es schon vor hundert Jahren als das Landhaus eines Züricher Patriziers gewesen sein mußte. So glaubte man denn, wenn man von dem nebenanliegenden traulichen Dorfe Herrliberg hinaufstieg und über die hohe Freitreppe weg in den großen, mit mächtigen, reichgeschnitzten Schränken besetzten, weißgetünchten Hausflur kam, der ehrwürdige Herr Stadtsäckelmeister Bodmer müsse einem notwendig aus einer der dunkelbraunen, mit großen Subporten und Ölbildern darüber versehenen vier Türen entgegenkommen, die sich auf diesen Hausflur öffneten. Noch größer war aber die Täuschung, wenn man in das von mir bewohnte Gastzimmer im oberen Stock kam, von dem aus man der herrlichsten

Aussicht über den See genoß. Da empfing einen schon gleich
einer jener riesigen, dunkelgrün glasierten, mit Verzierungen
und Reliefs fast überladenen, aber unendlich vertrauenswürdig
aussehenden Öfen, wie sie vor zweihundert Jahren schon der
Stolz der benachbarten Winterthurer Fabrikation waren. Die
weiße Stubendecke war reich mit Stuck verziert, das große reich-
geschnitzte Bett hatte lauter zopfige Muster auf seiner Decke,
ebenso waren der Tisch und die übrigen, sämtlich aus braunem
Nußbaumholz geschnitzten Möbel alle im Geschmack der Mitte
des vorigen Jahrhunderts, so daß der Herr Breitinger oder der
Herr Professor Sulzer gar nichts davon gemerkt hätten, daß
seither anderthalb Säkula vergangen, wenn sie etwa unversehens eingetreten wären! Auch die auf der Südseite des Hauses
gelegene Veranda, wo man gewöhnlich das alte Willesche Ehepaar nach Tische wie Philemon und Baucis unter Weingehängen
beim Kaffee sitzend traf, hatte, in einem herrlichen Baumgang
mit der wundervollsten Aussicht über den tief unten liegenden
See endigend, denselben spezifisch schweizerischen, keinen Fuß
breit unbenutzt lassenden und gerade dadurch doch so tief gemüt-
voll wirkenden Charakter."

S. 206. Der Titel der Rezension über „Auch Einer" lautet:
„A. E. Eine Erzählung von Th. F. Vischer". Calmberg sandte
sie ohne Willes Wissen an die „Frankfurter Zeitung".

Wille schrieb auch über Reuter, den er persönlich kannte.
Vgl. „Fritz Reuter" von Dr. Wille (in „Sonntagspost". Eine
schweizerische Wochenschrift. Herausgegeben von Dr. Abr. Roth.
1868, Nr. 47, S. 772). Vgl. Adolf Frey, „François Wille",
Allgem. Deutsche Biographie. Reuter erwähnt übrigens Wille
in „Olle Kamellen" zweimal (VII. Teil).

S. 211. Der himmlische Vater. Sieben Reden
von Ernest Naville, korrespondierendem Mitglied des
Institutes von Frankreich. Leipzig, H. Hässel, 1865. Das
„Vorwort des Übersetzers" lautet: „Die vorliegenden Reden
wenden sich an alle, welcher Klasse der Gesellschaft sie angehören,
die nach Wahrheit fragen. Sie gehen von dem Standpunkt
aus, daß jeder Mensch der Wahrheit bedürfe, jeder für sie geschaffen und organisiert sei. Sie versuchen es, dem Höchsten

und Tiefsten einen einfachen Ausdruck zu geben. Sie halten dafür, so groß sei die Kraft der Wahrheit, daß sie den ganzen Menschen ergreife und auch seinen Willen läutere. Sie meinen,. die Helle müsse zur Wärme werden.

Es wird besonders für die Jüngeren unter uns wohltätig und befreiend sein, wenn eine klare Stimme den verworrenen Lärm der Zeitfragen durchbricht, den offenen und heimlichen Angriffen der Gottesleugnung einfach die unzerstörbaren Anlagen und die unabweislichen Forderungen der Menschennatur entgegenstellt und es mit ruhiger Festigkeit ausspricht, daß diese Anlagen auf Gott zurückführen und diese Forderungen nur von Gott befriedigt werden können.

Zürich, im Juni 1865.   Conrad Ferdinand Meyer."

(Hier braucht Meyer zum erstenmal den Namen Ferdinand.)

Auch in dem von Betsy Meyer übersetzten Büchlein: „D i e P f l i c h t. Zwei Reden an die Frauen" von Ernest Naville (Leipzig, H. Hässel, 1869) hat C. F. Meyer ein paar Zeilen übertragen, wie er auch die Durchsicht der Übersetzung besorgte.

Vgl. Hélène Naville: „Ernest Naville, sa vie et sa pensée." Genève, I, 1913; II, 1917.

W. Köhler: „C. F. Meyer als relig. Charakter". Verhältnis zu E. Naville, S. 36 ff.

S. 213. Daß die Neuausgabe (resp. Titelausgabe) der „Balladen", die keine Jahrzahl trägt, 1867 erschien, ergibt sich aus dem großen Verlagskatalog Kayser und aus dem Vermerk im Exemplar der allgem. Lesegesellschaft Basel: „aufgestellt den 2. September 1867". (Mitteilung von Dr. Ernst Haffter in Bern.)

S. 213. Gottschalls Rezension in den Blättern für literarische Unterhaltung 1870, S. 778. Sie rührt vielleicht von einem anderen her; vgl. Meyers Brief an Hässel, 13. September 1871.

S. 215. Gottfried Kellers Urteil über „Die Fahrt des Achilles" hörte ich von ihm selbst.

S. 215. J. L. Michelis Rezension: Bibliothèque universelle, Bd. XXXVIII, S. 156—157.

S. 215. Willes Rezension: Neue Zürcher Zeitung vom 29. März 1871.

S. 217. Das Sonett C. F. Meyers ist mitgeteilt in dem Feuilleton der „Neuen Zürcher Zeitung" über Eliza Wille (8. Januar 1894).

S. 218. C. F. Meyer: Mein Erstling „Huttens letzte Tage". Deutsche Dichtung, IX. Bd., 7. Heft. 1. Januar 1891, S. 172—174.

S. 220. Boßhards Bild. Neujahrsblätter der Zürcher Künstlergesellschaft 1888, S. 19: Ulrich von Hutten auf Ufenau ... „Von der untergehenden Sonne beschienen, sitzt der kranke Ritter im Armstuhl zurückgelehnt am offenen Fenster und blickt vom Eiland gegen die dunklen Uferhöhen."

Obgleich Hutten seit 1830 bei den deutschen Dichtern obenan stand, so mag doch ein Ereignis in der Nähe C. F. Meyer den tapfern Ritter näher gebracht haben. Der Zürcher Studenten= gesangverein, damals von Wilhelm Baumgartner geleitet, hatte 1858 Gottfried Keller zu seiner alljährlich stattfindenden Maifahrt auf die Ufenau eingeladen. Aus den jungen Kehlen erscholl das herrliche, ohne Wissen Kellers von Baumgartner komponierte und eingeübte Huttenlied „Hier unter diesem Rasengrün". Der Dichter, völlig überrascht, brach in Tränen aus und fiel seinem lieben „Boom" um den Hals. Gewiß er= regte der Vorfall damals in Zürich Aufsehen.

S. 225. Ob der Brief, dessen Entwurf ich mitteile, an Wille abging, ist nicht auszumachen, da dieser erst vom Jahre 1872 an die Korrespondenz mit C. F. Meyer aufbewahrt zu haben scheint. Wenigstens fand sich nichts von früheren Jahren in seinem Nachlaß.

S. 226. „Der deutsche Schmied". Gedicht von C. F. Meyer in Zürich. Für Bariton komponiert von B. Ficht= ner. Chemnitz 1870 (Langmesser, S. 68). Dann in „Alldeutsch= land, Dichtungen aus" u. s. w.; gesammelt von Müller von der Werra und W. v. Baensch. Leipzig 1871. Den Erstdruck ver= mag ich nicht nachzuweisen.

S. 227. „Trinklied". Vgl. Heinrich Moser: Wandlungen der Gedichte C. F. Meyers. Leipzig 1900, S. 14 ff.

Den Refrain und die (um zwei Verse erweiterte) Strophe mit den ausschließlich männlichen Ausgängen nahm das Lied zur Sempach-Feier 1886 wieder auf. (Moser a. a. O. S. 95 ff.)

S. 230. „Am Wassersturz". Wörtlicher Anklang in „Engelberg":

Und wie des Wassersturzes Kraft
Den Felsen, daß er zittert, schlägt.

S. 230. „Abendwolke". Der Schluß: „Doch eine Rechte segnet mich" enthält offenbar die erste Form des Grundgedankens des Gedichtes „In Harnesnächten".

S. 233. Gloriola in „Hutten" erinnert ganz auffallend an das vielberufene Wort von Vauvenargues, daß die Gluten der Morgenröte nicht so hold seien, als der erste Blick des Ruhmes.

S. 233 ff. Die ganze Reihe der über Hutten erschienenen Rezensionen anzuführen, kann nicht meine Sache sein. Ich notiere die erwähnten:

Nationalzeitung, 1. November 1871 (Wille).

Neue Zürcher Zeitung, 16. Oktober 1871 (Julius Stiefel).

Basler Nachrichten, 5.—9. März 1872 (gezeichnet H.).

Rheinische Zeitung, 25. Oktober 1871 (Adolf Calmberg).

S. 234. Die Literatur. Wochenschrift für das nationale Geistesleben der Gegenwart. Herausgeber Hermann Riotte und Dr. Paul Wislicenus. Nr. 15, 10. Oktober 1873, S. 128 bis 129.

S. 235. Ich füge noch ein ungedrucktes Urteil Kinkels vom 24. Januar 1873 bei, das ich einem an C. F. Meyer gerichteten Brief entnehme: ... „Ihren Hutten habe ich damals sogleich durchgelesen, mit tiefer, tiefer Rührung, und die Schlußabteilung kann ich nie ohne Tränen lesen. Wie Ihnen aus der Tiefe des Gemütes und dann auch aus genauer Kenntnis der Zeit es gelungen ist, den tieftragischen Stoff des poetischen Tagebuches eines Todkranken doch mit G e s t a l t e n zu beleben, das ist ganz wunderbar schön. Das Interesse, auf diese reichen und in der L o k a l f a r b e so treuen Bilder sich v e r t e i l e n d und doch wieder in dieser herben, von Sterbegefühlen aber gemilderten Mannesseele sich konzentrierend, läßt von Anfang bis Ende niemals nach. In dem allereinfachsten Stoff haben Sie, durch meisterhafte Komposition, die Steigerung der Empfindung bis zum letzten rührenden Schluß einzig durchzuführen gewußt. Auch die Verse, so einfach das von Ihnen gewählte Maß ist (mit Recht einfach! denn den Ernst des an den Tod so oft Denkenden möchte man nicht in künstlichem Maß ausgesprochen), sind immer wohllautend, und Sie sagen immer die Sache, wie sie ist — das Beste glaub' ich, was man von einem Poeten in der zweiten Hälfte dieses tatsächlichen Jahrhunderts sagen kann. Unter allem, was ich von Ihnen kenne, ist diese, soweit ich fühle und denke, Ihre beste Arbeit."

S. 235. Marie Guhl vgl. „Marie Guhls Ehrentag" (Das junge Hausmütterchen, Januar 1916, S. 1 ff.; Februar 1916, S. 18 ff.). Nach schriftl. Mitteilung Betsy Meyers von L. Wintsch.

S. 236. Die Photographie ist reproduziert im ersten Band der „Briefe C. F. Meyers", herausgegeben von Adolf Frey.

S. 238. Vgl. Franz Ferdinand Baumgarten: Das Werk C. F. Meyers 1917, Kap. 1: „Das Bild der Renaissance".

S. 240. Über die bei der Entstehung von „Engelberg" maßgebenden Eindrücke vgl. auch noch Hans Trog (C. F. Meyer. Sechs Vorträge), der S. 41 ganz richtig gesehen hat, daß die Stelle:

> „Den blonden Wicht ...
> Der dort auf ein Apostelhaupt
> Mutwillig setzt die runden Zehn."

auf einen Zug der Assunta zurückgeht.

Die Stelle aus dem nach Basel gerichteten Briefe über Burckhardt steht bei Trog S. 124.

S. 242. Über „Engelberg" und Tizians Assunta vgl. E. Kalischer: C. F. Meyer in seinem Verhältnis zur ital. Renaissance. 1907, S. 12—21.

S. 249. Wille blieb seiner Liebe zu „Engelberg" treu. Er

schrieb dem Dichter am 18. August 1872: „Lassen Sie mich, mein sehr werter Freund, Ihnen, für den Fall, daß ich Sie nicht noch vor Ihrem Ausfluge sehen sollte, ein Wort des Dankes und der vollsten Freude für das übersandte ‚Engelberg‘ zurufen, noch ganz unter dem Eindrucke der beglückten Stimmung, mit welcher ich es eben wieder durchgelesen, einem Eindruck, den ich Ihnen nicht weiter zu beschreiben brauche, wenn ich sage, daß er ganz dem ersten gleichkommt, den Sie in Venedig selbst an mir erlebt. Das beste über das Gedicht haben Sie aber selbst in den vorgesetzten Versen gesagt. Ja, es ist so! Keiner der Freunde, die Ihnen Ihr Hutten gewonnen, wird nicht befriedigt sein, und doch mußte der Hutten zuerst kommen, um zu packen: eine andere Seele als eines Alpentales. Meine Frau will das Gedicht von mir vorlesen hören, wozu der erste sympathische Besuch Gelegenheit bieten wird.“

Am 30. August veröffentlichte er eine ganz kurze Anzeige des Werkleins in der „Zürcherischen Freitagszeitung“.

Die nicht zahlreichen Rezensionen klangen nicht eben ermutigend und ließen durchblicken, daß Engelberg gegenüber Hutten einen Rückschritt bedeute. So sagte unter anderem die „Münchener Allgemeine Zeitung“ vom 2. Oktober 1872 in der Beilage (über die zweite Auflage des Hutten): … „Der Dichter folgt unterdessen in stiller Muße seinem Schaffensdrang, und es überrascht beinahe, jetzt den Sänger des ‚Hutten‘ mit einer Gabe hervortreten zu sehen, welche, jener in mancher Beziehung formverwandt, sich, von aller geistigen Zeitbeziehung abgewandt, als episches, fast legendenhaftes Idyll darstellt. ‚Engelberg‘. Dichtung von C. F. Meyer (Leipzig, H. Hässel, 1872) ist der Titel des Büchleins. Was es bringt? Das firnumkränzte Hochtal am Fuße des Titlis stieg vor dem geistigen Auge des Dichters auf, und

> ‚Was ohne Kunst ich dir erzähle,
> Hab’ ich, o Leser, nicht ersonnen,
> Es ist des Alpentales Seele,
> Die hier von selbst Gestalt gewonnen.‘

Mit dieser Erläuterung aufgefaßt, bekommt allerdings das figuren- und ereignisvolle Gedicht eine symbolische und feine

Hauptgestalt eine allegorische Bedeutung, welche der Leser an-
derenfalls schwerlich darin gesucht und gefunden hätte. Über
Erfindung und Motivierung der Erzählung läßt sich also nicht
rechten, und wer sich den durchsichtigen Wundern ihrer Voraussetzungen anvertraut, wird sich vom leichtgeschürzten Wechsel
ihrer Entwicklungen angenehm angeregt weiter tragen lassen.
Denn die Vorzüge anspruchsloser Formvollendung und einer
zwischen dem dargestellten Gemütsleben und der äußerlichen
Staffage harmonisierenden Schilderung bewährt der Dichter
allerwärts. Vom Ganzen aber bleibt doch nur der Eindruck
eines etwas äußerlichen Stimmungsbildes, während ‚Hutten‘
dem Leser als voller Grundakkord einer überreichen Kultur-
symphonie aus den geheimnisvoll rauschenden Laubkronen der
im Züricher See verlorenen Insel Ufenau nachklingt.“

Der Kuriosität halber mag erwähnt werden, daß in irgend
einer deutschen Zeitung — in welcher, läßt sich nicht feststellen,
es ist bloß die ausgeschnittene Rezension vorhanden — folgendes
zu lesen stand: „Eine zweite Dichtung betitelt sich ‚Engelberg‘ und behandelt einen modernen Stoff. Hier legt der
Poet noch mehr als in seinem „Hutten‘ die glänzendste Probe
ab, daß er sich ganz vortrefflich auf die Naturschilderung versteht. J. N.“

S. 250. Eine Geschichte des Seehofs bietet ‚Der Seehof‘
zu Meilen, von Dr. C. H. B(är). (Neue Züricher Zeitung,
18. August 1907, zweites Blatt.)

S. 253. Anna Lüderitz hat zuerst in einer These ihrer (mir
unbekannten) Dissertation darauf hingewiesen, daß C. F. Meyer
das Motiv zum Amulet aus Prosper Mérimée entlehnte. Vgl.
übrigens: A. Lüderitz, C. F. Meyers Amulet und seine
Quelle (Archiv für das Studium der neueren Sprachen 1904).
Ferner Hans Kaeslin, C. F. Meyer und Prosper Mérimée
(Wissen und Leben, 15. November 1908, S. 133—143).

S. 257. Es ist zu bemerken, daß der Verleger an den beiden
Huttenauflagen, an Engelberg und dem Amulet durchaus nicht
mehr verdiente als der Verfasser. Das ergibt sich aus der Ab-
rechnung vom 14. September 1874, die auch sonst nicht ohne
Interesse ist.

Amulet. Herstellungskosten Tlr. 125.
    Auflage . . 750
    Vorrat . . 331
    Freiexemplare 69 = 400
        ab 350 à 11½ Ngr. = 134. 5
    Herstellungskosten . . . 125.
        Gewinn . 9. 5 | 9 | 5

Engelberg. Herstellungskosten Tlr. 147. 26.
    Auflage . . 1000
    Vorrat . . .433
    Freiexemplare . 71 = 504
        verkauft 496 à 14½ Ngr. = 239. 22
    Herstellungskosten . . . 147. 26
        Gewinn . . . 91. 96 | 91 | 96

Hutten (2. Aufl.). Herstellungskosten Tlr. 148. 5½
    Auflage . 1000
    Vorrat . . 620
    Freiexemplare 59 = 679
        verkauft 321 à 14½ Ngr. = 154. 5½
    Herstellungskosten . . 148. 5½
        Gewinn 6. — | 6 |
                 | 107 | 1

    Ab: Entschädigung für den bei der 1. Auflage des Hutten
      gehabten Verlust . 50
                 | 57 | 1

    Ab: ½ Gewinn für H. Hässel . 28 | 15,5
                 | 28 | 1,15

Bilder und Romanzen.
    Auflage . . . 500
    Vorrat 374
    Freiexemplare Ihnen 45
      XII. 73.
      Sonst verteilt . 23 = 442
        abgesetzt . . 58 à 6 Ngr. = 11. 18 | 11 | 18
14. September 1874 Barsendung nach Meilen 40. 35 | 40 | 35

Die erste Auflage des Hutten war 750 Exemplare stark und kam den Verleger, wie eine detaillierte Berechnung beweist, auf 162 Tlr. 7 Ngr. Herstellungskosten zu stehen. In dieser Summe waren aber fünfzig Taler Honorar inbegriffen. Der Dichter — es war sein erstes Honorar für poetische Sachen — behielt sie nicht, sondern überwies sie dem deutschen Invalidenfond. Ehe die erste Auflage vergriffen oder auch nur die Kosten gedeckt waren, veranstaltete der Verleger eine zweite, wahrscheinlich weil Meyer nach seiner Art zu ändern und feilen wünschte. Gerade mit fünfzig Talern, also dem Betrag seines

Honorars, hatte er für den Schaden der ersten Auflage gegenüber dem Verleger aufzukommen.

Beurteilungen des Amulet. Die meisten Rezensionen über das Amulet krankten an dem Fehler, die Vorzüge der dichterischen Arbeit mit denen des Stoffes zu verwechseln. Die Vorbemerkung Meyers, er habe alte, vergilbte
Blätter aus dem Anfang des siebzehnten Jahrhunderts vor sich
gehabt, mochte diesem Irrtum, der übrigens von Haus aus
die Folge mangelnder Kunsteinsicht war, Vorschub leisten. Der
Rezensent der „Neuen Freien Presse" (Abendblatt Nr. 3429
vom 13. März 1874) schließt folgendermaßen: „Wie viele von
den Tugenden dieser Novelle schon in jenen ‚alten, vergilbten
Aufzeichnungen' enthalten sind, die unser Dichter benutzt zu
haben vorgibt, und ob seine Arbeit nur wirklich darin besteht,
sie ‚in die Sprache unserer Zeit übertragen zu haben', das
wissen wir allerdings nicht; aber auch wenn wir diesen bescheidenen Fall gelten lassen, bleibt es des Autors Verdienst,
einen glücklichen Fund mit glücklichem Verständnis verwertet
zu haben."

Sehr richtig endete Betty Paoli eine warm geschriebene
Anzeige mit der Bemerkung: „An der genau abgewogenen
Gruppierung der Personen und Begebenheiten merkt man das
Walten eines künstlerischen Geistes, der die hier naheliegende
Gefahr zu vermeiden wußte, entweder die historischen Ereignisse
auf Kosten der erfundenen Handlung zu betonen oder durch das
Übergewicht der letzteren die Darstellung jener zu verklein-
lichen. Hier sehen wir das Allgemeine und das Persönliche sich
gegenseitig bedingen und zu einem Zeitbild voll überzeugender
Treue sich verschmelzen. ...." (Wiener Abendpost, Beilage
zur Wiener Zeitung. Dienstag, 31. März 1874.)

Entschieden und begeistert wie über Hutten und Engelberg
ließ sich Paul Wislicenus auch über das Amulet vernehmen:
... „Diese Meisterschaft im Motivieren betätigt Meyer in der
Novelle ‚Das Amulet'. Hier zeigt sich der Epiker als Erzähler.
Das Amulet ist den besten Schöpfungen unserer Dichtkunst an
die Seite zu stellen; und wenn mir zwischen Kleists berühmtem
‚Michael Kohlhaas' und dem ‚Amulet' die Wahl gelassen ist,

so entscheide ich mich kurz für das letztere. Die einfache, anmutige Sprache, die Reinheit der Charakterzeichnung, die Meisterschaft in der Komposition und die Sorgfalt der Motivierung, vor allem aber der prächtig versöhnende Kontrast zwischen der Handlung und dem düsteren furchtbaren Hintergrunde der Hugenottenschlächterei in der Bartholomäusnacht — das alles ruft weit ungemischtere Empfindungen hervor, als die in Romantik versinkende Schöpfung Kleists. Das historische Kolorit aber ist von solcher Echtheit, daß wir das Behagen empfinden, welches nur eine echt dichterische Auffassung vergangener Zeiten in uns wachzurufen vermag und welches die halbwissenschaftlichen Arbeiten Freytags und Scheffels nicht in dem Maße zu erwecken vermögen. Dieser Coligny, dieser Karl IX. sind freilich nicht die Rankeschen, aber die des Parnaß und der Musen, und Figuren, wie die des jungen Boccard, des Helden selbst, seiner Gasparde und des niederträchtigen Guiche sind so vorzüglich, daß die Kritik verstummen muß, wenn sie ehrlich und nicht allzu dumm ist. Nicht minder ausgezeichnet wie die Hauptpersonen aber sind die Nebenfiguren — alle, selbst wenn man sie, wie Colignys Bruder, nur vom Hörensagen kennen lernt. Ich erinnere nur an den gemeinen Czechen. Derselbe ist ein weiterer Beweis für des Dichters Meisterschaft im Motivieren. Er motiviert mit e i n e r Begebenheit meist mehrere auf einmal, und das alles weiß er auf so zwanglose, natürliche Weise zu tun, daß selbst das kritische Auge das Motiv nur schwer darin erkennt. Der Czeche wird noch vor Beginn der eigentlichen Handlung — der Reise des Helden von seinem Landgute am Bieler See nach Paris — als Fechtmeister bei demselben eingeführt. Die mit der durch die Geradheit des jungen Helden ermöglichten Flucht desselben endende Episode motiviert nun erstens den Entschluß zur Pariser Reise, da das Erlebnis ihm den Aufenthalt zu Hause verbittert, zweitens motiviert sie die Rettung des Helden in dem Duell mit dem gefährlichen Guiche durch das Amulet, da wir in den Fechtstunden unseren Helden als schlechten Fechter kennen gelernt haben, und drittens führt sie gar die Rettung desselben aus der Hugenottenschlächterei herbei, indem der Czeche — ein echt menschlicher Zug an dem im übrigen herzlich gemeinen Burschen — seine Rettung an dem Urheber derselben vergilt ..." (Engelberg und Amulet in „Die Litteratur", Wochenschrift für das nationale Geistesleben der Gegenwart. Nr. 20, Leipzig, den 14. November 1873.)

Unter den übrigen Besprechungen mögen noch erwähnt sein:

A. Calmberg in der „Darmstädter Zeitung" vom 25. März 1874, erstes Blatt, Nr. 84.

Augsburger Allgemeine Zeitung vom 22. Dezember 1873, Nr. 356. Die kurze Rezension ist mit W. gezeichnet.

Louis Vulliemin in der Gazette de Lausanne et Journal Suisse, 8 octobre 1873, No. 238.

Oskar Blumenthal, zu jener Zeit als Redakteur der „Deutschen Dichterhalle" mit C. F. Meyer in Verbindung, wußte über das Amulet auch nicht mehr zu sagen, als daß er es „mit vielem Beifall" gelesen (12. Januar 1873).

S. 272. Jenatschrezensionen. Fast alle Rezensionen über den Jenatsch leiden an dem vom Dichter so unangenehm empfundenen Mangel, dem historischen Stoff auf Kosten der Erfindung mehr zuzuschreiben, als ihm gebührt. Die „Im neuen Reich" 1876, in Nr. 42 erschienene, mit E-e gezeichnete schließt mit den Worten: „Eine genauere Durcharbeitung und breitere Ausführung würde den dankbaren Stoff noch mehr zur Geltung gebracht haben, und das Talent des Verfassers wäre, nach dem zu schließen, was er tatsächlich geboten hat, sicherlich im stande gewesen, auch ein weiter gestecktes Ziel zu erreichen." Dagegen hat der Rezensent recht, wenn er bemerkt: „Nur für den Übertritt des Jenatsch zum Katholizismus ... will uns die Motivierung nicht recht hinreichend und psychologisch verständlich erscheinen." Meyer fügte, um dem gerügten Übelstand abzuhelfen, in der zweiten Auflage ein besonderes Kapitel ein.

Im „Magazin für die Literatur des Auslandes" (Nr. 46, 17. November 1877) ließ sich Jakob Mähly vernehmen, trotz entschiedenen Lobes ohne Wärme und vor allem ohne über den Widerspruch von Geschichte und poetischer Willkür hinwegzukommen.

S. 273. Betty Paoli („Ein schweizerischer Dichter“ in der „Beilage zur Wiener Abendpost“ 13. Juni 1877) schloß ihren Artikel mit den Worten: „Noch gar manches ließe sich zum Lobe dieses herrlichen Buches bemerken, doch mag es an dem Gesagten genügen. Der Leser darf mir aufs Wort glauben, daß seit Jahren und Jahren kein Roman von gleichem Werte in Deutschland erschienen ist. Mehr als jeder eigene literarische Erfolg würde es mich freuen, wenn es meinen Worten gelingen sollte, die Aufmerksamkeit des östreichischen Lesepublikums auf dieses mächtige Werk und dieses großartige Talent hinzulenken.“

S. 274. Buddäus erklärte (in der Augsburger Allgemeinen Zeitung) den Jenatsch als eine Arbeit, die sich „den allerbesten Werken moderner Erzählungskunst ebenbürtig anreiht“.

S. 274. Die vom Dichter erwähnte Besprechung in der „Neuen Freien Presse“ kenne ich nicht.

S. 275. 278. 279. „Neue Monatshefte für Dichtkunst und Kritik“ brachten die Anzeige Johannes Scherrs, ziemlich kurz, oberflächlich und in seiner gesuchten, unangenehmen Art. Sie sticht sehr ab von der schönen Rezension über „Huttens letzte Tage“ und hat den Dichter sicherlich nicht nur enttäuscht, sondern auch geschmerzt. Er schreibt der Schwester: „Scherr, Du hast recht, behandelt mich wie ein noli me tangere,“ und: „Die Besprechung des Jenatsch von Scherr ist denn doch (vu l’homme) sehr sympathisch.“ Wer ihn kannte, weiß wohl, daß er vor sich und anderen unangenehme und nicht zu verschweigende Dinge auf solche Weise zurechtzurücken suchte, um leichter darüber hinwegzukommen.

S. 278. Dahns Rezension steht in den „Neuen Monatsheften für Dichtkunst und Kritik“, datiert Januar 1877. Die von Meyer erwähnte Stelle lautet: „Aus voller Überzeugung werfen auch wir dem Dichter den Kranz zu für seine mit seinem Stilgefühl vollendete Arbeit.“ Auch er fand Jenatschs Übertritt zum Katholizismus etwas unvermittelt. Auffallend genug nennt er „Huttens letzte Tage“, die er doch kannte, „einen Kranz musterhafter Sonette“.

Ich erwähne noch: A. Calmberg in der „Neuen Zürcher

Zeitung" vom 3. November 1876 und ebendaselbst unterm
7. Dezember 1878 Adolf Frey über die zweite Auflage.

Ob Meißner eine Rezension schrieb, nachdem ihm Mähly
im „Magazin für die Literatur des Auslands" zuvorgekommen
war, vermochte ich nicht zu ermitteln. Meyer klagte später
über seine grenzenlose Oberflächlichkeit. Über den „Jenatsch"
wußte Meißner am 3. November 1874, als das Werk erst teilweise in der „Litteratur" erschienen war, nur zu sagen: „Jenatsch,
der uns eine so wenig bekannte Welt erschließt, interessiert uns
mit seinem eigentümlichen Kolorit ungemein." Nachdem das
Ganze vorlag (der Brief ist undatiert), sprach er sich folgendermaßen aus: „Über Ihren Jenatsch hat sich mein Urteil nach Le-
sung des Ganzen modifiziert. Wie ich es übersehe, muß ich
sagen: wie es ist, ist es gut. Daran ändern zu wollen, wäre
kaum rätlich. Es ist ein außerordentlich starker, spannender
Stoff mit fremdartigem Kolorit gemalt in einzelnen Szenen,
die auf den Leser beinahe den Eindruck des Erlebten machen.
Nach der Theorie des historischen Romans, wie sie seit W. Scott
besteht, ist das Buch nicht zu messen. Manches ist sprunghaft,
wenn man will, unvermittelt; da aber diese Manier konsequent
durchs ganze Buch geht, ist wohl nichts gegen sie einzuwenden.
Es ist mehr ausgeführte Chronik. Die allerknappeste Kürze
ist deren Charakter. Um für den Helden eine noch tiefere Teilnahme — jetzt frappiert er mehr, als daß wir mit ihm zusammen-
gehen — zu erwecken, müßten allerdings die Vorgänge in seinem
Innern, besonders da, wo sich die große Wendung vollzieht,
eingehender und mit Erfindung neuer Züge gemalt werden.
Höchstens hier würde ich zu Einschaltungen raten. Doch eigentlich, aufs Sichhineinleben ist das Buch nicht gestellt. Die Teilnahme gilt mehr den Vorgängen, dem Stoffe, als der Hauptfigur, und dieser Stoff ist aber bis auf das düstere, unheimliche
Ende stark, mächtig, ergreifend. Es ist ein ganz famoses Buch."

Hermann Lingg veröffentlichte eine Besprechung des Jenatsch in der damals von Paul Lindau redigierten „Gegenwart" im November 1876. Vorher, am 28. Oktober, sandte er
sie dem Dichter: „Aus dem Beifolgenden werden Sie übrigens,
so hoffe ich, ersehen, daß es mir ganz con amore ging, über

Georg Jenatsch zu sprechen. In der Tat, ich habe das Werk mit größter Befriedigung gelesen — anfangs langsam und manchmal mit Unterbrechungen, als ich mich aber etwas hineingelesen hatte, brachte mich nichts mehr davon weg, bis ich es zu Ende gelesen. An Paul Lindau habe ich bereits angekündigt, daß ein Artikel über G. Jenatsch von mir zu erwarten sei. Sie nun bitte ich, es durchzuschauen, nötigenfalls zu korrigieren oder beizufügen, was Sie beigefügt wünschen, und mir das Manuskript dann wieder zuzusenden zu wollen." Wie sich Conrad Ferdinand Meyer zu diesem Ansinnen verhielt, kann ich nicht sagen. Tatsache ist, daß er das Manuskriptchen an Lingg nicht zurücksandte, denn es liegt dem Briefe desselben noch bei und lautet folgendermaßen: „Die Literatur der Schweiz hat auf dem Gebiete der historischen Erzählung in neuer Zeit beachtenswerte Werke hervorgebracht, ihre Dichter wußten bisher verborgene Schätze ihrer vaterländischen Geschichte zu heben und die alten Urkunden mit poetischem Leben zu ergänzen. Im verflossenen Jahre lasen wir mit großem Interesse einen Roman der Westschweiz von Alfred Hartmann*), heuer erfreut uns Conrad Ferdinand Meyer mit einer Erzählung aus dem Bündnerlande. Weniger bekannt, aber nicht minder ruhmvoll als die früheren Kämpfe der helvetischen Waldstätte um ihre Freiheit, sind die nachfolgenden jener Kantone, die sich in den späteren Jahrhunderten der Eidgenossenschaft anschlossen. Ja, je weiter die Verwicklungen der eifersüchtigen Machtinteressen größerer Staaten, wie Frankreich, Spanien, Östreich das Schweizerland bedrohten, um so schwerer ward es, Freiheit und Unabhängigkeit zu behaupten. Es galt nun nicht mehr allein tapfer das Schwert zu führen, Streithammer und Morgenstern zu handhaben, oder mit Pfeil und Kugel das feindliche Ziel zu treffen, man mußte auch diplomatischen Listen und Ränken die Spitze bieten. Dies war um so schwieriger und gefährlicher, als es dem geraden Sinne des Volkes widerstrebend war. — Eine der hervorragendsten Gestalten einer solch bewegten Zeit ist der Graubündner Held: Georg Jenatsch, der

---

*) Gemeint ist: „Denkwürdigkeiten des Kanzlers Hory".

Mann, der umgeben von feindlichen Heeren in den Kämpfen der Reformationszeit seinem teuren Bündnerlande Freiheit und Unabhängigkeit zu erringen wußte. Unmöglich konnten seine Mittel immer die eines streng rechtlichen oder sittlichen Wertes sein, und es war für den Verfasser gewiß keine leichte Aufgabe, den wilden und ungestümen Charakter, der nicht nur Mörder des Vaters seiner Geliebten, der auch Verräter an seinem Freunde war, dem milden und hochgesinnten Herzog Rohan, die Teilnahme des Lesers bis zuletzt zu erhalten. Der Dichter hat die Aufgabe, die er sich dabei gestellt, mit großer Kunst gelöst. Die alles überragende Vaterlandsliebe des seltenen Mannes, der er Leben, Ehre, ja sich selbst zum Opfer brachte, flößen uns Ehrfurcht für ihn und tiefes Mitleid ein. Wie einem kühnen Bergsteiger folgen wir bangen Blickes dem alles Wagenden, jeden Augenblick meinen wir, sein Sturz sei gewiß, aber immer wieder erreicht er eine neue schwindelnde Höhe. Ich kann mich nicht enthalten, hier eine Stelle anzuführen, die einen solchen Moment schildert und mir von besonders seelenkundiger Tiefe zu sein scheint. Es heißt da: ‚Noch einmal war eine Verwandlung mit ihm vorgegangen! Was heute aus seinen Augen blitzte, war nicht mehr der jugendliche Übermut von früher, war nicht die vor keinem Hindernis zurückweichende Sicherheit, mit welcher er, seit sie ihn wieder kannte, ihr entgegengetreten, es war etwas Maßloses in seinem Wesen, eine gereizte Gewaltsamkeit in seiner Stimme und Haltung, als hätte eine übermenschliche Kraftanstrengung ihn aus dem Gebiete und über die letzten seiner Natur gesetzten Marksteine hinausgeschleudert.‘ Das Interesse, das wir gleich im Anfang für Georg Jenatsch von seinem ersten Auftreten an gewinnen, steigert sich fort und fort bis zu dem verhängnisvollen Tage, an dem wir ihn der langgeplanten Rache seiner Gegner erliegen sehen. Fein und sinnreich ist sein tragisches Ende in die Buntheit eines Faschingballes verlegt, der ihm zu Ehren gefeiert wird, als er auf der Höhe seines Strebens angelangt ist und die letzten seiner Ziele erreicht sieht, alle bis auf eines — die Hand der edlen Lucretia, einer der schönsten Erscheinungen in dem Buche. Trefflich geschildert sind auch die beiden Zürcher, Herr Wajer und der Locotenente Wertmüller, es sind mit allen Zügen guter Individualisierung ausgestattete Personen, echte Schweizernaturen, wie sie vor zwei Jahrhunderten sein konnten und heute noch anzutreffen sein mögen. Aber nicht nur seine Leute, auch sein Land und die Nachbarländer kennt der Verfasser genau und weiß sie uns anschaulich zu machen. Die Szenen aus Venedig sind nicht minder gelungen als die landschaftlichen Schilderungen aus den Bergen des Engadins und des Veltlins. Wer jemals jene wilden und anmutigen, so eigentümlich zwischen Nord und Süd geteilten Landschaften besucht hat, wird lebhaft an die dort empfangenen Eindrücke erinnert werden, wenn ihm die Beschreibung eines Herbsttages, eines Föhnsturmes, einer Sommernacht in dem romantischen Rätierlande aus dem Buche so stimmungsvoll entgegenweht, daß man sich eines leisen Reiseheimwehs und Wanderzuges nicht erwehren kann.   Hermann Lingg."

Ohne inhaltliche und mit sehr wenigen stilistischen Änderungen erschien diese Besprechung kurz darauf in der „Gegenwart".

S. 275 u. 279. Unter dem Onkel ist der am 6. März 1877 verstorbene Wilhelm Meyer-Ott, unter dem Grafen Graf Plater zu verstehen, des Dichters Gutsnachbar.

S. 278. Unter dem neuzugründenden Almanach ist die neue Folge des „Zürcher Taschenbuches" zu verstehen.

S. 278. Im Jahrgang 1877 der „Deutschen Dichterhalle", die damals Ernst Eckstein redigierte, erschienen drei Gedichte von Meyer: „Einer Scheidenden", „Mit zwei Worten", „Lucia Vendagoli". Darunter kann die „Humoreske" nicht gemeint sein, und es ist mir unerfindlich, was darunter verstanden ist.

Meyer veröffentlichte auch mehrere Gedichte in dem 1872 bis 1878 erschienenen schweizerischen Taschenbuch: „Das Schweizerhaus".

S. 278. Zimmermann, wohl der Dekan Zimmermann, ein ehemaliger Mitschüler C. F. Meyers.

S. 278. Der Pelikan ist das Haus der Schwiegereltern.

S. 278. Die Strohhütte steht im Garten, nahe dem Hause.

S. 279. Die Jenatschbesprechung Bulliemins (Bibliothèque universelle 1877, p. 550—560: „Georges Jenatsch, vieille histoire rhétienne) beginnt folgendermaßen: ‚Voici mon Jenatsch‘, nous écrivait l'auteur de ce roman historique en nous l'adressant: ‚vous pouvez faire la connaissance de ce brigand avant d'entrer en paradis, où vous auriez peu de chances de le rencontrer.‘ "

; S. 283. Zutreffend vergleicht W. Langewiesche in dem unten zitierten Aufsatz Meyers untere Gesichtshälfte mit derjenigen Justinus Kerners.

S. 286. Über die Arbeitsweise C. F. Meyers vgl. A. Frey: C. F. Meyers unvollendete Prosadichtungen. 1916. S. 1—11.

S. 289. Die dem thurgauischen Geistlichen auf Schloß Steinegg erteilte Auskunft steht in der „Neuen Zürcher Zeitung", 16. September 1894, Beilage zu Nr. 257: „Abseits vom Fremdenstrom." De Aliquo. Meyers Darstellung ist etwas stilisiert und generalisiert, wie er das in eigenen Sachen vor der Welt zu tun liebte. (Sehr richtig bemerkt Erwin Kalischer in seinem Buch „C. F. Meyer in seinem Verhältnis zur italienischen Renaissance", S. 181, im einzelnen scheine manches etwas umgefärbt durch die Mittelsperson des Berichtenden.) Es liegt auf der Hand, daß seine Aussagen z. B. auf das Amulet, die Richterin, die Hochzeit des Mönchs nicht oder nur sehr teilweise passen.

S. 296. Die dramatische Kleinigkeit aus meiner Feder heißt „Im Laupenstreit" (Bundesfestspiele 1891). Meyer bezeichnete das kleine Stück als ein „Unikum des einfach Rührenden", das ihm den allertiefsten Eindruck gemacht habe.

S. 296. „Über den Heiligen" an Lingg s. Briefe C. F. Meyers, herausgegeben von Adolf Frey, II, S. 305 ff.

Über Plautus im Nonnenkloster a. a. O. I, S. 88.

S. 297. Die Rezensionen sind abgedruckt im zweiten Bande der von mir herausgegebenen Briefe.

S. 307. „Ich muß mit der großen Historie fahren;" das erzählte mir Keller selbst.

S. 308. Über seinen Patriotismus und die Stellung zum Vaterlande sprachen wir mehrmals. Daß er Fernerstehenden und Fremden gegenüber die Heimatliebe stärker hervorhob, war nur recht und begreiflich. Vgl. z. B. Wilhelm Langewiesche „Ein Besuch bei Conrad Ferdinand Meyer" (Gegenwart, Bd. XLII, Nr. 38; vom 17. September 1892).

S. 322. Schuß von der Kanzel. Vgl. Dr. P. C. Mythikon. Neue Zürcher Zeitung, 21. Januar 1919.

S. 323. Die Stelle über den Heiligen steht in einem an Th. Zolling gerichteten Brief vom 7. September 1880, den ich nur aus einem Auszug in der Neuen Zürcher Zeitung vom 21. Februar 1906 kenne. Er befand sich in der Meyer-Cohnschen Autographensammlung.

S. 324. Die Aussetzung Bächtolds, unbesehen aus Gottfried Kellers Munde herübergenommen, enthält ein böses Versehen: im Dezemberheft der Deutschen Rundschau 1879 S. 201 heißt es: „nicht über fünfzehn Jahre alt".

S. 326. Komtur und Dynast vgl. A. Frey, C. F. Meyers unvollendete Prosadichtungen S. 12—36 und S. 37—87.

S. 326. Über den epopöenartigen Roman spricht Meyer in einem Brief vom 13. Mai 1881. Komtur, Dynast und Mönch, für den er damals Nürnberg unter Friedrich II. in Aussicht genommen, können nicht gemeint sein, dagegen sehr wahrscheinlich die Richterin, deren Schicksale der Dichter erst auf korsischen Boden, dann in die mittelalterliche Papstburg zu verlegen dachte.

S. 326. Heim-Feier. Zur Heim-Feier. Dichtung von Conrad Ferdinand Meyer. Zürich. Druck von Orell Füßli & Co. 1881 (4 Blatt 80). Vgl. 1. Novemberheft 1908 von „Wissen und Leben" und „Neue Zürcher Zeitung" 1. Dezember 1908.

S. 327. Einzelne der Gedichte wurden kurz vor der Gedichtausgabe gedruckt in „Zürcher Dichterkränzchen". Gewunden von Gottfried Keller, Ferdinand Zehender, C. Ferdinand Meyer für den Bazar des Kinderspitals (Eleonorenstiftung) 15. und 16. März 1882. Als Manuskript gedruckt.

Zürich, Druck von Orell Füßli & Co. (Darin von Conrad Ferdinand Meyer, der sich hier, wie damals gelegentlich auch sonst,
nur Ferdinand nannte, um einer Verwechslung auszuweichen:
Ja, Lenzfahrt, Der Hengert, Wunsch, Der Blutstropfen, Weih-
nacht im Süden, Abschied von Korsika, Die Schlittschuhe, Der
Marmorknabe, Das Zeichen, Hochzeitslied, Die gefesselten
Musen.)

S. 327. Plautus im Nonnenkloster. E. Ka-
lischer weist S. 34 ff. nach, daß ein Klostergelübbe aus Not
und eine Kreuztragung sich in Manzonis Promessi sposi, ein aus
Holz und Gips gefälschter Heiligenarm in Burckhardts „Kultur
der Renaissance“ finden. Fraglos, daß Meyer den Roman sehr
schätzte, möglich, daß er sich des Einzelnen nicht mehr entsann,
als er Rahn schrieb: „Das Brigittchen ist von A bis Z meine
Erfindung. Nichts ist irgend einer Quelle entnommen.“
Immerhin: nachträglich bereute Gelübde sind unendlich häufig,
Reliquienfälschungen mindestens nichts Seltenes. Um das eine
wie das andere kennen zu lernen, bedurfte Meyer Manzonis
Werk und Burckhardt nicht, von einer Kreuztragung mit be-
schuhten oder unbeschuhten Füßen nicht zu reden. Und mußte
er wirklich erst die Promessi sposi lesen, um auf den Namen
Gertrude zu stoßen? Sodann: Gertrudes Gelübde ist ein ganz
anderes als das der Lucia, das Doppelkreuz etwas ganz anderes
als eine gefälschte Heiligenreliquie. Das besondere, gefälschte
Kreuz und seine Benutzung durch Poggio ist Meyers Erfindung,
nicht minder — und das Entscheidende — die Verbindung dieser
Elemente des Gelübbes und der Fälschung mit Poggios Hand-
schriftenjägerei.

Aus einer ungedruckten Arbeit über „Plautus im Nonnenkloster“ stellt mir Professor Ernst Walser, Basel, folgendes zur
Verfügung: „Meyer benutzte den Dictionnaire universel d’histoire et de géographie par M. N. Bouillet (also nicht den Dict.
universel des sciences, des lettres et des arts wie Briefe I 134).
Er las darin u. a. den Artikel Constance, wo lediglich als
Konzilsteilnehmer die beiden Franzosen Gerson und d’Ailly
genannt werden. Dann schlug er weiter unter Gerson nach und
fand, daß dieser Doctor christianissimus genannt worden sei.

Dieser Umstand ist, soviel ich sehe, bei Joh. von Müller, woher die übrige Kenntnis über das Konzil floß, nicht erwähnt. Wenige Zeilen unterhalb Gerson stand Gertrude (sainte) née en 626 ... Elle se consacra à Dieu dès l'âge de 10 ans, fonda avec sa mère le couvent de Nivelle en Brabant et en fut la première abbesse."

S. 328. Gustav Adolfs Page. E. Ermatinger weist („Das lit. Echo", 1. Okt. 1916, Heft 1, S. 22 ff.) nach, daß der Dichter sich an Laube anlehnte, der in seinem zwar ungedruckten, aber dem Inhalt nach durch die Einleitung zu den „Monaldeschi" bekannten Drama „Gustav Adolf" (1830) den Pagen zu einem Mädchen, den Lauenburger zum Gegenspieler macht und den Tod des Königs wie C. F. Meyer motiviert.

S. 330. Lutherlied. August Langmesser: „Wie C. F. Meyer sein Lutherlied schuf" (Neue Zürcher Zeitung vom 4. November 1917). „C. F. Meyer und Julius Rodenberg", Ein Briefwechsel, herausgegeben von August Langmesser, II. Aufl., S. 152 ff.

S. 330. Das „Festgedicht zur Eröffnung der schweizerischen Landesausstellung 1883" erschien in „Offizielle Zeitung der Schweizerischen Landesausstellung". Zürich 1883, Nr. 11 und 12. 1. Mai 1883, S. 109.

S. 330. „Die Leiden eines Knaben" erschienen in dem von Schorer in Berlin herausgegebenen „Deutschen Familienblatt", weil Meyer ein der Gattin des Herausgebers gegebenes Versprechen einlöste. Sonst publizierte er alle erzählenden Dichtungen seit dem „Heiligen" in der „Deutschen Rundschau".

S. 331. Hans Bracher: „Rahmenerzählung und Verwandtes bei G. Keller, C. F. Meyer und Th. Storm." Leipzig 1909.

S. 332. Über den Wechsel des Schauplatzes in der „Richterin" vgl. A. Frey: C. F. Meyers unvollendete Prosadichtungen S. 91.

S. 332. Das Fragment der früheren Gestalt der Richterin bei Langmesser S. 431 ff.

S. 333. „Die Locarner" (Zur Erinnerung an den

12. Mai 1555) erschienen in „Illustrierte Schweizerzeitung",
Bd. I, Nr. 2 vom 12. April 1884, S. 16.

S. 335. „Kantate zur Einweihung des Zwinglimonu-
mentes" (komponiert von G. Weber. Vier Blätter, Querfolio,
lithographiert).

S. 336. Das Sempacherlied erschien im: „Gedenk-
blatt für die fünfhundertjährige Schlachtfeier".

Im Jahr 1888 oder 1889 erschien auch ein Gedicht: „Prolog"
als Einleitung zu „Zürich und seine Umgebung".
Herausgegeben vom offiziellen Verkehrsbureau. Verlag, Druck
und Illustrationen von Orell Füßli & Co. (Ohne Jahresdatum.)
Abgedruckt bei H. Moser, Wandlungen der Gedichte C. F.
Meyers. Leipzig 1900, S. 93.

S. 342. „Ein Pilgrim" erschien zuerst im „Kunstwart",
2. Jahrgang, 13. Stück (April 1889). Wie gewaltig selbst in
den Jahren der Meisterschaft Meyers Entwürfe oder erste Fassungen sich von der endgültigen Form unterscheiden konnten,
zeigt diese im Kunstwart zuerst gedruckte Gestalt:

Da sitzt ein Pilgerim ...

Einst in Toskana war's,
Ich ruht' im Abendschein,
Den Reisemantel um,
Vor einem Kirchentor,
An mir vorüberschritt
Ein Weib mit einem Kind,
Das Mädchen flüsterte:
Da sitzt ein Pilgerim ...

Es freute mich das Wort,
Ich nahm es mit mir fort,
Und wann mich Dampfeskraft
Durch fremde Lande trug,
Wann mir der Sonnenball
Aus neuen Meeren stieg,
Laut jubelte mein Herz:
Ich bin ein Pilgerim ...

Nach manchem Jahre war's
Auf blauem Comersee,
Daß mir ein Reis'gesell
Aus meiner Schläfe zog

> Mit einem leichten Scherz
> Das erste weiße Haar,
> Ein Seufzer hob die Brust:
> Ich bin ein Pilgerim …
>
> Jetzt herz’ ich Weib und Kind
> An meines Herdes Glut,
> So ist es schön und gut,
> So soll es ewig sein …
> Was flüstert mir im Ohr?
> Das unvergeßne Wort
> Der kleinen Tuskerin:
> Da sitzt ein Pilgerim …

Nach zwei Jahren erschien dann die definitive Redaktion im Maiheft der „Schweizerischen Rundschau“ und kurz darauf, mit wenigen unbedeutenden Änderungen, in der vierten Auflage der Gedichte.

S. 343. **Duno Duni.** Die von Betsy Meyer (C. F. Meyer S. 209 ff.) erwähnte, in des Dichters Jugend verlegte Novelle ist Duno Duni. Vgl. A. Frey, C. F. Meyers unvollendete Prosadichtungen. Daselbst auch die übrigen Fragmente: „Duno Duni“, „Sanfte Klosteraufhebung“ und „Ring der Frau Laura“.

S. 343. **Petrus Vinea.** Vgl. Adolf Frey C. F. Meyer a. a. O. und Betsy Meyers Erinnerungen an C. F. Meyer S. 213 ff.

S. 346. „**Erinnerungen an Gottfried Keller**“, zuerst Deutsche Dichtung, 9. Bd., 1. Heft. 1890, den 10. Oktober.

S. 348. „**Zur Jubelfeier Hegars**“ (Neue Zürcher Zeitung, erstes Blatt, 22. Oktober 1890.)

S. 348. **Harmonie:** „Zur Fahnenübergabe dem Vereine gewidmet von Herrn Dr. Conrad Ferdinand Meyer (2. Mai 1891).“ (2 Blätter Oktav.)

S. 348. Der Prolog **zur Theaterweihe** steht in der „Neuen Zürcher Zeitung“ vom 10. Oktober 1891.

S. 348. Das Gedicht zur Einweihung des **Kilchberger** Schulhauses wurde publiziert in Westermanns Monatsheften Jahrgang 1891/92, Januarheft S. 457—460. Hier wurde auch der Theaterprolog wiederholt.

S. 349. Frühere Fassungen der „Angela Borgia" in A. Frey, a. a. O.

S. 353. Die Fragmente bei A. Frey a. a. O.

S. 357. Über die vernichteten Fragmente vgl. A. Frey a. a. O. S. 56.

S. 361. Von den Gedichten aus der Zeit der Krankheit bzw. Halbgenesung stehen einige bei Langmesser S. 526—529.

S. 363. Am Vormittag des 18. Dezembers veranstaltete der „Lesezirkel Hottingen" im großen Saal der Tonhalle eine Trauerfeier, unterstützt vom gemischten Chor und dem Lehrergesangverein der Stadt. Mozarts „Ave verum corpus", begleitet von den Tönen der mächtigen Orgel, ging der Gedächtnisrede des Professors Julius Stiefel und einigen von Emil Milan mit tiefer Empfindung rezitierten Gedichten Conrad Ferdinand Meyers voran; der Schlußchoral aus der Johannespassion Johann Sebastian Bachs beschloß die würdige und erhebende Feier.

S. 365. Betsy Meyer. Dr. Hedwig Bleuler-Waser. Die Dichterschwestern Regula Keller und Betsy Meyer. Zürich 1919, S. 41—63.

S. 379. Zu den von Betsy zugunsten des Bruders zurecht konstruierten Dingen gehörte u. a. auch sein Verhältnis zu Gottfried Keller, das sie als ein freundschaftlicheres darzustellen liebte als es in Wirklichkeit war. Insonderheit suchte sie das ablehnende Verhalten Kellers zu verschleiern. Die Briefe Kellers an Storm und an Heyse bieten hier die unwidersprechliche Korrektur.

*　　*　　*

Erst nach Abschluß der Korrektur erschien:

Max Nußberger. C. F. Meyer. Leben und Werke. 1919.

Werke

Personen

Vom nämlichen Verfasser erschienen:

Albrecht von Haller. 1879.

Gedichte. 1886. Zweite Auflage. 1907.

Die helvetische Armee und ihr Generalstabschef
    J. G. v. Salis-Seewis. 1888.

J. G. v. Salis-Seewis. 1889.

Festspiele zur Bundesfeier. Vierte Auflage. 1912.

Erinnerungen an Gottfried Keller. Zweite Auflage. 1893.
    Dritte Auflage. 1919.

Duß und underm Rafe. Füfzg Schwizerliedli. Zweite Auflage. 1898.

Erni Winkelried. Tragödie. 1893.

Totentanz. 1895.

Jacob Frey. 1897.

J. V. v. Scheffels Briefe an Schweizer Freunde. 1898.

Zürcher Festspiele. 1900.

Arnold Böcklin. Zweite Auflage. 1912.

Die Kunstform des Lessingschen Laokoon. 1905.

Der Tiermaler Rudolf Koller. 1906.

Briefe C. F. Meyers. 1908.

Gottfried Kellers Frühlyrik. 1909.

Die Jungfer von Wattenwil. Roman. Fünfte Auflage. 1916.

Neue Gedichte. 1913.

Festkantate zur Hochschulweihe. 1914.

Schweizer Dichter. 1914. Zweite Auflage. 1919.

Ch. W. Gluck. 1914.

Blumen. Ritornelle. Zweite Auflage. 1917.

Briefe Albert Weltis. 1915.

C. F. Meyers Unvollendete Prosadichtungen. 1916.

Bernhard Hirzel. Roman. 1918.

Der Fürst der Hulden. Musikdrama. 1918.